廖辅叔全集

第五卷·综合卷

中央音乐学院《廖辅叔全集》编委会◎编

中央音乐学院出版社

图书在版编目（CIP）数据

廖辅叔全集．第五卷，综合卷／中央音乐学院《廖辅叔全集》编委会编．—北京：中央音乐学院出版社，2017.12

ISBN 978－7－81096－854－6

I．①廖…　Ⅱ．①中…　Ⅲ．①廖辅叔－全集　Ⅳ．①C52

中国版本图书馆 CIP 数据核字（2017）第 302277 号

责任编辑：肖　琳　欧阳韫

廖辅叔全集（第五卷·综合卷）　　　　　　　　《廖辅叔全集》编委会编

出版发行：中央音乐学院出版社

经　　销：新华书店

开　　本：787×1092毫米　16开　印张：36.75　字数：265千字
　　　　　图片乐谱：350面

印　　刷：北京京都六环印刷厂

版　　次：2018年2月第1版　2018年2月第1次印刷

印　　数：1—600套

书　　号：ISBN 978－7－81096－854－6

定　　价：1280.00元（五卷八册）

中央音乐学院出版社　北京市西城区鲍家街43号　邮编：100031

发行部：（010）66418248　　　66415711（传真）

目　录

第五卷编辑说明

一、本卷是廖辅叔先生的综合卷。包括廖辅叔先生的人生自述、年谱简编、书简、图片和书法手迹、词作和译作歌曲。

二、《人生自述》选自2008年中央音乐学院出版社出版的《廖辅叔的艺术人生》，参照手稿校录。对文稿中明显的笔误、衍文、漏字、标点加以订正；繁体字、异体字按现行规定书写。

三、廖先生一生所写的信件无可数计，一般没有底稿，寄出书信收集回来甚少。本卷仅选部分他致友人和家乡亲人的34封信。

四、图片、年谱简编及书法手迹取自2008年中央音乐学院学报社出版的《留住历史瞬间》——廖辅叔生平撷影及《廖辅叔题赠暨诗词手迹选》。

五、词作、译作歌曲分别为50首和33首。译作歌曲含1951年廖辅叔主持编译《苏联歌曲集》第一集里的6首。每首歌曲均以首刊为校订样本，曲末标有出处与时间，译作歌曲对未附原文及简谱刊登的均保持原貌。

人生自述

书信讲述个人的历史，大都先生在一个家庭的情况。它虽是通篇一般的婚姻家庭成份，但是更重要的它它除是按照家庭对自己生平行业的影响，我今天也就不如来借，来讲一讲房家的情况。

房家在贵州省是大姓，世代也无所谓向街道的屋子房子等。如谁有人问及房家的地址，回答至为简单："叔水塘桂土家"，同乡们都有一水塘，那子为房水塘。旺土帝因为辰家的口有一块屋前平间的榜土较上的展陈制结构大，多值的第四地艰。已城属经明房家真的明度当上建区区决长的房房人家，王宇巳间房屋有的是南对青水塘，前门都是那新连远的街道。有的们不仅是路看区，而且地势各位的差别也非常之大。

遥如水长塘，街道一片旺旺，房花等乃至火红的，商春程松连续。四，直接住到人家白特上白富口，房家后乃都像平时一样，在人背着桂琳琳座布入，由此可见房家看到像在土围子挺陟好听一里明是那比一层小城堡，房花子隔整续而店，经私整修，像北一样耳朵乱的人，也都要着他吓报会。本县处白西面待陈，但是人土里家还挺相让，房屋都不也连年扩大，所以出了连白一部份新素批生名曹房子起新屋，素水明的别离的老屋。奇怪的是，新屋与老屋白人都相像连那不连白，也叫连代，有好多红白喜事你此至不连白彩，虽是素老连白，素了起两房有巳族人乃呢？我素家们一年处理建远。诶有何世老果如房家连了，久了，也批也从老屋了。

陈生基础连房长为古香人家，老城草草堂实实在在白约建家庭了。事实都是一览无优白追连的速连。就那素名陈愿愿老房人里人家某除吧。房家开巳两家百货商春，同白巳生好古巳有一家眼镜行，一家才鞋店，两家百货

前　言

说起写自传，自然就会想起鲁迅先生的那段话："我是不写自传的，也不热心于别人给我做传的，因为一生太平凡，倘使这样的也可以做传，那么中国一下子可以有四万万部传记，真将塞破图书馆。"（《鲁迅书信集》，1936 年 5 月 8 日，致李霁野）就鲁迅自己说，这段话是谦词。如果鲁迅的生平都不能做传，那天下可以消灭一切传记了。倘若是对一般人说，那么，这段话却是很好的训示：你不要自以为是值得后人怀念的人物啊！

既然明知鲁迅明言在先，还要弄笔写自传，即使省称为回忆录，岂不是明知故犯吗？说起来也有我的不得已。

有的学生对我说，老师是大学文凭都没有一张，今天却成为我们的老师，我们很想知道老师是怎样走过来的，说出来我们也许能从老师的经验学到点什么。其他好听的话也不用复述了。还有是儿孙辈常常说，外人问起爷爷什么事，我们差不多总是一问三不知，可不可以写点下来让我们知道呢。这样说得多了，也不免有点心动了。好在活得也真是够长久了，成为一个"老而不…"。学校最近又要我带个博士研究生，老师和学生一次又一次上门来要求我答应。我答应了，学校报上去，文化部却批示老师都 90 出头了，不要再这样要求了。我于是彻底退下来了。私人学生也不来了，有谁找我题写什么的，也会受到有关方面的批评，因此渐渐的也就门庭冷落了。我真的成了光吃饭，不做事的老家伙了。但是事情总是得找点来做，因而也就随大流写起回忆录来了。

由于从来不曾有过什么一鸣惊人的壮举可以特立专章来写的，所以只能就生平行事大概分为几个段落，写起来总是平淡无奇，甚至于是枯燥乏味，那也没有办法，只怨自己不争气，写不出什么引人入胜的东西。

八年抗战，上海、广州、韶关、桂林，两次三番的逃难，再加上史无前例大革文化命，一切书刊信件一塌瓜子扫地出门，手边缺乏任何参考材料，有什么记不清楚的地方只好说个大概，不夸张，不护短，总希望做到不骗人，可以睡个安稳觉。

此外没有什么可以多说的了。

　　过去听说有人给一个逝者写行状，以为他生平的著作没有流传，便据实写道："不行于世。"写后说一位前辈过目的时候，那位前辈用笔把"不行于世"四字抹掉，改为"藏于家"。这样一来，就含蓄得多了。现在我这本稿子也让它援例"藏于家"吧！

廖辅叔

2002 年年初

童年和少年时代

（1907—1922）

我们讲述个人的历史，大都先交代一下家庭的情况，这既是遵循一般的所谓家庭成份，但是更重要的还应该是说明家庭对自己生平行事的影响。我今天也就未能免俗，先讲一讲廖家的情况。

廖家在惠州算是大姓，过去是无所谓街道门牌号码的。每逢有人问及廖家的地址，回答总是简单的"秀水湖进士第"。因为门前有一水塘，雅号为秀水湖。进士第则因为廖家门口有一块康熙年间挂在门额上的、历经剥蚀的大书"进士第"的横匾。这块匾说明廖家的确算得上是源远流长的书香人家。至于这间廖屋前门是面对秀水湖，后门却是通到远远的街道。前后门不仅是距离远，而且地势高低的差别也非常之大。旧社会不注重水利，每逢江水泛滥，街道一片汪洋，廖家前门可以行船。商店摇船送货，直接送到人家楼上的窗口，廖家后门却像平时一样，居人穿着鞋袜照常出入。由此可见廖家这座大屋颇有点像是土围子，说得好听一点则是好比一座小城堡。廖家子孙聚族而居，说起辈份，像我一样年龄的人，我却要管他叫叔公，算是他的族孙。但是人口是逐年增加的，房屋却不能逐年扩大，所以发了迹的一部分新贵就在高营房另起新屋，秀水湖的则称为老屋。奇怪的是，新屋与老屋的人好像庆吊不通似的，也就是说，有什么红白喜事彼此互不送礼。当时的具体情况是老屋只有秀才，新屋却有进士。是不是发迹了，看不起自己族人了呢？我早年没有及时问个清楚，离家远了，久了，也就无从考究了。

既然是源远流长的书香人家，应该算是实实在在的封建家庭了吧。事实却不一定是纯粹的封建。就我所了解的老屋的人家来说吧。我家开过两家洋货店，即今天的所谓百货商店，同住一个大门的廖家人还有一家服装店，一家皮鞋店，两家百货商店。亲戚也有开百货商店、皮鞋店、米店，开烧烤腊味店，甚至开当铺的，这也许可以算是新兴的商业资本的资产阶级吧。还有一点可以夸耀的，是依照当时的社会习惯，吸鸦片的人家不少，当时的规矩是，客人进门，不一定是招待茶水，而是请他横躺在卧床的一边，客主隔灯边抽吸，边聊天。廖家一个大族却没有一个人吸鸦片，这也算得上是一种新气象吧。我小时候也会上某些"祖叔"家去串门，他们家中一般都挂有一些字画，有人不满意他所在机关的老爷，会想到去读王粲的《登楼赋》，某人死了老婆，也会诵读白居易《长恨歌》里面"悠悠生死别经年，魂魄不曾来入梦"的诗句。其他读《聊斋》，读《三国演义》一类书的也有一些。有人读了鸳鸯蝴蝶派的《玉梨魂》，还为书中女主角梨影写些歪诗以示悼念。有时遇到红白喜事，总不免有大大小小，长长短短的对联张贴出来，有的人就会一副一副的念叨，有的还能够背诵，我就听见过一位族兄踱方步的时候背诵我父亲撰写的长长短短的各种对联，总之多少都有点诗书的气息。

在这样一个大家庭中我们这一房的文化水平算是比较高的。因为我父亲是老房这边的唯一的一位秀才，而且是维新派。说旧学，他的文章曾经被康有为评为"如写黄庭，恰到好处"。说新学，他几乎买全了严复翻译的所有名著，而且还有日本最早的社会主义者幸德秋水的著作《帝国主义》。他自己像鲁迅所说的那样，"还要学英文，学日文，硬着舌头怪声怪气地朗诵着，对人毫无愧色，那目的是要看洋书"。他不让儿子专门读古书，他送儿子学工业，学陆军，因此到了辛亥革命爆发的时候，为了逃避清政府的追捕，不得不躲起来。直到革命军打到惠州，清政府走投无路，才找他出来，让他像烛之武那样，坐着竹箩越过城墙缒到城外面去和革命军谈判，争取到惠州像我们现在所说的那样"和平解放"，我作为他老人家最小的儿子，就是在这种算是比较开明的环境中长大的。

我们兄妹6人，大哥廖尚果，另一个名字青主，大家比较熟悉，接下来是三个姐姐，大姐姐早早出嫁，二姐和三姐都上了女学堂，是当时第一代的女学生。第五是哥哥廖尚杲，别字仲爽，参与领导1945到1950年震惊中外的中国航空公司和中央航空公司的"两航起义"。我是第六，本来我还应该有一个弟弟。不幸是他的出生却导致我母亲的病亡，我不满4岁就成了无母之人。

说起我母亲，在旧社会当然是绝对不会有什么轰轰烈烈的大事业的，只能在平淡无奇的日常事务中看到她平凡中的伟大。我父亲五兄弟，子女都只有一个或两个，四叔是根本没有子女，我们兄妹却有六个。旧社会是以聚族而不分家作为勤俭和睦的门风的，我们这样也够得上是大家庭了。我们这一支人口最多，不可避免地造成多吃多占的局面。因此我母亲对待公家的事情总是抢着多做，公家的事情做完了，才回到卧室做私人的事情。当时的实际情况是衣服鞋帽都没有去买现成的，光是我们六兄妹的穿着就够她忙的了，所以经常熬夜赶针线活。我长大之后，有时到别家串门，老人们还是经常讲述我母亲连夜裁剪，针线飞快的能耐，认为真是难为她料理那么多子女的衣着，也只有她才能够对付得了啊！

我母亲的娘家也是大族，外公王復常是读书人，我舅父是我父亲的同科秀才，家境比较富裕。我母亲因此也有一些私房钱，她自己是一个钱不花。她逝世之后，根本没有剩下多少钱，原来都借出去给别人了。借给谁呢？没有借据，死无对证，可是债务人一个个的把钱送回来了。大家听了都啧啧感叹，一个好人做好事多了，死了之后，人家也不忍心欺骗她的。

我父亲是烈性子的，青主从小显示出众的聪明，因此我父亲期望甚大，要求严格到近乎苛刻的程度。他亲自教他读书，背书稍有讹错，立刻鞭挞从事。这是古人所谓"扑作教刑"的实践。我母亲给青主洗澡，看见他身上的鞭痕，自然是心痛极了的，但是她默不作声，只是静静的流泪。因为一说话，爱抚过分，就等于显示父亲的严酷。但是又忍不住痛心流泪，这正是温婉而又不沉痛的表现，这感情是多么深挚啊！

家务的负担，生儿育女的劳损，终于夺走了她36岁的生命。开吊的时候，父亲写了一副长达166字的挽联。旧社会是没有人敢于夸耀自己的妻子，现在写挽联，才可以尽情述说逝者的美德。联中说我母亲"剧怜裙布荆钗，释遵父训；牙签玉轴，还课儿书。二十年教子相夫，内政殷勤，时劳梦寐。今日危崖撒手，弦柱中崩。"母亲临终一幕动人的情景也留下这样一段话："固思床褥弥留，戚邻临存，同声下泪，"这副挽联张起来之后，同族的一个青年大受感动，于是站着反复诵读，来回几次，直到背熟为止。此后一段时期，就像背诵古文一样，随时踱着方步在背诵。

丧事办过之后，父亲也像潘岳、元稹一样写他的悼亡诗，其中有一句是"病榻要盟忆碎杯"，是说母亲临终的时候，同他谈起续娶的问题，父亲听了，立即从桌上拿起一个茶杯向地上摔成碎片，斩钉截铁地说，我要是再讨老婆，就像这茶杯一样。这件事好像是说明他们的关系有点平等相待的倾向，也许是维新运动之后社会思想发生渐变的预兆吧。

关于母亲对我如何的爱抚，我如何折腾我的慈母，我是一点都回想不起来了，只听人讲过有关我的一件事。那是我听我的姐姐谈国文教科书的时候，听到了"乌反哺，羊跪乳"那两句话，我随即跪到我母亲的跟前，说我也要学羊咩一样吃奶，来孝敬我的母亲。那是我几岁的事，别人没有说清楚，既然我懂得这两句的意思，那应该是不再吃母乳的婴儿了，也许只是一种撒娇的举动吧。反正这证明我是一个属于顽皮捣蛋的孩子。

说起顽皮捣蛋，我还做过一件相当荒唐的傻事。那也是从我姐姐的教科书上得到启发的。

教科书里有这样一课鼓励人们识字的故事。村里竖起一块木牌，大书"下有虎阱，行人止步"。乡民不识字，不知道前面是伪装的虎阱，因此跌入虎阱，受了重伤。我觉得很有意思，家里的笔墨是现成的，我父亲还备有写大字的长锋毛笔，于是我就在墙上写出饭碗大的两行大字："下有虎阱，行人止步。"为这件事受到重重的责罚，是不言而喻的了。然而另一方面却也有人从中看出我够得上是一个读书的种子，并引起我在襁褓中的一段故事。

据说那是我趴在床上不会走路的时候的故事。碰到有什么得不到满足的时候，唯一的表现就是啼哭。对我最灵验止哭的办法就是塞给我一本书，不管是什么皇历，只要是订成本本的就行。我一看见书，立刻止哭，抓住这本书，心满意足地边叫边摸。可见我从小就是一条书虫。

这件事我根本没有向别人谈过，直到我结婚12年之后，我老伴回广东见到我的姐姐，我的姐姐才向她揭发了我的老底。

当时的社会习惯，孩子满了6周岁绝对不会送他去上学。当时的教育状况是学校还不如私塾多，许多家长还不愿意把孩子送去上洋学堂，他们认为学堂不教三（字经）百（家姓）千（字文），也不教四书（《论语》《孟子》《大学》《中庸》），孩子是学不好的。私塾的课堂还庄严隆重地用红字写着"天地君亲师"的牌位，张贴在堂正中的上方，学生入学还先要向"天地君亲师"的牌位三跪九叩，有些开明的老师则将第三位的"君"字改为"国"字，算是知道已经没有皇帝坐龙庭了，应该以国为主。我的父亲是看不起私塾的，他也反对给小孩子读《四书》，他说，"巧言令色鲜矣仁"，学生懂得什么意思！他对我的学习是采取"粗放"的方式，并没有趁早上学堂，只是任由我翻看我姐姐的教科书，他有兴趣的时候，就给我讲一些《战国策》之类的文章，如《颜斶说齐王》《冯煖客孟尝君》等等，有时也讲一些小说的故事，如《智取生辰纲》《江湖劫法场》或者《聊斋》的《小翠》《劳山道士》之类。我幼小的心灵因此也不那么呆板，无形中还认识到读书人比国王还要高出一头，因为颜斶提出一些"士贵耳，王者不贵"的论证，居然下结论说："由是观之，生王之头，曾不若死士之垄也。"同时又因为读了左传的故事，我对历史产生了极大的兴趣，我把当时商务印书馆出版的历史教科书一口气看完了。

9岁，父亲才送我上小学，排在小学三年级，课目多了，国文之外，还有算术、修身、唱歌、体操、手工等等，上了高小，又加上读经，国音，英语和珠算，还有国术，其实只是打拳。同班的学生认为吃力的是英语和国音，即学习注音字母（ㄅㄆㄇㄈ，ㄉㄊㄋㄌ……）但是我却觉得新鲜，好玩，一下子就学会了，他们因此带点羡慕的口气说，什么都难不倒他。其实不然，有一门功课我就不论怎样总是学不好，我不得不向那从商店来的同学请教，那就是珠算。

小学时代对我影响最大的是校长黄维周先生的历史课，我还念初小的时候，我哥哥已经念高小。黄老师讲历史课，因为材料丰富，到了下课的时间还是讲不完，总是一直讲下去。我下课早，等我哥哥下课一道回家，于是在课堂门口偷听，黄老师也不干涉。我听得津津有味。到我升上高小，直接听黄老师的课，黄老师对我的确有所偏爱，这是我永远铭记在心的。

还有一件影响我一辈子的是修身课，关于诚实不欺的故事。其一是司马光夸称自己用开水脱核桃皮，遭到大人的斥责，从此不敢再说谎的故事。另一件则是华盛顿"以斧砍樱桃树"，父亲发现了声称要惩罚砍树的人，华盛顿向父亲坦白，因此免受责罚。接受了这两故事的教训之后，我居然能够身体力行。有一次在花园中耍铁棍，一不小心铁棍打到水缸上了，水缸崩了一块，我父亲看了问是谁搞的，我老实坦白了，我父亲因此夸我不说谎，一句话也没有骂我。这使我尝到了老实的甜头。如果要实事求是地说自己有什么优点的话，我会不加思索地指出这一点。就算是王婆卖瓜，自卖自夸吧。

学校规定唱歌课每周一小时，老师还教我们认简谱，讲什么四分音符、八分音符，讲小节，还有不唱的符号称为"默符"，即我们现在通行的名称休止符。有一次缪天瑞同我谈起早年的乐理课，他还认为默符比休止符更合事实，因为加上默符的地方音乐的进行并没有停止，只是暂不作声而已，所以默符的名称是更合理的。

我们上学的时候，国家已经历了鸦片战争、甲午战争、戊戌政变、八国联军一连串丧权辱国的历史，教材方面，不论是国文还是历史，都要讲到国家危亡的形势，唱歌也贯彻了这种精神。一方面是歌颂祖国的伟大和光荣的历史，另一方面又提倡军国民教育，俾斯麦的铁血政策也成为歌词的内容，为了救亡图存，唤醒睡狮，这是可以理解的。为了培养学生乡土的感情和审美情趣，黄老师还照某些曲调配上本地风光的歌词，唱起来颇感亲切。

可惜的是当时音乐教材非常缺乏，可供儿童歌唱的也非常之少，所以除了《黄河》《中国男儿》《送别》《乐郊》以及说不出名称的歌曲之外，我们还唱了《悲秋》一类的歌曲，歌词竟是"说什么功名，一场好梦熟黄粱，怕明朝揽镜看，又添上潘鬓萧条几重霜"。这距离儿童的生活和感情真是太远了，也未免是过于消沉和衰飒了。

这一时期还有一件对我影响深远的事，那就是我的大哥廖尚果，即后来著名的青主。1912年去了德国留学，两年之后，爆发了第一次世界大战。他给家里寄回有关战争的、附有一些炮火连天的插图的报纸，我还很小，根本不懂得这是帝国主义的不义之战，只知道什么飞船，什么潜水艇，都是闻所未闻的新鲜事物，自以为我比别人多开了眼界呢。

由于我的父亲朋友来往，谈文论学是主要的话题，有时又拿来诗稿欣赏。我除了供茶奉烟之外，总是坐在角落里听他们高谈阔论。听得多了，自己也受到传染，对诗词产生兴趣。为了充实学习的内容，经常注意报纸上发表的诗词，还订了一个小本子，把看到的作品抄下来，以便随时翻阅，做自己写作的参考。有一天被我父亲发现了，他翻开来看，不看犹可，一看他火就上来了，他说，这样的东西值得你抄出来吗？连句子都不通，押的韵也是硬凑的。这一说真好比是醍醐灌顶，原来印出来的东西也有靠不住的，接受这次教训，从此对书报不再轻易迷信，看什么都自己先用脑筋想一想，有时也就想出了一些新点子。

当时惠州学界有一个组织称为宏汉学会，每年都请名人出一批征文题，有考据，有史论，有掌故，有诗词，评定甲乙，分别颁奖，后来连高小学生也聚拢来，进行作文比赛。我被选去参加，起草的时候，忽然大发议论，卷交了上去，阅卷的有教育界的各位代表人物，如劝学所长，教育会长等等，我们的校长黄老师自然也在应邀之列，他们看过之后，一致认为我的作文是最优等第一，还告诉我的父亲这个喜讯。有一位考官看了，立刻把他女儿的庚贴送过来，要指我做他的女婿。倒是我的父亲没有同意，把庚贴退了回去。至于评选的结果，我列为第三名，原来决定权是当时在任的县长。黄老师知道之后，悻悻地告诉我的父亲，说这位县长看昏了眼，弄颠倒了。

小孩子做什么事，往往是看大人的举动的。父亲朋友来往，总少不了谈作诗对对子，甚至于在打麻将的时候，忽然在叫出"白鹭飞"的诗句，原来是吃了一副"平湖"，于是截取"草长平湖白鹭飞"的诗句来做"平湖"的代词。父亲平时在踱方步的时候，也不免长吟低唱，"三顾频繁天下计，两朝开济老臣心"。我听得多了，也学起这个样子来了。当然我刚起步学做歪诗的时候，是平仄都不懂的，只是不管顺口不顺口的七个字一句，押韵也平仄通用。后来看到一本《千家诗》，又自觉不自觉的分辨出平仄，这才依照"平平仄仄仄平平"的规矩来造句。但还是不懂得什么叫"失黏"，直到念起来觉得有点拗口，才摸索到如果第二句平起，第三句也应该平起，第四句仄起，第五句也应该接上仄起，以此类推，这样读起来才合辙。

凡事起头难，一开头就会越扯越大。过不多久，我又发现了一本《白香词谱》。一篇作品的句子，有时长，有时短，读起来特别好玩，于是自己也照葫芦画瓢。一首〔点绛唇〕，就老老实实的，第一句四个字，第二句七个字；第三句四个字，第四句五个字，以此类推。写了一段时间，又觉得不对路，因为读范本读起来很好听，自己写的却像是散了板似的，读起来上气不接下气，这样一句一句的对比一下才发现，我只是依照每一句的字数造句，并没有遵循每一句的平仄结构。经过这一番校核，我觉得又打开了一片新天地。当然，实际上这不过是填词的起码的常识，但就我这个高小程度的学生而论，这却是可与哥伦布发现新大陆媲美的大事哩。但是这段经历只有我自己知道，我没有同别人说过，也没有给谁看过我的作品。

我这段写诗填词的经历正是所谓的无师自通，还引发了我父亲的惊喜。

当时我读高小三年级，1921 年，青主去德国留学已经将近 10 年，家人都盼望早点回来，有一次我们姐弟分别写信给他，我也写了一封，附有怀念他的三首七绝。大家的信写好了，一一装在信封里，我父亲好奇地想看看我们写了些什么，一看到我那三首七绝，他真的吃了一惊，这小子怎么竟然写起诗来了！

他忍不住立刻笑眯眯地告诉我的祖母，说阿敦（我的小名，敦读如对，古代的青铜食器，我父亲给我们兄弟起名都是古代的礼器，含有希望我们都能成器，亦即有出息的意思。）居然会写诗。一看到我，便好奇的问我，你怎么懂得顶接平仄的？看样子他是隐藏不住内心的喜悦。

我回答他说，就凭一次又一次的吟咏，第三句起头的平仄不与上一句起头的平仄黏合的时候，读起来便不谐调，于是摸索到顶接平仄的门径。他老人家听了，点点头，算是对我答复的认可。

惠州人旧日的生活习惯是一天吃两顿饭，早一顿是 9、10 点钟之间，晚一顿是下午 5、6 点钟之间。我们的上课时间是早上 8 点钟上一课，下课之后随即回家吃早饭。9 点钟再来上课到 12 点钟，中午休息，下午 2 点到 5 点钟上三节课，一日的功课宣告完结。中午大家都自由活动。学校外面是称为第一公园的，多数同学是出去玩耍，我一般是留在课室看带去的课外读物。有的同学说我不去玩，多看书，对作文有好处。当然，看课外读物，不光是为了给作文多点材料，但是对作文有帮助却是事实，我的作文因此不免多一点卖弄，有时拿《鲁滨逊飘流记》做我议论的例证，有时也搬出什么什么兮什么什么的骚体的句子，不过我当时这么写还不是从屈原学来的，而是从梁启超的《去国行》《志未酬》等作品学来的。唐诗也是我偶然引用的材料。因此还遭到老师不点名的数落，说有人搬弄一些生僻的句子，说明他是抄袭的。我没有教过，他怎么知道！在他心目中学生大概是只能在他教导的范围内讨生活了。我听了是有点不服气的。

学校的学期考试有时是在规定的考期之外、在平时上课的时间举行，叫做"随堂考试"。有一个冬天，我闹病之后，我祖母怕我再受风寒，不让我去上第一节的历史课。恰巧第一节课是校长黄老师举行随堂考试，我于是缺考了。可我吃过早饭，走进学校的时候，黄老师一看见我立刻叫我进他校长室，给我补考历史课。交卷之后，回到课室，只听见同学们正在议论，给阿棐（我的别名）补考，第一又会他的了。原来前几次期末考试都是我考第一名，这次缺考一门课，第一就该让给别人了。现在又让我补考，真是的！黄老师为什么让我补考呢？是因为他发现我喜欢听他的课吗！总之我是永远铭记黄老师对我的教导和爱护。他是我衷心景仰的恩师。

说起黄老师的历史课，倒要多讲几句。他上的是高小课，事实上岂独高小，高中课也不一定要讲到那么高水平。他讲到东汉，他就不厌其详地讲李膺、范滂等人的故事，一直讲到范滂的母亲，有声有色地讲他们母子诀别的场面，连当时民间流传的顺口溜如"汝南太守范孟博，南阳宗资主画诺"和"南阳太守岑公孝，弘农成瑨但坐啸"等等都写在黑板上给大家看。也许有人会问，小学生懂得这么多吗？这需要我们了解当时的具体情况。当时的高小学生通常都已经达到十五六岁，甚至十七八岁，有的学生甚至已结了婚。所以黄老师讲历史，是尽量做到深入浅出，一般水平的可以听得懂，资质高一点的则可以受到深刻的教育。我生平所从事的工作几乎离不开历史，这无疑应该感谢从小得到黄老师的循循善诱。

现在小学毕业生的平均年龄是12岁，当时多数都是接近成年人的大孩子。所以毕业的时候学校特别请毕业生来一次话别的聚餐。当时的评论是小学毕业相当于科举时代的秀才，所以是相当隆重的。有的人家居然把小学毕业证书装入镜框挂起来，表示他们是属于所谓读书人家哩。

在我小学毕业的那个夏天，廖家兴起了一件大事，那就是我们大哥从德国回来了。他是惠州人第一个留学欧洲的，过去即使有留学生也不过是留学日本。不独此也，他又是惠州历史上头一个响当当的博士。一般人不懂得博士来头有多大，干脆给它取一个大家懂得的名字："洋翰林。"当然，这个名字只限于在比较开通的人们中间流传，普通老百姓还是仿照通俗的说法，管他叫"番客"。所谓"番"，是当时对于外洋经商的人的俗称。去南洋、金山等处谋生就称为过番，这种人别称为"番客"。读者有兴趣想进一步了解"番客"的具体情况可以去看黄公度《人境庐诗草》里面的《番客篇》。番客当初经过长年的省吃俭用，运气好的还可以从打工升级为经商，甚至于是发了财的财主。因此番客回来，在一般人心目中多少有些衣锦还乡的味道。家兄一入家门，同样有人以为是番客回来，即使不是腰缠万贯，也总是荷包满满的吧，哪知他竟然是两手空空的呢。

尽管以为番客发财的亲朋好友，弄清楚事实真相之后大失所望，我家以及各方面明白的人还是非常高兴的。祖母第一件要做的事是"还神"，感谢菩萨保佑她长孙经过漫长的十年，能够平平安安地回到家中。除了菩萨保佑，祖宗积德，还有什么可以依靠的呢。

不管是菩萨保佑也好，祖宗积德也好，总之是大大的好事，应该庆祝一番。首先是我们自己大摆筵席，请亲朋好友来聚会，接着是这一门亲戚，那一门好友分别轮流在我家摆酒。我是除了顿顿解馋之外，还听到长辈和家兄海阔天空的谈论，无形中增长许多见识。

热闹过后，就该谈谈家兄对我的启迪了。家兄使我觉得最新鲜的一样东西是那把小提琴。我当时还不知道小提琴这个名称，我的二哥是在广州一所教会学校上学的，他知道这个玩意叫 VIOLIN，中文译音叫梵哑铃，它和二胡不同，二胡的弓是夹在弦线中间的，梵哑铃却是拿弓子在弦线上面拉来拉去。我们有一个亲戚，是玩弦索的老专家，他认为弓在弦线上拉，却能够压这一根弦时，不碰到另一根弦，不好好地掌握那把弓是不行的，可见要有相当的功夫才行。

在此之前，为了让我那几位姐姐熟悉学堂乐歌的调子和拍子，我的父亲曾经向学校借回一架风琴让大家练习。现在家兄来了，他十只手指同时按在键盘上，真是白居易《琵琶行》所说的那样"嘈嘈切切错杂弹，大珠小珠落玉盘"，真是"如听仙乐耳暂明"。可惜的是只听得好像是狂风骤雨，一时并作，根本不懂得是怎么回事。我对家兄的佩服，过去只是笼统地相信他是了不得的人物，现在却实实在在地看到他的真本领了。

农历六月十三日是父亲50岁生日，子女们要开个祝寿会，这一下又是大哥出了新点子，他写了"祝寿歌"，是依照一首德国的曲子配的歌词，他说那首曲子名称是《得意的乡下人》，作曲家叫做舒曼。这是我头一次听到的德国的作曲家的名字。他教我们唱，他在风琴上弹伴奏，这也是新鲜事。原先学校的老师教我们跟着风琴唱，只听见单音的曲调。现在大哥弹伴奏，却是好多音同时发出来，真是闻所未闻的新玩意。

他听见我们唱歌好像还有点门路，于是谈起唱歌的事情。我们一唱，又听到他的新话头，他说，你们唱的其实都是外国歌，只是换上新作歌词罢了。例如那首《春之花》，就是德国的民歌《各种小鸟都来了》。他还用德文唱起来，遗憾是我们听不懂。（过了若干年之后，我翻看一本德国民歌集才知道是 *Alle Vogel sind schon da*）经过这一次讲论，我对他渊博的知识又有了进一步的了解。博士者，真是博得很啊！

上了高小，我已经开始学英文，还会讲纳尔逊、华盛顿、俾斯麦等名字的原文，还自作聪明地以为纳尔逊也可以译作"尼儿孙"。现在有一位兼懂德文的大哥，不是又可以多学一门"番话"吗？我正在这样想，他也准备开始教了。可是刚才学了字母，他又忙着别的什么，只是零零星星的学了几个单字。好在德文的字母每一个都有特定的读法，不像英文字母，往往有不同的读法：a 一下读成 æ，一下读成 a：一下又读成 ə:，th 有的地方读成 θ，有的地方又读成 ð，动不动要查字典才不会读错。

大哥回国后的一场热闹差不多与我的小学时代同时结束。小学毕业的我当时的精神状态是怎样的呢？说得具体点，我的文化思想又是怎样的呢？当时小学校长黄老师是前清秀才，即便有些维新思想，也不会超过康有为的孔子改制的路数。国文教员也是一位秀才，其他修身、理科、地理、音乐、体操等等功课的老师虽然学校出身，但是正如鲁迅所说的，"上午声光化电，下午子曰诗云"，主导思想还是不出"子曰诗云"的范围的。当时国文，除讲读古文外，还选读一本《作文新范》。这本书有文言文，也有白话文。老师虽然介绍《作文新范》，却只讲书中的文言文，白话文是不讲的，他认为白话文是不需要讲解的。可是我却是好奇的一篇又一篇地看了，还用白话文写信。当时学校还有国语课，是用普通话读书上的课文，先生教，学生照念。说实在的，老师的国语也不过是"广东官话"，学生更不用提了，所以所谓用白话文写信，也多是文言词句，只是"之乎者也"换作"的吗了呢"而已。奇怪的是我那位洋翰林的大哥也跟那些老先生一样反对我写白话文。我对这位哥哥是言听计从的。他反对白话文，白话文一定不好，我于是也洗手不干了。至于我之所谓奇怪，其实也并不奇怪。新文化运动开始之后，吴宓、梅光迪等人不是一直在反对白话文，还创办《学衡》杂志，做他们与《新青年》唱对台戏的阵地吗？章士钊等人不是到死还是只写文言文的吗？家兄虽然开始反对白话文，可是还不是顽固派，1926 年因邓演达的关系参加黄埔军校的工作，已经开始用白话文写作了。但在 1922 年，即我小学毕业那一年，我却从白话文后退，一心一意的再写之乎者也那一套了。

依照惠州的通常情况，小学毕业要升学就投考惠州中学，中学毕业之后多数是开始就业，少数是去广州报考高等师范学校，极个别的例外是上京考北京大学。我因有二哥的先例，跟他就读广州英文专门学校。起因是我父亲早年英文没有学出个名堂，而要在学问上做出点成绩，却非懂外国文不可。外国文呢，又以英文最为普遍，最实用，所以一定要儿子学好英文。要学好英文，就一定要专攻一门才易收效，因此看中了广州英文专门学校。我二哥入学一年之后，已经能够同老番聊天聊上一个钟头，他认为他给儿子定下的道路没有走错。这样，我这个还未成年的小伙子就居然走上"省城"的道路去读洋书了。

青年时期

（1922—1929）

广州英文专门学校是一所教会学校。学习阶段是预科两年，本科四年。我报名注册，被编入预科一年。课目分得很细，拼音、习字、语汇、读本、会话都有专门课程。所谓语汇，是分类名词，如日期、月份、天文、地理、文具、房屋、花木、蔬菜等应有尽有，我除了分类抄写之外，还依照字母顺序，用一大个练习本编成小字典，以便必要的查考。除了白天之外，晚上还有集中自修，学生有不懂的可以继续练习。实则这些都是比较机械的功课，先生讲过之后，一般是没有问题的，所以我自修课基本上是课外活动，由于课目表上根本没有国文，我便自己找书看，或者自己出个题目写作文，甚至于还写《聊斋》一样的文言文小说。

白天晚上这样的安排是我入学初期住在宿舍的日程。后来我大哥在广州租了房子，我哥俩就搬到大哥那里去了。

我大哥以民国功臣的资格享受公费待遇留学德国，当时广东省的统治机关是都督府，陈炯明是副都督，辛亥革命期间他又是在陈炯明直接领导之下攻打潮州的，所以他回国之后例须向陈炯明报到，后来被任命为粤军总司令部秘书。陈部炮击总统府，孙中山脱险登上永丰舰，相持一段时间之后，因为忠于孙中山的军队在粤北遭到陈炯明部队的阻截，不能南返广州，孙中山被迫离粤赴沪。广东方面实际上并没有激烈的争夺战，所以广东的军政机关的工作人员，即使是倾向于孙中山的也保留原有职务，例如邓演达就仍然担任他原有的军职。他和邓演达原是陆军小学堂同学，邓演达听说他回国，立刻找他，帮他分析广东局势，同时他又与原任孙中山总统府的参军、他留德的老同学黄时澄联系上了，因此他安心在粤军总司令部工作，直到孙中山纠集的各路讨贼军会师广州，陈炯明的部队节节败退，最后是退守惠潮梅一带。而他始终没有离开广州。不久他就接到孙中山大元帅府的委任，充当大理

院（即最高法院）推事。这是与他的法学博士的专业相适应的工作。

这一时期的家庭成员是他的惠州妻子和我们三兄弟。做哥哥的看见我哥俩的学习并不紧张，晚上多半没有什么作业。他于是教我们补习古文，主要是讲《孟子》。由于有一个在北京混了相当时间的新朋友，给他传授官场秘诀，他说，要引起交际圈中人家的重视，首先要练出一笔好字，再加上写一手漂亮的信札，家兄真的接受他的建议，注意看名人尺牍，还同他一道找到有正书局的代售处，买了《龙门二十品》《张猛龙》《郑文公》等魏碑回来。为了从理论上领会魏碑的意义，居然看起康有为的《广艺舟双楫》。老实说，这位朋友的建议，对家兄的影响是相当短暂的，对我来说，却真的是相当深远。虽然我始终没有成为专业的书法家，在我生活上却不论我到什么地方，只要稍为安定下来，就总要设法弄回几本郑文公，崔敬邕，刁遵，张黑女、张猛龙等等伴在身边，我的插架才算有个着落。

野马跑远了，还是回到家庭生活上来吧，家兄觉得单打一地学英文，祖国文化被忽略了，非予补救不可。除了读点古书之外，还应该注意作文，于是由他出题目，我定期交卷。不过他做事常常是灵感式的，他不是老师的料子，时间长了，他就觉得厌烦，打退堂鼓。不单是对我是这样，就算是他中年得子的命根子，他给上了几次课之后，同样的半途而废，所以我还是"自力更生"。我买了一把口琴，德国进口的，当时我国自己还不会制造。不过既没有老师，又没有教科书，只是瞎吹一气，当然说不上有什么成就。

然而意外的事发生了。二哥尚杲有一天，在学校阅览室看报纸，忽然看见一条要闻，大意是有人揭发廖尚果是陈炯明的同党，他的弟弟则是陈炯明一个旅长的女婿，当局正在查究云云。这一惊非同小可，他赶紧回家报告消息。尚果找他的同事帮他打听，一时茫无头绪。好汉不吃眼前亏，他俩只好先去香港避避风。当时去香港是自由出入的，根本不用签证等手续。我们原先的房屋撤消了，大嫂和我暂时住到亲戚家里。几天之后，我回学校去寄宿。

寄宿生活简单得很，不像原先种种干扰学习的应酬生活，可以安心读书。不久就是期末考试。学校每到学年结束，定例举行评奖，学校通常推行的是所谓三育，即德育、智育、体育。因此设立三个奖项：德育、体育以名定奖，智育命名成绩奖。德育和体育的候选人，由全体学生自由提名，再由学校参考决定。成绩奖则根据期末考试的学习成绩，授予全校得分最高的学生。颁奖仪式与毕业典礼同时举行。评选的结果我得到成绩奖，我的二哥虽然没有参加期末考试，学校还是照顾到他平时的表现给予他一个体育名誉奖。

这个夏天，孙中山已经正式下令讨伐陈炯明，进攻陈家军的老巢惠州。广州与惠州的交通已经中断。但是还在秋季开学之前，我的父亲已经辗转托人送来我应交的学费，我因此可以照常上课。

秋季开学，我从预科乙班进入甲班。开课没有几天，学校忽然通知我，说照我的成绩已经可以升入本科，这是一次意外的跳级。我真有点所谓"一则以喜，一则以惧"。喜的是学校另眼相看，让我跳级，惧的是初出茅庐，跟得上跟不上呢?! 既然是学校决定，我当然尊敬不如从命，告别了预甲同学，步入本科一年级。上读本课的时候，我记得是读《泰西五十轶事》。学校的规矩是上课之前学生先行预习，自己查生字，研读课文。然后在课堂上读一段，译讲一段，我规规矩矩地照办不误。下课之后，好些同学高兴地对我说，"我看你虽然跳班，到了我们班上你也不会是倒数第几名，不错! 不错!"我听了虽然高兴，但是我绝对不敢翘尾巴。

新入本科，看到一些同学不仅是面孔新，而且是思想新，当然这所谓思想新，只是比较而言，当时中国共产党只是成立了两年，大家还不懂什么叫阶级斗争，什么叫剩余价值。所谓进步，还仅限于科学与民主，恋爱自由，婚姻自主之类，但是对我来说，却是开辟了新天地。当时看到的新书是《胡适文存》《尝试集》《自己的园地》等。有一个同学认识岭南大学的学生，还借来《梁任公近著》及《清代学术概论》之类。读了《胡适文存》和《尝试集》之后，对胡适自然而然地崇拜起来。自己本来是喜欢诗词的，也喜欢《尝试集》后面附刊的旧体诗词，但是这本书给我的启发还是关于白话诗的理论，他那首〔沁园春〕的"誓诗"我是背得滚瓜烂熟的："文章革命何疑! 且准备搴旗作健儿。要前空千古，下开百世，收他臭腐，还我神奇。为大中华，造新文学，此业吾曹欲让谁? 诗材料，有簇新世界，供我驱驰。"

对胡适的崇拜，没有经过多少时间，即受到创造社的冲击。郭沫若在他的散文《百合与番茄》里面已经对《胡适文存》加以嘲讽，成仿吾的《诗的防御战》断言《尝试集》的诗根本不是诗，郁达夫的《夕阳楼日记》则指名反驳了胡适。读过《创造季刊》和《创造周报》之后，我觉得他们的文章更能打动我的心，胡适有点盛气凌人，竟然说有些根本不懂英文的人来同我讨论翻译（大意），这哪里是学者应有的态度呢?

这一个时期还陆续看到《觉悟》《晨报副刊》《学灯》一类副刊的合订本。我的思想因此相当的活跃，或者像梁启超所说的，"浪漫得可惊"，对上课不大重视，尽量吞咽着课外读物。学校有些全校性的活动，是各班学生自由参加的。既然学校

的功课是以英文为主，这类学生在社会上是被称为"番书仔"的，国文水平一般是不太高，我凭家庭的影响因此受到同学的重视，高班办的小刊物也接受我的投稿，我写的小诗、短文章，居然用铅字印了出来，心里是有点美滋滋的。但是对我影响最大的，甚至可以说是决定我安身立命的命运的，应推教平民夜校的经历。

平民夜校是学生会主办的，主要是接收贫穷的孩子。课本，文具等等都是免费供给的。学生会分配我教一个班。下课之后，有时还留下来谈谈心。孩子很天真，很亲切，说喜欢上我的课，我上课也就越发下功夫。过年了，夜校照例放假。使我感到意外的是孩子们竟然给我寄来贺年片。抚摸着这些凝聚着孩子们真挚的感情的贺年片，我反复地思索，孩子们，你们是怎样省得下这钱来买贺年片的啊！为孩子们做一点小小的事情，就得到这样丰厚的回报，天下还有比这个更好的职业吗？看来我这张冷板凳是坐定的了！

还有一件事也在这个时期露出苗头，那就是翻译。当我学习一段英文的故事之后，如果还没有到下课时间，我就动笔把这篇课文译成中文。也许这也得从家里的影响算起。家里收藏有严复翻译的赫胥黎的《天演论》，孟德斯鸠的《法意》，亚当·斯密的《原富》等等。这些书虽然看不懂，却非常佩服严老先生，现在自己学起英文，也试着做做翻译工作吧。为了提高翻译能力，我还买来颜惠庆所著《华英翻译金针》，这就真所谓"举鼎绝膑"了。

这一段时间，即1923年秋天，正是孙中山讨伐陈炯明，集中兵力围攻惠州城的时候。惠州与广州的交通断绝了，我只是从香港我两位哥哥那里得到一些家乡的消息，深切地体会到杜甫的名句"烽火连三月，家书抵万金"的焦虑的程度。我那时又不幸闹着脚气病，住到我惠州嫂嫂寄住的亲戚家里，由她帮我寻找治病的药物。病情时好时坏，拖呀拖的拖到了寒假。我们觉得这样下去终究不是长久之计。当时打听到有一条回惠州的路线，先去香港，从香港乘小轮船到沙鱼涌，再从沙鱼涌沿陆路走到惠州。我和嫂嫂决定走这条路回老家，从沙鱼涌到惠州总共走了多少里，我记不得了，只记得在半路上还住了一夜，到天明再继续走。同行的有好几个人，我认识的一个是张良修。由于前一时期我的脚气病反反复复，这一次的长途跋涉显得脚力有些跟不上。我并没有在人前诉苦，还因为饭量过人有点自负。但是张良修看出毛病来了，随时陪伴着我。直到1936年到了上海，他还旧事重提，关心我的健康。后来他去法国留学，回国之后，交往的多是上层人物，我就敬而远之了。

回到老家，看见我的两位哥哥也已经先期到了惠州，一下子家中倒有了一点团圆的气象。那间当街的破屋经过一场洪水已经土崩瓦解了。父亲于是索性把整个地面垫高，改为花园。在我们三兄弟聚居广州的时候家里只有父亲和二叔的一个儿子在清理园地，不能有适当的发展。现在我们三兄弟先后回到家里，增添了生力军，于是加上三叔的一个儿子合称五虎将，花园因此变得生气蓬勃了。吴梅村诗云："枳篱茅舍掩苍苔，乞竹分花手自栽。"乞竹分花也是我们园艺工作的写照。只要打听到某人家里有什么好花，主人又是豪爽的，我们就登门拜访，以得到慷慨的赠予。第二年春节，父亲在客厅门口贴上一副对联："无事闭门非左计，专工种树已成书。"有一个客人曾经问我父亲说，书在哪里，他倒想看看。事实是书并没有写，倒是我真的动了笔，要将"乞竹分花"的故事写出来，又因为再去广州上学，种树书成为"未完成交响乐"，残稿留在惠州老家，大概是在抗战期间老家挨到日本飞机的反复轰炸，早就化为灰烬了。

1923年冬天，"打路"从沙鱼涌回到惠州，不久就是春节。春节过后学校就到了开学的时间。父亲考虑到我的脚气病可能复发，惠州与广州的交通依然断绝，一个人去广州，年纪还小，很不放心，不如留在家中一段时间再说。我自己当时受到某些教育家的影响，他们不赞同学生门门功课得高分，因为这样平均用力，不可能独攀高峰，前途不免成为随波逐流的庸人。这一点很有些像我们现在所谓"高分低能"的流弊。我相信这一套，因而也不把文凭当一回事。既然要我留在家里，那也算是"从吾所好"吧。

从吾所好的第一件事，是从楼上把我父亲的那部《昭明文选》拿下来，准备好好地下些功夫。父亲看见我拿下那部《文选》，特地为我选一些精读的带纲领性的文章，如干令升（宝）的《晋纪总论》之类，他说读这类文章可以综览全局，认识一个朝代的兴衰得失，干宝说到晋之兴也是"功烈于百王，事捷于三代"，暗示司马父子得国的手段是不正当的，亦即石勒所说的，"欺人孤儿寡妇，狐媚以取天下"。这些话对我很有启发。我依从他的指点，读了贾谊的《过秦论》，司马迁的《报任少卿书》，曹植的《求自试表》等等。在广州上学的时候，我读过李陵《答苏武书》，选家曾引用苏东坡的话，说这是"齐梁小儿所为"，又有人说苏东坡的批评是"大言欺人"。现在读了司马迁的《报任少卿书》其中关于李陵与单于连战十余日那一段，与李陵《答苏武书》比较一下，显然李书是根据司马迁的叙述加以改写，而笔力却是差远了，说得尖刻一点，倒真的像是落到"八代之衰"里面去了。这也许算是摸到了一点论文的决窍吧。

这一段时间的学习，实际上并没有按什么预定的计划，而是灵感式的，或者说是触类引伸式的，例如原先读过元稹的《遣悲怀》，现在就找潘岳的《悼亡诗》来看，顺道又找了他的《秋兴赋》来看，听人说阮籍会弄青白眼，就读他的《咏怀诗》。江淹的《恨赋》和《别赋》则是知道江郎才尽的故事之后才找来读的。读陶渊明则是先读《归去来辞》，然后才读"采菊东篱下，悠然见南山"一类的杰作的。

在诗的园地里浏览一番之后，对于古诗境界的博大算是有了初步的领悟。就诗论诗，阮籍《咏怀》内涵深刻是无可怀疑的，但是寓意玄远，古人已经说是"百代之下，难以情测"，小子当然莫测高深。陶渊明呢，平淡高洁，我是太年轻了，距离不免远一点。倒是左思的《咏史》对我有不容忽视的影响。他的名句如"长啸激清风，志若无东吴。铅刀贵一割，梦想骋良图。左盼澄江湖，右盼定羌胡，功成不受爵，长揖归田庐"激发了少年的志气；"寂寂杨子宅，门无卿相舆。寥寥空宇中，所讲在玄虚。言论准宣尼，辞赋拟相如。悠悠百世后，英名擅八区"教人安心坐冷板凳，不计较眼前的得失；"振衣千仞岗，濯足万里流"这是多么伟大的气魄！"饮河期满腹，贵足不愿余。巢林栖一枝，可为达士模"这又为安心过朴素的生活树立起光辉的典范。总之左思的这一组诗为我立身处世定下了坚定的信念。

也许是我特有的古怪癖好吧，读五七言古诗像是讽诵经史，读律诗绝句则好比调弄丝竹，词更富于音乐性，自不用多说了。基于这一怪癖，我更偏向于读唐诗。家有一部三注《李义山诗集》，即何义门、朱竹垞、纪晓岚三家分别用黑、红、蓝三色套印本，我和大哥经常共读，他还要我把纪晓岚评说的近体诗用一个本子抄下来，并把纪打的圈圈印上去。经过这一番操作，我对玉谿生也就来得特别亲切了。

古语说，独学而无友，则孤陋寡闻。父亲是严师，不敢对他乱说；哥哥呢，大哥眼高于顶，不可能自由议论；二哥兴趣偏重小说，大观园的怡红院，潇湘馆的各处陈设，他都了如指掌，梁山好汉劫法场，阮小二坐在哪一边，李逵从哪个方向杀进来，他都一清二楚，诗词可不那么热心。因此我要另找对手。听说我一个小学同班同学开始学诗，于是我找上门去。另一个同班同学的弟弟专门攻读古书，兼爱写诗，我也不肯放过。此外还有一位比我大的，我先前因表兄刘孟纯的关系认识的秦寿宁，现在已经中学毕业，当上国文教员，我当然没有忘记去找他，找他还可以向他请教。找他多了，还结识了他的同事李罩亮。这一下我的活动范围扩大了，可以借阅的书也多了。读多了，写的也跟着多了。年纪轻轻的，有什么好写的呢？也不是完全没有。即如从沙鱼涌"打路"走回惠州，经过战火刚烧过的战场，破破烂烂的房屋，荒芜的田地，干枯的树木，都会引起你对战争的厌恶和伤感，从而发出"一将功成万骨枯"的慨叹。不过也只是沿袭前人的诗意，写出些"赝鼎"而已。除此之外，西湖的景点如红棉水榭，百花洲之类也是诗料，此外一年的节气如清明、端阳、七夕、中秋、重阳等等都可以拼凑出什么律、什么绝的，可以套用的古人的名作多的是，何况还有春天的桃花，夏天的荷花，秋天的菊花，冬天的梅花，以至随时应景的水仙、秋柳等等，都是可以听你使唤的。有时我甚至于异想天开来它八首七律和杜甫《秋兴》。狂奴之狂，一至于此，可笑也夫！

这样一来诗写得不少是明摆着的，但是这些东西哪里去了呢？回想起来，自己也不免脸红。老实说，一首也没有留下来。算一算这笔帐，这算不算是精力的浪费？不见得。要不是经过这一段时间放手的东涂西抹，是写不出后来得到私淑师友柳亚子、俞平伯、龙榆生、钟敬文、夏承焘各位先生称许的作品的。

对于名胜古迹，可以题诗，也可以写《游记》，苏东坡侍妾的朝云墓，正是一个好题目，写的时候忽然觉得文章竟不如写诗来得顺手，于是乎发现了自己的不足。原来读诗可以说是几乎入了迷，对于文章是冷落了。这不对，应该补课。这时候记起了《古文辞类纂》。想起来自己也觉得好笑，一个专门读番书的小伙子竟然不知不觉地成了"选学妖孽"和"桐城谬种"的双料门徒！

如上所述，我是几乎沉浸在复古的气氛里面了。不过事实还不是那么简单。我家有一位堂姊，嫁给一个惠州中学的高材生。她的家公是前清拔贡，是我父亲的老朋友。他是惠阳县视学，担任多方面的文化工作，是惠州第一个杂志的创办人，因此有一些重要的杂志如梁启超主编的《大中华》及《庸言》之类。他的儿子，即我的姐夫则订阅《东方杂志》，这些我都借来看了，特别给我留下深刻印象的是关于五卅惨案的专刊，看了各方面的纪录和宣言，从而加深了对帝国主义横行霸道的认识。除此之外，我还有从广州带回的几本《创造季刊》及郭沫若、田汉、宗白华通信的《三叶集》。特别重要的是我还想方设法辗转托人在广州替我购买《小说月报》和《创造周报》，在《创造周报》上看到郭沫若哀悼列宁逝世的诗篇《太阳没了》，加深了我对列宁的崇敬。凡此种种使我免于陷入遗少的深渊。

1924 年春夏之交，惠州又遭到第二次围城。不过这一次并没有过什么剧烈的战斗。除了开过几次开花炮之外，并没有真正攻城的决心，间或飞来几架飞机，也只限于盘旋侦察，有一次还撒下一批传单，油印的，希望城内的守军认清形势，毅然来归，本大元帅定然一视同仁，不咎既往，困兽犹斗是没有前途的。惠州的守军则一味关牢城门，不降不战。这样的僵局也没有维持多久，攻城的部队又撤走了。惠州仍然显示一片苟安的景象。

炮声初起，我的大哥当即订好一个本子，题为《惠城困感录》，开头写道，炮声过后，又来了一些飞机，颇有近代战争的雏形，可是并没有写下去，因为无事可写。

还是回到自己的生活上来吧，关于这一个时期的音乐，是相当贫乏的。我的大哥从德国带回来的小提琴因为阴雨的影响受潮，他一不小心竟拿去晒太阳，不一会竟然爆出几条裂缝。当时别说惠州，广州也没有地方修理的，只好报废。他还有一支木制长笛，构造相当复杂和精巧，奇怪的是他不大吹弄，我是不敢碰他那件宝贝的，只是有空吹吹洞箫。不像对诗词那么带劲，也就谈不上什么成绩。弹扬琴也曾热闹过一阵，但同样的乏善可陈。

有一件事一直烦恼着我的是婚姻问题。事情还得从1922年我小学毕业后去广州上学讲起。那年秋季开学不久，我的一位堂兄写信给我两兄弟，信中谈到家中已经为我定了一门亲事，可喜可贺云云。我看了心上一震，说是我的亲事，根本没有告诉过我，更谈不上征求我们意见。我看过信后，什么话也没说，好像与我不相干的样子，心里却怪不是滋味。教会学校是经常有各种晚会的，比普通学校有更多的音乐活动。在晚会上看见那些成双搭对的夫妇，有的居然是妇唱夫随，丈夫为太太唱歌弹钢琴。我忽然想起现在夫妻可以这样子各显所能，真是美满姻缘，于是把自己摆进去，觉得自己差远了。有一天晚上，那时我的大哥已经租好房子，我们俩兄弟也就从宿舍搬回来住在一起。我闷闷的坐在一边，大概脸色很不好看，我的哥哥好奇地问我什么不舒服。我没有答复他的问题，而是哇地哭出来。这样一来，阖家人的紧张自不用说了。后来弄明白了，是我为我的婚姻问题想不通的缘故。他们很同情我，认为我应该有一个好老婆。大哥事后还吟一首打油诗，结尾两句是："好在今时非昔比，离婚有律亦非难。"回到惠州，他还把这段故事说给大家听，目的是想造成舆论，解决这个问题，家中从祖母起也都知道我的态度，没有料到我的父亲享有家长的绝对威严，根本不容你自由讨论。我的两位哥哥是受过新思想的洗礼的，现在是知难而退了，我则是随便倾听别人发表他们有关这个问题的意见，自己尽量保持沉默。

我家有一条不成文法，每天晚上各人做完自己承担的家务事之后，各自回到本人的房间料理自己的私事。我们几个男孩子，由父亲牵头，我们跟在后面来到祖母的卧室，主要由父亲闲谈适合祖母兴味的家庭旧事，有时也牵涉到有关的亲戚，谈到祖母已经没有什么反应，知道祖母已经进入睡眠状态了，我们也各归原位。我的床位是安在祖母房里的，于是关好房门，拉开抽屉做我的私活，关于我的婚姻问题，我写了一篇《恨史》，叙述整个事情的经过，特别是针对那位姑娘的父亲那个老顽固。既然他把女儿许配给我，却又说我这人"生屎豆牙"（惠州俗语，对趋新好奇的人的贬词），简称为生，他于是夸大为我这个人"两船柴煮不熟"。他是连新式学堂都要反对的人，对我读洋书，写白话文，无疑是看不顺眼的。

我还写过一篇小说，说一个青年对强加于他的包办婚姻不满意，但又找不到解除婚约的办法。到了他的家长为他办起婚事，满堂宾客的时候，他悄悄地跑上开往省会的轮船。

上述这些算是保密的文件，我那张桌子的抽屉底下有一块挡板。这些"作品"是放在抽屉底下那块挡板上面的。

我这篇"逃婚"的小说显然是从自身的构想得来的。不知道什么缘故，我无意中泄漏了出来，我的大哥还借此公开宣布了我对婚姻的不满以及我秘密的打算。但是事情不会是静止不变的，正所谓心事如波涛吧，我渐渐的又设身处地为对方考虑起问题来了。在旧礼教支配之下，她也是受害的人，要是我一气要解除婚约，人家会怎样看她呢？是她人品不好，所以遭到抛弃的吗？这对她不是一种冤诬吗？处在这样一种无告的地位，不是多可怜的吗？这不是我害了她吗？再说，新人物也有接受家庭定下的婚姻的，胡适就是实实在在的这样的例子，委屈一点，迁就一点也算是两全其美吧。经过这样一番的思维，我的心情是转趋平静了，安心做我想做的事了。

我们祖母70岁了，父亲准备为她祝寿。依照传统的习惯，是会收到一些称颂寿母耆年硕德的寿序的。这些寿序有比较明白晓畅的桐城派古文，更有数量占多数的骈文，骈文之中有相当谨严的力作，有流于熟套的应酬文字，也有独辟蹊径、引用新词俗语的妙品。我跟随来宾来来往往，倾听他们的意见。这一听倒真是开了我的眼界。对力作的一致赞赏，对妙品的毁誉参半都是正常的，令我惊奇的是一位北京大学毕业生，他特别欣赏那篇流于熟滥的应酬文字，对那篇独辟蹊径的妙品则肆口诋毁，并说他反对白话文，试问白话文一用新式标点，还能写在寿屏上面吗？这一番高论颇引起我相当强烈的反应，还使我对大学生产生了不敬的想法：文化水平低下，思想落后，怎么大学生会是这个样子！

寿序除了称颂寿母的美德之外，也总要提到她的子孙，以子孙的嘉言善行论证母教的伟大。孙辈的人物首先提到的自然是廖尚果。我年纪小，榜上无名是可以理解的，但是比我大的也不是都被提名，这可给我幼小的心灵一种严肃的启示。要不好好努力，连这样的文章都上不了名字，那真是与草木同腐了。

我父亲有一位远房叔祖，在家养老，发愿编写一部廖氏家谱。事先参考如朱九江一类名家的家谱著作，然后动手写出一份发凡起例，送来给我父亲看。父亲看了

说，雨生公（叔祖的别字，名佩鎏，父亲背后也不敢直呼他的名字，总是敬称他雨生公）真不愧为积学之士，这是多么精深的发凡起例。雨生公自任总纂，廖家有点名位的，例如我的父亲和大哥都列名为协纂。遇有比较重要的条目，他都送来征求我父亲的意见.。除了历代先人的生平行事之外，也兼及他们的逸事。最后还有廖氏一门历年的著作。记得问到大哥的著作篇目的时候，他没有写出什么书名，却发感慨说，学术的肥鹿早晚会出来，现在没有，岂我才力不足哉，财力不足也。我听了不免犯胡涂，写书要靠财力吗？莫非要等到有了钱，盖起了房子，窗明几净，佳肴美酒享受够了之后，才能够任情挥洒吗？看他后来的具体表现，只有在遭到通缉，躲在斗室的时候，亦即是财力不足的时候，才写了几本书。一到他自由行动，薪水优厚了，他却几乎是把笔封了起来呢。

光阴似箭，日月如梭。一晃到了 1925 年。1925 年的大事是孙中山的逝世，广东革命政府的两次东征和广东全省的真正统一。第一次东征击溃了陈炯明部队盘踞在潮梅一带的主力。同时廖仲恺的策反取得重要的成功，惠州守军的一个旅长反戈一击，守军军长杨坤如仓皇出逃，号称固若金汤的惠州城竟然不费一枪一弹，大开城门，归顺大元帅府。第二次东征是陈炯明残余部队趁东征军回师广州，平定杨希闵、刘震寰的叛乱的机会死灰复燃，抢占潮梅一带，又与杨坤如重新勾结。在此之前，广东革命政府已由大元帅府改为国民政府，决心铲除陈炯明残部，完成广东全省的真正统一。惠州方面是黄埔学生军为主力的第一纵队，纵队长是何应钦。总指挥是蒋介石，政治部主任是周恩来，苏联顾问加伦将军随军行动。孙中山生前半年没有攻下惠州城，这次只用了两天的时间，攻城军队就趁大炮集中轰击，北门残破的战机，攀援云梯汹涌入城。大军进城之后，并没有像通常军阀混战，攻入一城之后，几乎定例是"放假"三天，即任由军队奸淫抢掠的隐语。这一次进城的军队却是站在街边，或者演讲，或者散发传单、图片，或者张贴标语。他们正如古语形容王者之师所说的那样"秋毫无犯"。这是黄埔学生军为代表的国民革命军的新作风，的确是开始了民国史的新的一页。

惠州过去的闭塞造成人民的单纯。他们相信革命的军队是好的，因而欢天喜地以为一切都好。当时进来的队伍分头发展组织，其中有"新学生社"，也有"孙文主义学会"。青年学生有的参加新学生社，有的参加孙文主义学会。但是参加孙文主义学会的人渐渐的发现了孙文主义学会反共的狐狸尾巴，他们才知道上当。这是初见世面，不明真相，难免碰到的钉子，吃一堑长一智，孙文主义学会终究是没有市场的。

这个时候我在一个小学同学的家里看到一些广州的报纸，其中有邓演达在国民党第二次全国代表大会上的演讲，后来又听说他担任黄埔军校的教育长。我的大哥尚果于是往广州找到他，随即被委任为校长办公厅的秘书。我和二哥也跟着去了广州，仍然是回到原先的学校。

在我动身去广州之前，我做了一件在旧式家庭中有点近乎越轨的事。前面说过，经过一番思想较量之后，我默然接受了严父给我聘定的未婚妻。现在就趁离家前的短促的时间向那位姑娘的姊姊、即我廖家的远房姑姑的弟弟提出一个请求，请他转达那位姑娘家里，让她上学念书。那位弟弟，亦即我远房的堂叔满口答应，我随即跟我二哥一道登上驶往广州的轮船。到了广州没有多久，就接到那位堂叔的来信说，我所托之事，幸不辱命。我这就算达到了预期的目的了。

初到广州，看见马路上的行人熙来攘往，好像每个人都有事在身，急忙去办的样子，想起自己过去两年家乡松散的生活，现在是显得落后了。生活落后，课业也落后了，我二哥是插入我原先的那一班，我比老同学落后了两班。自己深感到不如同班同学那么朝气蓬勃。但是略感安慰的是过去两年多读了一些古书，使自己有别于一般的所谓"番书仔"。这是就学校的小环境说的，当时社会的大环境却是相当振奋人心的。国民党经过孙中山亲手制定的三大政策，共产党是可以公开活动的，《向导》《新青年》旗帜鲜明地宣扬社会主义的革命思想，严厉批评国民党右派的反共活动，文艺方面创造社发行的刊物《洪水》和《创造月刊》也一步一步地走向革命，提出无产阶级文学的主张。加上当时的群众运动，真有点像是"热火朝天"。动不动就是各种群众组织和学校学生的大队示威游行。我渐渐地觉得教会学校的学习生活与现实社会不相适应了，同时大哥尚果从邓演达那里拿来不少德文的马列主义的经典著作和革命刊物，我虽然不懂德文，对那些著作却产生由衷的仰慕。还有家兄参照这些书报写了不少文章，我读了也写过小文章投到当地的报纸上发表，也算没有脱离当时的社会现实。

当时惠州留省学习的大专学生相当多，他们组织了惠阳留省学会，请求同乡名人的支持，例如岭南大学教授杨寿昌（果庵）就是热心的先辈。他们托我向我大哥提出申请，家兄却认为这是地方主义性质的组织不与理会。在那个时候，惠州中学的一些应届毕业生准备报考广州各个大学，提前来到广州。惠阳留省学会也就成为他们的落脚点，他们中间也有我小学的同班同学，因此我也会到他们住处同他们会面，特别是那个喜欢诗词的小学同学，我同他谈得特别多。有一次谈到婚姻问题。他问起我的那个"未婚妻"。原来她是在他一个同宗的私塾里上学的。我的"未婚

妻"的父亲反对洋学堂，所以让她进私塾学习。我当即根据我那位族叔的来信说，她就在你那位本家的私塾学习。他一听，好像有点意外，他说，听说她今年退学了。我一听，好比是当头一瓢冷水。怎么，难道我族叔那封信是说谎？我暑假回家一定要去打听清楚。

到我暑假回到惠州，我那位同学也回家来了。于是我到他家里去探听，据说，她今年真是退学了，连她的书桌也搬回去了。依照私塾的习惯，每个学生都要自己带张书桌来上学，现在书桌都搬回去了，可见是坚决不来的了。莫非我要她上学的要求是干预了她家规，殊属荒谬，所以你要她上学，我就偏要她退学，才表示我家法的尊严，决不容许别人说三道四的。这一来我感到不仅是受了骗，而且是受到了伤害，但也只是闷着一肚子气，不好发作出来。只是像有一块石头，压在心里搬不掉。

暑假期间我的一个堂姐夫、中山大学学生和他的几个同学开办了一个暑期学校，补习班性质的，他教国文，看见我放假有空，便把学生作文的卷子交给我替他批改。我的一个老表说，大热天干这种无偿劳动，太傻劲了。我却不是这种看法。只要是与教书有关的事，我都高兴去做，这是我的生活态度。从中看到少年学生的思想动态，等于与小伙子交流思想，也是一种乐趣。

有一天，我父亲的一位老朋友，也是我们小学老师，对我父亲说，他在他儿子那里看到我写的一些诗词，好得很，很为我父亲高兴，我的父亲说，他根本不知道有那么回事，原来我还是老脾气，写什么诗词，只是自己一时兴起的玩意，从不张扬出去，除非碰到臭味相投的同好才写给他看看。自己有时是稿也不留的，现在问起来了，只好硬着头皮临时抄几首应命。当然有些是无病呻吟的自作多情，例如有一首咏桃花的《暗香》，原文记不清楚了，意思是说什么东皇才识，已经离枝狼籍了。相信枝头也不是长久托身的，那就随风飘荡罢。我父亲看了大不以为然，年纪轻轻的怎么可以随便作苦语！我的爷爷就最反对我说丧气的话，你也应该牢记这个教训才是。

上次带回去那本《三叶集》，我的父亲拿去看了，觉得新文学家旧学根底还是不错的，颇有别于一些老顽固动不动嘲笑新文学家胸无点墨的成见。

因父亲重视一个人的旧学根底，我想起了他的藏书。年初，由于房屋改建，来了一次原地大搬家，藏书弄得乱堆一气。新居虽然留出一间宽大藏书室，书却是一直没有收拾好。现在我回家了，算是找到了一个用得上的劳动力。广东的夏天是够热的，打赤膊，来回搬弄，还是个吃力的"翰林"（汗淋），父亲看了，也会叫我歇

歇再搬。好在我年轻力壮，经史子集分类摆好，暑假也就结束了。

经过这一次收拾藏书之后，我再也没有抚摸过这些伴我长大的藏书。抗战期间，日本轰炸机把惠州当作练习投弹靶子，进行了灭绝人性的轰炸，我这老家的房屋连同我父亲历年收藏的书籍，字画和碑帖毫无剩余地化为灰烬，最后还把我父亲活活烧死。如今日本军国主义的余孽妄图否认对中国的侵略，我家的灾难正好提供了日本侵略不容置辩的罪证！

这一年的暑假还有一件值得记载的大事，是大哥的德籍夫人带她的女儿从德国来到中国。她到达广州的时候，我还在惠州老家度假。她原名荫嘉·亨利希，后来她正式以音乐教师的身份出来工作的时候，却因为廖尚果是国民党通缉的政治犯，她只好另起名为 Valesby，萧友梅先生中文译为华丽丝夫人，因此一直称为华丽丝。她对我有过不容忽视的影响，后面还要陆续谈到。

德籍嫂嫂来归之前，大哥已经先在东山租了新居，那是通过一个留德学生租到他哥哥的住宅的一层楼。两个卧房，一个饭厅，一个客厅。客厅外面是曲尺形的回廊。回廊外面是伸出去的一个平台，可以观赏到楼外的那个相当大的花园。当时我兄弟俩是与他们同住的。因为是夏天，我们就睡在楼梯两旁装有栏杆的平地，我们睡的是帆布床，即通称为行军床的。

当时是广东政府正在筹备北伐，成立了国民革命军总司令部，邓演达任政治部主任，大哥是政治部的秘书。邓演达率领工作人员亲临前线，广州设立留守处，主任是孙炳文，即著名话剧导演孙维世的父亲。大哥因为德籍夫人刚来中国言语不通，需要就近照顾她，所以没有随军行动，安置在留守处当秘书。

由于工作的开展，大哥参加了多方面的社会活动。廖家的亲戚以为廖尚果这一下子面子大了，于是纷纷跑到广州来找他介绍工作。旧社会的习惯，亲戚从乡下来，少不了要张罗食宿，他们也就不客气地住下来，主人不好下"逐客令"，只好尽量招待。这样一来，一到晚上可热闹了。当然，他们也有自定的分寸，不敢喧宾夺主。只见楼梯空地和回廊都打了地铺。吃饭的时候，德籍夫人一家子吃的是西餐，我们兄弟和客人则另开一桌中餐。这种乱哄哄的生活，德籍夫人无疑是看不惯的，但是她知道来到中国，不能不适应中国的生活方式，所以她还算迁就过去。倒是我们觉得这样下去，不是办法，所以建议我们兄弟和一些近亲另外租个地方做落脚点，以免互相干扰。

现在回到我们的学校。学校这个学期新聘到一位国文教员，是 50 开外的老先生。他的特点是西装革履，不是道貌岸然的长衫马褂那一套。讲书很像是与学生平

等的对话，很受同学欢迎。他对我可说是独垂青眼。有一次作文，写学校的假日郊游。他给我作业的批语是，"秀色可餐，自是雅人深致"。下课之后我还是找他聊天，上下古今，毫无倦容。有一次谈到诗词，我说喜欢纳兰性德，可是书店里找不到他的专集，他说他有一部顾贞观点阅的《饮水词》。答应带来给我看。我拿到了这本书，一口气把它抄了一部。那时我已经进了法官学校，托我二哥还给他。他竟然说既然他喜欢，那就送给他好了。可惜的是那年年底，广州起义失败，我亡命香港，这本书留在广州，不知流落何处了。

广东法官学校是孙中山为了改革司法工作特别设立的。1926 年秋天，该校学生要求改变学校的落后现象，广东政府为此免除原有校长的职务，设立校务委员会。主席是一位开明人士，副主席是廖尚果，负责实际工作。我因为教会学校的学习生活越来越觉得不对劲，所以当我的哥哥问我有没有转学的意思时，我立刻表示同意。这样我就名列广东法官学校的丁班。这是法官学校的特别编制，不分年级，却定为甲、乙、丙、丁班，另有夜校一班名为戊班。这次转学没有征求父亲的意见，父亲为此很生气，他说，他不愿儿子将来做讼棍。因为他认为学了法律，如果做不成法官，那就只有帮人打官司，说得不好听就是讼棍，也叫状棍。经过我向他解释，那是改革司法的带有革命性质的学校，他也只好默认了。但是他始终认为我们兄弟的这种做法是胆大妄为的，因为这样做改变了他的教育方向。

改组后的法官学校的确是面目一新，革命学生扬眉吐气，他们的活动得到新的校务委员会的大力支持。大哥的本职是总政治部的秘书，校务委员会副主席不过是兼职，但是他工作的重点几乎是放在法官学校，学校有什么活动，他必定赶来参加。每一次示威游行，他都亲自带队。游行回来之后，他还要发表总结性的讲话，讲话的内容更是天惊石破，动不动就是马克思、第三国际。学生听了就像是共产党的讲话一样。他们猜他是共青团员，到团里去打听，团里没有他的名字，于是猜他是大学的，当时通行以大学代表党员，中学则是共青团员。

进入这样一个新的环境，我觉得心情十分舒畅。青年人是喜欢高谈阔论的，这里很容易找到志同道合的对手，渐渐的我也就引起别人的注意了。

广东当时的政治形势，表面上是国共合作的局面，实际上反共的伏流并没有停止活动。在学校里学生大都分为两派，左派和右派。如果有后台，右派学生自然起来和左派学生唱对台戏，因而闹什么大大小小的风潮是免不了的。隔邻的警官学校就分成两派，闹得不亦乐乎。法官学校因为是新近改组，进步的空气相当浓厚。原有的校长虽然被团结为校务委员会委员之一，但是他根本不到校，即使有文件送到他家里请他签字，他也公然拒绝签字。他的态度是对抗性的，既然他根本不在校，右派学生自然无从得到公开的支持，只有消极观望。别的学校例如中山大学，左右两派的斗争就很激烈，甚至于发生武斗。右派学生是随时准备打架的，他们平时经常携带手杖，即所谓文明棍出入。广东人是喜欢外国文音译，当时通行的外文主要是英文，所以，球称为"波"，邮票称为"士担"，拐棍也照例称为"树的"。右派学生因此得名为"树的党"。有人望文生义，以为"树的党"是以树枝为武器的组织，那是误解。

法官学校虽然够得上是进步的一统天下，实际上还是相当复杂的。学生鱼龙混杂，教师也还是原来的队伍。只适当地找到一些新人，如张秋人就是"大学"派来的，不过只是少数。旧的教师的讲课如果学生认为不满意，学生可以用力擦地面表示抗议，这也算是新气象吧。

法官学校相当活跃的学生是周绪瑶（周琦）、方嘉沛、阳炯、阳楷章、李儒汉。周琦比较沉着，方嘉沛偏重对外活动。平时抛头露面的是阳炯、阳楷章和李儒汉，他们喜欢接近我，同我谈革命形势，谈人生观，显得非常亲切。孙中山逝世两周年，学校编印纪念文集，我写了一篇文章，题为《纪念和服膺》，阐述孙中山的三大政策。我当时喜欢看萧楚女的文章。他的风格是生动明快，把问题说到点子上。可是最近一个时期他的文章变得沉重了，特别引述孙中山告诫党员提防敌人软化的问题。敌人的软化会造成革命队伍的分裂，甚至于使革命陷入半途而废的危险。我的文章也可以说是受到这一类文章的启发的。

有一天阳炯，也许是阳楷章，记不清楚了，约我到他们平时集会的地方去，让我填表参加国民党，同时又让我填表参加共青团。这个地方好像是国民党的党部，同时又是共青团的支部，只是一个是公开的，一个是秘密的。

填表过后，隔了一段时间，阳楷章领我到校外一个地方，见到一个年纪比我们大的男子，阳楷章介绍之后，他便对我们讲话，首先欢迎我们参加了革命的队伍，接着就告诉我们要有长期奋斗的思想准备。因为共产主义的事业是长期的，也可能是艰苦的，所以要有牺牲的精神；同时又要遵守严格的革命纪律，所谓铁的纪律。因为共产党不是执政党，不能轻易暴露身份。共青团是党的后备力量，所以也要特别保守秘密。从这一天起我就成为共产主义青年团的一员了，同时我也参加了学生会的组织，担任宣传工作。但是当时的革命形势，却发生了重大的变化。

自从北伐军攻克武汉之后，国民政府建都武汉当即提上了日程。但是蒋介石却认为他对武汉不易控制，主张国民政府设在南昌，因而他与武汉政府的对立逐渐表面化，他在一份文件里还说到党的政策，如扶助农工和联合苏俄是不能改变的。法官学校有学生看了，便在一次"纪念周"会上提出来，问主持纪念周的廖委员，蒋介石不提联共是什么意思，廖委员的答复是，我只知道党的三大政策，个人怎么提我不管。

这个时候广州接连发生了一些怪事。《向导周报》指出国民党广东省党部有国家主义派当上了委员。报上登载了共青团员退出共青团，坚信三民主义是唯一正确的理论的声明，同时还装模作样地发表致国民党右派的公开信，表示他们是什么"左派"。同时国民党广东省党部成立了民众运动委员会，企图控制群众运动。凡此种种都暗示了事变的不祥征兆。果然，1927 年 4 月 12 日蒋介石悍然发动了反革命的"清党"，广州的"清党"则发生在 4 月 15 日夜。共产党在广州的活动是比较公开的，所以有许多党员是在家里被捕的。所以鲁迅讲到这次的"清党"："详细的实情，报章上是不大见的，只有些风闻。我正有些神经过敏，于是觉得正像是'聚而歼旃'，很不免哀痛。"

法官学校当时设有一个司法人员训练班，执教的有苏联顾问，有大学教授，其中一位主讲马克思主义的熊锐教授，也是被列入黑名单的。那天晚上，捉人的军警指名要找熊锐，那个学生知道来者不善，于是他对来人说，我就是熊锐，争取一点让熊锐逃脱的时间。但是军警认为他年轻，不像是大学教授。正在争论的时候，熊锐听见了争吵声，从卧室走出来说自己是熊锐，军警这才放过那个学生，把熊锐带走。想一想这是多么令人感动的场面啊！学生视死如归，为了老师的安全，自己甘冒生命危险替老师受苦受难；老师则在生死关头，挺身而出，好汉做事好汉当，决不牵累可爱的学生。说这样的人物是特种材料做成的，大概是毫无疑义的吧，当时熊锐的德籍夫人目睹整个场面的经过，事后她告诉了廖尚果的德籍夫人，事情才从这里传开去。

经过 4 月 15 夜到 16 日清晨，反动军警的四处兜捕，广州闹得沸反盈天，捉共产党、拿共产党的消息传遍了大街小巷。16 日早上，廖尚果匆匆忙忙来到我们的住处，我们大家都已经知道突发的大变动。他知道我是不可能再去法官学校了，叫我上东山他德籍夫人那边去，我可以用英文帮她向别人传话，因为她根本不懂中国话。那时我有一个堂兄弟，在法官学校隔壁的警官学校上学，他找到法官学校一个没有暴露身份的共青团员了解那里的情况。据他说，法官学校的右派学生肆无忌惮地攻击进步学生，我也是他们点名攻击的一个。有一个高班学生，可能还是共青团员，他回法官学校去看看风声，结果被两个学生架走了，从此下落不明。我这就定下心来，跟德籍嫂嫂住在一起，大哥先是去了香港，住在亲戚家里。不巧碰到了相识的人，怕被牵累，只好转赴澳门，这样一直住了几个月，直到张发奎、黄琪翔统率的第二方面军第四军回驻广州，他才回到东山家里。

跟德籍嫂嫂住在一起的这段时间，我是相当空闲的。她是音乐家，但是她的文化修养并不限于音乐，她对文学也是有相当研究的。她懂得陶渊明、李白、杜甫、白居易、苏东坡，她译过唐诗在德国杂志上发表。梁启超访问德国，在留学生为他举行的欢迎会上她唱了自己依李白《清平调》谱制的歌曲。谈到欧洲人沟通东西方文学的工作的时候，她居然能举出小泉八云来，这就使我非常之惊叹了。当然举的是小泉八云的英文原名 Lafcadio Hearn（1850—1904）。他是爱尔兰、希腊血统的英国人，严格地说是美国人，1891 年去日本讲学，后来入了日本国籍，还起了一个日本名字小泉八云。他的关于英国文学的讲义，鲁迅在他主编的《奔流》第 1 卷第 8 期就给介绍过，认为他"是多么简要清楚，为学生们设想"。

从这件小事可见她作为音乐家，她的文化艺术的修养却是大有可观的。当时留学生讨外国太太的为数不少，一般是平平常常的居多，因而也不大受人重视。她也是嫁给中国留学生的外国女人，也难免受到同样的看待，她有时为此感到委屈。

她初来到广州，家里还没有钢琴，后来买到了一台旧货，这一下子可痛快了，一有空她就扑到钢琴上面。开始我没有觉得什么，慢慢的我也听出一点头绪来了。谈话的时候有时也联系到音乐。她给我讲了许多，我还听不大懂。为了避免单方面的说教，我也搬出我懂得的音乐知识，如《月光曲》《英雄交响乐》之类。我也读到歌德的《迷娘》《浮士德》，她听了倒觉得稀奇，中国人还知道这些东西。同时我同她的女儿也混得比较熟了。我身边有一本《德文要语》，我虽然还不懂德语，但是先前已经从哥哥那里学会了拼音，所以我会从书里面找些句子出来同她交换意见。她于是同我大聊其天，可是我并不清楚她说的是什么，但总算是彼此交谈了。

这个时候我既不上学，也没有工作，读书的时间相当多，读的书大都是李季和施存统翻译的社会主义理论与革命运动的书，还读了周佛海翻译的波格达诺夫的《经济科学概论》。我哥哥书架上有许多德文版的马克思和列宁以及布哈林的著作，但是我看着干着急。我不懂德文，于是兴起跟德籍嫂嫂学德文的念头。

当时能够得到的德文课本是桑德满的《德文入门》。那是他在同济大学任教期间为适应中国学生的需要编写的教材。它相当简单，却能扼要地把德语语法讲解清楚。每一课分为两部分：德语课文和中文翻译练习。德语的拼音是比较固定的，只有个别的外来语有例外的读法。我们的功课是先由我读德语课文，听她作适当的改

正，然后是我把中文译成德文请她批改。她对我的学习相当满意。我这个人是不很安分的，觉得那些课文太简单了，我自己另外进行比较复杂的练习，我把一些苏东坡的逸事，柳宗元的杂文《黔之驴》之类译出来，不懂的字就问她，译完了就请她修改，她也从中多了解一些中国的事情，所以也乐此不疲。

有一天，有几个法官学校的学生找上门来。他们都是没有暴露的共青团员，现在仍然留在学校继续上课。我告诉德籍嫂嫂，说他们是尚果的学生，他们很挂念廖委员，所以特来看望。她于是非常亲切地请他们坐下来，大略谈了尚果的情况。他们看见我会同嫂嫂用外文谈话，随即要我帮他们温习英文，在经常接触的过程中他们对我表示信任，让我重新参加他们的组织生活。我们是离校的团员与留校的团员合成一个小组，在一定的时候，到临时指定的地点，例如观音山或者黄花岗之类，开会学习。有时大家又聚合在一处，跟一个陌生的人到郊外某一处，或者上船到什么不知名的地方去听报告。南昌起义之后，叶挺、贺龙的部队有会师广东的消息，我们还有过打回法官学校的想法，临到什么纪念日或者什么运动，我们还会领到传单，分成一小摞一小摞的，趁没有人的时候，便用按钉按在电线杆上，有时也撒在地面上。平时口袋里还装着彩笔，一有机会便在墙上写些革命标语。平时接头的地方是在一家什么学旅，即租给学生居住的公寓。

由于南京政府和武汉政府先后反共，造成宁汉合流，西山会议派也以反共老资格参加进去，组织了特别委员会。张发奎统率的第二方面军包含黄琪翔为军长的第四军因为邓演达的关系受歧视，他们于是决定回广东，与他们的老上级李济深会合。广东的形势变化了，廖尚果回到广州，黄琪翔委任他为政治部主任。

广州形势的突变，汪精卫声称他早已觉察到第四军有共产党的活动，正在计划通过军委会削弱黄琪翔的力量。可是他的计划还未实现，广州起义就爆发了。广州起义给南京方面提供了排挤汪精卫的大好机会。汪精卫为了洗刷自己，就拿黄琪翔做替罪羊，说他任用"著名共党"廖尚果为政治部主任，说明黄琪翔纵容共产党是明显的事实云云。

现在回过头来说说我自己。自从恢复了组织活动之后，消息灵通多了，大概是11月起开会特别频繁，后来特别传达保守秘密的命令，随后又透露了准备暴动的谋划，并要各人说说对暴动的理解。12月10日，是德籍嫂嫂的生日。在此之前，我们的一个邻居，他是岭南大学的学生，喜欢音乐，所以我们交上了朋友。他告诉我们，10号晚上，岭南大学有香港音乐家来开音乐会，约我们去听。我陪着德籍嫂嫂一道去，回来时已经很晚了。第二天一早，街坊上传出了共产党打仗的消息，楼下

的房东更是人心惶惶。廖尚果马上出去了解情况。我嘴里不说，心里明白：暴动开始了。我出门直奔平时接头的学旅。接头的人不见了，留下的话是：到警察俱乐部去集合。

我跑到警察俱乐部，看见挤满了年轻小伙子，少数扛着枪，兴高采烈地谈论今天的新局面。被捕的同志也出来了，其中有我们的高班同学黄梧植。特别使人感到滑稽的是满地乱扔的警察制服，这正是那些反动家伙狼狈逃命的见证。

我领到一条红带，系在襟头，作为起义队伍的标志。这时来人越来越多，就在礼堂里开了一个庆祝会，苏联朋友也赶来了，还用广州话高呼革命口号。中间有人送来了广州苏维埃的宣言，公布了苏维埃负责人的名单和政治纲领，还有各种各样的传单。

当时大家的第一个要求是发枪。但是枪并不是说要就有的，于是组成宣传队上街。老百姓听了频频点头，互相告语，说他们讲的都是为我们好的。

第二天一早，我们赶写标语。上街张贴完了回来，觉得还有使不完的力量，恰好团市委的负责人刘一声同志来传达新的指示，我们当即要求他给我们弄些武器，他慨然答应，写了一封给周文雍同志的信，我们拿信赶到苏维埃政府，结果还是领不到枪枝。同时也听到帝国主义的炮舰在炮轰我们的阵地。还有机器工会是受无政府主义操纵的，做了可耻的工贼，勾结河南的李福林部队共同向我们进攻。

晚上我们接到刘一声同志的指示去"刘家"听候命令，"刘家"是豪贤街留嘉里，是团市委所在地，刘一声同志指示我们，今天晚上分头去捉反革命分子，我们的任务是去搜索法官学校的反动学生。可是他们都畏罪潜逃了，屋里空荡荡的，我们毫无所获。

写到这里，忽然引起了今昔的联想。我们当时看见屋里没有人，搜索也没有用，工作就算结束了，根本没有动屋内的财物，翻箱倒柜的事当然更谈不上了。而在"文革"期间，经过史无前例的打砸抢，所谓造反派一夜之间竟然阔了起来。前后一比较，我们当时真是幼稚得可笑啊！

在我们要回警察俱乐部的路上，走过国民党省党部，大家冲进去，或许这里可以找到斗争的对象。但什么都找不到，大家就坐在大厅里休息。忽然间有人放声哭起来：反动派杀了我们那么多的同志，我们却抓不到一个仇人！这口气怎么消下去！于是我们充满对敌人的仇恨，在墙壁上写满了歌颂共产党、诅咒国民党的标语。累了就在桌面上或地板上睡了一会儿，天亮了，再回到警察俱乐部。

回到驻地，听到张太雷同志牺牲的消息，大家非常震惊。当时联络的工具非常

缺乏，电话根本没有，连自行车也没有一辆，得不到上级的指示，我们很有些不祥的预感。过了一些时候，平时一直同我们联系的沙敏求同志来了。他向我们的负责同志谈了一会，就告诉我们离开警察俱乐部，回到自己的住处。或者别的什么地方都可以，最要紧的是隐蔽起来。我们理解这是最后的撤退。大家互相凝望着，没有说话，又好像有许多话要说。但这里是呆不住的了，末了还是沙敏求同志跑过来了，说你们还是走吧。我们六七人这才同他们分手，漫无目的地往前走。路上随时听见远远近近传来的枪声，走到一处，听到枪声特别紧密，阳楷章主张不要继续走，于是进入一条横巷，在一个人家门口的台阶上坐下来，这时枪声越来越近，越来越紧，还夹杂着驳壳枪和机关枪的声音。从方向推测，这可能是反动军队向红军总指挥部进逼。枪声远了，我们就说，敌人被击退了；过了一会，枪声又近了，我们就嚷道，敌人又攻过来了，这样反反复复，我们屏息静听，又焦急又疲乏，又没有办法分担战友所受的压力，只觉得时间过得特别慢。忽然间有一个人说，枪声停止了。我们默默地面对面望着，意识到这是战斗的完结。再有战斗是要等到下一次了。不知是谁先开口。我们走吧。留得青山在，不怕没柴烧。彼此带着依依不舍的心情，分头走开了。

我回到东山，德籍嫂嫂因为大哥那天出去再没有回来，她带着女儿到一个也是嫁给中国人的德国妇女那里暂住，家里倒是住着好几个惠州人，其中也有我的二哥。那时报纸上连篇累牍都是叫嚷"杀绝共产党！"和"枪毙 CY"（共青团）的文章，大街上也是这同类的标语。

第二天我到几个惠州同乡合租的住宅去看动静，碰巧廖尚果也同一个惠州人到这里来，大家都说大概政治部又"翻生"了。所谓"翻生"是惠州话，相当文言的"复活"，等于说是政治部又要恢复工作。他们没有在这里停留多久，我也再回东山去。奇怪的是廖尚果始终没有回家。

正在这个时候，国民党利用共产党的暴动这件事来排挤汪精卫。汪精卫为了推卸责任，抛出黄琪翔来做替罪羊，说是黄琪翔包庇共产党，证明是他利用"著名共党"廖尚果做第四军政治部主任，这样一来，廖尚果当然不能回家了，我也不可能再在东山栖身了。我先是跑到一个亲戚家里。可是他们却说他们的那间空房间已经出租给别人了，没有地方安置我。我明知这是怕沾边，目的是把我推出门外。原来我已经变成一个危险人物了。

我跑去找我一个堂哥哥商量。他建议我去澳门找他孔教会的一个朋友。我带着他的介绍信去广澳轮渡的码头。码头上万头攒动，根本挤不上去买船票。我只好又

回到我堂哥家里,他家里也住着他的妹夫。于是他带我去找他一个朋友。那位朋友很有江湖义气,堂哥向他讲明我的身份,决定明天去香港,今天来你这里过夜,他答应了。

第二天一早,准备出门。我们请他同我俩一道去车站。他说,送你可以,万一发生意外,我可不能救你命啊。我说,当然不能要求你救我们命,不过万一出了事,你可以出来证明,不至于落个下落不明罢了。这样我们三人就保持一定距离,迈着沉着的脚步向车站走去。到了车站,我居然买了票,上了车。直到火车开了,他们才离开车站。

无巧不成书,我在火车上碰到了第四军政治部队工作人员熊懋仁。他好像和熊锐有宗族关系。他和那位试当熊锐替身的余桂生又是好朋友。他这次去香港是去找第四军政治部先去香港的工作人员。我同他是在广州认识的,碰到了他我好像立即消除了孤独的感觉。我今天去香港,第一步是逃脱反动派的追捕,到了香港怎么办还没底,现在有了一个伙伴,心里踏实多了。

到了香港,他立刻同第四军政治部队工作人员联系上。在这些工作人员中间有当时的会计。乱军无主的时候,他可能带走了部分经费。现在这拨人的生活主要是依靠他的维持。他们住在旅馆里,当然不是一个人一个单间,而是几个人成排横着睡,我也横在床上排上一份。我问他们知不知道廖尚果的去向,他们也说不知道。我还对熊懋仁说,我身无分文,有没有办法帮我一把,他后来交给我 10 元港币,可能也是向那位会计要来的。10 块钱在当时是一个不小的数目,一个小学教员一个月的薪水才不过 20 元。有了这 10 块钱,我要开始我的活动了。既然他们不知道廖尚果的行踪,他会不会还是去了澳门?清党期间他是寄居澳门的。我于是决定去澳门孔教会,我找堂哥介绍的那位陈先生。在廖尚果主持第四军政治部期间,他是曾来广州想谋个差事的。可是现在陈先生根本没有看见过我的哥哥。扑了个空,我只好仍回香港。

还有什么地方可去呢?在九龙新界大埔有一个亲戚,1923 年夏秋之间,廖尚果曾在那里住过一个时期,这次会不会又是到那里去了?我于是决定去大埔。在去大埔之前,我先到深水埗另一个同乡那里去,他是清党开始就到了香港的,不巧,他搬走了。我看见柜台上有一张报纸,随手拿来看看,不看还好,一看可严重了。报上赫然有一条广州新闻说,第四军政治部主任廖尚果被薛岳扣留。按:廖为著名共党,黄琪翔亲保不出,故薛黄已不睦云云。急煞我也!这下还有命吗?到哪里去打听?想来想去,想起来他半年前在澳门通过亲戚介绍结识的一位陈老板。他是在赌

场工作的。找他也许有门路。于是我又赶到澳门，直奔那个赌场。赌场的人很客气，说陈老板出去了，我只好等他回来。那时已经入夜了，他们消夜，也给我一碗及第粥。我当然像琼浆玉液一样享受一番了，已经有十来天没有吃过这样高级的食品了。等呀等地终于等到陈老板回来。他一看见我，知道我的来意，把我带到一个角落里，从我手上把我带在身边的一本书拿过去，翻开中间一页，在前后两页的夹缝中把廖尚果在九龙深水埗的地址写出来，然后叙述了廖尚果写信约他过香港见面的经过。好了，原来报上登的是一片胡言。这样我就在赌场过了一夜。这是我出入赌场的宝贵经验，虽然没有押过一注，但像我这样的书呆子会在赌场呆过一段时间，也许是值得在生平行事中记上一笔的吧。

现在一块大石头总算从心头落下来了，哥哥脱险出来了。

哥哥现在住的深水埗住宅的主人姓叶，原是邓演达总政治部的工作人员，当年郭沫若在南昌起义以后与叶挺、贺龙的部队共同行动，到了汕头当即转赴香港，也在叶家暂住。据说他在寓港期间，很是痛快地打了几天麻将，然后去了上海，现在是廖尚果接他的缺。

我离澳来港，按址找到了我的哥哥。

他看见我进来，并没有惊喜的神色，只是意兴阑珊地说，你怎么出来的，现在打算到什么地方去。我说想到大埔。他随即怂恿我去。然后谈锋一转，说这次广东暴动不顾主客观力量的对比，造成了无谓的牺牲，断送了青年宝贵的生命。我听了很感到意外，对他平时的言论我是衷心佩服的，兄弟之间总说的是真心话，他这样一说，对我自然是爱护的表示，但是和他平时的言论不是一大变化吗？我自知水平不高，他的意见我不敢说他不对，难道是我的路走错了吗？总之是引起了我的怀疑。共产主义是好的，但是革命应该怎么个革法，一时有些糊涂。

带着这个大问号，我去了大埔。找到那家人，老二已经先到那里了。老二问老大怎么样。我说没有危险了，现住在深水埗原总政治部一个工作人员家里。问他有什么想法，我说，他认为革命是要革的，但是要好好地想个好办法。办法他去想，对我是莫测高深了。有一点，却是确定无疑的。人类最高的理想终为共产主义，这是匹夫不可夺的志。

大埔是属于九龙还未开发的新界，还保留着田园风味，唯一显示它的现代性的是每天有几次火车隆隆地驶过。我们哥俩住在这小山上的"别墅"里，吃过饭就走到铁路桥下面小溪边去钓鱼。也算是对主人伙食的一点小贡献。问题是这样住下了，什么时候才算尽头？主人是不说什么的，那位太太可不免嘀咕了。老二是姑爷，多住些时日还没有什么，我这个陌生人就有点尴尬了。当然我们也提请主人帮我们介绍工作，一时不可能得到解决。忽然有一天收到老大的一封信，要我马上到他那里去。到了那里，才知道是德籍嫂嫂母女二人到了澳门，要我去接她们来香港。香港的住房由那位叶先生临时介绍，与人合租一层楼。我去澳门会见嫂嫂母女二人，原来她们是由一位区先生帮她们来到澳门找那位陈老板的，这是一次小型的大搬家，陈老板叹气，光是那台钢琴就有几百斤重。澳门那边是陈老板张罗搬上轮渡，到香港之后就由我包下来了。这实在是一项相当够分量的工程。但这还算不上什么麻烦，麻烦的是那合租的房客竟是陈公博手下的小头目。他的态度非常恶劣，也许是欺负我这个小伙子，说起话来总是盛气凌人的。如果一定要说句好话呢，那就是他还没有去告发廖尚果。不过当时陈公博是属于汪精卫一派的，同样受到南京政府的排挤，香港当局偏袒南京政府，汪精卫想在香港办报，还得不到香港政府的批准。所以同住的这号房客还不敢做得太绝。但这里住不下去，非搬不可，却是铁定的了。

我们的新居搬到尖沙咀，居住条件好一点，华丽丝打算收些音乐学生。可惜当时香港只是一个商业城市，不像现在这样音乐已经成为市民生活的一部分，所以结果并不理想。正在我们在澳门、香港、弥敦道、尖沙咀忙个不停的时候，邓演达总政治部的工作人员杨逸棠一家也来了香港，在深水埗租了一层楼。当时出租房屋一般是一层统楼，住户根据自己的情况分隔成若干厅堂和卧房。他们因为是暂时栖身，所以只有杨氏夫妇买了一张床，其余的散兵游勇，有的自备一张行军床，有的干脆打地铺。青主也搬到杨家来，却不敢与华丽丝在尖沙咀同住，他还是东躲西藏地过日子。这样到了3月末，他那住陆军小学堂的熊老师给他和一个堂兄弟买了去上海的船票，他才先去上海。让我和华丽丝母女留在香港，等他在上海找到了落脚点再搬过去。

我和华丽丝母女搬到尖沙咀是在春节过后。现在总算暂时住定了，不再东奔西走了。想到要读点书，于是过海去香港商务印书馆，买回一本朱彊邨的《宋词三百首》和胡适的《词选》。胡适自称是有"历史癖"的，他的词选代表他对词的历史的见解。他论词的起源，把词的演变分为歌者的、词人的、词匠的三个时期，觉得很有新意。《宋词三百首》选周邦彦和吴文英特别多，不出尹惟晓"前有清真、后有梦窗"的老一套，因而对朱老颇有不敬之意。

由于没有职务，空闲时间相当多，于是继续跟华丽丝学习德文，并开始学习钢琴。为了练习口语，一有机会就和侄女说破碎的德语。有时还加上一些广东话，如"吃过饭"说成 faugescheck 之类。这样成了习惯，到上海还是这样继续说着，遭到青主严厉的批评。

约摸是在元宵节过后的一两个星期，老二和他的岳父忽然到尖沙咀找我来了。原来老二在我走后到香港一所私立学校去教书，现在他另有高就，找我去接替他的职务，我欣然答应。那个学校的校长早年是我父亲的学生。学校要教国语拼音，老二说我懂注音字母，很有用。其实我的国语比蓝青官话还要差，只是拼音敷衍罢了。当时香港的文化水平，说实在的，比内地还差得远，"香港地的中文"是辛辣的贬语。公共汽车站牌的中文仍"如欲停车，乃可在此"是典型的例子。语文课的安排一定要有"四书"，即《大学》《中庸》《论语》《孟子》。普通的语文课本上课的时候，教师先念一句文言的课文，然后念一句文言译成的白话。例如"黔之驴"，译成白话"贵州省有驴仔"教师念一句，学生齐声跟着念一句。旧时描写蒙馆的诗句"一阵乌鸦噪晚风，诸生齐逞好喉咙"，用在香港地的小学上面真是再恰当不过。

因为我所在学校的那个校长与报馆有来往，他常给他们投稿，所以也叫我写些文章。我写的都是一些小文章。当时还在看周作人的《雨天的书》，也就学他那一套，从一件小事引申到自己对生活和社会现象的意见，总标题是《海夜微音》，以之一、之二连续写下去。

每天晚饭后照例是在饭桌边闲谈。生活很简单，只能各人谈各人的家庭琐事。我谈我母亲作为大家庭的长房媳妇，什么事都带头抢着做，任劳任怨，忙过整天，回到卧室才为三男三女缝制衣服鞋袜，真是心力交瘁，终于不到 36 岁即不幸逝世，族中长辈也常常讲述她的美德善行。因此我的母亲成为我们多次的话题。有一次华丽丝问我母亲有没有回过日本，我说没有。她说日本不是她的娘家吗？我说，她根本不是日本人，怎么会有日本的娘家。原来青主向华丽丝求婚的时候，怕她不能接受跨国的婚姻，于是编出一段我的父母中日联姻的故事来消除她的顾虑。青主的求婚也算是煞费苦心了。

到了 5 月，青主在上海的活动已经有了结果，他找到了住在上海的好些熟人，比较有意思的是与萧友梅的会见。萧友梅一看见他，头一句话竟是"你是人还是鬼？"这充分表达出他那种惊喜之情。据说他们去年在报上看到青主被捕的消息，一班留德同学曾商量过如何进行营救。大家认为最合适的营救人选是朱家骅。朱家骅的答复是证据确凿，无能为力。这样正着急的时候，忽然发现这个生死未卜的问题人物出现在面前，自然是出乎意料的惊喜快事了。至于他去上海的时候几乎是不名一钱，到了上海怎么能活下去而且住上了洋房呢？那是得力于一些老朋友，特别是邓演达的哥哥邓演存的资助，这就正如龚定庵所说的"侥幸故人仍满眼，猖狂乞食过江淮"。

所谓住上了洋房，是他与既是同乡又是同学的一个拜把兄弟合租的。房子租定了，华丽丝母女当即收拾行装，做好上船的准备。同行的同样少不了我。校长向学生宣布我去上海的消息，学生多表现出留恋不舍的样子，问校长廖老师去上海教什么，校长说是去读书。学生大为惊奇，当上老师还要去读书，读什么书呀？小孩子总是那么天真可爱。

从香港去上海，又是一次小型的大搬家。在此之前，我已经在《创造月刊》看过王独清的通信。知道香港"查关"（即检查行李）手段的厉害，先有了思想准备。所以我们上船之后，轮到我们要"查关"了，我们立刻主动送礼，果然翻箱倒柜的手续全免了，爽爽快快地在箱子上面用粉笔写上"查"字，万事大吉。船到上海，接船的人来了，于是浩浩荡荡地直奔法租界，大家松了一口气。

住上了洋房，说起来很好听，实际上是非常不方便的。同住的那位李先生，留学法国，讨回了一个法国太太。也许是法国人以为文化水平高吧，她家好像不大看得起中国人。为了不要冒犯这位太太，我们生活很检点，因而感到很拘束。我们从她那里领教了法国妇女的生活方式。原来她的早餐是在床上受用的，吃过早餐，总要比我们所说的日高三竿还晚才开始梳洗亮相。这样一来，卫生间差不多变成是她专用的了。就算她不用吧，你用了，稍有响动，她也会认为受到了干扰。这还不算，特别可恼的是她对中国人的评价，她说三个欧洲人赛不过一个犹太人，三个犹太人赛不过一个中国人。那她为什么嫁给中国人呢？

这样的局面没有维持多久，蒋介石的军队占领了北京，张继主持国民党中央政治会议北京分会，那位李先生上北京找张继去了。我们同住的两家人少了这个缓冲人物，实在敷衍不下去了，于是乎搬了家，免得受洋罪。

现在要说一说我本人在这段时间的情况了。青主是绝对不敢公开露面的，什么事情都要我替他去办。当时的经济情况是他身边不名一钱，亏得他的一些老同学、老朋友分别承担一部分家用。但他们是不会送上门来的，只好由我一家一家地去领取。奇怪的是他们基本上好像是对我的施舍，我登上门，见到他们，他们知道是来"乞讨"的，一般是二话没说，掏出钱来，脸也不回地交给我，随即转身回到原来的地方，我也只好掉转头来向门外奔去。古人所谓"嗟来之食"者大概就是这样吧。有人甚至于对华丽丝说，为什么廖博士的兄弟是这样游手好闲地过日子。还有一点，为了与青主的老朋友搭上关系，总是由华丽丝去找他们，带路又是我。初到上海，人生地不熟，去什么地方全靠一张地图。到了探访的人家，他们开始谈话，我是坐在一边做"呆子",正如德语习惯说的受到像空气一样的待遇,忍受得多了,有时也会向青主诉说一下我的委屈。青主说,这当然不好受,不过要是乞讨都没有门路的时候,那不是更惨吗?

这里特别值得一提的是有一次我陪华丽丝去一家日本人的诊所看病。在带华丽丝看病的时候,我在休息室里静坐,意外的有一位护士小姐过来同我聊天,完全平等而且友好地聊。回家之后,我同我的一位堂哥哥说起,我今天算是受到一次少有的平等待遇。我真是有点受宠若惊,因为与人接触所受的奚落太多了。

有一次在街上碰上林楚君,他原名林长兴,是中山大学的学生,也是清党之后在学校呆不下去,到上海来的。他现在在法政大学上课,那是临时栖身的,他有办法转到复旦大学去,而且可以插上四年级,还想邀我一道去。这是一个难得的机会,我回家之后,同青主说了,但我并不存这样的希望。当然,没有我地球照样转,而缩小到目前家庭的实际情况来说,少了我这一号人,麻烦可是不少的。青主听了不置可否。说不赞成,当然不好开口;真的我去了,找不到一个替工,许多事情都办不成了,所以只能说说而已。可是林楚君却很有意见,认为我应该去上学。他哪里了解我们的实际情况呢。不过这一次没有上成学,倒成了青主的一块心病,认为他没有尽到做哥哥的责任。

这一段时间,能够看到的书只有我在香港买回来的胡适的《词选》和朱彊邨的《宋词三百首》。那位同住的李先生对词也相当感兴趣的,他不同意胡适对词的历史的看法,他受他的伯父的影响,也就是所谓南宋而始极其工的说法,所以对那本《宋词三百首》常常反复吟诵,特别是对吴文英的作品推崇备至。那时我还买了一本《小说月报》,因为里面刊有一篇《王国维人间词话未刊稿及其他》。从他这篇作品使我对近代词人有了进一步的了解。但是那位李先生看到王国维对吴文英、张炎、周密、陈允平这些人的尖锐批评,竟大发雷霆,什么难听的话都骂出来了。这时,商务印书馆出版了仿宋排印的《东坡乐府》和《稼轩长短句》的单行本,我立刻赶去买了回来,满足了我长久以来渴望的心愿。

除了看书之外,有时也写一些杂感式的短文,总算我并不是眼前有些"施主"想象中的游手好闲的"小瘪三"。

这里还有值得一提的是我和那个小侄女的关系。因为我零零杂杂的开始讲些德语,她认为我是一个极好的游伴。我们住的地方离那个法国式的公园相当近,公园的规矩并不拒绝穿西服的中国人,所以我们有空就到那边去,无形中给我提供了说德语的机会。

前面说过，我们需要另外找房子。我们接受了李先生的经验，认为法租界是比较合适的住宅区，于是找到了一家法国人开办的经租咨询公司，请他们开列一些适合我们经济条件的房屋的地址，我们依照开列的地址一家一家地去看，决定了格罗希路的一所小洋房。这一来，我从1928年夏天开始一直住到1934年秋季，上海国立音专开学，我才搬至音专宿舍。华丽丝则一直住到1950年她和女儿廖玉玑去阿根廷安度晚年才告别了格罗希路（现名延庆路）。

搬到新居后，一切都要自己动手。我学着一早去买菜。当时法租界好像没有正式的菜市场，每天早上有一些农民到我们住所附近的马路边摆开菜摊子，我用新学到的零碎的上海话去对付。值得记上一笔的是我发现了别有风味的榨菜，此外附近开有一家西式的副食店，可以买些黄油、面包一类的洋玩意，日常生活必备条件算是解决了。

换了一个环境，青主感到自由多了。他初到上海开始萌动的写作计划，现在是实现了。他的想法是尽量避免牵涉到政治问题甚至于社会问题，于是定下来的计划是写一本《女性美的研究》，他有一个老朋友也鼓励他这样做。不过他当时还不是集中力量握笔杆，他更多的时间是花在花木上。上海一般的小洋房前面总有一小块填满泥土的空地让人种些花花草草。青主动手一干，有点像是下了大力气。上海小贩是惯于走街串巷兜售各种食用物品的，其中也有卖花的，青主是他们的好主顾。他们每一次走过门口，总没有空手离开的。上海人也真会做生意，他会抓住每一个机会，渐渐的我家成了花贩小小的集散地。这个送来桂花，那个送来茶花，另一个又送来茉莉、紫薇、紫藤、玫瑰什么的，青主也尽量不让他们失望。奇怪的是有些花木刚买来的时候是好好的，种下去却慢慢蔫了，眼看是活不下去了，拔出来一看，原来是砍断下来的一根带些花叶的树枝，一点根须都没有！说什么无商不奸，也许言过其实，但是说弄虚作假的商贩还不仅是个别的，大概是可以成立的吧。

说到我自己，先开始大家都是一起动手干的，向外跑腿由我承包。剩下来的时间总该干点正经事了。论年龄，我应该是在学习年代，从香港开始的钢琴课，青主已经指明我不要打这方面的主意，那就学德语吧。说起德语，我和玉玑是自然的会话课，当然只是瞎说一通的，根本没有语法，正规的学习是跟华丽丝上课，课本是同济大学的一本《德文读本汉释》，此外我还把一些文人轶事之类译成德文请她修改，她对此很感兴趣，因为无形中也给她增加了一些中国文化的知识。晚上看些诗词，自己也写一些抒发感情的大小事件，还把这些东西寄给我惠州的一个小学同学，他来信说这些诗词常常使他感到激动，因为诗中还有些愤懑不平之气哩。

有时我也趁空去逛城隍庙。城隍庙有许多旧书店、书摊，我一到这里就流连忘返，但是很少买书，因为没有钱，我记得只花三毛钱买过一本魏碑《崔敬邕墓志》，一有空还临他两三页。这是我继惠州在家学习《刁遵墓志》之后又一次临摹魏碑。

正在青主编写《女性美研究》的时候，那位帮助青主给华丽丝母女从德国到中国安家落户汇寄旅费的李将军从南京来上海看望青主。谈到青主目前的工作，青主提出创办书店的计划，那位李将军竟然慷慨地愿意提供开办费。这一举措非同小可，青主于是想到自身的优越的音乐条件，同当时流行的各种各样的歌曲如《毛毛雨》《伏尔加船夫曲》《蕾梦娜》《我的安琪儿》等等比较起来，大概可以说是具备特有的长处。于是凭仗李将军的经济支援，开办了独具一格的书店，出版欧洲的古典歌曲和以华丽丝和青主创作的艺术歌曲。事实上，《伏尔加船夫曲》《蕾梦娜》等等都是先由电影开路，看中了群众欢迎的具体事实才印行的，《毛毛雨》等更是当时最流行的歌曲。青主想照样印行单页歌曲，而且又是当时群众并不大了解的专业性特别强的古典歌曲，当然是很难打开局面的。但是当时大家并没有考虑到这些条件，只凭主观的设想就行动起来，结果自然是"曲高和寡"。然而什么想不到的事都是可能发生的，南洋有一家书店的老板，和我们是素不相识的，他看见这家书店印行单页歌曲，立刻想到《毛毛雨》《伏尔加船夫曲》等等风靡一时的东西，以为经销单页歌曲是有利可图的买卖，于是通过某些熟人的关系，和书店订立代销合同，每份出品负责包销，包销多少我记不得了，总之是捞回成本还有相当的盈余。我们于是放开手多印。但是无情的事实却叫南洋那位老板惊呼上当，他每次收到几百份的单页歌曲，却卖不出多少份，结果他要求取消合同。你要控告他毁约吗？鞭长莫及，有啥办法。他是吃了亏，我们是大量积压。不单是批发泡了汤，自己的门市也不景气。这是书店总的形势，至于当时具体情况倒有些可说的。

首先讲到我自己。1928年夏天初到上海，经过半年的"登门乞讨"的生活，转为X书店的工作人员，改名为王维周。作品付印，我跑印刷所，做校对；书店门市开张，白天我是店员，晚上是帐房，算支出，做总结；乐谱出版，需要有人设计封面，找春野书店的徐迅雷。由于春野书店经营相当困难，他比较空闲，因此常来X书店，还帮忙应付门市。谈起问题来，他显得不同寻常。春野书店出版的主要是蒋光慈、钱杏邨一些人的作品，此外也有色彩不太鲜明的郁达夫、孟超等人的作品。他来得多了，谈话也越来越自由，有时也会有人来这里找他。有一次有一个客人来了，谈了许久，客人走后，他对我说，他就是"画室"（冯雪峰的别名）。他对我好像是什么都可以说的样子。他有时还拿一些刊物给我看，开饭的时间到了，他也会不客气地吃一顿。

　　X 书店门市并不兴旺，门庭冷落，我便坐下来看书。我的父亲知道书店开张，我要做书店工作的时候，他来信还说，一旦经商，十分可惜，亦我万想不到之事。他老人家原来当我是一个读书种子，现在变成了一个生意人，所以觉得可惜。他也应该相信，我不会选上商人这份职业的。目前的工作只是我生命途中的一段，不会这样过一辈子的。

　　就在新年（编者按：指 1929 年）过后，发生了一件我父亲所说的"万想不到之事"。有一天，我从家里来书店上班，我的那位堂哥哥现任书店经理的阿抗劈头对我说出一件奇事。他说昨天晚上，大家正在打烊休息的时候，走进来一男一女，他们四处张望，好像要找寻什么，忽然瞥见阿抗，"哦，老表哥，你在这里！"阿抗定睛一看，原来是阿楫，这真是意外的奇遇。阿抗说，阿楫带着同来的是他的老婆，她说一口纯正的北京话。他们来这里，目的是想看一个不同寻常的小伙子。她昨天来这里买书，一个年轻人给她介绍新出的书，每一本书都说到点子上，看他的谈吐、他的风度，不像是普通的店员，所以再来看个究竟。那个人现在在哪里？刚才我们四处张望，找不到他，却看到你老表哥。这是怎么回事？阿抗说，看阿楫的样子，很像是春风得意，我没有告诉他真实情况，只说你明天回来上班。他们一定会来的。果然没过多久，他们就来了，阿楫一看到我，立刻认了出来，叫道：你就是阿敦啊！怪不得她说不比寻常的店员。真想不到在这里重逢！我们是亲戚中间最要好的伙伴啊。他介绍他的太太，因为初次见面，谈话不多，门市部面积不大，一开市，人多嘈杂，更不方便，于是他们领我去他们住的酒店。他是跟随北伐军从广州一直进入南京的，是国民革命军总司令部经理处的科长。到了南京之后，他又是南京市长刘纪文的秘书，还兼任公安局的秘书。他是经历了国民党第一次和第二次全国代表大会的，对三大政策有相当的认识。所以"清党"之后，虽然官运亨通，还没有助纣为虐。在公安局任职期间，他说还利用局长对他的信任，开脱过一些在押的"政治犯"。他问起青主的情况，我还是含含糊糊搪塞过去，没有说真话。问他现在叫什么名字，他说还是原来的刘孟纯，看样子还是相当念旧的。告别回家之后，我向青主做了详细的汇报。青主认为可以相见。所以第二天晚告诉他，说我哥哥希望会见他，并向他表示我昨天多余的顾虑，他对此很是理解。就是这样我们两家恢复了友好的联系。当然只限于亲戚间的往来，根本不和政治搭界。

　　当时 X 书店除了主要印行乐谱之外，青主还大大发挥他宏伟的想象，向音乐、文学、绘画全方位发展。文学书译印了海涅的《抒情插曲》，绘画上竟然选印了毕

加索的和麦克·萨加尔的表现主义这样的作品。这摊子实在是铺得太大了，再加上南洋代销处的毁约，资金很快就显得周转不灵。这时又碰上了另一桩意外事件。

五六月间，X书店门市部本来是相当冷落的，现在一下子热闹起来了。原因是迅雷拿来一本《世界》周刊来代销，封面是迅雷画的，每个字的尖端都是一口钉子铆着的，占了封面的半边。内容以时事为主，倾向性很明显，还巧妙转述正式通讯社的新闻，报道井冈山的动态，所以买的人川流不息。我回家告诉青主，青主也说，群众的政治热情看来还是没有消退。我们不是为门市部做好买卖而高兴，而是群众的热情使你看到光明的前景。但是好景不长，7月间发生了中东铁路事件。中东铁路是沙俄在我国东北建筑的、从哈尔滨到大连的交通干线，日俄战争后日本占据了长春以南的一段，长春以北的一段，十月革命后由中苏合办。1929年7月，南京国民党政府悍然解除了中东铁路苏联籍局长和各处处长的职务，夺取了中东铁路。事情发生后，《世界》周刊报道了这个消息，同时讲明了中东铁路的历史，还引述了蒋介石过去亲苏的言论，使人一看便会得到蒋介石背信弃义的暗示。没有多久，上海警察局的警察来到了X书店，拿起《世界》周刊对我们说，你们知道这是犯法的东西吗?! 当时徐迅雷恰巧来到书店。阿抗、我和一个学徒也都在场。我们装做吃惊的样子，说出了什么事？我们不知道。警察不由分说，就要把我们带走。就事论事，徐迅雷大可以说是来串门的客人，一走了事，意想不到的是他承认是书店的店员，名叫曾唯一。结果徐迅雷和我两个人被带走。当晚是在派出所，派出所的负责人提审了我们一次。我们在提审之前已经串好口供，《世界》周刊是春野书店送来代销的，什么书方面则举出郁达夫、孟超等没有什么政治色彩的。来往惯了，来什么就卖什么，从来没出过什么问题。我们小店员，没有文化，周刊是什么性质根本就不看，什么也不知道。审问过后，我们被带到一个房间里，睡在一张板床上，迅雷他怕我没有经验，应付不了意外事故，出差错，所以要给我做伴，有事好商量。第二天被解去警察局，交待清楚后，第一件事就是要我们解下腰带交给他，也许是怕我们用来上吊吧。

登记之后，我们被关进一个大棚里。犯人一概睡在地上，沙丁鱼罐头一样，你挤我，我挤你。睡觉时把一双鞋子叠起来当枕头。好在天气不凉，用不着盖东西，但是闷得很，好容易捱到天亮，又开始同样沉闷的一天。

看身边那些难友，大都是普普通通的老百姓，找他们谈话，总是空空洞洞的，听不到什么真心话。结果还是回过头来，和迅雷谈些文坛故事消磨时间。同时又避免深入讨论，怕引起别人的注意，我们装做没有文化的假象就有被揭穿的危险。

一天一天这样的过去了，有时看见有人放进来，有时又看见有人带出去。带出去有的又重新放进来，有的就不见了。如果是给隔离了，那可就凶多吉少啊！

狱中看不到挂历，当时还没有广播，听不到什么新闻，月份还约摸记得，什么日子就渐渐模糊了，什么时间更不用说，因为我们都没有手表。一天到晚就是这样呆呆地坐着，看看周围的"同窗"，有时又把准备的口供互相对一下。

有一天，有一个难友要出去了，他还郑重其事的问我们是否需要他带个口信，我们感谢他的好意，说具体情况你也看见的了，没有提审，幸亏没有什么磨难，只是挂在那里，吉凶未卜。也只好叫他们放心吧！随即把 X 书店的北四川路地址告诉他。

终于盼到了这一天，有人提我们两个人出去了。我们被领到一个院子里，审判官先叫我过去。我照准备好的背诵了一遍，官老爷追问一阵，我还是那一套，自己没有知识，只知道代销杂志，也没有时间看这些东西，出了问题，实在还是莫名其妙，还说了一些希望法外施仁的空话。提审迅雷也是同一套。官老爷听过之后，吩咐给带回牢里去。老爷是一张冷面孔，摸不准是什么意思。

大约是三四天之后的一个下午，忽然有人大叫王维周、曾唯一，我们忙探头到木闸那边看望，有一个人拿着一张纸，叫我们听他宣读，记得大概是说我们两个人代售反动刊物，实属违犯国法，姑念无知初犯，准予罚款。念完之后，叫我们派一个人回去拿钱认罚，好像还有一个人从旁监视，记不清了。回到书店，书店还没有足够的现钱，临时向隔壁一家钱庄挪借。回到警察局，一刻也不愿多停留，连入狱时扣下的腰带也忘了要回来。事情总算是从轻发落了。

回到 X 书店，大家慰问一番，迅雷和我分头回各自的住处。在我入狱期间，家里稍微激进一些的书籍都烧掉了，他们还做了最坏的打算。出来之后，青主对迅雷临危仗义的行动表示敬佩，对我答应代售《世界》周刊认为还是太幼稚了。

关于 X 书店，自从南洋经销处取消后，原来放手印行新作品的做法造成严重的亏空。外地代销根本就没收到过汇款，上海代销处虽然可以定期清账，但那是杯水车薪，无补大局。经过这次罚款，更是雪上加霜，最后决定撤销门市部——其实根本就不该开设门市部——只在小胡同里搭别的商行挂一个招牌，慢慢地也就寿终正寝了。这时候使人感到安慰的是偶然间会有素不相识的热心人，辗转托人来寻访 X 书店出版的乐谱。我自然是急不可待地送货上门。一笔小买卖没有几个钱，难得的是还有识货的。

从 X 书店回到家里，一下子好像轻松了许多。这期间华丽丝已经在音乐院任教，青主也确定了《乐艺》季刊主编的职务。《乐艺》季刊算是乐艺社的同仁刊物。

乐艺社是萧友梅与黄自、周淑安、易韦斋、朱英、吴伯超等音专教师组织的社团，除了出版《乐艺》季刊（编者按：1930 年 4 月出第一期）之外，还与商务印书馆订立出版丛书的合约。青主本来准备在书店出版的《乐话》现在交给商务出版，影响当然比在 X 书店出版大得多了。由于音专有了出版丛书的计划，除了《乐话》之外，青主还要出版他的诗集。

他过去写诗并没有写在一个本子上，现在凭记忆抄录，少不了我这个绰号"字纸篓"的小弟。除了从脑子里搜索旧稿之外，还免不了就现有作品一道推敲合适的字句。为此他还特别对华丽丝说，我真是一个得力的助手，有许多旧作都是我找回来的。因此书店关张虽然对我来说是失业了，事实却干上了更有意义的工作。

同在这个时候，商务印书馆《万有文库》文学家传记方面还有关于歌德的一本没有找到作者。当时商务的编译所长是何炳松，他与萧友梅是北京大学时代的同事，萧友梅介绍青主担任这本书的编写工作，商务表示同意，青主又立刻投入紧张的工作。脱稿之后，誊清的工作当然又是由我来担任了。

当我把《歌德》的书稿送到萧友梅那里，请他转送商务印书馆的编译所长何炳松的时候，萧先生把稿子接过去之后，不是一般人那样无动于衷地放在一边，而是来了个先睹为快。除了对书稿表示赞赏之外，还问是谁抄的。我说是我抄的，他说，字写得不错呀，你对练字是下过一番功夫的吧，看他看稿子的认真，连抄写的字体也不忽略，也算是于细微之处见精神吧。

青主有一个留德同学在光华大学教德文，后来他忙着别的事，不再教书了，介绍华丽丝去兼课。他把教课用的一本英国出版的德语教材交给华丽丝使用，我也趁机拿这本书重温一遍。书中收有歌德的叙事诗《魔王》，这是我第一次直接读到歌德的诗的原本。有一次晚饭后，华丽丝还把这首诗严格依照轻重节奏和表情朗诵一遍，这是我头一次直接欣赏诗歌的朗诵，还因此看了一本德文的《说话的艺术》，详细介绍了德文诗歌组织的轻重律，也是我对朗诵发生兴趣的开始。

学习外语我认为作文是相当重要的工作，因此一有时间我就要抓德文写作的练习。写作的时候我注意选择那些华丽丝感兴趣的中国诗人的轶事和中国古典文学的名著。记得我把《李娃传》的故事写出来请她修改的时候，她先是一段一段地修改，到了郑元和沦落到成为挽郎，后来参加歌唱比赛，挨到父亲的痛责的时候，她停笔不改了，却一直紧张的追看下去。她认为这个故事应该改编为歌剧，一定会吸引广大的观众，《西厢记》远不如它那么富于戏剧性。我这些德文习作成了她与老外谈话的材料，同时也激发了我写作的兴趣。

上海·国立音专时期

（1930—1937）

在家里闲住了几个月——事实上一点也不轻闲——几个月之后，我到上海国立音专工作去了，时为 1930 年 2 月，工作是在图书馆。图书馆的工作人员只有我一个，买书、编目、出借……. 凡是图书馆份内的工作都承当了，同时还要代售乐谱。当时上海经销乐谱的只有外国书店。洋人的待遇是远远高过中国人的，因此他们乐谱的售价也远远超出原书的定价，这是中国学生负担不起的。萧友梅于是从上海德国人开的书店订购乐谱，我们按照乐谱的原价供应学生。这宗乐谱的买卖也由图书管理员担任。

当时音专学生不多，读书空气也不浓厚，所以工作不算忙，我有空就从《四部丛书》找我喜欢的书看。当时看得最起劲的是《洪北江诗文集》，主要是看他的骈文。印象最深的是《适汪氏仲姊哀诔》及蒋心余的《冬青树》的序，觉得他的文章很有感情，而且气魄相当大。梁启超《清代学术概论》说他的作品堆砌无生气，那是五四初期走向极端的偏激言论。正如他说袁蒋赵的诗臭腐不可向迩，都是不足为训的。过去听人说过陈维崧的骈文是一代名家，我倒觉得没什么了不起。我认为作为秘书写应酬文章，倒是一位能手。

我读书是很杂的，我父亲说我是字纸篓，又因为我从小佩服严复，所以也看外国书，看了外国书产生了馊主意。看到江淹列举古代帝王、名将、美人、文士的遗恨写成一篇《恨赋》，我也就找一些外国人，以拿破仑败囚孤岛、纳尔逊阵亡兵舰、海涅流亡国外、托尔斯泰弃家出走等写一篇《广恨赋》。当然，这一类东西都是随写随弃，即使偶有留稿，也因四处流浪，先后散失，如果残稿还在，现在看了也要脸红的。但是我稿子虽然不值得留存，但是写了这些东西我也并不后悔。因为这一类的练习毕竟是不可少的磨炼。

48

玉玑生日，得到的礼物是一把小提琴。她一开始音乐的活动，我坐在一边无所作为，是很难受的。华丽丝建议我学大提琴，将来可以组成一个家庭三重奏。我当然接受了她的建议，跟音专的俄籍大提琴家佘甫磋夫上课，华丽丝的母亲还从德国寄来好几本儿童三重奏的乐谱。经过一段时间的练习，以及初步的家庭小合奏，华丽丝对我做出初步的鉴定，认为我的音乐禀赋并不在青主之下。这句话倒叫我惊喜交并。从此以后，看书的时间大部分让给了练琴。华丽丝倒还好，不嫌我给家中增加了吵闹。对于我的吟诗，她却认为既不是朗诵又不是歌唱的哼哼，实在难听得很。

音专秋季开学，图书馆进来两个新学生，他们来借书，我请他们写下他们的名字，他们好像早就等着这一道手续似的，爽爽利利地签了名，然后就谈开了。他们一个叫陈田鹤，一个叫江定仙。真是古语所说的那样"一见如故"。他们本来还有一个姓林的同学，三个人称为 do mi sol，合为一个大三和弦。后来那位姓林的因为结婚，中途离去，于是由我补缺重组三和弦。这是我在音专最早的固定交情的伙伴，其他像黄自、龙榆生、韦瀚章、应尚能、吴伯超等等都是后来慢慢地产生了感情的。

后来逐步结识的像胡然、刘雪庵、贺绿汀、张昊等都属于穷学生一伙，都是亭子间的房客；只有江定仙，因为他的父亲是中央研究院物理研究所所长李四光的助手，生活比较安定，租了一幢弄堂房子，楼下有一个客厅。江老先生作风相当民主，我们找江定仙进行什么活动的时候，他老先生便到楼上去，让我们在下面胡闹。

1930 年春天，《乐艺》季刊创刊号出版了。出版之后不久，我们一家去听了上海租界工部局交响乐团的音乐会。音乐会节目单上有一页阿斯匹灵治头痛的广告，引起我从头痛说到不好的音乐能够使人头痛的意见，编写了篇文章，叙述了我从疏远音乐到亲近音乐的经过。文章写好后交给青主看，青主看了，决定在《乐艺》上发表。这是我第一次在音乐杂志上发表文章，从前只是在校刊上和《广州日报》上刊登过我的作品。同时《乐艺》上那些正式绘制的五线谱也是我一手抄出来的。当时中国还没有绘制乐谱的专业，我的抄谱是从 X 书店的乐谱继承过来的。绘制的方法是用石刻成五个不同的音符和调性符号，再用手捏着一个一个地打在五线谱上，然后用界尺把音符联结起来。说起来这是青主的发明，最先还是他亲手抄写，后来才由我接手。

《乐艺》是纯粹的同仁刊物，来稿一律不付稿费。谁送来一篇文章或一首曲子，就送他刊登他的作品的那一份杂志。当时有一个学生在图书馆里发表议论：不给稿费，谁也不会送稿子。我听了，心里却说，你的稿子即使送来，我们也不一定会给你发表。看你这样的议论，你的稿子也不见得会怎么了不起。事情也真巧，这位老兄的文章我在一本杂志里可真是拜读过，实在是达不到在《乐艺》发表的水平！

这段时间我只是写过一点谈留声机可以作为音乐教育的辅助手段之类的小文章。青主在外国杂志上看到什么有用的材料，会叫我译出来发表。在工作上我是青主的"天然助手"，如处理读者来信，查找参考材料之类。总起来说，音专的工作和生活是安定而平淡的。真正震动了音专的，应推 1931 年 9 月 18 日日本突袭沈阳的掠夺暴行。

这样重要的突发事件，上海 9 月 20 日才见报，引起大众的惊愕。当时的舆论认为，上海新闻实在太麻木不仁了，报纸至少应该在 19 日赶出号外。因为是 20 日，沈阳事件才见报，所以当时音专的琵琶教师朱英最先写出来交给黄自作曲的歌词还说沈阳事变的日子是 9 月 19 日。

我写了两首歌词，一首题为《认清敌人》（陈田鹤曲），另一首是《喇叭响了》（江定仙曲）。同时作曲的还有刘雪庵等许多人，编出一本《爱国歌曲》由学校交付印刷，学生上街宣传、募捐，唱出有声有色的抗战歌曲。

当时去得最远的地方是浦东，由黄自领着他后来称为四大弟子的贺绿汀、陈田鹤、江定仙、刘雪庵，加上我一共六个人。拿着一截凿开一个长方孔的竹筒，募到的钱投入竹筒，直到傍晚才回到学校。

从萧友梅算起，谱写抗日歌曲的人真是十分努力。其中最出色的应推黄自的《抗日歌曲》。由于南京政府屈服于日本的压力，一切报刊禁止出现"抗日"字样，"抗日"不得不改为"抗敌"，可耻可恨！

1930 年六七月间，经过蔡元培的斡旋，南京政府认为廖尚果的通缉令是陈公博一伙发布的，不能再有法律效力，廖尚果自由了。既然可以自由活动，他的就业问题因此提上日程。音专的待遇相当低，应另谋高就。一般老同学很关心这个问题，恰巧南京政府交通部正在与德国商谈合资开办欧亚航空公司，需要德文人才，他于是被任为秘书，薪水是音专的好几倍。当时他还与商务印书馆承诺编写一部大型的《德意志文学史》，每月预支稿酬 200 元。自从在欧亚航空公司任职之后，不能依约交稿，只好通知商务印书馆终止预送稿酬，拖欠的则不了了之，商务也没再追讨。

进入航空公司，青主真是大显身手。德国人对他的德语表示惊讶，中国人又对他的文学修养表示钦佩。当时恰好是徐谦的 60 岁生日，他发了一首自寿诗征求和章，青主将他的两首七律，请公司的一位擅长书法的同事用裱好的堂幅写好送去。观看的人都翘起大拇指，啧啧赞叹，又是洋的，又是中的，呱呱叫。这样就引起新来的女职员王蕴华的注意，她对诗词有兴趣，把她带在身边的一本精装小册子请青主指教。小册子写着不同笔体的诗词，并有图画，还有一本徐枕亚赠签的《心痕诗草》。青主带回家来仔细欣赏，还给我看。后来她又写了一首七绝送给青主，我只记得完整的结尾一句："绛帐而今愿拜卿。"说迷信，也许就是所谓缘分吧，两下就混熟了。她还送给青主一张放大的穿着北伐军装的照片，青主把它挂在房门背后，对我眉飞色舞地吟诵李义山的诗句："倾城最在著戎衣。"过了不久，青主请她到家里来和华丽丝见面，随后她的哥哥、姐姐、哥哥的儿子也与她一道来访，俨然习惯的所谓通家之好。

有一天晚上，青主忽然从外面打来电话，说有一个老朋友多年没见面，现在来了上海，要同他作长夜谈，他住在江湾，路很远，今夜不回家来了，请华丽丝不要等她。第二天，他回来了，眉飞色舞说他同老朋友久别重逢的长谈。我问他是谁，他说某某某。我听了暗自纳罕，同这位先生根本谈不上什么深交，怎么会来长夜谈的呢？但也只是暗自纳罕而已，我同谁也不说。但是自此以后，隔一些日子，他就要留在江湾一个夜晚。日子久了，华丽丝凭她对男女之间事情的特别的妇人的敏感，她开始发生疑问了。她向我详细了解那位所谓通家之好的女客，问我有什么意见。看她那种神态我也不用隐瞒了，她于是对青主声明不欢迎她再到家里来，也把我的话作为旁证。青主认为这是我闯的祸，骂我搬弄是非，破坏了他的计划，而且用了乡下惯用的斥骂的词汇。到了这个地步，我也不顾逆来顺受的规矩，据理辩驳，闹得很僵。碰巧表哥刘孟纯有事来到上海，看了这个局面，建议我同他一道去南京，避过一阵风头再说。

当时正值寒假，我当即同他一道去了南京。后来华丽丝写了一封信给我，希望我回上海，青主还向她承认，他其实最喜爱的就是我这个弟弟。他也怪孟纯带我去南京是多管闲事。好吧，我就回上海去吧。可是晴天霹雳，日军突袭闸北，十九路军奋起还击，中国开始了抗击敌国侵略的新的一页。南京上海的铁路交通中断了，我一时回不去了。没有多久音专开学了，学生急需购买乐谱。管卖乐谱的我回不来，学校于是破锁开库，这一下不好了，乐谱存档与库存现款对不上号，钱少了！于是写信来南京，希望我回去弄清楚。我只能回信说，一旦铁路恢复通车，我马上回去，决不赖帐，具体情况将来再说。过了一会学校又来信说，政府因为淞沪战事紧急，开支浩大，削减开支，学校经费只发一半，学校财政拮据，因此被迫裁员，但声明你的工作成绩我们是满意的，裁员是万不得已的措施，希予谅解云云。这样一说，裁员并不是过失撤职，我也就安心寄居南京了。这时我却想到了一件大事，我不是有宗包办婚姻吗？我的父亲是叫青主管住我的，不许我提出异议，现在我身在南京，青主管不住我了。于是我自作主张，托人转交给女方一封信，说我身世飘零，不敢牵累府上小姐，一般人为了解除婚姻往往多说对方缺点，自占上风。我承认府上小姐美德善行，誉满戚党，我决不说一句毁谤的话，可告无罪。另外我又写一封信禀告我父亲，说我已经写信给女方，声明解除婚约，女方送来的庚帖可以还给他们。这一下可惹恼了我这位威严的家长，立即来信痛骂，要我向女方声明收回前议，维持婚约，不许胡闹，否则定予严惩。我本来还想去信申辩。但是孟纯却自己去信劝我父亲说，儿女婚事不妨由本人决定，不必强行干预，并建议我不再多说，因为前信已经表明态度了。

我父亲想尽最后努力，维持他家长的威严。他写信给他住在南京的一位老上司，请他去孟纯住处教导我收回解除婚约的声明。可是我已经回到上海，孟纯仍然表示老人家不必多管儿女婚事，那位老将军也同意孟纯的说法。他写信答复我的父亲，讲述了与孟纯见面的经过，末了还现身说法，告诉我父亲说他的孩子也实行婚姻自主，他不再强行干涉，所以劝我父亲不必再管这宗婚事。我父亲自知鞭长莫及，老将军的现身说法算是帮他下了台阶。到了女方来家讨回庚帖的时候，他也就交回完事。这是阿抗的母亲来上海，为抗风主持婚事的时候告诉我的。

为了谋求我自己家庭的妥协，免得哥哥对父亲交待不了管束的差事，耽搁了那位小姐的青春，这是我对不起她的。我逃不脱自己良心的责备。

我是四月间回上海的，当时铁路还没有直达上海，我不愿再拖了，于是乘轮船回去。

回到上海，第一件事就是去音专办理赔帐的手续。先是说明缺钱的理由，有的是老师去拿乐谱没打收条，寒假没有收回，现在分别到他家认清领回；有的是学生买了乐谱，没有现钱，请求赊帐，如张曙，因为被捕，变成死帐，诸如此类。好在我裁员之前，还有薪水未领，可以抵债。有些人听说乐谱帐目不清，以为廖辅叔贪污了。可萧友梅始终认为这是年轻人没有经验，不必求全责备。他还说我不抽烟不喝酒，不上歌舞厅，服装也并不排场，可以认为没有贪污的需要。这真是长者的宽厚，也可以说他是我平生的知己。

萧友梅对于音专裁员裁到我头上的问题，好像是有一块石头压在心头上放不下的样子，所以当他看到他那位任铁道部业务司司长的妹夫俞诚之来上海的时候，立刻要他给我安排一个职务，并派人通知我到他家面谈。到了他家，萧家姐妹好几个都在那里。他们非常好奇的打听青主婚外恋的情况，同俞诚之谈话占的时间倒不多。他准备给我安排的工作是书记官，如果同意就写张履历寄到南京去给他，但是到南京官厅去我没有多大兴趣。当时我正在翻译巴塞维兹的童话《小彼得云游记》，便以不能中断翻译工作为由，推辞了这份差事，顺便感谢他们的好意。

但是失业毕竟是我当前一个严重的问题。我自己的好朋友只有陈田鹤、江定仙一类的学生，当然不能对我有什么帮助。青主组织了新家庭，我这个搬弄是非的谗人不可能登堂向新主妇讨好，华丽丝与青主离了婚，同我已经不存在叔嫂关系，而且洋人根本不承认封建社会家族那一套，按理她对我是可以放手不管的。但是她知道要是她不管，我便会陷入露宿街头的地步。她不忍心这样做，她收留了我，说这是人道主义的社会义务。幸亏玉玑对我非常好，所以我还能安心做一个寄食的穷小子。当然，我也不能白吃饭，应该帮做点事。如她收的私人学生，不懂洋话的，我可以从旁做做翻译。此外，如前所述，我正在翻译童话。脱稿之后，托萧友梅先生介绍给商务印书馆。当时的规矩是稿子一经接受，立即支付稿酬。不像现在这样，等到出书之后才付给稿费。不独此也，我还找陈田鹤帮我招揽些补习德文的学生，记得其中有杨立青的父亲杨体烈。我还登小广告招收德文学生，这一着也没有落空。另外，凡是音专出版物的乐谱抄写工作统统由我承包。那时，缪天瑞在江西主编《音乐教育》每月一期，由于陈田鹤的关系，我也经常投稿捞点稿费。另一条门路就是看报上的招聘广告，这方面我也有值得记录的故事。有一次看到一则某校办报社招聘编辑的启事，应征者需写文言的、白话的文章各一篇，听候审理。我依照要求交了材料，过了一些时候，果然有了回信，定好时间面议。依时到位，人倒不少，应酬一通之后，编辑没有份，只是特约撰述。好吧，我决定写些小文章，总题目为《当街楼杂记》。有对当前腐败现象的抨击，有对日本人欺诈行为的讽刺之类，文章是按期刊登，还约我去编辑部交流经验，我没有如约造访。时间久了，不见稿费寄来，我不免去询问询问。询问的结果是负责人不在。空跑一趟。后来呢，报社也关门了，我白白赔了稿纸和邮费。

另一则广告，是一所外国语学校招聘英、德、法语教员。我以德语应征。这一次倒是真的开课了，但是薪水不多，其实是上海的所谓野鸡学校。只要有书可教，我还管它什么野鸡家鸡吗？这一份教职干了一年多，学校忽然就变了样，变成打字学校，负责人也换了。我去找原负责人，不见踪影，我最后一个月的薪水从此泡了汤。好在形势有了新的变化，音专的老文牍另有高就，需要一个新的文牍，即现在通常所称的秘书。萧友梅提出由我来接任，当时有人听了，还对萧友梅提出问题，廖某人不是有乐谱帐目不清的旧帐吗？萧的答复还是老一套，说那是年轻人没有经验，不是原则性的错误，这样我又回到音专去了。从此一直做到1937年夏天。

这里需要补述 1934 年的一件事。在我回音专工作之前，1934 年 4 月的某一天，南京正中书局要为蒋介石的新生活运动装潢门面，要出一套新生活丛书，其中有一部分是各种专家的新生活，每一本的作者都是某一行的头面人物。这样一来，《音乐家的新生活》的作者当然非萧友梅莫属了。可是他们找到萧友梅提出写书的请求的时候，萧先生却以校务太忙，不能从命，经过一番折腾，萧先生愿意介绍写作的人选。来人却说，别人写可以，但是作者的名字却非萧友梅不可。萧先生给他纠缠得没有办法，于是想起我这个无名小卒，要我委屈一下去应付这份差事。怎么写法呢？他给我选一些外国音乐家，分头叙述他们的生平，每写完一篇就让他审定。这种写法与新生活运动是搭不上界的，事情总算敷衍过去了。出版之后，有些书是吹过一通的，这本《音乐家的新生活》却受到了"冷落"。

替萧友梅写完《音乐家的新生活》之后，我又译完了埃贤朵夫的《饭桶生活的片段》（Taugenichts）。在翻译过程中我曾和陈田鹤及他的同乡陈庆之一道去中国公学听郁达夫的文学概论课。课后我曾经跟郁达夫说，问他可不可以帮我校阅一本德文小说的翻译。他问什么书，我说 Taugenichts，他相当诧异地说，这本书可不容易翻译啊，随即又说他不可能有空余时间担当校阅工作。当然我本来也没有认真地这样奢望。陈田鹤事后对我说，他还不知道你德文的程度。这本书译出来之后，也由萧友梅介绍给商务印书馆出版。

这一次回到音专工作，是搬到音专宿舍里去，与一个年轻的、专管打字的中学生分住在一个套间的两个小房间。那位年轻人很用功，英文很好。下班后我们经常打羽毛球，相处得非常融洽。

秋季开学之后，音专接受上海教育局的邀请，每星期五晚上举行一次广播音乐会。主要由学生担任节目，老师热心也可以出个节目。一切都是义务的，连夜宵的慰劳都没有。播送的前一日，先将节目在晚报《新夜报》上刊出。每个节目都由黄自亲写解说。另外还发表了一些短文章，无形中多了一个宣扬严肃音乐的阵地。最先名为《音乐专刊》，后来改名《音乐周刊》。因为每周必须准时发刊，稿件是相当紧张的，我住在音专宿舍，近水楼台，一到时候黄自便向我打招呼。既然他那么热情，我也就不忍心让他失望，差不多每期都有拙作。我和黄自的关系因而有了进一步的密切，终于成为很要好的朋友。

音专号称国立学校，却连自己的校舍都没有，只能租用房屋。先是拉都路，然后是霞飞路（今淮海路），后来是毕勋路（今汾阳路）及辣斐德路（今复兴路）。萧友梅因此想借助社会的力量兴建自己的校舍，于是组织募捐委员会，向各界募集建筑费用。结果很可怜，有的社会名流根本不予理睬，有反应的也不大顺心，如王一亭回信说，以音乐的名义向人募捐，实在难以启齿；国民党政府最高官位、五院长之一考试院长戴季陶，则自称特别窘迫，无力认捐；中国巨富四大家族之一孔祥熙则捐50大元，这恐怕是连孔府给佣人的小费都不及的数目吧。倒是四川军阀杨森快人快语，胡然、刘雪庵等人做他的家庭教师，向他说起音专募捐建筑校舍的时候，他爽爽快快的拿出一万块钱来。这是募捐以来最大的数目。后来音专的江湾校舍是怎样建筑起来的？那是1934年，萧友梅仗他的妹夫王世杰任教育部长，向财政部讨来的50000块钱解决的，但也只是每月付给5000元，分10个月才满了这个数目的。

校舍应该建在哪里呢？要想在市区落脚50000块钱恐怕还不够买地皮，所以只能在郊区打主意。当时国民党政府有意摆脱租界的影响，建立自己的大上海，在江湾的边沿地带划为市中心，已经新建筑起堂皇华贵的市政府大厦、图书馆、博物馆、运动场、体育馆、游泳池等等，音专也就选定市京路相当大的一块地皮，以比较便宜的价格买下来，随即招标动工兴建新校舍。宿舍还远不能满足学生的需要，有些学生还只好租用附近农民的平房。然而音专总算有自己的房地产了。1935年暑假实现了自以为长治久安的大搬家。哪里知道只风光了两年，1937年8月13日，日本侵略军进攻上海，江湾就是最先陷落的地方，音专从此又回到局促的租用房屋的窘境。

说到音专同仁搬到江湾之后的生活，那倒是比住在租界里亲切多了。

邮政储金汇业局为了满足音专职工的需要，在音专附近兴建了一个住宅小区名为"邮亭里"。音专职工一家一家的望衡对宇，串起门来可方便了。

新校舍是有比较长远的打算的，为了适应将来的发展，教务处、事务处都有了独立的主任室，文牍、注册、会计、庶务都有了自己的一块小天地。我这个文牍办公室有一张长方桌，有空的时候，我便铺开大张毛边纸肆意挥洒，或对联，或匾额，真所谓书字拙劣如涂鸦，我这张方桌可真是群鸦乱飞了。音专的老师学生的挂号信是让邮递员送到文牍的案上，由文牍签收后，贴出告示，通知学生来取。那位邮递员看见桌上满桌的字幅，忽发奇想，竟然拿来宣纸，请我给他写张字。这真是难得的知音，于是为他写了一幅集李商隐和岑参诗句的对联："顾我有怀同大梦，凭君传语报平安。"

大提琴班学生朱崇志看见我涂鸦的成品，也凑热闹，同我说，他的父亲喜欢字画，要我写幅字，盛情难却，送给他一幅集苏轼和杜牧的诗句的对联："西流白日东流水，闲爱孤云静爱僧。"

陈师曾、梁启超等人都喜欢集诗句为联语，我也不免来一番东施效颦。当时住在音专宿舍，从朝到晚不断受到叮叮咚咚、咿咿呀呀的袭击，曾经集过一幅对子：落花空记前踪，都忘却春风词笔。长安谁问倦旅，不堪听急管繁弦。还请陈田鹤的一位叔祖父写出来，作为我生活的写照。可惜这件墨宝也与我多年辛苦收集的图书一道成了"八一三"炮火的牺牲品。

还有一次，我集黄仲则和龚定庵的诗句凑成一副对子："似此星辰非昨夜，更何方法定今生。"韦瀚章看了马上拿出宣纸要我写出来。朱咏葵还说要找谢无量去写才够味。

我和韦瀚章在辣斐德路那一段时期曾经唱和不断，真是酸味十足。但是比较有意义的还是与龙榆生的交往。

最早了解龙榆生，是由于他与青主的关系。我从他送给青主的《风雨龙吟室丛稿》认识到，他虽然是出入遗老圈中的旧式文人，但是比较没有那么浓重的头巾气。看他那份《东坡乐府笺》的稿本，觉得他的治学态度是相当严谨缜密的。我同他直接的来往是在"一·二八"淞沪战役之后，他从真如搬到音专，住在一个汽车间里。过去读《人间词话》，我觉得他对吴文英的批评过于刻薄，想从他那里借吴文英的全部作品来看看，以便求得比较中肯的论断。他当即把黄侃评点的那本《梦窗甲乙丙丁稿》给我看，这算是我们相知的开始。

有一次我的一个小学同学写信告诉我，说我们的小学校长黄老师逝世了，同学们都找他代作挽联。我闻讯之后，同样深感悲痛，为此写了一首〔水龙吟〕。怕我的作品过于幼稚，贻笑大方，特地请龙榆生提意见。他反复再看，没有做声，我忍不住问他怎么样，希望他不客气地把毛病指出来。他却拍拍我的肩膀，笑着说，行了，没有问题，寄出去吧！这好比是一颗定心丸够我受用的。过了不久，我又把一些拙作抄给他看，他看后批了这样一段话："温馨悱恻，荡气回肠，意境似玉谿，词笔则遗山之流亚也。吾钦佩极。"这段话当然是溢美之辞了。

差不多在同一个时期，我那位小学同学把我平时寄给他看的作品抄出来，给他在中山大学的那位老师陈述叔看，想听听他对我的作品的评论。陈老师看过之后说："很稳老，可以学碧山（王沂孙）。寄语斯人，宜继续努力。"我那位同学说，陈老师不轻许可，你的成绩够水平了。日后你回广东，我们可以当面向他请教。遗憾的是1938年我回到广东，陈老师却因战事期间，日本轰炸，中山大学不得不迁校贵州，他老年不堪跋涉，移居澳门。我们没有机会亲聆这位梁鼎芬称其与黄节为"黄诗陈词"，被朱彊邨誉为"初拜海南为上将"的词家，也应该算是日本侵略造成的损失。

1934 年冬天，中英庚款董事会悬赏征求一部小学唱歌教科书。黄自有意应征。他上一次编纂《复兴音乐教科书》的时候，歌词方面是由韦瀚章负责的。商务印书馆把书稿送到南京教育部审查的时候，那位审查官对歌词竟然多方挑剔，主要是陈旧的词藻太多，这可击中了韦瀚章的要害。现在黄自接受上一次的教训，不再找他的老搭档，却换上我这个新手，负责歌词的选和作。音乐方面是他的四大弟子齐上阵。整个编制工作是搬到江湾之后完成的，各人分头工作一段时间后，大家便齐集黄家交换成果。这时差不多定例在黄家吃一顿饭。就是这样一顿饭，竟有人在贺绿汀的传记里面编上一段插曲，说吃饭的时候，贺绿汀批评勃拉姆斯的作品没有什么可取，黄自则说各人有个人独自的见解，罗曼·罗兰还说勃拉姆斯只是在古人阴影底下讨生活的呢。事实上我们在饭桌上从没有谈过勃拉姆斯，这段插曲的材料是从我祝贺贺老 80 寿辰的文章《贺老琵琶空场屋》里面搬来的，只是把音专地窖换成黄家饭厅。罗曼·罗兰的话是拙文引用的，与黄自毫无关系，这种偷梁换柱的做法，写传记而出于编造，如果不是牵涉我自己的文章，我真不敢相信，这也许算是旧上海十里洋场的遗风吧。

应征歌曲收集停当之后，经过黄自精心的编排，还写了教学纲要、音乐常识及注意事项之类，当即郑重付邮。大家相信，由黄自领头，当时公认为优秀的青年作曲家、亦即时人称的四大弟子通力合作的一本小学唱歌教科书能够名登金榜是没有疑问的。但是事情却发生了变化，中英庚款董事会邀请的评委先生觉得入选的教科书未必首首精品，落选的教科书不见得没有一首好歌，于是评选教科书变成评选歌曲。评选的结果入选最多的还是出自黄自主编的这本教科书的歌曲。不幸评选过后没有多久，日本侵略军就制造了卢沟桥事件，促成了中国对日本的全面抗战。这些歌曲原来是由中英庚款董事会正式出版的，现在是好比泥牛入海，毫无消息。只有那首《西风的话》，因为《复兴初级音乐教科书》重版的时候，需要抽换一些歌曲，黄自把它拿去补缺，竟从此传唱开了，至今还是黄自作品经常演出的一个保留节目。

1935 年，陈田鹤、江定仙、刘雪庵把他们作的儿童歌曲编为一集，题为《儿童新歌》，由萧友梅介绍给商务印书馆出版。本来决定是抽版税的，不幸出版不久，还未结算版税的时候，抗日战争已经爆发，一切都打乱了，我们一直没有看到过这本书，也从来没有收到过一个钱的版税。直到全国解放之后，我才从旧书店里看到崭新的几本，于是把它一起买回来，可是史无前例的"文化大革命"一开始，这些硕果仅存的《儿童新歌》也和我的藏书一道遭到了抄家的厄运。

　　还有值得一提的是，因为这本曲集有几首歌是我作的歌词，他们三位作曲者决定将来版税由四家均分。当然版税始终是一句空话，但是这种友谊重于金钱的慷慨大方的作风却是十分可贵可佩的。

　　1935年日本帝国主义继侵占整个东北之后，又进一步入侵关内，制造华北特殊化，在上海闸北一带几乎变成日本的占领地，还建造了庞大的碉堡式的海军陆战队司令部。"一二·九"运动发展到上海、广州、成都、杭州等大城市，日本军队公然随便检查车辆行人，谣言四起，一夕数惊，胆小的老百姓慌忙搬家。真的，如果打起仗来，江湾必然是战场，音专也有点人心惶惶了。我信邪又不信邪，按兵不动，但也不免做万一的打算，与隔壁的那位会计约好要是闹起事来，你骑自行车带你的妈妈，我带你的小儿子。总算没有庸人自扰的疲于奔命。

　　1937年暑假，我去济南看陈田鹤，"八一三"全面抗战开始，津浦路交通中断，我不能及时回沪。上次是"一·二八"淞沪抗战，我困居南京，不能及时回沪，这次历史又重演了。差别在于上一次是被动的离开音专，这一次却是我自动离开音专的，原因是为了摆脱一个女人的纠缠。但济南也不是久居之地，最后我和田鹤从济南先去青岛，再乘外国轮船回上海。

　　回到上海，看到音专已经在租界分租数处开学，我和田鹤住在刘雪庵的一层楼上。刘雪庵组织了中国作曲者协会，参加救国联合会的各种活动，发行一种小型刊物《战歌》。有一次郑振铎等联名召开一个座谈会，讨论文艺界如何参加抗战，我们都去参加了，可是国民党却搞到一批流氓来扰乱会场，郑振铎终究是一个书生，缺乏应付事变的办法，结果只好草草散会。

　　这段时间我写了三首歌词，《八一三战歌》《杀开血路》和《鲁迅先生周年祭》，后一首是鲁迅先生逝世周年纪念会约陈田鹤作曲，由我写歌词。前两首作曲之后，曾经由油印分寄各社会团体，我走在路上的时候还从人家收音机里听到过电台的播放。

　　八百壮士死守四行仓库的消息传出来之后，我为此写了一首颂歌，现在稿子也没有了。

　　中国军队完全退出上海之后，上海沦为孤岛，刘雪庵这片小楼也散伙了。刘雪庵去武汉，田鹤留在上海，我因接到二哥仲爽的来信，以为上海不安全，要我回南方去，也就是还乡，我于是买了去香港的船票。在我留在上海的最后几天，我再一次到音专高恩路临时宿舍借住，表达了我对音专的特别的系恋。

　　我考虑到这一去不知道何时才能再来上海，我的德文书已经连同我所有的图书葬在"八一三"的火海里了，今后一时怕再买不到德文书。因此离沪之前最后一次跑到四马路拐角地摊上，从我熟识的旧书摊中尽我囊中所有买回一包德文书。所以我回到香港，住到仲爽家里，检点我的腰包，只有一块袁大头，从此传为笑谈：十年出亡的游子，南归行装只剩袁大头一块！

正当我到达香港那几天，盛传日本海军逼近大亚湾，惠州受到直接的威胁，因此仲爽建议父亲来九龙居住，既提防敌军登陆，也可免敌机轰炸的危险。父亲车到九龙的时候，我到车站迎接。过去因为婚姻纠纷造成的父子紧张关系算是彻底消除了。仲爽相当通气，相信我阮囊羞涩——他还不知道我只有一个袁大头的家当——给我口袋里塞几张"港纸"，我也就用这些钱随时买点东西孝敬老人家，我们真的是"遂为父子如初"。

有时我和仲爽讲些"私房话"，就用英语交谈，不让别人知道，父亲听了，不但不生气，怪我们瞒住他，反而高兴地同人家说，不知道他们说些什么，一点都不懂。他自诩为教子有方，今天显示出可喜的成绩，这应该算是他开明的一面吧。

我原先告诉家里，稍作休息即去武汉，那时的武汉已经成为政治、文化的中心，各方面的人齐集武汉。家里的人看见我回来，希望我从此在家乡落脚，生怕我直奔武汉，恰巧那时广东军队第四路军第十二集团军政训处处长李煦寰是青主少年的拜把兄弟，从武汉飞到香港，然后乘火车回广州。仲爽在飞机场看见他，请他为我安排个工作。他在上海市曾与我同住过一段时间的，还算是对诗词有同好的，当即答应回去作决定。不久就回信叫我去省到差了。军队政治工作，又是在抗日前线，可以去。这时候家里人可高兴了，以为这一来再不会远走高飞了。

抗战八年间

（1937—1945）

到了政训处（日后改称政治部），看到一张工作人员名单，我所认识的惠州人林楚君、裘尚中、李冠礼、黄植文等都在这里，特别是林楚君，他为我大作宣传，不仅吹我如何能耐，还说我是广州暴动扛枪的兵哥，加上我初到广州，没有住处，李煦寰让我睡在他设在政训处楼上的卧室，使我一下子成为一个众人瞩目的新人。

回到广州，旧地重游，星期日，一个人登上观音山，举目四顾，感慨万端，成〔满江红〕一阕：

> 陟彼高岗，好容我振衣嘘息。十年事，山灵知否，咸阳火色？张俭望门留命在，伍胥去楚差头白，海天愁、风雨散裘归，恩仇急。　　何处认，燕然石？有时听，山阳笛。叹几登鬼录，几存党籍！广武功名归竖子，粤陀歌舞俱陈迹。笑玄都道士比刘郎，今犹昔。

上海沦陷之后，《救亡日报》移到广州复刊。到了黄花岗七十二烈士纪念日，《救亡日报》向李煦寰约稿，李即叫我拟稿。文章发表后，大家看了，认为这不是一般的官样文章，而是词严义正的正规白话文，李煦寰还特别对人说，这是那个新来的廖某写的。这样一来，大家也相信林楚君的吹嘘并不是吹牛。说实在的，当时的工作不论是写文章，还是广播演讲，大家都是实实在在地宣传抗日。

李煦寰除了第四路军政训处处长之外，还兼任抗战开始之后成立的广东省党政军联席会议民运部主任，政训处也有部分工作人员兼任民运部工作，民运部招收一批青年组织民运工作团，派到各地开展抗日工作。由于李氏旧部特别是处在指导地位的多半是名副其实的旧部，招来的青年的素质不够理想，有的甚至于还是老牌"树的党"，工作很受影响，无形中陷于自生自灭的状态。广东军队政治工作新的开展的标志是第四战区政治部的成立。有人说，第四战区政治部主任是李煦寰突破地方性政治人物的标志。要使新的政治部的工作班子得到充实，必须要有新人参加，开始的是第三组（宣传），从组长到每一个这一组的成员都不是李煦寰的旧人。其他各组只有个别新人参加，主要是李氏旧部。我被从第四路军政训处调到第四战区政治部秘书室。说起新人首先是主任秘书左恭，其次是第三组组长尚仲衣，组员叶兆南（孙大光）、石辟澜（石不烂）、林曦（司马文森）、郁风、黄新波、梁永泰，过了不久又来钟敬文，这些都是一说出名字就不用多加介绍的人物。

看起来第四战区政治部的确有一番新气象。然而，第三组之外，其他第一组（政治工作）、第二组（民众运动）、第四组（财务）基本上还是原来的老部下，势必形成新旧的矛盾。我因为大革命时期在一个报纸副刊《倾盖》已经看到了钟敬文的文章，这一次来到政治部，我根本不等人介绍就到他任职的专员室去看他。从此一见如故，到现在他对人说，我和他是"关系户"。他的工作是帮助尚仲衣核阅宣传文稿，我也因他与第三组的人员有了接触，进而有所了解。原来的旧人管第三组的成员叫做文化人，因而也稍带讥讽地说我也有文化人的味道。

抗战初期，政治空气是比较自由的，出版界相当活跃，介绍苏联的书层出不穷，我们是不免贪婪地恨不得把书一口吞下去。因此办公时间也趁空阅读。这是我们这些政训处新来的工作人员如林楚君等的老习惯。现在战区政治部却由武汉派来一个副主任蔡某某，他曾任上海警察局长，顾名思义，不是一个好惹的东西。他看见我们看书，总要跑过来翻它一通，然后悻悻地走开。虽然不敢发作，大概是怀恨在心的。

这一年对我个人来说，是在生活上来了一次大转变，我认识了邱扬华。

邱扬华，原籍中山，抗战前在燕京大学听课。1935年参加"一二·九"运动，抗战开始之后，参加部队救护工作，因为工作出色，两下高升为一等军医佐。"八一三"淞沪会战结束之后，离开部队，回到广州，经人介绍进入新生活运动促进会，还是做伤兵工作。新生活运动促进会与政训处，民运部同在一座楼房办公，因而与我有了接触的机会。正在这个时候，第四路军的子弟学校，因为家属疏散到各个地方，学校处于停顿状态，有几个女教师转到政训处工作，其中有一位特别高，大家又说她特别漂亮。她们离开之后，一班同事同我开玩笑说，你身高一米八，这位小姐真是非君莫属。那班女教师也好管闲事，一起哄，把我推推搡搡的拉到哥仑布（一间相当高级的餐厅茶馆），遗憾是说话说不到一处。当时"共同语言"这个专名词还不通行，我感到非常局促，没有引起我谈话的题目，大家的热心落了空，能够引起我谈兴的还是邱扬华。

邱扬华原来是借住在她的同事沈小姐的家里，她与她的母亲在一起，显得相当拥挤，需要另找住处。恰巧政训处那位宣传组长原租的一层楼与一个组员同住。现在那个组员觉得住在广州整天苦于跑空袭警报，回到他在四川工作的妻子那边去了，空出来一个房间，我向她提供了这个住处，她同意了。这也算是一个好兆头吧，我更可以同她多见面了。

我问她，什么引起她对我的注意，她说，在她的办公室里谈论各处人物的时候，有一次谈到我，李煦寰的一亲信，特别受到李太太宠用的一个姓刘的说，廖某某是一个人才，就是太左了点。这太左了的评价倒新鲜，这就显得与众不同了，从而引起她的注意。

谈起我对邱扬华的追求，我的做法有了极大的变化。过去我是相当腼腆的，曾经有过这样一个笑话：在一次聚会上，我觉得有一个音专女学生看新书比较多，散会回到宿舍，我写了一首词献给她，附上一封对她献殷勤的信。音专学生相当一部分是家里没有钢琴的，所以星期天还到学校来练琴，这位女生也没有例外。信发出之后，我星期天也到学校里去，希望有看到她的机会，好，她穿上新衣服就翩然来临了。我远远看见她，不晓得怎么回事，我不敢走前去，反倒一溜烟跑出了校门。这一支求凰曲刚开头就到了结尾。至于现在这一次对邱扬华居然一反常态，一见面就冲上去，大胆到了莽撞的程度，俗话说，"精诚所至，金石为开"。也许是我的诚心感动了她，她终于点头了！

外国有一句谚语说："恋爱着的人总是诗人。"我也没有逃出这条公例，不过写尽管写，是不是值得留存却是成问题的，现在抄下一首做纪念，而且是题在她相片上的：

死生祸福等埃尘，知己如何报善人。抚瑟自传弦外意，论心共证劫余身。
艰难敢望输朝圣，寂寞无妨坐达晨。冰雪聪明金石固，乐园好与祝长春。

终身大事就这样定下来了，定音之前，既没有查问过对方的家产，也没有开过什么谈判，如将来会不会变心，双方的财产如何划分，阔气了会不会另立公馆，倒霉了会不会轻易拆伙，诸如此类，啥也不提。互相尊重，互相信任，天长地久，海枯石烂，拆不开，打不破，干净利落，不亦快哉！

意想不到的是，广东的局面发生了突变。日本帝国主义 10 月初在大亚湾登陆，守军不战而溃，只用了半个多月的时间就直逼广州。广州机关紧急后撤，我急忙请求李煦寰将邱扬华调来政治部,李煦寰当即照准。可是政治部一般工作人员趁粤汉铁路还通车的时候先去翁源,我与政治部尚仲衣、叶兆南等少数几个人仍留在广州,直到最后敌军逼近广州,当夜才乘留市待命的小车沿公路驶向翁源。一路上思潮澎湃,朦朦胧胧地酝酿出一首〔木兰花慢〕:

> 一宵山几叠,知甚处,转归程。叹锦绣山川,庄严观阁,轻付膻腥。伤情、路隅骨肉,哭西风四野乱离声,倦眼频看短剑,壮怀翻负长缨。　身轻、原自等飘萍,双鬓未星星,便天涯行役,从夸腰脚,未计阴晴。相倾、女兵肝胆,卷重帘为指大河横。有约黄龙痛饮,并骖同入神京。

到了翁源,与政治部先来的人员会合,邱扬华也在其中,她与大伙住在一起,我是与钟敬文、尚仲衣的一位专管应酬文件的秘书等少数人住在一座庙宇秀峰寺。由于李煦寰是与余汉谋的总司令部共同行动,临时管领政治部的是那个中央派来的副主任蔡老爷。他正是平时查阅工作人员阅读书刊的特殊人物,对我早已怀恨在心,这一下落在他手下,来个"一朝权在手,便把令来行"。一个夜晚,显然是故意折腾我的,无缘无故差我去找老乡办什么事——什么事记不得了,只记得弯弯曲曲跑许多路。黑咕隆咚怎么摸索呢,想起邱扬华比我会认路,只好找她陪我一道走。事实上是空跑一趟,什么结果也没有。总算是他报复了我一箭。这件摸黑跑路的故事我深深牢记,在重庆与朋友谈旧记事诗中还留下"艰危自昔真相共,月黑黄塘夜下乡"这样的句子。

初到翁源,人地生疏。一时开展不了工作,有时大家坐在一起闲聊,蔡老爷也会找一些人听他发议论。他侈谈他行军的经验,随身带好应用的药品等等。叶兆南听了竟然对他说,我正好害了什么毛病,请您给我一点药吧。你猜他怎么答复?"我带的药只够我自己用的",话说得多干脆啊!

重阳到了,秀峰寺附近没有山,我和钟敬文等少数几个人走到一个水塘边,树底下,算是没有虚度这个节日。我当场写了一首〔清平乐〕给钟敬文看,他居然依韵和了一首,这是他生平第一次填词。虽然这次唱和并不值得留存,事实上也没有留稿,但是对钟敬文来说,却是值得纪念的。他真正在填词上下功夫,是到了70年代才正式开始。

"行到水穷处,坐看云起时。"好容易李煦寰来了。一看见他,我当下松了口气,不用看蔡老爷的颜色了。但是李煦寰这一次到政治部驻地,并不是坐下来主持事务,而是挑几个人随他身边分担一些工作。我上了他的名单,此外还有新人尚仲衣和叶兆南，旧人是陈让湖和吴荣祥、陈国贤等等，还有他的副官和勤务兵当然一律同行。能不再看蔡老爷的脸色，当然是好事，可是我又要和邱扬华分手，这是事关军令，无法两全的。

新驻地靠近总指挥部，地名三合渡，原来是一个牛棚。刚到的时候，什么也没有。我们的随身衣物是一张油布包起来的，现在先把油布铺在泥地上，铺上一层稻草，就此安睡。然而幸乎不幸乎，我发烧了，满脸通红，找总部军医处弄点退烧药应付一下。李煦寰急了，不知他是怎么想的，也许是找人护理吧，当他下条子调一部分人来三合渡开展工作的时候，竟然另外再写一张条子："邱扬华调前线，随政治部工作。"这样一来，我的病马上痊愈了。

过了几天我们弄到一些木板，给整个房间从头到尾搭一层长铺，各人分占一个床位。亲热是够亲热的，骨子里却实实在在应上了一句成语："同床异梦。"陈让湖、陈国贤等对尚仲衣、叶兆南不时来一两句冷言冷语，尚仲衣等倒是大局为重，不与计较。

翁源属于粤北山区的一个小县城，还没有一份报纸。当时收音机还没有普遍应用，只有总部有一台每天晚上收听重庆新闻广播，随手抄录下来。我和叶兆南每天吃过早饭，第一件事就是去总部转抄广播新闻，回来之后我们两个人分别撰写"社论"和编排新闻，然后由邱扬华负责油印，印好后分发有关单位，作为沟通讯息、鼓舞士气的手段。有空则到老百姓家里串门，翁源的地方语言是客家话，我和邱扬华客家话虽不地道，总算还具备了别人缺乏的优越条件，因而老乡对我们也渐渐产生了感情。加上战区政治部大队的队员也参加到我们的工作，一下子热闹起来了。正在这个时候，八路军驻粤办事处的云广英来访李煦寰，带来了《解放日报》刊登的毛泽东《论新阶段》，政治大队的队员如获至宝，立刻分头赶快刻印，分组讨论。经过一番激烈深入的讨论，广州沦陷引发的悲观情绪，这才彻底消除了。

凡此种种，都是一些枝枝节节的小事情。由于惠（州）广（州）战线溃退之速，失败之惨，余汉谋受到"革职留任"的严厉处分。第四战区司令长官一职，重庆派张发奎接任。第十二集团军如何挽回败局，继续抗战，自是刻不容缓的迫切问题。李煦寰决定的做法是辞去第四战区政治部主任，彻底整顿第十二集团军政治部。政治部旧班子李煦寰管他叫老陈皮。他找他们留法老同学郭冠杰商量办法。郭冠杰凭他与邓演达的历史关系，在第三党（现名农工民主党）具有相当重要的地位，于是由他介绍一批新人，分别担任主任秘书、秘书、科长及主任科员的职务。

既然李煦寰辞去第四战区政治部主任职务，尚仲衣、叶兆南等人都得离开翁源回到战区政治部的驻地韶关。我则留在翁源，和邱扬华都在第一科工作。我按规定名义是管政治思想教育，邱扬华管伤兵难民工作。实则这都空名，我还是做李煦寰交办的文字工作。

政治部工作需要彻底整顿，那还是浮在上面的工作，要改进政治工作，主要还是提高部队士兵的素质，这就需要有大量合格的基层干部，换句话说，应该是把政治素质工作深入到连排才是正理。这样做就不可能仅仅是180个人的问题了，这么多的人力到哪里找呢？有的。日本渴血的飞机狂轰乱炸，迫使许多学校停课，机关撤销的也不少。广大的青年正在苦于失学，苦于找不到工作，他们正是政治工作队的最好后备队。于是李煦寰决定分别到东江和西江派出招生队伍，东江以梅县为中心，西江以清远为中心。我参加了西江队，邱扬华则在东江队。考试分笔试和口试，笔试看表达能力，口试则测验政治认识。例如问他抗战开始之后，打过哪些胜仗。有答台儿庄的，有答平型关的，答平型关的最合格。又如问中国有哪些政党。一般都答国民党和共产党，也有竟然说是蓝衣党的。问他谁是党魁，竟然说是蒋委员长。这样的学员当然是优先录取无疑了。几路招生的队伍回来，加上社会上原有的抗日先锋队的不少队员，一共有800人之多。于是组成政工总队，成为原先组织的第十二集团军军官补训团的一个单位。政工总队下设两个大队，每个大队管领四个中队，中队之下再分分队。总队、大队、中队军事领导是由第十二集团军总部派来的，原属战区政治部的政治工作大队由李煦寰留下来，这些队员现在就在各中队负责政治思想工作。负责总队思想工作的是训育室。各级工作人员都是新人。据当时的一个大队长事后对人说，他调到政工总队之后，因为认识了政治部派来的工作人员，思想上有了大的转变。他与一位政工队的女队员结婚，解放战争时期成为余汉谋部下起义的师长。

从这位起义师长的思想转变，可以看到当时政工总队的政治空气。纸包不住火，消息传到军官补训团，上级于是派大员来检查队员的思想工作。本来我们就把这块地方看作世外桃源，每个人案头都是马列著作，以及实际指导性的书，如陈伯达的《三民主义概论》和罗瑞卿的《抗日军队中的政治工作》之类。面对"山雨欲来风满楼"的形势，李煦寰巡视到我们的宿舍，看到这些书，我们问他怎么对待，他居然拍着胸膛说，有我挡住，你们放心！

检查大员奉命来到政工总队。还带着列宁的《共产主义运动中的"左派"幼稚病》，希望从列宁著作中找到说服队员转变思想的材料，结果他们什么也没有捞到，只是说，那些青年真够厉害的，你问他对三民主义有什么看法，他说，这是今天非常需要的革命理论，这正是共产党公开宣布的说法。他们是让你抓不到把柄！他们空手回去了，只是散布了一股空气，表明了他们反共的政治态度是坚决的。那个政工总队总队长这时也配合工作。他原是被俘虏过来的红军，投降了国民党，现在是官运亨通，荣升少将，他恬不知耻地"现身说法"，说什么共产主义不适合中国国情，他因此"改邪归正"。劝告队员认清形势，才是正路，他的话当然起不到什么作用，只暴露了他叛徒的丑恶嘴脸。

从 1939 年春天到秋天，经过约莫 6 个月的训练，800 队员要奔赴前线了，我们原计划组成若干小队，每队 15 人，分派连队直接与士兵共同生活，开展工作。每队都要有能写作、能唱歌、能绘画的人员，因此每一队的人事分配都需要深入掌握具体的情况。在这方面邱扬华倒显示出她的特长。她和原政治大队现任政工总队指导员的几个人，住在李煦寰的小屋，具体研究各队的人事配合，做到了各得其所的安排。

政工队派到部队没有多久，第十二集团军即取得反击日本进攻的胜利，称为粤北大捷。政工队的工作成绩，不仅是政治部方面，甚至部队首长也承认政工队的配备取得了立竿见影的效果，当即建议再办政工队员的训练班，补充有些部队的缺额。于是 1940 年夏天又在始兴东湖坪作为训练的基地。

这一次的规模约摸相当于香泉水政工总队的四分之一。主持工作的是班本部，工作人员基本上是政治大队的老队员，大队长等军事教员是总司令部派来的，大队政治指导员工作室由政治大队老队员负责，各分队政工人员则是政工总队的新队员，让他们凭他们的实践经验做好学员的思想工作。政治教育是清一色的左派。李煦寰每隔一段时间来检查工作，还带来政治部的干部做专题报告。据我亲身的感受，这次始兴东湖坪比翁源香泉水的工作做得更痛快。学员们做他们工作生活总结的时候，他们认为咱们这里大概在中国算得上是第三个好地方，第一是八路军，第二是新四军，第三大概就是我们这里了。当然事情没有绝对的百分之百，有一个学员居然说什么共产公妻不是什么好事。但是从这个个别的例子正好说明民主空气是足够的。还有训练班的课程设有《总裁言行》一门，主要选讲蒋介石执行孙中山革命政策和坚持抗战的言论，到了自由提问的时候，有人揭蒋委员长打了多年共产党，这件事如何看待？提出这样的问题，真是够自由的了。

总之，自从 1939 年政治部改弦更张到组织政工总队，第十二集团军的名声也跟着改变了，但是政治部那些旧人并没有完全下台。他们是调到别的机关，如军官补训团之类。他们也并没有忘记政治部他们过去"辉煌"的岁月，他们倒像是关心李煦寰的样子，说什么讲马克思主义我们不如那些人，他们总有一天不弄到李煦寰杀头才怪。他们的所谓那些人就是指支持李煦寰组织政工总队，养成一支能文能武、勇敢勤劳的队伍的新人，亦即帮助造成粤北大捷的新生力量！

但是那些旧人对李煦寰的命运，即难免杀头的预言竟然是八九不离十！

余汉谋经过"粤北大捷"，第十二集团军总司令是官复原职。不久又进一步，重庆新划出一个第七战区，余汉谋升为司令长官。这个战区政治部主任当然是李煦寰的囊中物。就任之前李煦寰依例要去重庆听候指示。意外的是一个月两个月，任职的命令迟迟不见发出，李煦寰也杳无音信。大家从盼望到疑虑，后来他终于回来了，回来之后有些什么新消息，我们还在东湖坪办补训班，不知道详细情况，只听说李煦寰大骂共产党，还抓了几个人，其中提拔最快的香泉水政工队员廖绵涛竟然自杀。李煦寰原本倚为腹心的汪绥祚突然失踪，被捕的原政治大队和新政工队员也有好几个。这无疑是李煦寰能够充当第七战区政治部主任，在重庆议定的交换条件。

在这政治形势突变的时候，东湖坪补训班第三期草草收场，我们先回到新成立的政治部，然后是各奔前程。

＊　　　＊　　　＊

从翁源香泉水政工总队到始兴东湖坪的政工队员补训班，是第十二集团军政治工作的全盛时期。我是从政工总队开始招生到始兴东湖坪政工队员补训班结束，始终参与其间，所以叙述这段时间的历史只以队史为主线，根本不掺入个人的私事。现在队伍结束了，也可以说是"寿终正寝"了，我可以回头补叙一下个人的经历了。

政工总队队员分配工作结束之后，政治部从香泉水回到三合渡。工作转入正轨，一时没有什么新任务，只是临时去总司令部为他们的政治学习起一种辅导作用。有一天从中央通讯社记者住处传来消息，邱扬华的一个表哥来找她，她正觉得一时无用武之地，加之她的弟弟松年正在昆明，于是决定跟她表哥去昆明。预定计划是姊弟相会，继续学习。但是无根据的猜测却是邱扬华抛弃了廖辅叔，跟她的表哥跑了。钟敬文在中山大学都听到了这段传闻，还同林楚君等说要好好帮助我，叫我振作起来。我对他们说，邱扬华的一言一行都告诉我，她不会变心，你们放心。她走后，我当然还是感到寂寞的，林楚君、张立康、王鼎新老朋友对我非常关心，日子还过得去，意外的打击是陈田鹤寄来的一封信。信封四周划上黑线，原来是他的同乡、在他的家乡一起办过温州日报副刊《山雨》的青年诗人陈庆之不幸患盲肠炎逝世。我在上海也曾投给他们一些新诗，后来在上海见面，结为情投意合的朋友。并一起在中国公学听过郁达夫的讲课。当夜在枕上凑成一首〔水龙吟〕：

> 彩毫管领风云，中兴早寄殷勤意。崇陵蔓草，故宫禾黍，凄凉如此。梦接沙场，声填石鼓，一棺先闭。便江南塞北，胡尘入海，更何处，同悲喜！　漫说纷纷生死，最难忘文章知己。秋坟鬼唱，春雷电掣，江山才思。高阁杯盘，荒城霜雪，摧心危涕。望云旗冉冉，星河耿耿，倏阴风起。

粤北大捷的消息传来的时候，我们正在行军途中，在此之前，我已经向昆明发了一封电报，电文只有两个字："平安。"先让扬华安心。现在确定敌军被击退了，我于是写了一首歌词，在天明出发之前，赶往邮局寄给重庆的陈田鹤，请他写好歌谱之后立刻寄来，以便士兵唱出描写他们自己的胜利的歌曲。题目就作《祝粤北大捷》，并在他们在重庆出版的刊物《战歌》上发表。时光已经悄悄地进入1940年。

战事告一段落之后，香港、韶关一些报刊的记者都来战地采访。他们先找李煦寰听候安排路线，李煦寰并派我陪同他们出发。我们什么交通工具也没有。山路崎岖，有了车子也用不上，所以我们一直是步行，比较优待的是有人配备马匹，让我们骑马代步。为了阻滞敌人的机械化队伍的速度，所以公路桥梁都已经炸毁，桥梁两边挖一条斜路上下。骑马走这样的道路，一高一低，总得在马背上弯腰曲背，前仰后合地随机应变，也算是新鲜的生活体验吧。

由于战斗刚告结束，日军退走抛弃的东西狼藉满地，甚至鬼子兵宰杀母猪挖出来的猪胞胎还没有腐烂，这倒是步行才会有的更多的收获。

到达部队，采访过程中总要听到有关政工队的出色的工作表现。我也就立刻写出来。让人先带回去给李煦寰，让他及时看到新鲜的政工队喜人的成绩。

政工队是初生之犊不畏虎，看了杂志报纸或听人说，八路军有民主生活那一套，他们也照样给上级提意见，甚至于直接写信给李煦寰，因而惹得上面有些人恼火，造成情感上的对立。我这次在部队里也察觉到这一点。到我陪记者们回到部队之后，我写了一首五律，记我战地的观感：

> 一月沙场过，劳人眼欲迷。颓桓乱鸦下，荒垄剩牛饥。
> 营火余残烬，阴风满大旗。感怀新伙伴，掩涕视征衣。

经过这一个多月的部队巡回，回到驻地，算是静下来了。山沟里看不到新书，外文书更是稀罕。我怕我辛苦学到的德文荒疏了，想起了一个好办法：用德文写日记。同时政治部派人去香港开展宣传工作，印刷有关粤北大捷的专书，我让她到仲爽家里取我寄存在他那里的几本德文书带到翁源来，记得有一套诺贝尔获奖得主作品选集和里尔克的诗集《图象集》，其他是记不清楚了。

有一天我收到陈田鹤的一封信。报告了一个好消息，说他与吴伯超一班音专同仁奉命筹办音乐院。他们想起我这号老搭档，希望我参加到他们的行列。

参加音乐院工作，对我来说等于是重新归队，自是好事。但是抗战期间，在部队里不是更加直接打击敌人吗？而且我还有从宗法社会遗留下来的迂腐思想影响我立身处世的态度。太史公司马迁不云乎："士为知己者用，女为乐己者容。"我当即给陈田鹤写了一封这样的回信，我说现在的上级李煦寰对我算得上是一个知己，每逢关键时刻，需要带领几个人上前线指挥所工作，总不会忘记我。办训练班或者有过什么工作，也总有我一份。现在工作刚刚有点转机的时候．我竟然跳槽走人，对吗？我甚至于书生气十足地说："宁人负我，勿我负人。"以当前的政治形势，防止异党活动的指令接二连三地发出来，团结抗战很有破坏的可能。到那个时候我回到教育领域就可以问心无愧了。

写了这封信，我好像放下了一个包袱。这时曲江（韶关）已经是广东省政府所在地，十二集团军把工作中心从翁源转移到曲江，刚到曲江，颇有乡下佬进城的感觉。曲江有饮食店，有书店，可以买到新书。特别值得高兴的是中苏文化协会也来曲江开展工作，政治部有些同事已经从那里拿到苏联的出版物，使我如获至宝的则是可以借到《国际文学》的德文版。

搬来曲江迎来的另一件大事是邱扬华又从昆明回来了。她到昆明，是进了国立师专艺术系音乐组，但是不如意事十有八九，她的神经衰弱老毛病发作了，书念不下去，只好回广东来。她这次带回来的唯一的一样好东西是黄自编的一套《复兴初级中学音乐教科书》。其实什么初级中学，恐怕高级中学、甚至于专业的音乐学校才能够消化得了。这大概可以说是中国近代自有音乐教科书以来最全面、最完整的一套教材。著者虽列有四人之多，其实主要是黄自一人主办，其他各人正所谓"附骥尾而致千里"而已。

扬华回到曲江之后，大病小病接连不断，不久，新开的政工队员补训班将在始兴东湖坪开学，我携同她一道去始兴，在临近碉堡一样的老百姓家里租了一个长方形的套间，算是安了个家。奇怪的是她倒不大闹病了。另外班本部还为我留个房间，白天在那里读书备课，倒也安静。

政治部设有一个政工总队部，定期出版一份队报，沟通各队情况，报道各人的工作经验和心得，也刊载一些文艺作品，我从《国际文学》看到不少贝希尔的诗作，译过一些给队报发表。此外，钟敬文和陈原在曲江办有一个《新军》杂志，是综合性的，比较偏重文艺作品，我也给他们投稿。他们出过一个诗歌专集，我译了胡佩特两首诗歌给他们。从此翻译德国流亡作家的作品便成为我的重点工作。钟敬文事后告诉我，陈原认为我译的那两首诗是诗歌专号最成功的劳作。

补训班已办了一份油印的刊物，我写了一篇文章《学习鲁迅》，是针对有些青年轻视事务工作而写的，并引用鲁迅的话"革命尤其是现实的事，需要各种卑贱的、麻烦的工作，决不如诗人所想象的那般浪漫……"。不料竟然遭到了李煦寰的责骂，认为赞颂鲁迅违反了政府的方针政策云云。

扬华因为不时闹病，一直没有提出要恢复工作，好在大家都是熟人，她也就参加一些"编外"的活动，有时还去访问当地的老百姓。乡下空地多，种菜养鸡，倒也并不寂寞。讨厌的是夜间老鼠的活动实在猖獗，没有办法可以对付。挂在门口的布门帘，它可以咬成一长串断断续续的齿痕的裂缝。

好景不长。1941年初，蒋介石发动围攻新四军的皖南事变，我们在始兴相当晚才得到消息。我们考虑公布这次事变，但不可能公开表示反对蒋介石，当然我们也决不愿意跟蒋介石一鼻孔出气，因此决定只在集会的时候，由总干事王鼎新说，新四军的事情并没有影响我们的抗战，敌人的希望是落空了。然后由指导员对学员做比较具体的分析，这是一种别具一格的暗盘工作。

这段时间对我本人却发生了两件事。其一是萧友梅于1940年底在上海逝世。看到报纸已经很晚了，我写了一首悼词〔水龙吟〕，寄给萧师母表示吊唁，但不知道她有没有收到。另外一件事是福建音乐专科学校来信聘请我去工作，并提出相当优厚的待遇。我不知道是谁的主意，可能是与缪天瑞有关，后来才知他新去音专当上了教务主任，我当即去函辞谢。

补训班第二期结束之后，准备续办第三期。中间一段空闲时间相当长，我那套《诺贝尔文学奖得主选集》里有爱切加莱的剧本《伟大的撮合人》，叙述流言蜚语造成夫妻的误会和关系破裂。出于对造谣者的憎恨，我决心译出来。译完之后，还请钟敬文帮我考察作者的生平行事，钟敬文很快便寄来一份材料。不幸送到国民党政府的审查机关之后，一直没有下文，终于石沉大海。

补训班第三期草草收场，我回到曲江被安排在政治部第一组工作。那里闹得最凶的是第三组，摇唇鼓舌，颠倒是非，一派反共的叫嚣，极尽造谣惑众之能事。第一组是管部队思想政治工作的，说来说去只是一些官样文章，比较特别的是先前热情洋溢、吃苦耐劳的政工队员现在是人心涣散，远走高飞。他们当初来是对的，现在要走也是对的。政治的逆流日见泛滥，要他们同流合污，鬼混度日吗？我本人不是也在转念头找借口吗？我原先同陈田鹤说过，"宁人负我，勿我负人"。现在可以说是人家负我了，可以去矣！

怎么个去法呢？机会来了，欧亚航空公司总经理李景枞邀请青主当秘书主任，青主需要一个帮他审核文稿的助手，这样合适的人就是我，于是向李煦寰建议把我调走，李煦寰只好答应了。航空公司设在昆明，那是杨升庵的贬所。钟敬文怀人诗中关于我的一首居然就是"滇西踪迹妒升庵"。我游昆明西山华宁寺，看到杨升庵写的对联，也写到："难与俗人论祸福，谪居恰对好湖山。"

欧亚航空公司是中德合资的，现在希特勒正与日本相互勾结，恬不知耻地承认伪满洲国，不把中国放在眼里。欧亚航空公司孤掌难鸣，苦撑残局，所以工作不多，实在有点无聊。恰好有一个留德回来的、喜欢诗词的黄贤俊可以来一番斗方名士式的唱和。工作没有几个月，日本偷袭珍珠港。英美正式对日宣战，希特勒还不如拿破仑，攻不进莫斯科。不巧的是日本轻易占领香港，青主老婆和儿子以及仲爽一家被困九龙，这可急坏了青主。他年届知命，就只这个命根子儿子，万一……他连番被恶梦惊醒，我们是爱莫能助。后来由于东江游击队的帮助，滞留香港的革命同志和民主人士都平安无事，脱险回到广东，青主、仲爽两家人也沾光，结队安全返回。不知道什么原因，青主突然回到韶关去了，还责怪李景枞打官腔，不是对老同学应有的态度。他不回昆明来了，我自觉无趣，也辞职东归了。还写了一首七律：

> 脱轨星球定位难，乾坤俯仰思无端。十年人海空皮相，六月天池息羽翰。
>
> 火焰将心凝北极，风光入梦定西山。吟鞭东指腾空去，不踏红尘万里还。

从昆明到桂林，正在等候赶火车回曲江，忽然由航空公司桂林站转来一封曲江发来的电报，说父亲惨烈殉国。说起来也真怪，1942年初，日本侵略军第三次血洗惠州，是我还在昆明时已经在报上看到消息。过去每次得到惠州沦陷的消息，也总会担心家中老父的安全，但是这一次我特别有不祥的预感，现在果然是灾难临头了。赶回曲江，才知道是日本侵略军挨户放火，父亲来不及走避，惨被烧死的。不管现在日本的右翼势力如何妄图翻案赖帐，我却能够以切肤之痛驳斥军国主义罪犯的谰言！

刚回曲江，是跟青主一家住在一起。那里原是韶关师范学校的实验农场，韶师校长是所谓的世交,然而寄生生活是不能长久的。抗战期间根本就谈不上什么就业机会,只能向军政机关想办法。青主找李煦寰商量我的工作问题,李说回政治部最理想。语云"好马不吃回头草",何况又是政治部,这简直变成了反动巢穴嘛。我不去,他也不再理会。但凡稍为自爱的都不会去政治部。王鼎新、林楚君都在一个叫做经济游击指挥处的机关栖身。他们和我是一伙的,有一天,忽然他们来告诉我,经济游击指挥处有一个空缺,只要有李煦寰一封介绍信就没有问题。这一次李煦寰还算慷慨,当即执笔一挥,介绍信写好了交给我,我立即前去报到。没有多久,经济游击指挥处又改为缉铃督导室,机关名称改了,我们人还是照旧留任,事情却更简单了。新来的主任知道我们几个是李煦寰的老部下,相待是满客气的。

在我还住在农场的时候,有一天,战区政治部政治大队的老队员何平带来陈原给我的一封信和一本《国际文学》。我和陈原还没有见过面,他这次直接通信是因为看到《国际文学》上刊载弗·沃尔夫的一个剧本《博马舍》。他认为剧本很好,所以径直给我写信,看可不可以译出来,这样我和陈原就交上了朋友。以前,我因为生活不安定,静不下来;现在,官小身闲,正好动手翻译,也不至虚度光阴。

缉铃督导室设在十二集团军早年的驻韶关办事处,是一座二层楼的当时算有相当规模的建筑物,楼上正厅还挂着一块耶律楚材题字匾额,名为"正明楼"。我和林楚君同住一个房间,两张长方书桌背靠背拼在一块,各处一方,床上挂着一盏"电灯",灯光是红色的,夜间看书得站起来凑近灯底下。看得时间长了,眼泪自然而然地水一样流下来,只好坐下来,掏出手帕拭眼泪。扬华曲江无处安身,寄住在她柳州的一个亲戚家里。这样的处境有我写的一首〔临江仙〕留下真实的记录:

雨洗芳林迎月上,雨声尚滴虚廊。天时人事两苍茫。相思难著句,无客等投荒。
漓水长流流不断,低头转忆珠江。相逢战伐惯羊肠。可怜乌绕树,争似燕栖梁。

说是穷吧,我和林楚君还有一个共同的勤务兵,他帮我们做饭,我们吃的是每月上头发下来的军米。那是刚刚磨掉一层外壳的非常非常糙的米,根本不能下咽。我们吃饭只好找一个玻璃瓶,装上那些糙米,用一根小竹竿轻轻的耐心的去"舂",舂过的"精米"然后才好下锅。80年代我写给林楚君的一首〔减字木兰花〕的句子"日舂瓶粟,施展禁书同夜读",还念念不忘正明楼的旧事。

缉铃督导室这一段时间——1942年秋天到1943年秋天——可以说是我翻译的丰年。除了沃尔夫的剧本《博马舍》之外,我还译了茨威格的小说《日内瓦湖畔的插曲》和《无形的画册》,魏斯柯夫的《遥远的音响》,罗曼·罗兰的《克里斯朵夫》的片段《克里斯朵夫和安东妮的邂逅》，论文吉尔波丁的《普希金的遗产》，奥柏曼的《纳粹主义的小说》，傅赫斯的《违反本意的诗人》（介绍捷克大诗人贝斯鲁奇的论文）以及诗歌 50 首以上。其中贝希尔和里尔克的作品最多。贝希尔的诗译了就拿去发表，里尔克的诗则是凭个人的兴趣。其他的诗人有鲍狄埃、卡尔杜奇、苏利－普吕东以及德奥的流亡诗人胡佩特、圣克、费恩堡，胥尔特等等。上海时期的译诗如歌德的《魔王》《所有的峰顶》《紫罗兰》《野玫瑰》和席勒的叙事诗《手套》《潜水人》《人质》等等都和我的藏书同遭劫火了。

在缉钨督导室枯燥的工作中无意中来了一段变调。设在曲江、纪念前第四军阵亡师长许志锐的志锐中学校长因为要去重庆受训，他担任的高班的国文科需要找人代课。他和我素不相识，却通过青主的老朋友杨逸棠约我去承接这份差事。我不好推却，答应了。那个校长受训回来之后，听学生反映，说听了我的课真是大开眼界。本来他自以为他教过的国文班，别人接手总是站不住脚的，这次出乎他的意料，代课先生竟然得到学生的喝彩。他也的确有点能耐，做了校长居然请到吉联抗来教音乐，陈原来教英文，现在又在打我的主意了。他同我当面说了还怕我不动心，于是再请杨逸棠来说服我。我自己呢，学生说好，当然使我高兴。但要是我真的要教书，不早就去重庆音乐院了，还要呆在广东吗？

说也奇怪，志锐校长的这番邀请，倒是提醒了我，我确实应该写信给陈田鹤征求他去音乐院的意见。我从前同他说道我暂时不好离粤的情谊已经成为过去了。现在可以说是到了"义无反顾"的时候了，于是乎动笔，付邮。回信也来得快，欢迎我去。附来的聘书署名是院长陈立夫。据田鹤函中说，陈立夫是挂名，一切校务由吴伯超负责。只是吴资历还浅，要代理一段时间才能"真除"云云。

天下事也的确凑得很巧。我和扬华去桂林，居然是与仲爽同行。他是应中央航空公司的聘请接桂林站主任。到了桂林他当然答应为我俩预订飞机票。青主一家早已离开曲江，正好在桂林搞自己的小农场，另外那个堂兄阿抗先已移家桂林。不久，三叔的儿子阿业也出差来桂林。这就是我们廖家一爷之孙五兄弟 1927 年以后分隔16 年后第一次齐聚一地，照一张五人合影自是题中应有之义，仲爽提议由阿敦写一首诗做纪念。我当即诌成一首七律：

> 五处乡心十六年，艰危告语转欣然。童痴顾我今犹昔，世事从渠海变田。
> 居易安称牛马走，急难苦赋鹡鸰原。天涯尚有思亲泪，一滴何时到九泉！

当青主看到"急难"那一句当即提出"难"字是应该读仄声的，我说也有人依平声的，这是临时变通的办法。到他继续看到"思亲泪"的时候，也忍不住潸然泪下。说起思亲不由得人不伤心。母亲是经历封建大家庭长年的折磨，不到40岁就盍然长逝，父亲则是惨遭日本侵略军的烧杀。——如今年代最远的母亲逝世是1911年，虽然时隔90年，但今天写到这里我还是忍不住悲从中来，伏案涕泣。

正当我在等候去重庆的飞机票的时候，胡然夫妇从重庆来到桂林。老友重逢，无所不谈，说到音乐院自然也提到了那位挂名院长陈立夫。胡然说，说是挂名，音乐院放个屁，都会传到那里去。说者无心，听者却是像是一锤子击中了神经中枢。我暗地里想，我是受不了曲江那股倒退空气才飘然远行的。要是音乐院还是陈立夫遥控之下，我不是自投罗网吗？我只有留居桂林这一条路了。把我的想法告诉青主，他赞成我的决定，他还以三兄弟难得同在一地的情绪强化他支持我的依据。我于是以妻病不能远行的理由写信给陈田鹤表示我困难的处境。可是陈田鹤仍旧来信盼望我克服困难，履行聘约。我可是事关大节，不能苟合。留桂林，逼到眼前的第一件事就是失业。当时唯一栖身的地方是归侨招待所，组织之初是安置香港沦陷回国难民的，现在是等于普通公寓。我和扬华是由仲爽熟人介绍入住的，后来招待所负责人的女儿跟我学习中文，她又善弹钢琴，我同她讲些肖邦的故事，她说因心烦喜欢肖邦。我们成了好朋友，从此以学费抵房租费。日常生活资料来源靠并不稳定的稿费，有时穷到没有隔宿之粮，临时买米一撮用报纸包着回来应付一顿饭。当初不去重庆，是以妻病为借口，现在扬华真是大病了，其狼狈可想而知。仲爽老婆来招待所看望我们，发现我们连暖水瓶都没有一个，仲爽慨然把他们的一个交给我们使用，还批评我们实在太不会过日子，"夏虫不可语冰"，大概就是从这一类情况引申出来的考语。

青主现任亦即第四任夫人王青君是北伐期间柳亚子在江苏发展的、准备迎接北伐军的国民党秘密党员，后来形势逆转，多数牺牲了，青君是硕果仅存的女党员。现在桂林重逢，真是悲喜交集，立即成为柳老的女弟子。我20年代读到柳老的诗就很敬佩他。1942年初我和王鼎新、林楚君等在始兴东湖坪说到国民党，认为国民党有两个好人：朱执信和廖仲恺，还有两个好妇女：孙夫人和廖夫人。现在呢，还有柳亚子算是活着的好人。说过没有几天，报上已经刊登柳亚子为皖南事变痛斥蒋介石遭国民党开除党籍，我们喟然叹息曰：国民党是一个好人都容不下了。现在我私淑的好人近在咫尺，我当然要去拜见他了。见面的时候我向他追述了谈论国民党好人的往事，他当即许我为平生知己。他送给我一首五律，表示他对我的勉励：

> 青主有贤弟，传闻意气饶。杨修尊北海，灵运傲南朝。
>
> 骂座狂堪掬，藏山业未遥。还应勤砥砺，一举刺天高。

我抄了一些诗词请他批评，他竟评说我的作品"远在兄嫂之上"，甚至不惜纡尊降贵，亲自到归侨招待所来看望我们，还写了一首七言古诗，详叙青主夫妇和我与扬华的遇合和节操。我从此出入柳门，帮他抄录文稿。他的字迹非常潦草。不誊清是不能付排的。过去主要是依靠林庚的遗孀抄写，现在我开始把这项工作接过来了。

他长久以来一直挂在心头的《南明史》由于香港战乱，史料星散，他在桂林曾经凭记忆追记收集到的史料，准备恢复这项工程，组织了南明史编撰委员会。派我担任秘书。他还是依照正史的体例，正式开始编写。然而命运好像偏与他作对，日本帝国主义实行打通大陆交通线的狂妄计划，桂林这座文化城危在旦夕，柳老一家去了八步，青主一家也跟着去了。我呢，岿然不动。不是不动，而是动不了。真的日本鬼子来了再逃难吧，逃到哪里算哪里，天下没有饿死的叫化子，穷人也有穷命。扬华的表弟张展鹏，从广东坪石中山大学来到桂林，少不了要来看我们。归侨招待所也没有几个住客了，静悄悄的。谈到下一步如何打算，我们打算还是等着瞧，关键是缺少几个钱。这位老弟看看我们，把他手上的结婚戒指剥下来，交给我们说必要时对付着用吧！

那时的桂林即使不是死城，也已经死气沉沉，路上几乎见不到人影。有一天刚下过雨，路还是湿漉漉的，我们闷坐在归侨招待所，忽然李易安——实学书局——生活书店属下的一个子书店的经理，穿着一双打湿的布鞋光临寒舍，话没有说几句，却从口袋里掏出一摞钞票塞给我们，加上简单的一句话：少少的，算是尽我们的一点心。

患难见真情，让我永远记住这两个人的名字！

归侨招待所已经停止活动，我们每天到航空公司同仲爽一道吃饭。航空公司发出安民告示：职工家属到了紧急关头，一律利用公司交通工具逃难。我们也就等待着这一天。这一天终于来到了，我和扬华一人一个皮箱，装着几件衣服和必不可少的几本书上了飞往重庆的飞机。仲爽则坚守岗位，直到鬼子真的逼近桂林，才与留守的几个员工装好公司的重要器材，一道乘车取道独山横穿贵州山路直达昆明。对家兄这种临危不惧、从容应变的气度和才智，我认为是值得写上一笔的。

*　　　*　　　*

重庆是抗战期间的陪都，是政治中心，也是特务的大本营。所以要在重庆住下来，总得有个职业。我重庆的熟人，首先要数陈田鹤。可是由于上一次不守信用，不好意思轻易再去麻烦他。其次要推表哥刘孟纯。去年曾在桂林见过孟纯一面，那只是久别重逢，稍叙旧事。倒是仲爽关心我这个"无业游民"，与孟纯谈过我的工作问题。孟纯回到重庆之后，曾经写信回复仲爽，说我的工作没有问题，妻子工作也有办法，但我还是舍不得放弃桂林的穷日子。现在我到重庆来了，第一步就是要向孟纯报个到，住的地方是仲爽介绍我们去找的航空公司的重庆站主任，当即住在该主任的公馆。我去找孟纯的时候，他正在主持一个会议。他叫李冠礼替他接见我，告诉我他会立即写报告请任我为秘书，随时可以来上班，明天晚上在某某友谊餐厅为我俩洗尘。这么快就要上班，这是我始料不及的。我第一个找孟纯，主要是为了我这个共产党嫌疑人万一有了麻烦，可以有个得力的证明人，既然要立刻上班，却未免不恭了。至于住的问题，李冠礼隔壁有一个独立的茅草房间，主人因为另有好地方，所以盖了却没有入住，现在正好由我接手，价钱多少记不得了，总之是我付得起就是了，因为仲爽在我临行的时候还给了我一些钱。房屋是在一个高坡的脚下，天一下雨，雨水竟然从屋后漫起来，把鞋子都飘走了。

现在说说我办公厅的工作。办公厅的工作是公开的，一般是例行公事，秘密的如异党问题之类，那是不通过一般行文来办理的，处理机要文件还有一个部长室。所以我们秘书的工作是分工接管各厅上来请求划行的例行公文，根本不看公文的内容，只在部长栏内写一个行字，盖上一个刻着"张治中印"的图章，就算完事大吉。说到服装，我在桂林已经不穿中山装，换穿仲爽送给我的西服。社会上的观感，中山装是党棍才穿的。现在在政治部工作，那是军委会的附属机关，即使不披横斜皮带，也总应该穿中山装吧。我问孟纯，我身边只有西服，上班应该穿什么呢？他说穿西装没关系，我因此是唯一穿西装的人，人家还说我居然有这样的行头，认为是阔气的表现。

阔气并不一定是做大官，发大财。像我这样住茅草房子，穿西服，还有与众不同的另一种气派，是室中挂着一条柳亚子的字幅。柳老的赠诗我在桂林裱好一直挂在室内。逃难也常在身边，现在又挂起来了。政治部的同事知道我是刘孟纯的表弟自然另眼相看，一个个还光临寒舍以示亲热。看见柳亚子的字幅，他们觉得奇怪，为什么挂他的字。终究我是刘孟纯的表弟，他们不好说什么。

到了重庆，总不能不说到音乐院。为了前年的毁约，我自然不好意思找他们商量工作问题。但是尽朋友的义务，我总得通知他们我到了重庆。陈田鹤、胡然、刘雪庵先后来访。陈田鹤那次来访，恰巧陈原来了，谈得很痛快，很自由。上海沦陷后，陈田鹤在上海停留了相当长的时间。他写信给我还说殷扬同他还有联系，同他谈论了抗战的形势，听说正在看瞿秋白的那本《乱弹》。所以久别重逢，我照样毫无顾忌地高谈阔论。没料到他第二次来访，我不在家。他非常关切地问扬华，我是不是同别人说话也是那样的随便。他知道重庆的特务是无孔不入的，不小心就免不了惹起麻烦的。

旧友重逢，开怀畅谈，成全了我的新作：

> 乱离一面不寻常，相忆相望七载强。犹是关山腰脚健，几人忧患鬓毛苍。
> 云中应异眉公鹤，海上终归属国羊。斗室纵横天下事，好持大笔扫欃枪。

天下事往往说不准。我们逃难到了重庆，虽然同机的有些人上了报纸，我的名字却是没有见报的。然而有些人却居然找上门来了。首先是桂林归侨招待所的负责人王先生和他的女儿。他们在罗家湾盖了一所茅居，除了自己一家人住之外，靠近主屋还有独立的一个房间，欢迎我们搬来同住，可以互相照应。他们如此热情，我们当然乐意。我们原住的大田湾，门外有一片立足之地，脚下就是斜坡。现在的罗家湾门外却有一片方地，正对面、斜对面都是砖砌的小平房，茅居紧邻也是人家，还经常听见女人咒骂的声音，真是"结庐在人境，而无车马喧"。

王先生一家热闹过后，又来了一个不速之客——十二集团军政治部战友黄蕊秋。她是在广东工作的，怎么会逃难逃到重庆来呢？我不好盘问她，她不说就算了。我们留她吃饭，她还毫不客气要在我们这里住宿。睡铺是一张长藤椅，两边靠手是空的，她的脚可以伸出去，用凳接住。住宿之外，最好还能解决她的工作问题。事情也的确再巧没有。胡然来串门，说起工作，他说可以找洪潘，他现任军乐学校校长，于是我们两人一道去找他。我和他头一次见面，却好像是旧相识，他当即答应在军乐学校给她安排工作。到了音乐院幼年班创办的时候，吴伯超要我介绍照顾学生生活的训育员，我仍然介绍黄蕊秋，黄蕊秋也愿意来幼年班工作。工作非常出色，吴伯超赞不绝口。日本投降后，蕊秋要回广东。到我去幼年班上岗，学生们还念念不忘黄老师，还学她那口浓重广东音的普通话。吴伯超和吴稚晖是一家人，跟着他叫嚷反共，却没有料到他赞不绝口的黄蕊秋竟是一个地下党员。

音乐院除了青木关本院之外，松林岗还有一所分院，那是中央训练团音乐干部班撤销之后改属音乐院，青木关容纳不下，因此设在松林岗，作为音乐院分院。院长是戴粹伦，教务主任是满谦子。1945年第二次世界大战进入决战阶段，日本败局已定，戴粹伦把松林岗音乐院分院正名为国立音乐专科学校在重庆复校，预为接收上海音专创造条件。有一天我无意中碰到满谦子，他见到我，非常高兴。回到松林岗之后，立刻写信请我回音专工作。满谦子为学校打算，邀我回去是一片好心。但他不过是教务主任，实际上是戴粹伦把持一切的。我之于戴，从毕勋路开始根本同他没有来往，到了重庆，我与音专的旧人接触，凡是谈到松林岗的，没有人说过一句好话。连黄友葵这样超然物外的人也不免加以讥评。对满谦子的邀请我自然只有敬谢不敏了。

重庆住定下来，我首先要弄清楚柳先生的行止。桂林紧张的时候，他从八步回到桂林，下一步是去重庆，重庆终究是有回旋余地，蒋介石对他是不敢胡来的。我在动身飞渝之前，曾问他到了重庆之后，如何同他联系。他告诉我去找毛啸岑。我依他留下的地址径直找到毛啸岑，随即找到他的临时住处，还遇见了柳无垢。她说他们不日就要迁往津南村定住，以后通信寄津南村就可以。

柳先生有一种老毛病，他自称是神经麻痹症。发病的时候简直字都写不出来。平时闷在那里，话也不多说，经过一段时间之后，又慢慢恢复正常状态。受到特别刺激的时候也会发作。这一次经历了桂林的混乱局面，加上湘桂大溃退到惨败，大概又旧病复发，所以自到重庆之后，写诗本来可以说是他的日课，现在却是不留一字，直到1945年元旦，他才诗兴复发，写了不少史诗性的作品，如《龙蛇》一首：

> 龙蛇在野屈难伸，烽火神州惨不春。捷报临邦聊自慰，覆车吾土已嫌频。
> 引吭我愿呼民主，俯首谁能事贵人。丹穴莵裘矛盾感，苍生满眼耻谋身。

他写给我的这首诗的原稿我转送了一位同志，现在他还挂在书房；我自己惨遭抄家，柳先生一个字都没有留存下来。我们看报经常看到苏联抗击希特勒进攻的胜利和美国在太平洋各岛屿对日本帝国主义的沉重打击，却很难凝炼出像"捷报"一联那样精辟的把人家的优势和我们的劣势的强烈的对照的名句，茅盾说柳亚子的诗不愧为现代中国的史诗，的确是一语道破的定论。

我白天的工作是对例行公事的划行，既然不动脑筋，也就不觉得怎样疲劳，晚上工作起来才真正精神焕发。《新华日报》开设了一个门市部，出售延安和苏联的出版物，陈原更像是出版消息的大网，经常可以看到新材料，因此我晚上的工作是远比白天的多，而且更有意义。每到晚上九十点钟，醪糟汤圆的饮食担定会慢声吟诵般沿街叫卖。我便会放下手上的《新华日报》，开门迎客，两口子一人一碗的买回来，享受山城的美味，寒士也自有寒士的乐趣，然而也有乐极生悲的时候。

李商隐的诗句"巴山夜雨涨秋池"是很美的，即使日后听不到巴山夜雨了，也要"却话巴山夜雨时"。然而到你真正碰到了巴山夜雨，却难免要尝到杜甫的"床头屋漏无干处，雨脚如麻未断绝"的况味。于是动员所有的脸盆、水缸、瓦罐去接漏，拣雨漏不到的地方坐下来，总算还不至于像有些人那样撑着雨伞熬长夜。

同我们一道夜战漏雨的是扬华的表弟张焕明，在家行老七，他是和他的舅父从桂林跋涉长途横穿贵州来到重庆的。我们添了一个佳客，颇除寂寞。在此之前，我们已经认识了他家的老六张树德。他原先是来重庆投考音乐院的，他报考民族乐器二胡，拉的曲子却是广东音乐，主考认为这不是正宗音乐，不予考虑。因此才寄居重庆，进了一家百货商店。我登门造访，拉上了关系。从此常相过从，现在兄弟重逢，更是热闹。寒家居然是座上客常满了。

写到这里，我又要补叙一件我这号不通世故，或者用广东话说，不会捞世界的书呆子的吃亏的故事了。跟我这一级的官阶是有资格享受一个勤务兵的服役的。事实上那几位同一级的同事并不要摆勤务兵跟班的架子，而是将勤务兵的军饷和生活补助资料领回来改善自己的生活，这也算是一笔可观的财源。但是要领到这个勤务兵的名额却要呈报军委会批准任官资格才能领取。要呈报便要历级的任命证件，否则不予受理。我是不把这些证件当一回事，随便乱放，终于不知去向，所以根本不具备呈报条件，于是乎成为孤家寡人，眼睁睁看着别人多一份额外收入，自己只好认穷。穷就穷吧，我还是做我的诗：

> 九尺同囊粟，东方未免饥。耕耘劳笔砚，穷病两夫妻（我穷妻病）。
> 落落防三宿，辽辽动五噫。长安今咫尺，无语看残棋。

孟纯对我这个相当的"黑官"爱莫能助，他也知道我是不谋升官，只求暂渡难关的，所以他后来跟张治中远度天山，任职新疆的时候，秘书处的人员大都转赴新疆。他却先将我安排到政治部编审室，以便我相机行事，自谋生计。

编审室主任是夏维海先生，早年就读日本庆应大学，是一个纯粹的学者。开明的民主人士，孟纯先向他介绍过我们情况，他亲自到罗家湾来探访。见面次数多了，他还同我读唐诗，为尼采著作的译名谈了他的看法，我因此写了一首诗表示我对他的敬意：

京华风雨一蓬庐，意外还回长者车。一代风骚承楚汉，五更鼓角逼吴趋。

从知入蜀诗成史，却为平戎夜校书。检点平生师事意，春风座上愧三隅。

重庆夏天的热，实在难受。夜里12点钟床上的席子还是烫的，痱子长得你热水擦也不是，抓也不是，简直是活受罪。汉口热，南京热，桂林热，同重庆都无法比，幸亏是只过了一个夏天，到了明年，已经赶在高温天气到来之前，上了出峡的轮船了。

1945年开始，苏军已经从苏联本土转入对德国的直接进攻。英美在诺曼第登陆之后，也开始与苏军形成东西两方夹击德国的局面，亚太地区日本也已经守不住它占领的地方。8月8日苏军对日宣战，日本关东军陷入困境。中国也发起对日寇的最后一战。9月2日日本宣布无条件投降，中国的对日抗战也没有经过反攻就取得了最后胜利。我当晚写了一首七律：

彻夜山城爆竹鸣，降书已报屈东京。八年终见吴为沼，一网而今寇是惩。

鸭水朝宗仍澹荡，燕崖拔地拥峥嵘。计程巴峡穿巫峡，涕泪衣裳快杜陵。

鞭炮放过之后，高兴并没有多久，报上、口头上，传来不少扫兴的消息。那些原先认贼做父的伪军，扯起一块"身在曹营心在汉"的遮羞布，摇身一变，变成合法的反共别动队。我为此写了一首七绝：

密云终望来时雨，大地何堪再劫灰！功罪是非如此事，弹冠人笑李陵台。

正在种种谣言众口流传的时候，毛泽东飞来重庆，打破了万众心中的沉闷，我又忍不住来他一首五律：

低首擎天柱，倾心柳丈诗。斯人关绝续，所念在疮痍。

行事伊周上，修名马列齐。孙门遗策在，携手倘相期。

毛公来渝，柳先生曾来信讲述他忧喜心情的变化。他担心"重踏"任潮展堂之覆辙（李济深、胡汉民都曾遭蒋某的软禁），及见毛公，具悉颠末，始转忧为喜云云。我为此又写了一首七律，奉呈给老先生，结尾提到为先君表墓事：

汤火胸怀老少年，几拼热血荐轩辕。推排今古无余子，疾苦民氓有代言。

三策天人元祐党，一麾江海乐游原。绵山老泪胡尘里，愿乞高文与共传。

本来桂林时期已经同老先生提过为先父撰写墓表的请求，他慨然准如所请。后因战况恶化，无暇及此。这次我写了一份《先君事略》供他作撰写的参考，他真的很快就写出来了。文章末段说："尚棐尤善诗文辞，撰状乞亚子为表墓之文，至涕泣不能仰视……"我当即婉转陈述，说我"尤善诗文辞"，怕引起家兄不快，老先生说，这是我说的，不干尔事。事略也提到赡养父亲新生十口之家的问题，我是没有尽到一分责任，我是落魄江湖，仅免饿死。赡家一切都是老二仲爽独立承担，他从来没有向哥哥和弟弟提过分担责任的要求，真可以说是犹存古道的。记得去年孟纯路过桂林，仲爽设宴为他洗尘，我们兄弟三人共席，青主忽然对仲爽说，"我作为长子根本没有尽到赡养老父一大家人的责任，一切都是你独立承担，我只好引用东坡的诗句'与君世世为兄弟'来表达我的心事"。这是他唯一的一次为没有尽到赡养家的责任表示内疚的自白，而且是当着孟纯这位关系人物的面前说的，也可以说是善用机遇了。

想到父亲生前非常重视树碑立传，他的死又是那么惨烈，理应有文表彰，以慰忠魂。现在有柳老先生的碑文传世，可以说差无遗憾了。

1945 年 12 月，美国派马歇尔来华，借调解国共军事冲突之名，行加强蒋介石进行内战部署之实。民主人士为了表示广大的民意，纷纷上书马歇尔，要求马歇尔不要干涉中国内政，帮助蒋介石打内战。柳先生担心他老病复发，信写不成，只好叫我替他代笔，我当即奉命执笔。可是到我写成初稿，上约定地点去交卷的时候，他老先生却说他昨天精神来了。自己起草一封给马歇尔的信。我的稿子他就转送给别人了。同时要我帮他抄写他那封信。他义正词严要求"速撤驻华之兵，速罢祖蒋之吏"真是淋漓痛快。可与陈琳草橄媲美。我是万万写不出来的。

抗战八年，《流亡三部曲》传唱了八年，现在该是杜诗所说"青春作伴好还乡"的时候了。王先生一家最先踏上还乡的路程。他们居住的整所房屋交给我们使用，我们什么时候不用便把它卖掉。接着陈原走了，李易安也走了，张家两兄弟看见走的多了，同样的归心似箭。他们一说走，扬华也心动了，决定同他们一道去广州湾。我则留在编审室，与复员队伍共同行动，趁机坐船沿三峡东下，实地体验郦道元《水经注》所描写的壮丽景观。

既然我们一家只有我一个人留守，这间茅屋当然没有保留的必要。于是写了张卖屋的启事，贴在大街上显眼的地方。想不到很快就来了买主，很快就成交，一手交钱，一手交货。我也很快就将卖屋的所得寄给广州王先生。我随即就搬到政治部宿舍。所谓宿舍，白天是办公厅，夜间是卧室。办公桌拼成床，原来编审室已经从乡间搬到城里来。我从秘书处调到编审室，现在才正式在编审室上班。其实工作并不多，原因是复员已经上了日程，只等开船日期了。

正在闲散期间，却送来了一份额外的工作，那是陈原从上海写信来约稿。生活书店要出版一套百科知识初步丛书，他约我写一本《中国文学欣赏初步》，我写了一半，复员已经定了行期，于是同重庆告别了。

从重庆出发，坐的是民生公司的轮船，到了汉口，民生公司的轮船要开回重庆，我们换乘了招商局的船。船比较大，但是我们睡的地方却从原来的单人铺改成了大统舱。一路的水程实在是够罗曼蒂克的，白帝城啦，巫山神女啦，黄鹤楼啦、小孤山啦，神话、历史、名胜、古迹，真是应接不暇。我当然写了几组出峡的组诗，其实并没有写在关节上，才有限也。

船上的时间过得还不算寂寞，一路上的风光尽够你欣赏的。我曾下定决心，每天记下所见、所想、所作，留下一册出峡日记，文化大革命的风暴一来，藏书、字画、书信、手稿，一扫而光，现在的《出峡杂记》只是记得起来的几首而已。

同船的有编审室的一个同事梅电夔，是梅龚彬的弟弟，比较谈得来。可惜他的夫人患癫风，一发作就四肢抽搐，口吐白沫，老梅弄得手忙脚乱，有话也谈不下去了。此外，同船的有一个同济大学的女学生，时间长了，同她倒成了一个谈心的对象。同济的第一外国语是德语，这样谈起话来就不愁没有材料了。王光祈在德国留学的时候，他的女友同他约好去德国看他。不料她在船上遇到王独清，一个同船上的生活竟然产生了感情。船到马赛，她竟与王独清同去巴黎，不再继续向德国进发了。这样的情缘实际上远不是独一无二的，我这几天也有点迷茫了，好在时间不长，在我心上还是理智占上风，只写了两首七绝：

> 偶然邂逅客舟中，风雨无时笑语同。卷发修眉身玉立，天然仪态洗香红。
> 春梦婆娑几泪痕，低头我自拜温文。定公一语消狂想，臣朔家原有细君。

写出来之后，拿给老梅看了，他看过之后，点点头，承认我的思想活动是可以理解的。向别人公开了，说明是心地光明。同时认为那位大学生确有动人之处。

船到南京是终点站。那位大学生下关登岸，立刻赶到车站买去上海的车票，我呢，也跟着去了下关车站，同她一道买了夜车票。随身行李托老梅带去南京。我在上海稍作停留即回南京。我与华丽丝母女八年不见了，一溜烟飞去还嫌不够。夜车上我和那位大学生对面坐了一夜，她对德语的问题问个不停，最后说到海涅的诗，我举出那首《你是好比一朵花》，并默写出来给她看。分手的时候，我们各自给对方留下了地址，想不到留下的地址，真的有用处，后来扬华从广州到上海，有一个时期找不到栖身的地方，还到她家寄住了好几天。这是后话不表。

南京·国立音乐院时期

（1946—1950）

却说日本投降之后，我的住处问题提上了日程。这一次我还是找陈田鹤，表明我的归宿依然是音乐院。现在到了上海，第一步即去看华丽丝母女。我自以为老上海，照十年前老规矩坐公共汽车到哈同路（现改名铜仁路）下车，然后步行到格罗希路（现改名延庆路），结果是在头一站下了车，多走了漫长的一段路。一看到华丽丝，她不胜惊喜。说看我的样子，的确是经历过风霜的，同时拿出陈田鹤给我的一封信，原来是音乐院的一份聘书，附有吴伯超和陈田鹤的亲笔信。老朋友毕竟是老朋友，信来得比人还快。当即住在延庆路。

到上海的第二站就是看陈原，与扬华约定的集合点是陈原家。到了他家，真的扬华还没来，案上摆着我给扬华的信。陈原随即向我介绍外文书店，善钟路什么书店，慕尔鸣路什么书店，威海马路什么书店……他说的全是旧路名，同时点明现在叫什么路，有些确实是改得没有道理。这些路名多数是汪伪入侵租界时改的，只有中正路，林森路等等是国民党接收后重改一遍的结果。现在中正路改为瑞金路，林森路改为淮海路。

第三站是去看望音专的老朋友。在音专看到陈又新，他是戴粹伦还未来沪时候代管一切校务的。我老实不客气的问他有没有办法给我找个临时落脚的地方。他当即指定一个摆着一些办公桌的房间让我们暂住。这样一来，扬华来到上海就有一个安居的地方。过了几天，扬华带着张七来了，于是我们两口子睡在办公桌上，张七睡一张行军床。还有一张写字台上有一盏灯，看书写字都方便。当时上海到处是美国大兵，他们看见妇女就发疯般追上去。女作家白薇就遭到美国兵的骚扰，我们每次上街，总是扬华走在中间，我和张七夹在两边，做出迎击的姿势。住定了，我没有忘记写《中国文学欣赏初步》后半部。我身边什么参考书都没有，一切全凭记忆，真正记不清的，只好临时跑到旧书摊找到有关的书来查对。有些则是记错了的，如"年年战骨埋荒外，空见葡萄入汉家"是李颀的诗句，我却误为高适。还有批评屈原的话"露才扬己，谗暴君过"是班固说的，我竟栽在司马迁头上。这种错误使我提高了警惕，以后凡是遇到记不大准的引文，一定不厌其烦的查对原文，以免重犯类似的错误。这本书出版之后，效果还不错。报上有些文章列举的例子是引用这本书的，解放区也曾重印过。我故乡的一位老先生对这本书倍加赞许，很是加强我的自信。

然而天有不测风云，居住又成了问题。起因是戴粹伦上任来了。他究竟是主人，我照例要和他见见面，但是我和他素无交情，根本不提请我继续借住的话。我是等他下逐客令。既然是逐客，我也用不着向他辞行了。向哪里去呢？我同那位同济大学女生分手的时候，不是留有地址的吗？她是老上海，请她帮忙，她立刻答应请扬华到她家暂住，张七搬到他一个开小商店的堂哥那里去，我仍然是奔回延庆路。三个人白天会合，天黑各奔东西。扬华通过这位女同学又认识了另一位同济同学，干脆住到同济大学学生宿舍里去，可以比较长期的居住。

前面不是说过，音乐院已经寄来聘书了吗？为什么不住到音乐院去？这件事说来话长，音乐院是国立，理应座落南京，但是南京并没有现成校舍，需要盖起新宿舍才能全部复员。我是新人，连临时住处也没有，只好自力更生，所以陷入了无立足之地的窘境。

至于我当时的身份，我还是政治部编审室的编审，复员的时候国民党政府对工作人员有一条规令，鉴于政府员工流亡八年，今幸胜利复员，谁愿留部工作，欢迎续任。谁愿离职还乡，一律照准，并发给还乡旅费。我当即再去南京，办理离职手续，并领到离职证明及还乡路费。我这时才正式是音乐院教授。音乐院盖在南京古林寺附近，幼年班则在常州。幼年班班主任由吴伯超兼任，他要我去幼年班，挂名秘书，代他处理日常班务，我于是一行三人去常州"上任"。

到了常州，还没有开学，见到了教务主任梁定佳，他在音专是小提琴主科，跟华丽丝学钢琴，所以彼此见面很愉快。他对幼年班最大的贡献是接收了一份敌伪物资——好几百张唱片。这是给孩子们提供欣赏的资料。

吴伯超同我讲了前面那一段工作安排之后，没有多久他已经找到了一个新班主任，但是他没有告诉我。到我知道了班主任之后，我当即表示不再兼任秘书，只管教学。除了讲授国文史地之外，就是给孩子们放唱片，使他们大开眼界。这些学生绝大多数是孤儿院和难民救济会的穷孩子，是音乐院带着唱机放唱片给他们听，从中发现他们的音乐禀赋，然后择优录取，组成音乐院附属幼年班。这是吴伯超希望组织管弦乐队，从小培养专业骨干的创举，使得过去认为高不可攀的艺术为穷家子弟敞开大门，成为新中国成立以后参与国际音乐活动的中坚力量，这的确是应该大书一笔的。

幼年班借用的房屋原来是灵官庙，庙后是孤儿院，现在是连成一片，在常州市颇有名气的。在庙中间开辟的大院，这里还有一座创办人启生女士的纪念碑，碑文是常州名流兼书法家庄蕴宽自作自书的。这位庄老先生既是吴祖光、吴祖强的舅公，也就是与音乐拉上了关系。现在孤儿院换了一个名称幼年班，这些学生走到街上，居民照旧叫他们是贫儿院出来的。他们衣衫褴褛，正与杜甫的诗句所形容的"垢腻脚不袜"一模一样。称为贫儿院出来也实在是名实相符。他们难免有些自卑心理。针对他们的精神状态，我总是借放唱片的机会告诉他们，海顿的父母一个是轮匠，一个是厨娘；德沃夏克是杀猪的老手；帕加里尼的父亲是红帽子搬运夫；夏里亚平是码头工人……诸如此类，帮助他们克服自卑心理，提高他们的信心。看到唱片上印着演出单位是巴黎音乐院管弦乐队的时候，就说他们将来举行音乐会的时候，也同样会写明南京音乐院管弦乐队，他们听了忍不住也破颜一笑。

当时我国的音乐师资相当贫乏，不能不借重外国音乐家。吴伯超对幼年班肯花本钱，主要把同时在音专上课的上海交响乐团的首席和资深乐师，尽量分配到常州幼年班上课。从前音专是大学生跟外国人上课，多少还懂点外语可以应付，这些穷孩子本国字都还是开始迈步，哪里谈得上叽里咕噜的洋话。梁定佳早年在香港上学，英文底子相当好，他一方面准备自己陪外国教师上课，一方面还写了一套生活用语加上中文注音，培养一个工友临时帮助解决外国教师的生活上的问题。不幸外国教师还没有开课，他忽然得病夭亡。吴伯超为此十分着急，看到他那紧张的样子，我安慰他说，外国教师上课的事情让我来管好了！只要我那天自己不上课，陪着老师做翻译是不成问题的。鲁迅不是为了帮助木刻青年学好木刻，甘心为日本教师当翻译吗？不过外国教师不止一个，别的同事也都出一把力。有时真的照顾不到，学生急得哭起来，老师也自叹力不从心，忙成一团，那种尽心竭力的精神着实令人感动。

1946年蒋介石发动了新的大内战，对幼年班来说，好像还看不到什么重大的影响。只是通货膨胀，学生原来的伙食费买不到先前数量的东西，生活水平下降，健康水平跟着下降，学习跟着也受影响。在校学生多是苦水里长大的，于是有人想到工友们一定也过不好日子，于是提出学生各人出一点生活费帮助改善工友的生活。这件事管学生思想的老师知道了，以为事关重大，向吴伯超报告，吴伯超一听，这可不得了。于是查主谋，查出来是第一班的学生毛宇宽。于是通知毛宇宽的家长把儿子领回去严加管教，以观后效。家长以为这是出于对工友的同情，并不是蓄意造反。于是父子两人再来常州，向学校表示希望准予照常学习。大概他们谈得差不多了，学校似乎答应免予严办，但是要有人保证以后不再闹事。忽然间有人请我去办公室，一面说明事情经过，征求我的意见，是否愿意做保证人。我当然愿意，事情总算没有闹大。毛宇宽本来就常来我家串门，经过这一番瓜葛，自然更加亲密了。不料到了"文化大革命"，学校由工宣队掌权，发现我做毛宇宽的保证人，必然是与毛宇宽的父亲早有秘密勾结，加以解放前夕，毛的父亲去了台湾，竟然把儿子交给廖某人保护，这种关系非同寻常，非要弄个水落石出不可。这事等到后面再说，暂且不表。

现在回到我本人的生活上来吧。幼年班设在常州，常州自古为文人荟萃之地，古文有恽子居为代表的阳湖派，诗有袁蒋赵三家之一的赵瓯北和薄命的黄仲则，骈文有洪亮吉和孙星衍这样的名家，词有张惠言提倡意内言外的常州派，绘画有恽南田的没骨花卉，真是猗欤盛哉。我到了常州，难免发思古之幽情，曾经去找苏东坡寄寓并在此逝世的顾塘桥。桥还在，可是桥上苏东坡曾经在此结束他坎坷一生的孙家门口墙上是一片涂着酱油园惯用的大字的固本肥皂的广告。上国文课我还选讲苏东坡的《除夕野宿常州城外二首》。他们未必全懂，不过引起他们对常州的兴趣罢了。

逛旧书摊是老习惯，在常州也没有例外，一日竟于无意中发现马湘兰的一幅兰竹册页。正如汪中在《经旧苑吊马守真》所说的，"丛兰修竹，文弱不胜，秀气灵襟，纷披赭墨之外"，我真是如获至宝，给朱咏葵看了，他说光是买到一幅马湘兰，也不枉自常州熬这么一段苦生活！无意中收得一幅马湘兰，于是一下子热衷于收罗字画，有时竟听从感情的支配，到了丧失理智的地步。有一次看到一张全祖望的字画，墨色很新，我还是买了回来，可是越看越不对路，只好承认是上当受骗。

正当我玩着字画的时候，陈原忽然光临寒舍。据他说，意外的出了什么事，特务盯得相当紧。想到音乐院，又是幼年班，距离政府可谓远哉遥遥。所以选上了这个避风港。扬华对这种事是善于处理的，一方面弄些好吃的，又约来几个同事来玩扑克牌。陈原是什么也不会玩的，我给人介绍他是立法院陈专员，他同他们应酬几句之后，便坐到一边译他随身带来的那本美国共产党主席福斯特的著作《新欧洲》。在这里一个多星期，书就译完了。扬华对他这种工作精神深表赞赏。后来，他的妻子余荻来信，说在外滩与某人接过头，风头大概算是过去了，他于是平安回家。

送走了陈原不久，又迎来了另一个不速之客。那可真是再巧不过。时间是在早上，我上街去，做什么事忘了。忽然看见一辆黄包车上坐着扬华在同济大学宿舍新认识到女同学唐荆如。我一看立刻迎上去，问她是来常州做什么。她说，找你们呀。我说找我们为什么朝相反的方向走，她说，我根本不知道你们的地址，只知道是音乐院幼年班，只好让车子到处转悠，找到你们的地址才下车。我说那你现在下车吧，我领你去幼年班。原来她是在反内战、反饥饿运动中表现突出，学校待不下去了，只好来幼年班这个不相干的地方躲一下再作打算。

一进门，旧友相逢，扬华喜出望外，劝她先好好休息。问她今后的动向，她说想去东北解放区找她前些时候去了辽宁的朋友。那好办，等到发薪的时候，拿到我们那两份薪水应该是足够的旅费才动身。接下来的好几天晚上总是热热闹闹地玩扑克牌。玩扑克变成了我们的烟幕弹。和我们只隔一道板的邻居是一个训育员，我们给他起的名是"顽固"，现在在他眼皮底下竟然住着一位造反的姑娘，大概他是没有料到的吧。

发薪日子到了，她的行期定了。她先坐火车去天津，然后乘船去大连，再从大连进入解放区。到了沈阳之后，她给我们发来一封信，知道她是平安到达目的地了。

两位贵宾走了之后，热闹的场面不再有了。平静下来应该写点东西。但是国内音乐杂志很少，写的东西也少。只是不知怎么搞的，湖南《大刚报》竟来约稿，写了一篇关于德彪西的文章给他。陈田鹤一拨人计划继黄自之后编一套音乐教科书，约我去参加工作，可是计划才有点眉目的时候，淮海战役已经打响了。还有缪天瑞到了新收复的台湾，编一本音乐杂志《乐学》，写信来约稿，我写过一篇《左右之外的音乐》，是论勋柏格等人的。希特勒骂他们是音乐布尔什维克，布尔什维克又给他们定性为没落的资产阶级的玩意，那是两边都不讨好。所以表明是左右之外的音乐。这篇文章好像没有发表，缪天瑞也回大陆来了。比较用力的一篇文章，倒是顺着日丹诺夫的口径评论形式主义的现代主义的音乐写出来的。写出来给陈原在《读书生活》杂志上发表。据陈原说文章发表后的反映，一般是不错。有人以为写这类文章的革命派只有戈宝权，因而猜想戈氏为文章的作者。又有人认为戈氏虽然是能写音乐文章的作家，却没有写过这类文章，因为作者署名为"苏碧"，所以引起胡乱的猜测。

这里还有一宗旧事值得一提。那是日本投降之后不久，旧人重聚上海的时候，陈洪发要办一份音乐杂志，并请陈原题写刊名。大概陈原题写杂志刊名，这是唯一的一次。我当时刚好从旧书店买到一本有关乔治·桑的恋爱的书，其中有她与肖邦一些比较珍贵的文献。我为此写了一篇文章《肖邦与乔治·桑》。这期杂志常州也可以买到。一个高班的学生看到里面有我一篇用我的名字的文章，立刻买回来大家轮着看。小孩子以为有文章登在杂志上，那是了不起的大事，他们没有看过别的老师的大作，便认为我是名家了。孩子的天真总是那么可爱的。

天有不测风云，扬华忽然就病倒了。一检查，原来是宫外孕，于是立刻送医院。动手术。我是陪着睡在一张长椅上。第二天早上有人发现我的头发竟然白了一些。虽然没有像伍子胥那样因为过不了文昭关，一夜之间头发尽白。大概一夜心情也够紧张的。这件事居然成了中央音乐学院的民间故事，好事之徒还揪住我问个详细。写到这里我倒要趁机会做一番破除迷信的宣传工作。说起来是很伤心的。我母亲是产后褥不治逝世的，青主的那位惠州太太是死于难产，仲爽的原配又是因产褥热丧命的。于是廖家风水主媳妇横夭，一时间成了惠州的口头新闻。然而后来的事实却痛痛快快地大破了这荒唐的迷信。青主的德籍夫人华丽丝，胎死腹中，剖腹无恙，仲爽的继配是宫外孕，动手术后，健康出院。说到扬华，我虽然着急一阵，白了几根头发，却是欢天喜地接她出院的。可见先前的不幸是缺医少药造成的。后来人的化险为夷，则因为城市具备科学的医疗条件。接二连三的不幸事件给迷信造成传扬的机会，但一遇到科学显功夫，迷信马上就站不住脚。

正当我经历了扬华进医院动手术那一场惊喜之后，却于无意中在街上遇到一个原广东民运工作队队员。那是抗战初期李煦寰组织的，主持招生训练的是李氏原有的旧部。什么人都有，还包括"树的党"之流，所以成分相当复杂。与后来组织的政工队正好站在对立面。现在这样一个旧团员主动同我打招呼，我定睛一看，似曾相识。他问我做什么我说在音乐院教书。我问他来常州作什么，他说是当什么教官，国民党抓到一些解放军的士兵，是来对他们进行反共教育的。好家伙，这真是冤家路窄啊。这一行当的教官还会是什么好人吗？说不了几句便匆匆分手了。

扬华出院之后，学院觉得这一笔医药费对我负担是够重的，提议向教育部请求补助。我当即表示同意，但是教育部批示却要求住院证明及医药单据（当时医院没有储存充分的药品，有的针剂是临时由病人自购的），这样等到办完手续，再来一番公文旅行。原来的医院费的数字已经远远落后于目前的物价指数了。这样一笔钱还能买几斤米，几斤肉啊！我一气之下，声称不用再办这一套手续了。生活书店急人之急，寄来一笔相当可观的款子。事后我们问负责人陈原，这笔钱将来如何归还，如果通货膨胀持续下去，现在的数目便一钱不值；如果天下大变，币制稳定了，这个数目又将成为重磅炸弹了。陈原说，不算多少钱，算预支一万字的稿费。这倒是个好办法。但是解放之后，生活书店却以当时动荡年代作家与出版社同舟共济、患难情深，这笔旧帐一笔勾销了。

扬华出院之前，那位主治大夫对她说，这次手术有点急救性质，还有未曾彻底革除的需要再开一次刀，好在需要等到恢复健康之后再考虑，目前还是保养要紧。至于当时的战局呢，如果要做乐观点估计，那大概不妨说，全面胜利是不成问题的，那只是早一点或者晚一点，南京政府的崩溃则可以说迫在眉睫的了。

现在回到音乐院。由于局势紧张，吴伯超院长想去台湾办学，他的计划是自己先走一步，到了台湾之后，再想办法把音乐院一塌瓜子搬到台湾去。关键是没有人敢接他那枚音乐院的大印。、

院长要走，音乐院也跟着人心浮动，幼年班的小孩子也没有例外，上课的时候他们也提出前途问题要听老师的意见。他们问共产党来了办不办音乐学校。我告诉他们，延安是物质条件极差的地方，他们还培养不少音乐人才。他们办管弦乐队，没有低音提琴，便想穷办法，把洋油桶改装成低音提琴，将来如果到了大地方，他们一定会放手办音乐学校，再不用搞那种穷框架了。他们听了，点点头说，那我们也不用走了。

可是不幸的事情发生了，1949 年 1 月 27 日，吴伯超去台湾乘坐的太平洋号轮船，行到舟山群岛附近，突然宣告沉没。大概发不出急救信号，或者发出来也找不到救生的船只，总之是呼救无门，人船同尽，痛哉！

"人不为己，天诛地灭"，这是自私自利的人的口头禅，在这紧急关头，我也怕天诛地灭，替自己打算起来了。扬华动过手术之后，主治大夫郑重其事地说还要开一次刀。什么时候开说不准。现在的局面这么乱，万一真的要动手术的时候，时局的乱子也跟着闹大了，在常州可靠吗？稳当的办法是去上海。反正幼年班已经不可能正常上课了。教师也有的走散了。多走一个也不碍事的吧。还有，那天在街上碰到的，广东调来的反共教官，他对我是有看法的，到了紧要关头，他会不会把我拿去做邀功请赏的材料呢？害人之心不可有，防人之心不可无。为了预防万一，常州究竟不能算是安全之地。我因此决定移居上海。

家住上海，按时回常州走走，有事就在那里，行踪飘忽，比较安稳。这算是安排的狡兔三窟，总之把扬华安置好，也就没有什么麻烦了。

可爱的还是那些好孩子，他们没有可能正常上课，转而一条心在教务主任黄源澧指挥之下安心而又努力地练习乐队合奏。努力从来不会是白费劲，他们这段时间练习出来的乐曲都成为解放后举行支前音乐会的节目。听众听过这几场音乐会之后，

不觉大为惊奇,想不到这么小的学生竟然奏出这么圆熟紧凑的曲子。原来常州这个贫儿院是这样出色的音乐学校,我们竟一无所知,真是惭愧惭愧。

幼年班搬到常州之后已经招过两次新生。这些新生已经不再是孤儿院、救济院的小孩而是大都源于小康之家的儿子。到了局势紧急的时候,他们多数是由家长接回去,说是等到局势安定了再送回学校来。其中有一个是跟家庭去了台湾。另外一个是家长要带他去台湾,他却舍不得离开学校。他就是前面说到的那个闹事的头头毛宇宽,他的父亲应该算是比较开明的,要把儿子带在身边,也是人之常情。况且自己去台湾,儿子留在大陆,这不仅仅是分居两地的问题,而是可能从此不再见面的"生离死别",因为留在大陆等于寄身于另一个世界,一个"吉凶未卜"的世界,这是对"父母心"最严酷的考验。父子谈不出一个满意的结论,于是一同来到我上海的住处。在那一次三方谈判的过程中,我和他父亲算见过一次面的。这次见面就算是熟人了。他不故意强迫儿子去台湾,儿子究竟还是一个未成年的儿童,怎么能够放得下心来呢!最后是我们夫妇挺起身来又一次做保证人。如果你们父子相信我们,我们就甘心具结:我们吃稀的,毛宇宽也只能吃稀;如果我们能够吃干的,毛宇宽也一定吃干的。师生情谊是可靠的。这样一来毛先生说他放心了。过了将近20年,"文革"期间,工宣队却认为一个国民党反动派军官肯将儿子放在我身边,我与他一定有特殊密切的关系,企图在我身上打出一个秘密的窝点。留在后面再说。

上海的书店一直是我经常流连忘返的地方,由于时局的影响,旧书店的货源也显得枯竭了。这一时期我比较值得一提的收获是收到一本林纾的《闽中新乐府》,一套《点石斋画报》和一本《蕴辉斋藏画集》。书店老板是相当健谈的。这本画集前面有一篇郑振铎的序文,因此谈起郑振铎,老板说,他去了香港了。他的消息可是相当灵通,上海的名人已经陆陆续续都被接到香港去了。种种现象却在预告着一场翻天覆地的变化。即所谓暴风雨之前的沉寂。这时候仲爽一家也跟着航空公司的动向转到香港去找到落脚点。他还关切的问我们的行止。他还说,有谣言说共产党是配给老婆的,你们信吗?扬华倒很坚定,她说我不信,这种配给老婆的胡言乱语正如1927年反共的南京政府丑化联共的武汉政府,说什么武汉举行裸体游行,徐谦——邓演达的太太走在前头一样的胡说。

上海留不住进步的文化人,但是他们并不是不要上海,而是服从一个更为远大的计划:先让他们移居到安全地带,等到河山再造的时候,然后卷土重来,开创震古烁今的事业。所以他们的分离是有积极意义的。至于对我来说,有直接影响的则是陈原的远行。我平时总是从他那里了解形势的变化的,青主也常常说我随时掌握准确的消息，都是多得他的传达。现在他走了。我只能夜间收听延安的广播，还为此填了一首小词：

> 侧耳深宵探电波，捷书连报定三河（辽河、淮河、永定河代表三战役）。羲和听命鲁阳戈。　画饼比同天堑险，降旗原自石城多。少年先已学秧歌。

局势是越来越紧急，我们住的是公寓式的大楼。我们住在二楼。楼下一层本来是空着的，现在是军队来占住了。考虑到我们一家人比较孤独，为了应付万一发生突然的事变，需要多找几个互相照应，我们找上了楼下对面的那家人。与他家约好有什么意外事情互相关照。后来来往多了，结成知心的朋友，直到现在已经有了50年不断的交谊。这位朋友就是卢青君。

楼下占住的军队像是一个指挥部，对我们来说无疑是严重的威胁。但是我们搬家是不可能的，只能听天由命了。我们仔细检阅了全家的形势，左右两面是分隔人家各个单元的墙壁，是相当厚的，易受流弹打击的是前后两面只有厨房和卧室中间的走廊，前后有两面墙壁的阻隔，算是比较安全的地点。必要时可以守在这里避风险。这样紧张的一天终于来到了。从收音机里听到毛泽东主席和朱德总司令的向全国进军的命令之后，渡过长江的人民解放军继解放南京之后不到一个月便以破竹之势逼近上海郊区。我们住处的大西路口新筑了战斗堡垒，每天晚上不断地放起照明弹，只差没有正式的战斗。但是局势是一天比一天紧张，没有正式的新闻，只在买菜的时候有些零零碎碎的街谈巷议。可是菜价的涨幅不是以万计而是以十万计。从每次买菜找回来的钞票的面值往高涨，可以猜想到前面准是一败如水的。这样的局面总得有个了局。了局也的确终于来到了，时间是1949年5月27日。那天大街上走过的人大都是急匆匆、乱糟糟的，我们预感到局势突然的变化，不时向街上眺望。后来是凭窗远眺也怕有流弹飞来了，只是静坐在事先选定的安全地点待变。忽然听见楼梯转角处的窗户玻璃砰的被枪杆子撞碎的声音，好家伙，他们还居然准备巷战哩，我们正好是在他们的火网底下了，大概将会迎来一个惊心动魄的场面，让我们接受一次火的洗礼。当然我们所能做的只能是等待。奇怪的是一阵撞碎玻璃的声音之外，再也听不到什么。时间过得特别慢，周围是一片寂静，静到你听得见对方的呼吸。渐渐地听到大街上有行人的声音，我们累了也都站起来舒展一下筋骨，我隔窗向后院花园望出去，哈，墙脚下是乱扔成一堆的军服，墙上还留下为爬开的灰土的印痕。原来如此！撞碎窗玻璃，准备巷战，大概只是装装样子，可以向上级交代，本来是想战一场的，无奈力不从心，只好保存实力了。事实是我们看得清清楚楚，解放军还没有来，他们是望风先遁的。我们是在“真空地带”过了一夜，才看见解放军进城的。进城之后他们是露宿街头，不占住居民一寸地方的。

上海解放，就这一战役本身而论，是不费一枪一弹，其实是解放军正面从南京直趋上海，侧面从杭州迂回浦东，对上海造成了大包围的形势，守军如不撤退，只有被彻底消灭的命运。这正是孙武所谓“善用兵者无赫赫之功”的实例。王安石论诗所谓“看似寻常最崎岖，成为容易却艰辛”，用在上海解放的战役上也是十分恰当的。事完之后，我为上海解放写了一首七律：

启户凭栏接晚霞，踰墙弃甲散虫沙。半生茹苦甘熊胆，一室开颜脱虎牙。
秽史百年钱滴血，香风十里鬼随车。而今净扫妖氛了，百姓同声咒四家。

上海解放之后，我们赶回常州。铁路是被国民党军队拆毁了的，现在是临时铺的路轨应急，所以车开得比较慢。幼年班的学生心情非常兴奋，有几个同学已经立刻跟解放军闹革命去了，留下来的起劲学习新的群众歌曲和延安传来的器乐作品。当时解放战争还未结束，支援前线还是非常重要的硬任务，孩子们要为解放战争多做贡献，决定举行支前音乐会卖票所得全部献给解放军。他们演出新编的秧歌剧，幼年班原来的老师李洪辛因为夫人的关系寄寓常州，现在就当了义务导演，为了节目的多样化，他们选出韦伯的歌剧《魔弹射手》那首《猎人合唱》要我配新的歌词。在常州真的是三年不鸣，一鸣惊人。常州人原来根本不知道贫儿院竟是这样的一块藏龙卧虎之地，从此刮目相看，希望多来这样的音乐会，丰富常州的文化生活。

解放华东的另一件新鲜事是拉丁化新文字活动。早在30年代拉丁化新文字已经提上议事日程，但是遭到国民党政府的摧残和迫害。国民党攻击新文字有缺点，我们逐条批驳，我在始兴政工队员外训班课堂上还针对学员某些疑问加以解释，并还暗地里向一些年轻同事传授新文字的拼音和写法。如此种种，当时都算是非法的。现在解放了，可以理直气壮地宣传和实行了。上海立刻成立了新文字工作者协会，发刊了《新文字周刊》，我在常州也不甘落后，除了参加上海成立的新文字工作者协会之外，还在幼年班推广拉丁化新文字，学生当即积极响应，一面积极学习，一面办起新文字墙报。卢青君送给我的打字机这一下可大行其道了。学生不仅自己积极写稿，还向常州学生宣传，引领他们找我开班讲授。料想不到的是幼年班搬到天津之后，中央音乐学院的领导并不那么热心支持，原来是时机还未成熟，到了90年代汉字输入计算机的问题得到解决之后，汉字证明是可以继续存在的，而且是应该存在的，鲁迅的“汉字不灭，中国必亡”的论断倒成了鲁迅的失误了。实事求是地说，这也怪不得鲁迅，汉字效率差，是不可争辩的事实。就说解放后吧，开什么国际会议的时候，别的代表团工作完了熄灯睡觉，窗户呈现一块一块黑影，我们的代表团还是灯火通明，熬过通宵，因为汉字拖了后腿吧，誊清工作快不了。现在电脑奏效，才克服了这种困难，这却是鲁迅不及见的啊！

关于南京音乐院的命运，从北京传来的消息是与北平艺术专科学校音乐系，东北鲁艺文艺学院音乐系，华北大学文艺学院音乐系及中华音乐院联合组成中央音乐学院。北京一时找不到合适的校舍，暂时设在天津原来一所日本人办的大和学校。也正因为校舍不敷应用，南京音乐院连同常州的幼年班一时不能北迁，只好静候指令。

在静候指令期间，学生的情绪相当浮动。军管会派过一个干部来工作，那是一个刚来参加工作的青年，热情有余，经验不足。工作一段时间他就调回去了，我们只好自己管自己。学生的积极性是很高的，外面的演出团体不时派人与学生私自接洽，有几个学生决定离班出去参加工作。这可引起了大家的恐慌，以为幼年班要瓦解，于是开会挽留。既然班上谁也没有制止的权力，他们要走就走了，一时间真有点风雨飘摇的形势。大家尽可能想安定的办法，好在青年团已经建立了，常州市委不时派人来了解情况，指导工作，乐队照常练习，学习新发文件，又开俄文学习班，多方面排练革命歌曲及歌舞节目。同时又向外开展工作，担任音乐辅导。这里要说段好笑的故事，我学了半吊子俄文，当时新来了许多苏联歌曲，有一首《红海军之歌》很好听，我竟然把歌词译出来了，不知道经过什么渠道，这首译歌竟被广为传唱，这是一次意外收获。其间，黄源澧曾去天津汇报情况，希望安定情绪，解决困难。天津也派人来常州传达上级指示，争取早日迁津。这样到了1950年4月，幼年班终于浩浩荡荡直奔天津，到了天津，因为吕骥、李元庆，缪天瑞等都是旧相识，我没有什么陌生的感觉。早就听说过，延安来的干部大都原则性强，政治品质好，正好好好地向他们学习。说句老话，就像是如鱼得水，只要虚心学习，放手工作，一切都会好的。

中央音乐学院前十七年

（1950—1966）

当时马思聪是院长，吕骥是副院长，缪天瑞是教务主任，李元庆是研究部主任。6月17日，中央音乐学院正式宣布成立，从此定为院庆纪念日。不久，李元庆同吕骥调我到研究部工作，但我表示仍然还要继续担任少年班（幼年班新改名）的国文和音乐欣赏课。在研究部名义上是研究员兼翻译组长，实际上我并不擅长做什么长的工作，只是翻译了一本劳赫斯的《巴赫新传》、塔坡列的《近六十年的新音乐》和一本《苏联歌曲集》。有一次在天津市举办的音乐研习班上我根据《巴赫新传》的材料做了一次报告，听的人大为惊叹，从来没有听过巴赫原来是这样一个人，真是大开眼界。

解放初期，强调学习苏联，俄文的需要特别迫切。上海解放前夕，我们结识了住在楼下的卢青君，并因卢青君认识了吴同宾。吴同宾家在天津，继母马璟舒是哈尔滨人，从小在白俄办的学校学得一口俄语。我因此直奔吴家，拜见了吴同宾的父亲吴玉如老先生及其夫人。我提出要借重吴师母的俄文，他谦称文化修养不高，怕工作做不好，我当即表示她可以口述，由我笔录。吴老先生笑道，又来了新的林琴南。后来我们两个人也真的这样工作了一段时间。我还因他们的关系结识了他们的一个老朋友安寿颐。他是当年北京俄文专修馆瞿秋白的同学。还请他翻译了一本《论苏联的群众歌曲》在万叶书店出版。他本人还来研究部担任了一段时间的俄文顾问。

吴老先生是津沽大学中文系主任。经过我和他家的几次晤谈，他相信我算得上是一个读书人，在音乐学院研究部担任翻译组长，可见又精通外国文。当时他中文系要新开一门世界文学史课，认为我是合适人选。当然我还在谦辞，他对我是估计过高了。正是在这关键时刻，他因与系的一个女学生产生感情，引起吴师母的猜疑，竟一巴掌打在他脸上，气得他离家出走，这样一来，逼得我对这门新课非接过来不可。这样我做了津沽大学短期的兼职教授。不久津沽大学进行教学改革，撤销了这一门课，我才如释负重。值得纪念的是津沽大学那些听过我课的学生事后还登门拜见，要继续保留我们的师生关系。

解放初期，苏联乐谱大量涌来，群众歌曲更是琳琅满目，美不胜收。中央音乐学院答应天津广播电台的邀请，每周播放一次苏联群众歌曲。这项工作交给我承担。我凭我刚学到的一点零碎的俄文，搞不通时请马璟舒帮忙，分门别类的事先做好准备宣讲，凡革命节日的，歌颂革命领袖的，关于卫国战争的，争取和平的，……逢到合适的时机就播放一套。有一次记不得是在什么会上了，有人提出想多听苏联群众歌曲，说不知道在哪可以找到合适人做介绍工作，忽然有一个素不相识的人说这样合适的人就在你眼前，你要听什么，他给你什么，一边说，一边还指指我。原来在电台讲的还真有人听，我也不知道他怎样认得我，总之我的气力没有白费。这倒是使我感到安慰的。

解放后的一种新气象是开会多，一开会总要发言。我的缺点，也许算是书生习气，一发言总不免引经据典，真有点像是旧日做八股的那样"代圣贤立言"。说也奇怪，学生倒是喜欢听我讲话，青年教师也有同感。据有人告诉我，我讲话的神气并不是居高临下，我讲你听，而是朋友一般的平等对话。而且大家奇怪的一点是讲起话来引经据典，真不知道是什么时候读过那么多的经典著作。

这一年最重要的大事是抗美援朝示威游行，街头扭秧歌剧，要到深夜才能回到学校，但是大家精神都很饱满，的确是移山填海都不在话下的样子。

寒假到了，扬华要去广州，接崇向、次英姊弟来天津，实现她长年的心事大团圆。因战乱，崇向、次英姐弟从小寄住在广东的外婆家。不幸正在她在广州停留期间，我忽然接到松年妻子陈琦的来信，报告他的弟弟松年牺牲的噩耗。本来自从昆明解放之后，扬华一直叨念松年，奇怪他老没有来信，还说过要找孙起孟了解松年的情况。不料他为去征购粮食动员群众，竟在玉溪县委突遭土匪围攻，惨遭杀害。想起扬华姊弟骨肉情深，遗孀孤女处境凄惨，不觉潸然泪下。意外的是研究部同事黎章民推门进来，看见我泪痕满面，惊问发生了什么事。我把刚才收到陈琦来信报告的噩耗告诉他，他安慰我说，烈士牺牲是死得其所，为烈士报仇是生者的责任。可惜是党丧失了一位好同志。我听了马上接口说，那我也要为烈士报仇，补上烈士的空缺。黎章民随即高兴地说，你参加党的队伍一定可以发挥更大的作用。这样一来这倒促成了我的入党申请了。事后吕骥也鼓励我。于是我写了入党申请书，接下来的是定期听党课，那是天津市为全市申请入党的人开办的。

还是有关松年噩耗的事，趁扬华身在广州，我除了写信给陈琦，一方面安慰她，一方面表示我们一定尽我们的力量负起教养孤女的责任。同时我把陈琦的信藏起来，瞒过扬华，慢慢地对她做些思想准备工作，避免出现突然的猛烈打击。所以扬华从广州带着崇向，次英姊弟回到天津的时候，我一直是装做若无其事的样子，同事们得知扬华带着孩子回来，不断地过来看望，小小的宿舍时不时出现热闹的场面。

然而我隐瞒的工作彻底失败了，正当我上课的时候，陈琦的一封信送到扬华的手里。我不知道她当时震惊到什么程度，我下课走进家门，她正在默默地守在炉边。我一看到桌上陈琦字迹的信封，就知道事情糟了。我一句话也没有说，只跑过去紧握住她的手，轻轻的叫了她的名字，她也没有说一句话，只是凝望着我，眼睛是红肿的，知道她是痛哭过了，就这样过了一段时间，也不知道怎样换了谈话的主题。总之，她是挺过来了，谢天谢地。后来我同曹安和说起这段经过，她说，大概是多亏得解放了，思想有了惊人的飞跃的结果。这也显示出当时我们一致的思想和认识。

由于小孩子的到来，松年牺牲引起的压抑的气氛，比较容易的得到缓解。后来我们把扬华的侄女，烈士的遗孤邱宁婴接来抚养。

随着全国的解放，土地改革热火朝天的开展了。全国政协组织知识分子参加土地改革工作。通过直接参加贫下中农的实际工作，彻底改造灵魂深处的小资产阶级思想的王国。我和萧淑娴都参加了，到北京集中的时候碰到杨逸棠，他和我们是同一个大队。在北京我们听过了思想动员的报告和工作进度和工作方法的报告。出发了，目的地是湖南省。上火车，少数的几个卧铺让给了老年人。我们年轻人是坐硬座，到了汉口，下车换过摆渡到武昌，再从武昌直驶湖南耒阳县。我们工作的地点原来就是庞统荣任县令的耒阳县。在耒阳我们看到所谓张飞的饮马槽，还有杜甫的衣冠冢。还看到了传说的蔡伦墓。墓碑已经一半埋在泥土里的，不知道是真是假。在县里先听了好几次报告，那真是硬碰硬工作报告，帮助我们做好切实的思想准备。我和萧淑娴分派到小水乡。她住在老百姓家里。我是住在祠堂一类的耳房。三同是同住同吃同劳动。住算是同农民住在一起，其实是自己独睡的房间。吃是轮流到贫下中农家里同他们一道吃派饭。劳动呢，因为已经是冬天，各种大型的收获都已经忙过了。现在能做的只是刨刨萝卜、红薯一类的轻活。谈不上什么吃苦，苦恼的倒是听不懂他们的话。不仅是劳动的话听不懂，就是日常生活用语他们也有另一套。不是读音问题，而是土语问题。他们说话又快，又缺乏语法结构，非要摸索猜测才能懂得其中的奥妙。另一个对知识分子来说比较难予克服的是长期养成的洁癖。由于有自己独睡的房间，床铺、衣服、洗脸漱口等等能够保持固有的方式，比较复杂的是与农民共同活动的时候。我当时还抽烟，一般是买当地出产的烟叶，用纸卷成头大嘴尖的烟卷，有时是吸带在身边的烟斗。与农民相处熟了，正当我口叼烟斗吸呀吸的时候，他会很亲切的叫我，老廖，让我吸一口。我递给他，他吸了一下又还给我，为了表示礼貌，我得随手接过来吸个痛快，我决不能接过来把烟嘴抹干净了才吸。有时候大伙一起听报告或者开会什么的，时间长了，肚子饿了，他会从口袋里摸出红薯干来，伸过手给我一块，你当然得立刻接过来，朝嘴里送，津津有味地连说好吃好吃。这样交上了朋友，他才会同你讲真话，才相信你宣传的政策，相信你帮他们划定的阶级成分是正确的，连同他们各人分到的田地是公平的，毛主席派来的工作队是靠得住的。

在小水乡划定阶级之后，忽然传来别的乡需要支援的消息，我被派往泗门洲。说起来也真巧，在小水乡同老百姓谈的时候他们说小水乡算是比较好的地方，泗门洲生活就比较苦。这话说过没多久，我可真的要到泗门洲去了。那边土改已经开始过一段时候，已经进入划阶级的日程表。原来的工作人员走了，临时找人来顶挡的。泗门洲除了本身一个乡之外，还包括另外两个乡，共同组成一个片，泗门洲的负责人同时兼任片长。我们住的这个乡分成大小两个区，大区是农民，小区是船户。

我一到泗门洲，贫下中农就涌到我的住处。他们拿出前任的材料给我看，我因为有小水乡的经验，对当前的这些材料一一说出我的看法，亦即前任不够准确的地方，他们相视一笑，认为是比前头那个人高明。一开头就赢得老乡的信任。第二步与另外两个乡的工作人员见面，他们是小学教员，也没有什么经验。看样子，小水乡大概属于重点了，工作做得相当细，泗门洲是无法相比的，我也承认绝无回天之力，只是尽力所能及做得多少算多少罢了。

泗门洲是人穷，地方好。住的地方一出门就是郁郁葱葱的丛林，面前是空水澄鲜的河流，经常有船只来往，对岸是一片青山，已经开满了杜鹃花。人是天天在画图中走来走去，始终来不及坐下来赞美一番。积习难忘，吟出了一首顺口溜："薄书会议连朝暮，十里三村日往还。一笑真成辜负了，当门春树隔江山。"

因为人穷，吃派饭都不能一家一家的轮流转，即使是供得起派饭的，买菜也是挺重的负担，好在那边竹林多，轮到他家吃派饭，他就跑到野外挖嫩笋。穷凑合倒成了难得的美食。

4月底5月初，土改工作全部结束，再到县城集合，然后乘车回到北京。我和萧淑娴等中央音乐学院教师还得赶一趟回天津的火车才算功德圆满。

正当我们土改运动搞得热火朝天的时候，北京开始了三反五反运动。我们在耒阳也听到零零碎碎的一些消息，例如有人把棺材板刨成木片来做食堂盛饭的木桶。结合我自身的经验，在武昌停留期间，吃了木桶盛的米饭之后，开始腹泻，大冷天三更半夜五次三番跑长长的一段路上厕所，正是吃了这伙贪污犯的亏啊。回到天津之后，运动已经结束。三反运动结束后，接下来是治淮。所有教师都下去，问题是不少人家都有婴孩，有的还刚学走路。大的也尽是学龄前儿童，学校没有托儿所，怎么办呢？有的老师知道邱扬华是有名的孩子王，提议给她管领，大家表示同意，邱扬华也真的不怕承担风险，毅然答应了。老师们放心治淮去了。

研究部人员没有参加治淮，却是进行思想改造。这一场运动的火力是够猛的。自己检查还不够，还要有一个互助组帮你深挖。一次检查不够深刻，帮助组继续发挥威力，经过不知多少次的评议，最后是通过了。回顾自己的一生，书香人家的封建遗留，国民党的帮凶，资产阶级的名利思想，一件一件的亮了出来，痛哭流涕的承认自己的一无是处。那么过去人家说过你的一些好事呢，好听一点那是进步的包袱，难听一点呢，那是对共产党留一条后路，也就是两面派。这样一改造是彻底了，于是可以轻装前进了。

秋天，治淮的教师回来了，他们看到自己的孩子都长得好好的，一致推崇邱扬华的成绩，要在现有的基础上组织托儿所，让邱扬华从语文教学岗位调出来。好吧，只要大家信任，说干就干，然而她的身体本来就不好，一忙，累坏了，于是请病假。病稍微好，又上班，一累又病了，还在街上晕倒过。这样反反复复的闹病，那位负责人事的女处长要邱扬华自动辞职，但是她自己不出面，却让总支书刘恒之的夫人来传达她的主张。辞职就辞职，可是连公费医疗也取消了。没有公费医疗，我发一个狠，我要自筹医药基金。从此以后，每月工资支付家用，什么额外收入如稿费等等一律雷打不动定为医疗基金。那位处长平时是难得光临寒舍的，自从邱扬华辞职之后，她却两次三番的不断来串门，大概是为了表示好感，为了补偿辞职的苛刻处理吧。既然要讨好，那就提出补偿的办法好了，何必故作亲善姿态呢？后来音乐学院新来一位副书记刘峰锐，有一次她上医院在等候看病的时候，碰到邱扬华也在等候，谈得很好，事后刘峰锐同志对我说，她在医院里碰到我的爱人，谈了一段时间，觉得她真是好同志，她也认为当时要她辞职的决定是不对的。

这段时间发生过两件有关我工作方向的大问题。钟敬文要我去北京师范大学工作，这是从文学方面考虑的。在师大比在音乐学院更有发展的前途。此外，人民文学出版社需要德文编辑，知道我和陈原的特殊关系，请陈原来做工作，希望一拍即合。文学与音乐一直是我两头兼顾的工作。照我自己的打算，去师大或文学出版社是我更有发展前途的工作，但是音乐也不能遭受后母般的待遇。我把我思想矛盾同党员谈了，想听听他们的意见。他们的想法我认为是符合实际的，那就是我即使不去师大或文学出版社，文学界的人力还是够强的。要是我离开音乐院，音乐院立刻会感到缺少了一个人。所以就事情的影响来说，还是留在音乐学院比较合理。事情就这么完了。钟敬文还说，我的做法充分显示出我的组织性和纪律性。

研究部正在计划脱离音乐学院成立独立的研究机关，研究部人员分别调到多个单位。我的新工作是图书馆主任。这次还特别发给我一张任命状。这是过去不曾有过的，后来也没有再出现过。不久又成立文学教研室。由我兼管，我还担任文学作品选讲。

1952 年德意志民主共和国出版了一本《时势变迁中的音乐》，这是得到国家奖金的音乐学著作。作者梅雅尔是希特勒统治时期流亡英国的音乐学家，这本新著是一部值得介绍进来的好书。当即决定由姚锦新翻译上半部，我翻译下半部。为了及时面世，我负责的那部分分为两册出版：一为《音乐发展史论纲》，一为《音乐与现代社会》。还有我在韶关译出来的 F. 沃尔夫的剧本《博马舍》也在作家出版社出版了。

新社会的一种新鲜事是外事活动多。外事活动少不了翻译工作。这方面的人才天津是十分缺乏的。天津是大城市，来的德国客人不算少，但是德语在天津却是一个缺门。德国音乐家来访，我是责无旁贷，有时是同周广仁陪同前来，我反而乐得偷懒。意外的却是天津市的外事活动的需要，只要外宾能说德语的，外事处就来找我。教育的、体育的，要我去还说得过去。有一次一个钢铁专家来了，也要我去，那实在是赶着鸭子上架，我对付不了。来人说，懂得话比什么都听不懂总好些，结果我还是去了。我实在是太天真，反正都是为人民服务。本来学院搬来天津只是临时栖身的，因为顾名思义中央音乐学院应该设在首都，没有料到一呆竟呆了九年，我先是市政协委员，后来又是市人民代表，什么参政议政的职责实在是没有好好的履行，惭愧之至。

在天津还认识了词学专家顾随。他的高材生是叶嘉莹，解放后他照旧穿他的长衫，不失书生本色。遗憾的是当时整天忙着各种各样的活动，根本顾不到诗词这一类不急之务，所以碰头的时候，虽然一次比一次的亲热，彼此都有同声相应、同气相求的心愿。彼此也交换过新的反映现实的作品，终究没有深入的交往，现在回想起来，深感错过了大好的机会。

　　1953 年三八节临近，学校要组织一些活动，陈琳还告诉扬华，届时要表扬一批模范夫妻。我们这一对也在表扬之列。可是距离三八节还有三天，已经传出斯大林逝世的消息。这一消息对世界的震动是比列宁的逝世还要剧烈的，因为苏联现在的地位是与过去大不相同了，三八节的一切活动跟着也都完全取消了。

　　解放后文化市场的一个特点是古书和字画的落价。初到天津，学校紧张，顾不上这些。音专老同学朱咏葵对于天津的文物商店货色的丰富觉得远胜于南京，收获自然不小。我只有羡慕，自己没有泡进去。1952 年之后，思想改造，忠诚老实运动，三反五反，肃反，运动接连不断。更加无暇及此。1953 年之后我才比较多花点时间注意收购古书。此后历年累积所得，经史子集那些重要著作基本上大略具备，《观台集林》《彊村丛书》《刘申叔遗书》等等也都包括进去了。至于字画，首先认定不能做收藏家。因为财力根本不许可，要是真的入迷了，结果必然是玩物丧志。所以只能就自己所喜欢的，力所能及的收购一些，作为陶冶心灵的鉴赏和居室的装饰。造成一点艺术的气氛。初步定下的标准是明遗民，如石涛、傅山，陈恭尹、徐枋等。后来觉得这些都太过昂贵，于是退下来收集扬州八怪。只收到黄慎、郑板桥、李复堂、金冬心等，近代则有赵之谦、林则徐、章太炎、严复、康有为、林纾、陈师曾等。此外还有文征明、王梦楼、王素之类。为了收购赵之谦一幅对联，还发生一段笑话。我看中了一幅对联，决定要买，当时市场是兴讨价还价的，我不谙此道，所以托熟悉商情的朱咏葵代我办理。想不到买回来之后，半路却杀出程咬金。他也是音乐学院的教师，知道朱咏葵帮我买了赵之谦，于是写信给朱咏葵大兴问罪之师，说赵之谦这幅对联是他先看到的。现在老朱帮我买回来，等于是从他手上抢走了他的东西云云。不知道这算什么逻辑，多少是有点霸道的味道吧。此君佚事不少，现在此君命已终，不必多说了。

　　1954 年值得回忆的是与马可、丁善德一道参加德意志民主共和国的音乐节和德国作曲家协会的代表大会。时间为 10 月 25 日从北京起飞，经过乌兰巴托，气候变得很冷。山上已有积雪，天齐黑时抵达伊尔库茨克，冷气袭人，忙从皮箱取出围巾和手套。同房间的是一个乌克兰人，用破碎的俄语交流了一会，第二天早上直飞莫斯科，一宿无话。一早再飞，下午 3 点半抵达柏林，我驻德大使馆及德国文化部均有人来迎接。吃过一点东西之后，即乘汽车奔大会所在地莱比锡。这是我们第一次在高速公路上飞速行驶。

　　晚上马可写出致大会的贺词，译完就寝。

　　第二天参加大会，到了会场，大会立即中止会议，专门欢迎中国代表。把我们请上主席台之后，由1953年曾率歌舞团访问中国，现任文化部副部长皮什纳致欢迎辞。随后即由马可宣读祝辞，由我翻译。会上主要是评论昨天的音乐会。发言的有钳工，使人感到他们一般群众的音乐知识的普及。晚上听布帛彼的音乐会，这就是当年舒曼、门德尔松这些大师的活动场所。散会后大家又聚合所在地饭店茶话漫谈，12点钟过后才回到自己的卧室。以后每天晚上都是这样，有时直到深夜2点后漫谈才结束。

29日的大会是协会秘书长诺拖维奇的工作总结报告。晚上到哈雷听合唱音乐会，德骚的音乐史诗引起大家的议论。马可也不甘沉默，提出批评的意见，这是日丹诺夫的余威还在发挥他的作用。

30日特殊的活动是西德音乐家莫塞尔等来了解中国的音乐。他们只是听，不提意见，说话也只是一般的客套。晚上与苏联代表单独会见，德方也派人参加，会后又在过道上碰到列布雷夫妇，就在过道上谈到3点才回到自己的卧室。列布雷夫人特别提起姚锦新战后给他们和他们的孩子寄来的食物和衣物，减轻了他们生活匮乏的程度，她还提到姚和列的初恋的故事。

31日上午大会讨论修改会章，接着是我们发言献礼。下午参观人民战争纪念碑，是1813年拿破仑在民族大会战中被英国、俄国、普鲁士和奥地利联军打败之后建立的纪念碑。参观之后，路过托马斯教堂，瞻仰了巴赫的铜像。遗憾是教堂关门，不能看一看巴赫长期工作过的史迹。晚上看瓦格纳·雷吉尼的歌剧《龙儿》，遇见了一位工人，他刚写完一首交响诗，从这人身上可以看到德国一般老百姓的音乐水平。

11月1日访问中央民间艺术馆。艺术馆的主任说了该馆的组织和工作。他们一个人一年之内做了6000张图片卡片和7000张剪报，工作效率是可惊的。下午参观动物园，碰见一队小孩子，谈得很愉快。送给那少先队长一个毛主席纪念像，她高兴地把我拥抱起来。晚上观看格鲁克的歌剧《伊菲格尼》。可见他们并不忽略上演传统的剧目。

2日上午参观手工艺品及珍宝展览，归途从汽车上下来跑了一段路，午饭后即往柏林。参加文化部长贝希尔的宴会。他特别跑过来同我说话，听说他作词的那首《蓝旗歌》在中国很早就唱开了，他很高兴。我对他说，岂止是《蓝旗歌》，早在30年代中国人已经知道德国诗人贝希尔的名字了。我就是你的诗作的传译者。他还提到前天晚上的音乐会和德骚的作品。说到巴赫的音乐的时候，他还放声哼出巴赫的旋律，可见他对古典音乐是相当熟悉的。夜宿飞机场饭店，写了一封家信，天一亮就赶回莱比锡。参观莱比锡音乐院。还谈到创办设在上海的国立音乐院的院长就是莱比锡音乐院的学生，莱院的一位教师还提到他中国的同学，只限于一般的内容。上午看了指挥课，下午看乐队练习和听写课。听完课回到饭店，喝过一杯茶之后即驱车去德雷斯顿。

在德雷斯顿音乐学院看到劳克斯，他就是我译过的《巴赫新传》的作者。这次来音乐学院，先是马可做了报告，然后是听课——钢琴课和声乐课。声乐课是歌剧专业的女学生在上课，一个唱的是《蝙蝠》选曲，另一个唱的是《魔笛》选曲，马可听后说，我们的学生若达到这个程度还得多下功夫。

中午同蒂尔曼一道用餐，他谈到1945年二战临近结束的时候，美机对德雷斯顿的毫无战略意义的轰炸，全市一片瓦烁，死伤20万人。目的是给苏军制造善后救济的困难。

下午参观音乐专科学校复校九年的展览。其中有一双手套。手指全是穿洞的。这是学校缺煤，教师讲课的时候戴着御寒的。这是当年艰苦生活的见证。参观后随蒂尔曼到他住家，那是政府提供的，上下两层，楼下是作曲房，起居室和饭厅，楼上是卧室，儿子也有独立的工作室。

5日上午看音乐院的乐队练习。据蒂尔曼说这是民主德国最好的学校乐队。参观完毕去韦柏故居。从故居出发去国立画廊，可惜好的东西都在列宁格勒。值得特记一笔的是游览了巴斯泰风景区，那是称为萨克逊的瑞士的名胜。晚上看歌剧《卡门》，主角的表现似乎还欠泼辣。

6日上午参观乐器制造厂。路过克令根太尔，在一家书店里买了一本《阴谋和爱情》。然后驱车去魏玛。

一提魏玛，就会联想到歌德和席勒。我们在魏玛的头一件事就是参观这两位名人的故居。论历史地位，他俩是各有千秋，看故居却大不相同。一个豪华，一个简朴。席勒住的顶楼，有一张靠窗取光的小桌子，那是夫人做针线活的桌子。他本来睡在过道上的，得病之后，把床挪到写字台附近，以便一有精神就写作。疲乏了就回床上去。歌德就不同了。罗马宫廷式的楼梯，名贵的艺术品，合计有20000件，藏书5000册，都有眉批，还有3000张耶拿大学和魏玛图书馆的借书条。他的书房，与其说是作家的，还不如说是自然科学家的书房。

下午参观布亨瓦尔德集中营，德国共产党主席台尔曼即于此遇害，时为1944年8月18日。

集中营囚禁人员前后共计25万人，被杀害的56000人。驻有党卫军一个装甲师。匪首柯赫就是制造人皮灯罩的罪魁，又用囚犯的人头挖去骨头，缩小之后制成镇纸，这样灭绝人性的行为乍一听见真不敢轻易相信，但是我们亲眼看见这两件实物，所以是千真万确的。

令人惊奇而又佩服的，是这些囚犯并不是坐以待毙的。他们居然能够瞒过这些穷凶极恶的豺狼制成收音机、发报机以及步枪 85 支，手榴弹 300 个，迎接苏军到来，里应外合，解除了党卫军的武装，自己解放了自己。

晚上看歌剧《伊戈尔公》，回到旅馆与保加利亚教育代表团共庆十月革命节。

8 日的活动主要是访问巴赫的故乡，并参观瓦尔德堡。瓦格纳的歌剧《汤豪塞》所取材的唱歌比赛的现场，后面是马丁路德的书房。

新的一天是在哈雷。哈雷的本地风光是亨德尔纪念馆。奇怪的是馆内有馆，那是一个中国博物馆，是某一管理员的私人收藏。他还送了一座马克思的象牙雕像给我们。晚饭后听马丁路德大学的道比茨的钢琴独奏音乐会，节目是肖斯塔可维奇的全部序曲和赋格曲。

10 日的活动先是参观爱克发工厂，附设托儿所设备相当先进。随后去勃列那农业生产合作社。少先队献花并给我们戴上蓝领巾。他们说等到德国东西部统一之后才与兄弟国家一致换戴红领巾。

11 日的活动是参观音乐大学。听理论作曲课。校长克涅普勒是优秀的音乐史学家。他认为要写好音乐史，一方面要充分掌握当时的政治经济的社会情况，另一方面熟悉当时的音乐动态。然后把两者沟通起来，取得正确的结论。谈到近代作曲家，瓦格纳还是一个有争议的人物。R. 斯特劳斯亦然，他的《玫瑰骑士》《欧伦施迈格尔》《阿里阿德妮》等是好的，《莎乐美》《英雄生活》就不好。《阿尔卑斯山交响乐》是自然主义的。他应予肯定的一面是没有脱离德国音乐的传统，没有倒入现代派形式主义的泥坑里面去！消极的一面是接近颓废，自然主义。他是有高度技巧的音乐家，但没有思想。旁边一位女同志插话说，还有政治上的问题。我问他们，如果拿与豪普特曼比较，如何？克说，豪高一些，因为政治上豪是消极退隐，艺术上是现实主义的。豪比施要高两级。会后克涅普勒送给我们两个公文夹，是音乐学院课程设置的系列文件。

来了这么多天，应该到大使馆去汇报一下工作情况。汇报的同时还听到一些政治消息，这是 12 日上午的事，下午去音乐大学，参观了他们的工农入学预备班。学生多数是工人，还有三个人是从西德来的，学了三年以后，便可以报考音乐大学。他们一般都有助学金，普通是 200 马克。成绩优秀的还可以增加到 240 和 280 马克。

学生两人或四五人一个房间，设备很整齐，还有煤气灶供应喝茶用的开水。看歌剧有优待。有些学生已经用助学金买了大半个书架的古典文学的作家全集。校舍简陋，地窖是饭厅，吃过饭便做自修室，我对院长说，佩服你们克服困难的精神，他说是从中国学来的呀！

晚上听音乐会，指挥是克莱伯，大门外停的汽车特别多。人们说，都是赶来听克莱伯指挥的。皮克、格罗提渥、乌布利希和贝希尔在楼上一排坐着。演出结束，指挥谢幕不计其数，群众掌声始终不肯停歇，最后克莱伯把领带扯了下来，表示再不出来了！今晚的节目有莫扎特的交响乐，这是克莱伯公认的"绝活"。

13日星期六，参观历史博物馆。看到魏玛共和国采用的黑红金国旗是瓦特堡大学生第一次用起来的。法西斯集中营头头制造的人头镇纸和人皮灯罩都陈列出来，晚上看歌剧《奥塞罗》。

14日早上起来，早餐后去波茨坦，参观二战后期英美苏三巨头的会议室。斯大林坐椅的靠背缺了一块，那是美国某记者削掉的。后来美国古玩店也出现了这块版块，而且不止一家古玩店有这块宝贝。可见高人造假是正所谓"天下乌鸦一般黑"。

从波茨坦会议厅出来便去无愁宫。宫名用的是法文。这是菲特烈大王崇法症的表现。颂扬国王尊重法律的那座风车是给盟军炸掉了，据说也不准备恢复，恢复等于歌颂国王云。下午逛新宫，最有特色的是贝壳厅，宫内还有一个精致小剧场，夏天用来开小型音乐会。宫外是御花园，园中有中国茶亭，似是而非的仿造。

15日上午去洪堡大学，听菲特尔讲课。他是老教授，一开讲还先来一声"女士们、先生们！"讲的是贝多芬的第九交响乐与第二交响乐的谐谑曲很有相同的地方，证明贝多芬晚年还是回头去发挥他早年没有汲尽的思想，亦即是革命的思想。下午再去洪堡大学，与梅耶尔和柯汉会面。梅是洪堡大学音乐学院院长，他的办公室挂的是勃拉姆斯的画像。他认为勃拉姆斯的交响乐与贝多芬的交响乐究竟谁更高些，还是一个值得探究的问题。这时我把梅的著作《音乐发展史论纲》及《音乐与现代社会》的中译本送到他手上，他郑重地接受了并不无遗憾地说，这一下我是受了惩罚，没有用中文来写自己的著作。关于音乐教育主要是如何帮助年轻音乐家端正学习态度的问题。柯汉属于年轻的杰出作曲家的一代，他的小提琴协奏曲被认为是闪烁着天才火花的，但是他同时热心投身教学，丁善德算是找到了知心的同道。他每到音乐学院便抓紧询问有关音乐教育的问题。克涅普勒和梅耶尔知道他能讲英语，立即跟他用英语交谈，节省了翻译的时间，丰富了谈话的内容。他特别欣赏那样专业作曲而又热心教学的工作态度。下午马可在洪堡大学做了关于中国音乐的报告。

西柏林的音乐学家摩塞尔也来了。他们的反映很好，学生也上来问长问短。不是海南通知我们另外有任务，还得被包围更长的时间。晚上看歌剧《茶花女》。

16 日先是看苏联红军纪念碑，参观过后去波茨坦访问人民音乐学校。过去以为这是音乐小学，访问之后才知道不是那么回事。那是儿童和成人兼收的学校。年纪最大的有 60 岁，小的是 6 岁。全校的学生有 600 人。这样的学校全国有 43 个。专科学校 13 所。音乐院 7 个，大学 5 个。还有 3 个音乐学系设在综合性大学，以便学生选上其他人文科学课。晚上看歌剧《唐璜》。

现在是到了访问结束的时候了。20 日上午皮什纳在文化部和我们举行话别的会晤。谈这次音乐节的收获和音乐上的统一战线问题。不久，诺托维奇和德骚也来了。大家谈得很好。谈到团结问题，他说是接受了中国革命的经验，告别的时候还举行赠送仪式，最有用的是一些录音带，乐谱唱片和影印的名家手稿。威廉彻夫人还给我送来一套烟具。下午赶时间买了几本书即去大使馆汇报工作并吃中国饭。

21 日大清早即赶往飞机场。乌斯科赖特已经带着小儿子来了，临近起飞，威廉彻夫人也带着儿子赶到了。大使馆的同志赶到飞机场的时候，我们已经上了飞机，机上近接日出，别有一番壮丽的景色。降落的时候，我们以为是华沙，原来已经是明斯克了。晚上 6 点左右抵达莫斯科。丁善德亲戚庞世芳来访，谈论许多莫斯科大新闻，住民族饭店厕所没有手纸，只放着一沓《真理报》。楼梯转角有一个痰盂，痰盂边沿满是痰迹。这是到了莫斯科首先接触到的印象。

22 日早餐过后即去大使馆，看节目预告 30 日有歌剧《十二月党人》的演出，请示可不可以多住几天，看完歌剧才回去，大使馆同意并给我们多领一些食宿费用。从大使馆出来，走进地铁车站，这是莫斯科最辉煌的城市交通。我们进站后不断换车，参观各站独具特色的场面，不愧为世界最出色的地下铁道。晚上看小歌剧《蝙蝠》，与过去看过的电影大异其趣。

在莫斯科这几天全是游览和看戏。23 日晚上看歌剧《黑桃皇后》，主要角色都是人民艺术家或功勋艺术家。应该说这是老柴最成功的歌剧，演出也是第一流的。24 日上午参观列宁纪念馆，等于上了一堂联共党史课。下午瞻仰列宁陵墓，排着队慢慢前进，空气非常肃穆，可惜时间太短，不能凝视。晚上看《青铜骑士》。

25 日找饭店服务员定飞机票，预定看完《十二月党人》上飞机。同时也把一连几天的戏票和音乐会门票全定了。星期天上午《奥涅金》，晚上《雷蒙达》。服务生的几位女同志见到这样连场的定票，忍不住都笑了。他们也许根本没有碰到过这样的戏迷。

打听斯大林博物馆，据说没有，只把斯大林生前的礼物陈列在普希金美术馆。但是到了那里却找不到斯大林礼品陈列馆。只看到普希金美术馆的油画和雕刻。近代画家不收莫尼以后的。马蒂斯一类全部"驱逐出境了"，只看到毕加索的和平鸽。夜看歌剧《伊凡·苏萨宁》。

26 日参观革命博物馆。最后一部分是斯大林寿辰的礼物。真是洋洋大观，包罗万象，这是斯大林的威信达到顶峰的体现。晚上看舞剧《宝石花》。

27 日早上准备写日记，找不到钢笔，大概是昨天在革命博物馆被窃的。李德伦来，把事情告诉他，他说博物馆、美术馆这些地方是最受小偷欢迎的地方。因为外来人多身上好东西也多。而且大大咧咧，小偷最易得手，算是增长新的见识。但是已经晚了。

这几天接连会见了许多留学生，李德伦、郑兴丽、吴祖强、黄晓和等等。而且听了不少有关莫斯科负面的消息。29 日和中国留学生一起在莫斯科音乐院门前照像。背景是老柴的铜像。铜像栏杆上刻着悲怆交响乐的主题。天气冷，从莫斯科大学回到旅馆，两脚已经冻僵了。晚上看马戏。为了省钱，试乘电车回旅馆。时值马戏散场，乘客拥挤，竟然有一个妇女给抢座的乘客挤到地上。根据连日来在莫斯科的所见所闻，马可认为莫斯科的文明程度不仅是不如柏林，就同莱比锡、德雷斯顿、魏玛相比也颇为逊色。但是打起仗来却是苏联赢了，德国输了。这是战争的性质属于正义战争与否决定的。

好容易上了电车，究竟怎样走还没有底，碰巧有一个女子说她可以领我们去。她是莫斯科大学的学生，车到我们旅馆那一站她叫我们下车，然后挥手告别。真是"天涯何处无芳草"！

临走那天晚上看《十二月党人》。飞机是半夜一点半起飞，旅行社要我们十一点半去飞机场，结果看过第三幕之后不等最后一幕开始就被迫退场。飞机场受到最好的待遇，行李概不检查，也不过磅，直飞伊尔库茨克。但是当地雾大雪深，不能降落，临时降落在附近一个小飞机场，然后乘汽车去伊尔库茨克。到了目的地，已经是当地时间临近三点钟。吃过饭，睡了一个小时，就乘中苏民用航空公司的飞机飞向北京，中经乌兰巴托，飞过万里长城，北京时间凌晨三点半抵达西郊机场。

回到北京，音协先给我和丁善德安排住处，马可是回家去了。住定之后，我们三人一道向吕骥相当详细地汇报我们活动的情况，以及参加大会的其他国家的代表的情况，甚至于连他们本国的事情，如波兰的巴努夫尼克的叛逃都没有遗漏。因为这一次活动克服了语言的隔阂，我们驻德大使馆也认为我们这次出国访问是比较成功的一次。

这次出国，因为零用钱不多，主要是大家都买了一架照相机，没有多少钱可买当地特产分送亲友，彼此都有缺憾的感觉，我只是给儿子次英带回一套儿童"铁工场"的工具，觉得很高兴。

经过这次访问，学校为我安排一次公开的报告会。见诸文字的有马可一篇关于布亨瓦尔德集中营的文章。丁善德关于德国音乐教育的长文相当详细。

现在又回到原来平静的学校生活了。

备课、讲书、学习，有空跑跑书店和旧书摊，用不着登记这流水帐，只有一件事值得写上一笔的是1955年夏天的文学翻译工作会议。在翻译工作这方面说，我基本上可以说是单干户。只是为相熟的朋友提供稿件，没有参加什么有关社会活动，没有结识什么人。这次见面倒是济济一堂。互通姓名的时候听到什么"久仰、久仰"的时候，倒觉得是应酬的客套。有些是我早闻大名的，见面的时候看到他那副架子，我倒不愿说声久仰了。特别是听到有些人背后说这说那的时候，觉得如今虽然说是世道变了，文人相轻的陋习还是那么根深蒂固。恨不得立刻转身跑开，免得沾上这样的怪气。只是伍蠡甫有点例外。他是从复旦大学来的。听说我姓廖，因此想到复旦大学外语系有一个廖尚果，从而有了进一步的谈话。同他谈到他译的那篇小说《一个陌生女子的来信》，随即转到茨威格上去。旁边有人看见我们谈得那么起劲，也凑过来问在谈什么谈得那么起劲，我们说谈茨威格，那位先生说不知道，人不知道，小说也不知道。有些人阅读的范围就是那么窄。席勒都未必看，更不用说茨威格了。

会议之外也组织些游园会，萧乾对我颇为亲切。也不知什么缘故，后来有一次政协文史资料委员会会上谈起来，才知道起因是在人民文学出版社看过我的译稿，因此记住我的名字。还有郑效询算是旧相识。那是1929年在X书店代销时认识的，他人很好，很亲切过来送给我一本译的小说《绿的猫儿》。这些旧事他忘记了，我还记得。

会议开大会的时候，主席台上坐着一排老前辈，有郭沫若、叶圣陶、老舍、郑振铎等不少人，叶圣陶、老舍还互相交换观赏他们的折扇，那一定是名人的书画。有些人被邀请起来讲话。老舍的意见是要做好翻译工作，先要打好中文的基础。有些译文他实在不敢恭维云云。郭沫若的讲话有一段是为他的"媒婆"说辩解，表明他并不是轻视翻译，却被鲁迅揪住辫子。说到他翻译的经验，他认为最好是通晓多种外文，翻译的时候可以互相参照，加深对原作的了解。这倒是他的经验之谈。凭他的德文知识，翻译《浮士德》不看日译本，恐怕也是寸步难行的。

在会上还碰到同济大学的女学生现在出版社工作的张佩芬。她是青主的学生。她说我译的书她都看过了。可惜匆匆一面，来不及长谈。她是会议工作人员。

我们住在华侨招待所，工程实际上还未全部完工，供水设备刚好应付洗浴。同室居住的是一位老同志陈邃。与我同是从天津来的。他是胡乔木的英语老师，穿着一套旧军装，那是参军时公家发给的。他说，穿起正式的军装参加盛会，才是隆重的表示。他在小组会上建议注意培养新生力量。目前有一种轻视外文的倾向，学外文也只限于俄文。应该放远些，同样重视其他外语，翻译工作才不至于出现断层。

有一位从昆明来的方于，我早年看过她翻译的法国小说《西哈诺》，现在要重印这本书。已经找不到她自己的译本，我说在天津旧书店看见过这本书，她请我回去买到寄给她。她曾经跟音专教师塔姆斯基学过声乐，还在上海开过音乐会，与我也算是知音兼同道了。她现在当地本职是声乐教师，她的父亲是《辞源》的老编辑方毅。"一·二八"淞沪抗战，日本侵略军炸毁了商务印书馆和东方图书馆，她亲眼看见烧焦的《辞源》的碎片飞到她住宅的院子里。这是她一家永志不忘的伤心惨目的旧事。现在说起来还心有余痛。

从北京文学翻译工作会议回到天津没有多久，民主德国小提琴家萧尔茨来了。当时学校还没有一个德语翻译，只好由我来"承乏"。管弦系秘书蔡树华非常热心承担接待工作，与我配合得很好。萧尔茨很热心，从各方面讲解、示范，而且能够因材施教。课外活动如游泳、打台球、打乒乓球等等都有兴趣。为了证明社会主义的音乐家比资本主义的音乐家高，他竟然召开一次唱片比赛，分别放了海菲茨和奥伊斯特拉赫演奏的同一首小提琴协奏曲，让听的学生举手，看谁奏得好。结果赞赏奥伊斯特拉赫的占绝大多数。这件事很快传到北京，主要是欣赏他支持社会主义音乐的热情。蔡树华为他的讲学活动写了一篇很好的纪实文章，还因此产生了学习德语的兴趣。天津活动结束后，上海音乐学院邀请他去上海，我陪同，并趁机游了杭州西湖。值得一提的是他的生活趣味，他随处要找特色的留影，一次是在芭蕉树下，一次是在荷花池畔。

与萧尔茨从德国一道来访的另一位德国专家是合唱指挥希采曼。他被分配到上海音乐学院。这一下他们两位碰头了。这位希先生是老成一些，他随身带有一些准备赠送的礼物。萧尔茨在这上面是忽视了。现在他从希采曼那里分来一本《六百年来德国民主性民歌集》送给我，作为我送给他的赠品的回敬。这本书的编撰者是沃尔夫刚·施太尼兹，德国民俗学家，还来中国访问过，说起来这里还有一段不寻常的故事。史无前例的打砸抢、我的藏书当然没有幸免。奇怪的是这本书竟然落到北京中国书店。大劫之后，本性难移，我照旧出入旧书店，无意中发现了这本书，以一元五角买回来，这是同 1947 年在上海旧书店，买回我的旧藏书——尼采的《查拉图斯特拉如是说》一样的奇遇。

今年大概是翻译年，萧尔茨走了没有多久，又来了德国的长笛专家吕则迈尔。北京来长途电话，要天津派人去。谁呢？还不是我去！这一次更麻烦，上次萧尔茨住在天津饭店，外事处还能够派出一个英文翻译，这次英文翻译也无能为力，他只能说德语。吕骥当即对我说，那你就住在饭店里就近照管照管吧。这位吕先生是比较旧式的专家，充做老练的样子。他同我说了些他同乡的琐事，有一个小伙子写信给他，请他帮他记北京汽车车牌的号码；另一个亲戚把他寄回去的购物发票都当作历史文物一样收藏起来。

天津市政府外事处组织在津外宾参观博物馆，吕则迈尔和捷克驻天津领事尤拉奈克夫妇也在邀请之列。尤氏夫妇早已从我院捷克留学生伍康妮口中了解我这个人，现在见面就非常亲热了。我同吕氏还因此成为他家的客人。他家挂满了中国字画，但是赝品居多。因为他们捷克人根本不知道中国绘画史，面对一幅旧画，只管它好不好，无所谓真不真。所以"廖教授虽然以行家的眼光鉴定它的真伪，我却不会因此把他撤下来。因为在我心中是不存在真伪的问题的"。这也是一种通达的态度吧。他夫人说，她企图收藏一幅中国字的对联，这是独一无二的道地的中国艺术。听她这么一说，我当即满足她的要求，送给她一幅清道人的对联，并给她讲了清道人答复上海流氓向他勒诈巨款的故事。

吕则迈尔听了很感兴趣，但是他不愿花大钱买字画，却喜欢中国书。我因此送给他一本洪毫生德译的《卖油郎独占花魁》，这是一册丝绸封面，宣纸精印的线装书，而且是依五步轻重律用诗体翻译的。

每个人都有他独特的个性。萧尔茨对他本国所缺乏的花木感兴趣，同荷花和芭蕉合影；吕则迈尔则喜欢大海。天津外事处为此特别为他派船驶出大沽口，让他对茫茫渤海看个饱。他又信服中药，特别上中医院请医生看他潜伏有什么毛病，并开了中药回来熬了给他吃，他服后还说真的是非常舒服。

吕的思想是近于保守，艺术上却有意求新。他教给学生的曲目有些是选自西德现代作曲家的作品。当时恰巧有一位苏联音乐家在作曲系讲学。他听到老吕的学生吹的是西德的现代作品，真不愧是苏联老大哥，他当即指出这是形式主义的东西。我们当然尊重他的意见，并把他的意见告诉老吕先生。吕先生又有他固执的一面，他觉得这样对待新作品未免近于狭隘，我们的音乐会不能总是那一套。各管各的，总算没有因此展开辩论。

这一个时期，外国专家来的特别多。在我访问德国那一段时间还有一个德国钢琴家在天津讲学。我回国不久就来了萧尔茨。与吕氏同时还有一位钢琴专家在上海音乐学院讲学。还有罗马尼亚的一位忘记了在哪一个机关工作了。

吕来天津不久，又一位德国音乐史专家戈尔施密特来了武汉。中央音乐学院派了汪毓和去听他的课。担任翻译的是马君武的儿子马卫之。吕则迈尔讲学结束了，他去北京，我回到家中，正要静静的歇一歇。忽然北京又传来消息，戈尔施密特到了北京，原来担任翻译工作的马卫之要回武汉，要我去接替他的工作。

戈尔施密特这次来中国，主要是讲德国音乐，其实是德奥音乐。但是他却有自己的一套计划，他带来一套巴赫和贝多芬的两套展览图片，在北京除了演讲和座谈之外，还要了解京剧和现代歌剧的历史，听演出的录音。因此只有午睡才是休息的时间，吃过晚饭即去中央电台听京剧和现代歌剧的录音。回到饭店的时候已经是空荡荡的只有值班的在看管门户。

他是德国名指挥夏尔贤的学生，到了中国当然要拜访夏师母萧淑娴。萧淑娴设家宴招待，请吴作人作陪。戈听了《平沙落雁》非常满意，吴作人因此画了一幅平沙落雁的水墨画送给他。当时厂甸的庙会还没有取消，他逛庙会，买了风车和走马灯，说这是民俗学的活文物。装箱的时候放了一个走马灯，已经没有多少空间了，因此箱子是轻轻的。

他请吕骥给他介绍中国音乐新作品，看到他对北京风物情有独钟，于是请他去东来顺吃涮羊肉。吃到兴起他站起来，大口地吃，看到那些羊肉片纸那般薄，他赞不绝口，要求去厨房亲眼看一看大师傅切羊肉的好手艺，在饭店里吃腻了，他要我领他上普通饭馆，领略一下北京普通人的生活情趣，那倒是够稀罕的，够新鲜的。

他是瑞士人，在德国工作，像在家里一样，想做什么就做什么，完全不分什么本国和外国。来到中国也是这样，他习惯了，我们却习惯于内外有别的。因而未免觉得不了解。但是就工作论工作他的作风却是值得借鉴的。当然他也会拿他的眼光来认识中国，因而做出不合实际的结论。例如他在晚会上看见我们男同志与男同志相拥跳舞，因而推测这是同性恋的表现，这就太离谱了。

北京的工作告一段落，他就要去天津，在音乐学院推出他带来的巴赫和贝多芬的图片展览，并做了几个专题报告，最特别的是介绍了西方那些新鲜玩意如电子音乐、具体音乐、抽象歌剧之类。由于我有这一段异样的经历，后来音协收到这一类东西就交给我处理。在音协代表大会上还由我做报告放录音，并把报告录音，由各地代表带回去让大家开开眼界。

戈尔施密特的访问有如一阵旋风，工作排得满满的，从早到夜没有一点空隙。而且一讲起来就滔滔不绝，整个半天整个晚上，吃饭时间到了，这才找到结束的机会。事后碰到音乐学院的同事，差不多都要替我担心，"你就这样对付过去了嘛，够呛啊！"他这次来华皮什纳还把他的《中国音乐》交给他带来，要我帮他校核一下，看有什么疏漏的地方，他实在是管得宽了。这里倒想起一则有关的轶事。在武汉讲学的时候，戈氏那一套上下古今高谈阔论是讲个没完，担任翻译的马卫之有时候会看看他的手表，老戈发现了也就说，怪我时间拖得太长是吗？从此以后，我们开会的时候一看手表就会说：戈尔施密特！

戈尔施密特人去了，事还没有完，现在的工作是整理他的讲稿交付出版。负责整理工作的是汪毓和及参加武汉讲学的北京艺术师范学院音乐系的冯文慈。书名就叫《德国音乐》。碰到的疑难还不少，冯君因此又和我接上关系。我俩因此成为老友。后来他结婚了，新人俞玉姿是一位贤惠的老伴。她的专业是中国音乐史，和我也有业务的交流，因而也成了我的好朋友。我之所以补上这一笔，是有感于好朋友的老婆不一定也在好朋友之列也。

说起好朋友，我想起有些好朋友的好心，他们看见我席不暇暖的整天忙于这种"跟包"式的翻译，有些人甚至于像对跟包那样的态度对待我，很为我担心，抛开自己的工作，是难以补偿的损失。好朋友的好心的确是好心，我也真心的感谢他，但是事实需要，一时又找不到合适的替工，只好以"为人民服务"的大道理安慰自己了。

1956 年是莫扎特诞辰 200 周年，为《光明日报》约稿写了一篇应景文章。文章写好后接到北京音协要我即去北京的电话。一是纪念莫扎特文章的德译工作，一是陪伴奥国来京参加莫扎特纪念活动的代表乌尔。纪念文章的德译时间很紧，先由我译出来，然后决定请廖馥君改定。乌尔属于奥地利新一代的作曲家，二战期间当兵伤脚，他还带来一本介绍奥地利现代音乐的著作，书中有关于他的专论。我问他对我们那个管弦乐队的评价，他说，技术上没有什么可说的，说到演奏莫扎特在传神方面而论，那当然不可能与奥地利的乐队比了，这是一国的精神寄托，不是那么容易合拍的。

听音乐会，我正好坐在茅盾的旁边，茅盾听到演奏莫扎特交响乐的时候，问我，这是很好听的吧？他是拿不准呢，还是根本不了解？大概终究是对西洋音乐不了解的表现吧。反正他的提问说明他还是相当虚心的。中国人对西洋音乐还是有相当距离的，他们在日常生活中对西洋音乐根本没有接触的机会，教他如何了解呢？

乌尔回国之后，还给我寄来一个贝多芬故居的小画框。算是我送给他那本皮什纳的《中国音乐》的回报。

从 1954 年秋天开始，我一直为翻译工作忙个不停，一到 1956 年秋天，工作更加进入突出的高度。那是参加中国共产党第八次全国代表大会翻译处的德语组工作。

这次工作由吕骥直接通知我，这个来头就不平常。他说中国共产党要开第八次全国代表大会，要接待世界各国党的代表团，翻译工作很重要，我第一个反映以为是陪什么代表团应付日常生活。他说不是，主要是翻译文件。我感到这一次的工作与以往的工作大不相同，当即收拾行装入京报到。报到处把我送到西苑大旅社。这个大旅社大概是给八大整个包下来了。首先是八大翻译处处长接见了我们，他说八大工作是特殊的工作，一切工作都要给八大让路。翻译工作也是这样，所以全国各地德语专家都集中起来，做好八大的翻译工作。具体工作由德语组负责安排，今天只是大家见见面打个招呼。这项工作是光荣的，因为所有重要的文件都让你们先睹为快了。会见之后，回到德语组，负责人是武剑西。我们的工作是事先把文件用各种语言译出来，再印出来，分发各个代表团。在大会代表发言的时候。由口译人员对麦克风朗读文稿。文稿译成俄、英、德、法、意、阿拉伯、马来亚、印度尼西亚……等十数国语言，代表们可以戴上耳机抽出本国语言的线路了解大会的进程。可以说是过去不曾有过的空前浩大的翻译工作。责任的重大可想而知。

工作方式，三人一室。各人收到某一文件的一部分，译好之后交到办公室，由承办人集中交给担任统一修饰的负责人。负责人修饰之后，交由打字人员誊清复印，交付大会使用。

第一天我们同室三个人，一个是科技专业，30 年代留德回来的；一个是在工会工作的老翻译。他们两个对于有些特殊的术语感到不知如何译法，我因为平时注意阅读重要文件的外文译本，因此对他们解决具体困难有些帮助。午饭时碰到廖馥君的儿子廖忠霈，他对我说，你好一个积极分子，听说你一个上午已经帮助了两个人了。事情传得真快，闲聊的时候，大家碰面大都是谈碰到的难办的译法，如"五保户"，有人还从保甲的保字来考虑译文呢。

白天的工作完了，还不能说是一天工作的结束。有时还会送来新的文件，赶在当天译出来，然后交给"打字班"誊清付印。所以我译完之后上床睡觉，睡梦中还不断听到打字机的得得的声音，直到你朦胧入睡。

廖馥君是一个分组的负责人，因为我是廖尚果的弟弟，早在 20 年代相识老交情了，碰到下边送上来的比较差的译文，他就先交给我帮他理顺一番，再交给他修改定稿。老将有时也会碰到新问题，有时也难免碰到拦路虎，他居然放下架子，问我这个小弟弟如何翻译。

过了几天，我被调到一个德国留学生小组。她们虽然不愧是高材生，其中一位学成之后，已经做到洪堡大学的汉学研究中心负责人。但是中国革命后出现的新词连中国人自己也难于应付，从廖馥君的经验可知，何况是新来乍到的外国人呢。我同这两位女同学相处得很好。平时我译我分到的文件，她们碰到问题就向我提出来。幸运的是她们的问题我都能够回答。有一次她们两个同时向我表示：这一次我们又有一个难题，如果能够得到满意的解答，我们愿意给您奉送一份奖品。我听了，愣了一下，这一下子怕要出洋相了吧。只好问她们，什么问题？她们把文件拿过来，指一个地方给我看。我接过来一看，松了一口气，还好应付。于是一五一十的说出来！就这样，相当愉快的过了一段紧张的时间。

大会临近开幕的时候，我临时接到一项任务，与冯至两人立刻去印刷厂，负责校对毛主席的开幕词。清样送来之后，我把校过的那一份交给冯至再校，他那份让我再校。这样往返多次，确定连一个标点符号都没有错了，才两人签字正式付印。

姓廖的人本来不多，但是这一次小小的德语组以廖称呼的却有四个，一个是德籍廖夫人，先生没有来，另外两个是廖馥君父子，第四个是我。听那些年轻的打字伙伴说，她们管我叫音乐廖，她们已经打听到我是从音乐学院来的了。有人还觉得奇怪，为什么学音乐的德文这么好。我只好向他们解释，我吹拉弹唱都不成，我是搞音乐史的，要多读德文书，无形中也就在德文方面多下了些功夫了。

德语组集中了全国的德语专家，南京大学的商承祖是一位中坚人物。他知道廖尚果的弟弟也来了，有一天有一位两边都熟识的同行在开饭的时候把我们两个凑在一起行了相见礼，我又新结交上一位先辈。

工作中遇到难译的词句有人自己解决不了。经过讨论还是没有办法，只好去找德国同伙。德国人摸不到点子上，恰好我碰上了。我把原词本意反复向他说明，他恍然大悟地说，那应该这么译。原来当初他们并未将原词的涵义说清楚。可见要做好翻译工作，外文故然要好，本国语也要学通了才能够胜任愉快的。

国庆那天翻译处的人员都收到去天安门观礼的赠票，不巧是雨下得不小，大家临时撑起了雨伞，仪仗队准备的大排档都推不出来，算是美中不足。

经过一个多月的奋战，八大翻译处宣告结束了。但还不是最后的彻底的结束。

为了郑重其事，翻译处留下了少数一部分人承担重要文件的译文的审定工作。我也被留了下来。刚刚定了留下来的几个人是大会开始以来唯一的一次大家坐下来闲聊闲聊。我记得有冯至、季羡林、商承祖、李遇安等人。李遇安即鲁迅在收入《三闲集》的那篇《在钟楼上》里面所说的"爱而君"。爱而是英文字母 L 的读音。当时相当流行的一种写法是将某一个人的姓的外文译音的头一个字母代表某一个人的姓氏。如李写为 L，同一篇文章的顾孟余应写为 K。我和李遇安同一组，承担审定的文件是邓小平的《修改党章的报告》。

工作最后结束之后，冯至约我和商承祖、李遇安一道到他家小酌。谈了一个下午，饭后并在门前加上他的夫人姚可昆在门前照了相。冯至还以李遇安是向《语丝》投稿的青年，因此向他提议要他把他与鲁迅的交往写出来，这也是新文化的一份重要的史料。

廖馥君会后也曾邀我赴他的家宴。我因为与冯至有约在先，只好辞谢了。

回到天津，平静了一段时间。汪毓和约张洪岛和我商量筹组音乐学系的计划。这时已经进入 1957 年了。在此之前，欧阳小华从音协调来音乐学院，她也参与音乐学系的筹划。同时她要跟我读诗词。这一来却引了不少人来参加。毛宇宽、徐钟宝、蔡树华、张伟华等，好不热闹。

这一时期外国的特别是苏联专家接二连三赶来。音乐学系刚筹备成立，就来了苏联专家康津斯基。他与表现主义画家康定斯基是一家人，只是年代不同，康定斯基是他的父辈。听课的正如戈尔施密特讲学一样，也集中了各地的专业教师。

暑假期间组织专家游泰山，不料好事闹出了坏事。杜甫《望岳》诗句云："一览众山小"，可见泰山之高。洋老师皮鞋登山，无疑相当困难。当地为了适应游客的需要，经常准备有轿子供应。专家也就开开"洋荤"，过了一次轿子瘾。想不到事情传到了苏联大使馆，认为这是剥削工人体力劳动的行为，严重违反人道主义原则，要把这些坐轿子的苏联专家遣送回国。这一举措对我们那些担任专家接待工作的工作人员是极大的震动，他们要向苏联大使馆请愿，请求从轻发落。结果是空忙了一场，老康还是提前回去了，原定两年的讲学时间只讲了一年。第二年换来一位从斯大林故乡来的，名为别吉章诺夫。他讲到 1958 年暑假。

康津斯基来院讲学的时候，1957 年的整风运动已经开始了。

音乐学系要开座谈会帮助党整风。会是由党员主持的。发言最长而又最激烈的也是一个党员。可是那个党员的发言主要不是平心静气地对领导提出批评，而是自己认为得不到适当的待遇，就是领导的失职，因而对领导大肆攻击。我对他的情况是比较了解的，觉得这是偏离了真正的批评，甚至是人身攻击。后来他真的给戴上了右派帽子，现在回想起来，他的发言的确不好，但是扣帽子又太过火了。我在当时的评判会上发了言。事后有人批评我光是指责他道德品质，却不提他反党的问题，是轻重失宜。实际上我找不到他反党的事实，不应该胡乱上纲。我认为我的做法是实事求是的。后来平反，不正说明他没有反党吗？所以平反之后有人开玩笑地说，大概他倒希望你当时只谈他反党就好了。

1951年我提出入党申请，到各种运动结束之后，开始组织党课的学习。听党课的多数是青年人，我因此自笑是老童生。依照明朝科举制度，读书人没有考上秀才之前，不论年龄大小均以童生资格应试。五六十岁的老头子也不例外。我这个老童生一直做到1958年，才与喻宜萱同时成为中央音乐学院年龄最高的新党员。

反右运动结束了，究竟划上右派的占百分之几，我不知道，我是天真地认为戴上帽子的都是罪有应得的。但是不管校内、还是校外，我对某些上榜的人却实感意外。因而不免叹一口气：卿本佳人，胡为从贼？

学校恢复上课的时候，中国古代音乐史的教师已经划为"右派"，不能上课了。这门课却又不能不开，赵沨叫我"承乏"。经这一次开始，我这个两栖动物，又从广义的再成为狭义的。西洋音乐史与中国音乐史脚踏两只船。同老朋友说起，他们还是说，这有什么不可以！他说他的，你说你的。

因为我开讲中国古代音乐史，中国音乐家协会和中国音乐研究所奉命编写《中国古代音乐史提纲》，除了杨荫浏和李纯一两位先生之外，我也叨陪末座，后来我编写的讲义就是以这个提纲为基础的。1958年夏天，中央音乐学院决定从天津迁到北京，北京的校舍原是前清的醇王府，后来成为俄语专科学校，规模不是很大。中央音乐学院只能分批搬迁，9月附中迁京，11至12月，钢琴、作曲、音乐学三系作为迁京的第二批，其他各系到1959年夏搬迁完毕。

我当时先迁北京，家还留在天津，音乐史课京津两头分上。我每周要去天津一次，到了参加编写《中国古代音乐史提纲》的时候，家也迁到北京，我从家中转到中国音乐研究所暂住，秋天才回到家里。

1958年黄自逝世20周年，上海、北京分别举行纪念会。天津纪念会在中央音乐学院举行。应尚能特地从北京赶来参加，他见到我的时候，除了握手道故之外，还说要写声乐套曲来歌颂黄河清，约我写歌词。因为当时阶级斗争的弦已经绷的相当紧，所以对黄自的批评也跟着严厉起来，那首《农家乐》是粉饰太平的真凭实据。何况他还写了《青天白日满地红》，所以他有不可掩饰的污点。说他有时代的局限性，不对，那应该是阶级的局限性。在上海更厉害，他竟然成了国民党别动队。

大跃进开始，学校办工厂。音乐学院搬来一台印刷机器，姚绵新特别积极，整天不离开机器，我是管一座手摇机。主要的收获是跟工人师傅学会了把四面杂出不平的大摞纸张叠整齐。音乐学院的工厂还说是制造了新品种，我不知道叫什么名字又忘记了。

工厂办过之后是大炼钢铁，不知道变的什么戏法，一下子搬来大批破铜烂铁，我只管砸烂砸成破片，让别人放在小土炉里去提炼。干劲真的是冲天了。可是炼出来的钢铁究竟派上什么用场呢？真的是派得上用场吗？天晓得。

在天津八九年的时间我先是当上了政协委员，后来又当了人民代表。语文学会成立，我又当选为理事。一搬北京，一切不了了之。还有，上海解放不久，我参加翻译工作者协会，后来接到一个通知，说是整个协会转入中国作家协会，好像名为翻译组，戈宝权为组长。此后是毫无音信，也是不了了之。

民主德国来了一个专家盛克，北京通知我去迎接，他是讲乐理的。我一听，怔住了，乐理怎么还要千里迢迢的请专家讲学呢？转念一想，大概是向德方提请专家的时候，翻译出了漏子。根据我们当时的实际需要，我们刚建立音乐学系，需要的正是音乐学家，当时的系名一时还没有最后落实。有人说，音乐学院，音乐学系，容易引起混乱，还是音乐理论系来得明明白白。由于名词有了歧义，所以向德方提出邀请音乐学家的时候，可能是把音乐学专家说成是音乐理论的专家，音乐理论译为德文就是 Musiktheorie，而不是 Musikwisenschaft，他们根据我们所提到学科，当然就派来一个乐理专家了。

1959 年我先是搬到音乐研究所暂住。《中国古代音乐史》提纲写好了，我搬回家，不久又开始了《艺术概论》的编写工作，也是反对修正主义、人道主义在理论战线上的一种基本建设。《艺术概论》1959 年开始只是在北京中央音乐学院、中央美术学院、中国音乐研究所等少数几个单位派人参加编写。我是派在参加之列。初稿写出之后，分别邀请国内各地艺术院校和研究所机关派人参加意见。先是集中西苑饭店，1960 年转移到华侨大厦。当时已经进入所谓天灾人祸的困难时期，物品供应非常困难，华侨大厦算是比较特殊的单位，有时可以买到外边缺乏的东西。10 月 1 日，编写小组少数领头同志还得到天安门观礼的优待。他们为此特别高兴，认为这是难得碰到的好机会。

接到《艺术概论》编写任务的时候，极左思潮的苗头已经相当明显地冒了出来，所以接到任务的时候，大家都在摩拳擦掌，争取大干一场，做一番开辟新战线的大事业。可惜准备工作不充分，口气大，实力小，虽然一再修改，终究算不上是一份好答卷。结果我们各人领到的成果，只是一些提供装订的印张，没有见到正式的书本。

《艺术概论》编写的时候，已经进入反修年代，中国大有取代苏联在思想上指导世界革命的气派。"左"的理论已经压倒一切，评价一部作品总要挖空心思找出它的局限性！例如武松不要只看他打虎的一面，他骨子里是充满封建思想的。他拒绝潘金莲的勾引，故然是他的英雄本色，但也不能忽略是封建思想指导着他的行动。

1959 年 10 月是中华人民共和国和德意志民主共和国两个国家的建国纪念日。音协约我写了题为《共同的目标，共同的节日》的祝贺文章。在民主德国的音乐杂志《音乐与社会》上发表。我在文章中引用了贝希尔的一首十四行诗，我一时疏忽，没有注明德文原名 Sonett，德文译文因此直译为十四行，这就显出我们对文化有欠考究的缺陷了。

为了庆祝我们的十周年国庆，民主德国派来交响乐团。《光明日报》约我写赞扬乐团的捧场文章。

1959 年算是比较平静地度过了。家庭的大变故却是青主 5 月 5 日逝世，为此，我作了《沁园春·哭大哥》，以示哀悼。

1960 年是两位音乐大家的纪念年：肖邦和舒曼。舒曼还是世界文化名人一级的纪念。音协推举喻宜萱担任纪念大会的发言，我为此给她提供有关的材料，《音乐译文》刊行舒曼纪念专辑，我为此译了他的书信并校阅别人的译稿。

为了纪念肖邦，音乐出版社出版一本波兰人写的肖邦传，由于争取时间，及时出版，所以把书拆散了，分别几个人参加校阅。书中很有添枝加叶的地方，所以原书不题《肖邦传》，只是简单的题为《肖邦》。

1961 年夏天，音乐院校在香山召开教材会议，上海的沈知白也来了。他见面的时候谈了在修订《辞海》的时候，将雷海青在凝碧池遇害的故事误为长安的词条，是先由戏曲组写好后转来的，他们没有核对，幸亏我及时指出才免于出错，因此深感编撰辞书责任重大。稍一不慎，就难免出毛病。后来即便是新出的大百科全书也还有不少诸如此类的差错。

同在这个时候，学院组织职工去香山避暑，家属也沾光，扬华和崇向、次英、宁婴都来了，我倒是忙里偷闲，在山中来一番全家福。

香山不少亭台楼阁，看了也真的起到赏心悦目的作用。但是总觉得缺少点什么。仔细一想，原来所有的门脸和柱子应该有的对联通通收起来了。游客也就失去了品评的对象，增加了失落感。本来可以引起热热闹闹的谈论现在却变得冷冷清清了。

查阜西发言的时候，常常哼他一个简短的唱段。我说难得他老先生还会有这一手。董维松说，你在别的地方某一场合总会听他唱同样的一段。

广东的杨重华来北京开会，有机会谈论诗词并及旧人旧事。谈到日本侵略军飞机轰炸韶关惨状的时候，他给我背诵一首我当时纪事的轶诗。我送给他一本精印的木版《海绡词》。

这年值得记上一笔的好事是吴作人托萧淑娴送来一幅熊猫，同时萧淑芳要我为她的扇面题字。我为他们夫妇各写了一首浣溪沙。

1962年春节，陈江要我为她学校晚会提供一些谜语。到陈原家的时候，陈江和她的同学也在那里。谈了一些有趣的谜语，她们都很感兴趣。陈原也谈了不少地下工作的旧事。

日本一个文化代表团访华，北京各大学各派代表在北京大学和他们见面。我和喻宜萱代表音乐学院参加。在会上我写了一首〔浣溪沙〕，交给杨晦看，杨晦看了颇感意外，一面说好，一面交给主持招待会的周培源，周培源当即拿出一本现成的纪念册，让我写出来并鼓励大家题字留念，也有画画的。季羡林也参加会，他与我是在中共八大翻译处相识的，他看到这首诗对我说，出口成章！第二天《人民日报》做了详细的报道。全文刊出我的〔浣溪沙〕：

> 碧海深同急难情，雄鸡四处报天明。一闻佳句便心倾。　　都下相逢人换旧，敌前已见志成城。穷途艾岸两灾星。

吴小如看了报纸，还问我词中的"雄鸡四处报天明"是不是用毛主席"一唱雄鸡天下白"的意思，我说那是借用日本代表团成员野间宏的诗句。

1960到1962年这三年困难时期总算是左右支吾地熬过去了。我因为还有所谓高级知识分子肉、蛋、食油等的补助，有时还上高级——其实是高价的饭馆顺便买回一些带鱼肉之类的菜肴，稍微增加一点妻儿子女的营养。奇怪的是当家的主妇居然还能够分给亲友一些粮票特别是油票。

这一个时期姚锦新和我们特别亲切，虽然弟弟是商业部长，她照旧是到街上烟摊去买香烟。有什么好东西她总要分一点给我们，有时还加上一两条新消息。

学校生活相当正常，因为有些人已经闹浮肿，不能搞什么运动，尤其是要保养体力。搬来北京之后，来往多的亲戚是刘孟纯，朋友是陈原。到了1962年，钟敬文戴了五年冤枉右派帽子终于摘掉了。帽子一摘，他马上写信来重叙旧好，并附有一些诗作，特别突出的是一首起句为"五年沥血煎心过"的七律。我一面写回信，附上一些诗句，一面电话通知陈原。这是抗战期间我们大家在广东结成的金三角，非常值得珍视的。

1963 年夏天，音乐界出了一件奇事，姚文元向德彪西开炮。他还没有看懂人家的文章，便妄加指责，甚至于人家批评的反语，他居然当作是作者的本意。这引起了贺绿汀的关注。他认为姚文元的文章摆下了一副批评家的架子，要出人洋相，结果却出了自己的洋相，于是用"山谷"的笔名写一篇文章，对姚文元进行实事求是的规劝。

文章发表之后，北京的《光明日报》来向我们约稿。当时上海方面已经针对贺绿汀的文章接二连三发表为姚文元助威的文章，姚文元还化名写文章对贺绿汀进行反击。但是我们根本不知道上海方面的"战况"，我们也根本不按姚文元的文章做我们评论的依据。赵沨、张洪岛、于润洋都写了文章，我写的一篇题为《德彪西真相试论》。当然，我们的文章也避免不了有"左"的议论，但决不是姚家乱打棍子那一套，他说他的，我说我的，在我们心目中的文艺理论家中间根本就没有姚文元这个名字。后来我们去了蓝旗营，没有再继续闹下去。

1963 年秋到蓝旗营劳动。蓝旗营是一个果树队，特别是以桃子为主的果树队，产品曾送进中南海，所以他们为自己的成绩感到自豪。附近的四王府传说曹雪芹住过的地方，曹雪芹住过的地方远不止这一处。现在的红学家喜欢制造种种花头，甚至连诗歌都可以新制，这种作风还不及老一辈红学家如俞平伯那么厚重。考订研究偏重家世一类的问题，离开了著作本身的艺术探究，这不能不说是偏离了正路。

在蓝旗营，一方面我们到贫下中农家交朋友，另一方面是贫下中农到我们住处反映情况，谈论解放故事，特别是那位祈大爷，解放初期当过间长，绰号"长征干部"，我送给他一首七绝："老矣依然斗志强，长征干部不寻常，解从阶级详恩怨，鼎鼎蓝旗此脊梁。"

1963 年 10 月 12 日，毛主席在上海举行故事会活动的材料上作了批示，说："许多部门还是死人统治着……许多共产党人热心提倡封建主义和资本主义的艺术，却不热心提倡社会主义的艺术，岂非咄咄怪事。"

这个批示虽然没有公开发表，但是内部是会流传的，所以这个时期召开的音乐舞蹈会议特别突出音乐舞蹈要不要紧密地为社会主义革命和建设服务，要不要大力反映社会主义的时代精神的问题。中国文联和中国曲协也召开创作座谈会，就积极创作和演出社会主义新曲艺，更好地为工农兵，为社会主义革命和建设服务等问题。

戏剧报也发表了《关于京剧演现代戏的讨论》的综合材料。6月至7月，全国京剧现代戏观摩演出大会在北京举行，在京剧会演人员座谈会上江青攻击戏曲舞台是"牛鬼蛇神"的世界，康生和她一唱一和，在总结大会上点名攻击影片《早春二月》《舞台姐妹》《北国江南》，京剧《谢瑶环》、昆曲《李慧娘》，已经有了"山雨欲来风满楼"的气势。

1963年的上半年是在学校上课，下半年主要是在蓝旗营同农民交上朋友，中间是一阵姚文元惹起的德彪西热。还有值得一提的是年初人民大会堂的元宵晚会。文艺界的人来了不少，周总理也来了"与民同乐"，他和熟人如李伯钊等翩翩起舞。跳舞之前他还讲了一段话，归总起来是四句口诀："百花齐放，推陈出新，百家争鸣，薄古厚今。"钟敬文摘掉帽子之后，也来参加这一类晚会了。我和他同围着一张桌子坐。每个人领到一碗汤圆。同他主要是谈论诗词，我也乘兴写成一首七律：

开岁能勤节日闲，良宵老少焕朱颜，高才绣虎归三海，大力驱狼靖九关。
灯火华堂新际会，丹青粉壁壮江山，曲中春色先春到，紫燕黄莺次第还。

这年还应记上一笔的是我们家庭发生的变化：年初儿子次英作为独生子参军的特例，被选入飞行航校；女儿崇向奔赴了黑龙江生产建设兵团。到了"文革"时，侄女宁婴又到了云南边陲的绿水河电站。那时，我逢人便自豪地说："我可以和工农兵攀亲戚啦！"我们老俩口之所以能支持子女的革命行动，一是没有把子女当作私有财产，二是不赞同"学而优则仕"的观点，因此鼓励子女听党的话，到祖国最需要的地方去。

1964年初，音乐学院声乐教师开始在北海公园教唱群众歌曲和举办老人演唱会，并组织观看京剧现代戏。理论、作曲、指挥各系到老区收集民歌，搞基层文化工作，参加劳动。顺义有抗战期间地道战的遗址，我们也跟着下到地道战的地道里摸索当时的各种枪口和灯光的位置，每一段地道设有可以自由开关的栅栏板壁之类，遇到敌人烟熏时，用来堵住通道不让它散布开来。这样的作战的确是够艰苦的，但是敌人也正是在我们这样艰苦、顽强甚至于残酷的战斗的打击之下，他们灭亡中国的迷梦终于破灭了。

1964年10月去通县参加社会主义教育运动，整肃四不清干部，除了春节短时间放假返校之外，一共搞了七八个月，次年6月才回到学校。这是下乡工作时间最长的一次。

下乡之前听到我国原子弹爆炸成功的广播，兴冲冲地写了一首诗："一声霹雳动乾坤，四海同歌不世勋，热核即今无霸主，寒心相对有瘟君。销兵大地催开会，仗义登坛快发言。天际频传好消息，唾壶击碎笑王敦。"

早上从农民家里出来，映入眼帘的是孩子挟着书本上学，父亲扛着锄头去种地，这可是农村新景象啊，不可无诗："子女携书父荷锄，出迎朝日上征途，下田上学东西路，绝好农村新画图。""耕读乖离几许年？愚民政策固三权。少年一代真堪羡，能武能文得两全。"

从通县回来，听了陈莲给毛主席上书的传达。毛主席的批示是今年9月27日批的。批示说："信是写得好的，问题是应该解决的，但应采取征求意见的办法，在教师、学生中先行讨论，收集意见。"同时又强调提出："古为今用，洋为中用。"语调是相当平和的，不像那两件批示那么严重。

1965年3月至5月学校实行半工半读，理论系不甘示弱，我们也用半天的时间去印刷厂劳动，给分派的工作主要是给新书装上塑料封面套一类的轻微劳动，倒是我们因此多了聚首谈心的机会。

自从去年开始公开批判《北国江南》《早春二月》等黑影片以来，我本来就不大热心看电影的，现在却看了不少这一类电影，还看了京剧《谢瑶环》。电影是放"拷贝"，演员不出场，没有什么负担，《谢瑶环》的演员却全部要本人出台表演。原来表演是作为正面艺术对待的，现在却是需要卖力表演所谓"毒草"，演员心理负担是够沉重的。

1965年开始，理论系是批判代替上课，从18、19世纪的西方资产阶级音乐里面找毛病。舒伯特600首歌曲，一首一首地找，找歌词的消极因素，翻它的黑暗面。贝多芬的《欢乐颂》那句"亿万人拥抱起来"混淆了阶级界限。过去引吭高歌，断然是不对的。

这样像广东话所说的"搞搞震"搞到年底，来了姚文元评新编历史剧《海瑞罢官》的文章，我们才改变了"主攻方向"。

我们没有订阅《文汇报》，没有机会拜读这篇大文，北京是拖了几天才转载的，可见这里面是有过顶牛的。文章来了，我们也不知其中奥妙，总之是不简单，所以抢着看，我看过之后，感到纳罕的，是这位革命"文胆"竟然把罢官的"罢"同罢工的"罢"作同一的解释，而"革命"的舆论也并不是一统江山，居然有人传言姚文元是姚蓬子的儿子。姚蓬子原先参加左翼作家联盟，1934年被捕变节。现在翻这笔老账，是不是有人看不惯这条"金棍子"那飞扬跋扈的气焰，故意掘他的老底出出怨气呢？

"文革"十年间

（1966—1976）

1966 年 2 月间，我们接到通知去听彭真主持文化革命五人小组制定的《关于当前学术讨论的汇报提纲》，即后来被撤销的《二月提纲》。撤销《二月提纲》的同时，文化革命五人小组改组为文化革命小组，由陈伯达任组长，江青、张春桥任副组长，康生任顾问。接着发了"五一六"通知。在此之前，《红旗》《戏剧报》《人民日报》《解放军报》等等陆续发表批判《赛金花》《兵临城下》《中国电影发展史》《抓壮丁》《舞台姐妹》《红日》……诸如此类的文章，火药味是越来越浓了。"五一六"通知对于资产阶级的艺术已经不提什么"批判的继承"或"区分精华和糟粕"，而是清清楚楚地说是要"消灭"。这就不仅是打击一大片，而是横扫一切，亦即有些人所说的"犁庭扫穴"。

同时，毛主席另一个批示学生也是一样，"以学为主，兼学别样，……学制要缩短，教育要革命，资产阶级知识分子统治我们学校的现象，再也不能继续下去了！"说得这样坚决，这样断绝，知识分子就是资产阶级，这还有什么可以分析研究的呢？我们这些人只须听天由命。

记得开始批判《赛金花》的时候，赵沨在音乐理论系学习会上还说替夏衍说几句公道话：他主观上可能还有讽刺蒋介石的意思。另外，正当批判的火势越烧越旺的时候，吕骥还在准备一个什么会，打电话给音乐理论系，要我们从贝多芬的作品里面找一些进步的、有积极意义的东西，他要为日本的一个什么会准备有关的材料。可见比较成熟的老练的干部，即使在大风大浪面前，还是保持着相当冷静的实事求是的态度。但是形势逼人，他们也只有挨打的份了！

这样过了一段糊里糊涂、懵里懵懂的生活。要学习就学习，要发言就发言，要写大字报就写大字报。有一天忽然说要去参加文化部的什么集训班。学校已经来了解放军，告诉我们这一批以教授为主的老家伙，去好好的脱胎换骨吧。我们于是遵命起程，目的地是社会主义学院。领导运动的全是解放军调来的干部，起先作息完全依照军队规定，吃饭坐排定的桌子，开会排队一定的座位，非经请假批准不得走出大门。写大字报要粗大的笔画，题目甚至要用双管用力写才够得上是大字。好像字大了，笔画粗了，才够火力似的。唯一自由的时间是晚饭后在院子里散步。碰到别的单位的熟人，也不敢打招呼，更不用说聊天了。

晚上一般是看封存的、不便公开放映的或者是公开批判的电影。也许是让我们提高识别毒草，加强批判的火力吧。至于叫我们大开眼界的倒是看别单位的大字报，特别是向大人物开火的，从而知道一些报上看不到的珍闻秘事。有时也会看到一些人由对话发展为不大服气的争辩。可见胡乱上纲上线终究是难以使人心服的。

说到我自己当时的处境呢，也许学校已经有了向解放军提供个人情况的材料，我是有国民党的一段经历的，虽然是抗战开始之后参加的即所谓集体入党，抗战结束我就离开了。但是军队是消极抗日，积极反共的，而军警特比普通国民党还要严重，平时还可以做一点具体分析，现在是横扫一切，共产党都靠不住了，何况是国民党，所以在当前领导运动的解放军眼里我好像是属于"另一类"的人物，我发言的时候他们好像不那么耐心听，平时也不大同我谈话，更使我纳罕的是我们队伍的年轻一点的同志竟然揭起我的短来了。本来同志之间我还是不那么提防的。有时说话不免随便一点。有一次我说这次运动是不是只谈文化大革命有关的问题，会不会又从历史开始做检查？不料在一次学习会上一位年轻些的同志竟揭出了这段话，说我是不是对运动有什么看法？为什么怕提历史问题？我因此感到抑郁，好像是等着挨整的样子。学习的时候我跟大家一道学习，写大字报跟大家一道写大字报，老是那么没精打采的过了一段时间，忽然有一天领导上告诉我们，要我们回去搞运动，学校会派人来接我们回去。我听了如释重负。因为在这里实在闷得慌，我们在集训班学校已经开始批斗赵沨，每次批斗，都把赵沨接回去，我们也浩浩荡荡的一道回去接受教育，现在要回去正好跟大家一道搞运动。

学校的人接我们来了，我们收拾行李，坐着电梯下楼，电梯停了，门一开接的人劈头一句话就是，还乘电梯下来呀！来势之猛，不由得大吃一惊，只好战战兢兢地上车。车到学校门口，打倒某某！打倒某某！的呼声已经连珠炮一般响个不停，下车进了校门，立刻有人在我背后衣服上刷上纸张，大概是反动权威一类的封号。接着是揪着在校园里游行，游行过后被解到理论系的一个课堂，我们一字排开，听候批斗，当我表示我要好好检查我的问题的时候，立刻爆出一道严厉的斥喝：不是检查问题，是交待你的罪行！这是一个下马威，杀你威风的第一步。斗完之后，被押到堆放杂物的后院，我和沈湘、韩里、方堃、江文也同一个房间，方堃和韩里睡上铺，我和沈湘的床，一横一直连成一气，我的床紧靠门口。

我们被摆布在一个房间里，随时可以差你到什么地方，派你什么活，你只有绝对服从的份，开头好像工作还没有布置好，其实也不知道怎样做才好，真所谓乱军无将，一会儿派你扫院子，一会儿又叫你去拔草，甚至于打扫厕所，你只管埋头工作，随时随地有义务监工，手里拿着皮带，什么时候高兴就可以朝你身上拍的一声打下去，你只好自认倒霉。这个时候你比最下贱的奴隶还要下贱！

收工了，我们排着队，临时工头来一次训话。这时候忽然会有人来逐个地查问，你有多少存钱，报多了，骂你抢和贪；报少了，骂你装蒜、骗人，兴之所至谁都有权利骂你，数落你，拿你寻开心，兴之所至动动拳脚也说不定。特别是街坊邻里也可以闯进来，审问你，打你。正是在这样时候使我们领略到学校工友的伟大，街坊冲了进来，气势汹汹，好像也来一手打砸抢。可是学校的工友立刻挺身而出，义正词严宣布，该打该罚我们有我们的王法，用不着你们来管。这一着真灵，他们只好空手回去。但是音乐院外边街道的宿舍就遭殃了。他们自由出入，予取予求，拿不走的就砸烂完事大吉。韩里家里就几乎洗劫一空，每天拿我的脸盆去洗脸，他家里连一个脸盆也没有了。

闹打砸抢闹得特别厉害的是附中学生。大学生中间当然也有人奉行"不拿白不拿"主义，但是尚属于少数。例如有一次大学生到我家"查察"，后头跟着一个中学生，他看见我桌上一个小座钟，拿起来就向口袋里放，大学生看到了立刻加以制止，他乖乖地把座钟放回原处。工友更不愧为领导阶级。开饭的时候，附中学生跑来制止卖菜给这些"黑帮"，只准他们光啃窝窝头。僵持了几分钟，大师傅一气，你们闹，我不管，把饭菜全搬回去。等那些"小将"走了，大师傅立刻把饭菜搬过来让我们换个地方安安静静的买回去。可见不管你怎样的要把人道主义批倒批臭，主宰人的行动的终归还是体现了人道主义，我们休息的时候坐在一起，有时也议论一下受到的那些"教训"，喻宜萱还是情不自禁地冒出这样的一句话：这完全是一种迫害狂。

热衷于这种迫害的毕竟是少数。例如一开始进入牛棚，每个人都戴一个牌子，用铁丝穿起来绕着脖子戴起来。这铁丝绕着脖子，不到半天，大概脖子少说也逃不了会磨出一条血线。但是不一会负责工友就宣布要给铁丝换成绵绳，这真是皇恩浩荡啊！

我们栖身的"黑窝"的地势是低过街道的地面的，我们的围墙高出地面只有二三尺，街上的人站在围墙外面可以毫不费力的俯瞰我们的活动。当时有一个学生新写了一首《牛鬼蛇神嚎歌》，"奴隶总管"规定我们都要学会唱，于是黑窝里不时传出响亮的歌声，街上的行人也停下脚步听赏音乐学院的特别音乐会。沈湘还不时放声来一番男高音独唱。也许他还愿意趁这个机会放松一下胸中的闷气呢。

空前绝后的怪事大概应该算是"抄家"。抄家照理总该有一定的规矩的，至少应该有正式的命令，现在却是说拿就拿，说搬就搬，既然是文化大革命，首先当然拿书开刀。有一个学生正同我一本一本的区分是好是坏，还看得没多少，那边多数已经从书柜上和书架上一摞一摞地搬，线装书是封建的，全搬走；外文书是资产阶级的和修正主义的，也搬走。可怜不仅是马恩列斯连毛泽东的著作的外文译本也通通拿走，真所谓玉石俱焚了。字画不管是傅山、石涛，也不管什么章太炎、严复，通通搬个精光，只有镜框里面的几幅，因为最近大搞革命化，事先已经在上面装上了毛主席的手写诗词，才算保存下来。衣服是整箱整箱地抬走。比较文明的是没有像韩里那样遭到"街坊"的浩劫，锅碗瓢盆保留了下来，但是红木桌灯、玻璃柜橱等等相当显眼，还是搬走了。这里又应该补上一段属于人道主义的插曲。过了一些时候，天气冷起来了，有一位大学生看见我老伴还是凉飕飕的穿得相当单薄，油然生发恻隐之心，捏捏她的手臂说：太冷了，你把那两个衣箱拿回去吧。我们当然立刻遵命行动。我常常说世界上总是好人多。"文革"期间有些勇士穿着丝织汗衫，冬天穿上齐膝头的长统皮靴，甚至戴上奥米茄手表的毕竟是少数，对吗？

9月24日，我的生辰，我想起陈无孝的诗句："初度寻常度，今朝倍怆神。伤哉居秽地，不敢礼先人……。"当然，即使是在自由的时候，每逢生日我也不会像我父亲一样祭拜先人的，只有居秽地真的是伤哉罢了。可伤的是在国民党统治区，我遭到歧视，听到指桑骂槐甚至于当面指斥，我都认为是应有的惩治，而且是问心无愧，正如林楚君同我说的，要想做个好人，少不了也要受些委屈，这也是好人之所以称为好人。但是在共产党治下招来这样意想不到的打击，确实是想不开。这样还要忍受到什么时候？难道文化大革命真的要这样搞下去？这样搞下去真是所谓"虽有智者不能善其后矣！"

带来的烟抽完了，因为工资冻结了，每月只领到12元的生活费，没有多余的钱来买烟。不抽烟，精神更显得疲沓，坐在那里发呆。碰到倒霉的时候，坐在倒霉的地方，还谈什么抽烟这样有点近于奢侈的享受。转念一想，正是倒霉的时候需要还能不受禁止的享受。发呆之余，叹一口气。坐在邻床的沈湘发现我这副呆相，忍不

住好奇的询问，我指一指空烟盒，他很机敏的知道了，同病相怜，他说抽我的吧，我老婆还照样拿工资，不会断档，我相信他的真情，不客气的抽起了"伸手牌"。到他下一次从家里回到黑窝时候，他把整盒的阿尔巴尼亚产品"LuKs"放到我桌子上。这就是沈湘。说起来也真算说不出什么道理。解放以来，沈湘因为"炮轰天安门"的意大利间谍事件的牵累，他一直背着嫌疑的黑锅，原来"炮轰天安门"事件出来之后，意大利间谍的住所一直有人守候着随时准备钓大鱼，恰巧沈湘上门来了，于是遭到提审，查问他上门来的原因，原来是为了唱意大利歌剧的咏叹调，要跟意大利人学习意大利文。不料这个意大利文教师竟扯上了间谍的关系。这算是误入贼巢。因为的确没有关间谍的证据，查问清楚了就放了出来。但是嫌疑终归是嫌疑，何况是关系到"炮轰天安门"。所以一有风吹草动，总要新帐旧账一起算，学校也不敢麻痹大意，随时揪斗。奇怪的是我这个"积极分子"看到什么批斗集会，往往也会去同伸一下"义愤"，但是从来没有参加过一次批判沈湘的会，有时打从会场经过，也不会进去凑凑热闹，这倒是无意中避免了给友谊加上一层不愉快的阴影。

上午劳动的时候忽然"勒令"去迎接上海来的外调人员。刚刚坐下来，来人就问和李洪辛的关系。我说在常州由他爱人刘文瑛带他和我见面。他立刻大喝一声："不对！早在南京就认识。"他来势汹汹，我越发平心静气的答复，那只是听人说起他，他本人不在南京。后来他又直问有什么勾搭，我说写过一首诗给他看，起首是"担经求道几重关，已愧雕笼闭白鹇"。他好像抓到致命的把炳，说你在共产党底下就好比笼中鸟，好反动。我冷静地给他解释，这是解放前在国统区写的，他于是强加掩饰，说，我懂！用不着你来解释。这样闹了半个小时，真是好比上战场。我担心这样磨下去，到什么时候才了结。幸亏系里的青年教师李应华进来了，她和那位冒失鬼说了几句话之后带他转到接待室去了，再没有纠缠下去。大概李应华同他说了些什么，他知道捞不到什么，走了。李应华帮我度过了这一道难关，不容易啊！

批斗会开好几次，都是批斗赵沨的，我们跪成一排当陪绑，有一次特别严重的听说是章彦的儿子用刀子刺了红卫兵，上纲为阶级报复，于是把章彦打了个死去活来，会后把章彦抬回黑窝，摊在地上根本不能转动。后来抬回他的床位上，特准他明天免予劳动。总算是活过来了。当时学校还有越南的留学生，他看了这些恐怖的场面，忍不住摇头叹息，但他终归爱莫能助。

我们刚从集训班回来的时候，黑帮分为甲乙两队。集训班回来的老家伙全是甲队，年轻的回家去了，另外，萧淑娴等属于乙类。甲队集中管制，乙队晚上可以回家。我们坐下来凑趣地把甲队称为"全托"，乙队称为"日托"。

甲队倍受管制，有时也会在监视放松一点的时候发生越轨行动。赵沨是住隔离房的，一有机会他就会溜到我们房间聊天。聊起天来他当然是主角。他特别欣赏四川人的眼力和口才。他看到一个人，立刻会用一句话准确地刻画出这个人的特点。他在香港住过，对广东人语言的雅化很有印象，例如对女人的性骚扰称为"非礼"，勾引寡妇谓之"淘古井"，真是又便捷，又含蓄。听的人即使不明白语言的来源，也觉得蛮有意思。忽然他转身向我提出一个问题：咸湿有什么取义？这一下可把我问倒了。这个问题也许钟敬文这位民俗学家能够解答。我是只好交白卷了。

自从有了《牛鬼蛇神嚎歌》之后，"奴隶总管"随时要我们唱，而且要求人人会唱。在音乐学院工作的人并不都是音乐家，于是要学。于是声乐系主任喻宜萱当上了临时教师，每到晚上大家休息的时候，喻主任便一句一句地耐心教导，被教的人倒有点像是打鸭子上架，我们躺在床上听到这样教的唱得好，学的学不会的时候只是觉得好笑，却又不敢笑出声来。幸亏不需要举行毕业考试，最后不了了之。

有一天我被分配给另外一项任务，不参加劳动，却被领到一个课堂，里面地上堆满了一轴轴的字画，叫我把好的拣出来放在一处。我坐在地上一件一件地细看，赵沨的一些是看见了，我自己的却一件也没有找到。推测起来，可能抄家的时候，也已经是无形中分了派，其中的一派是把我的搬到他那边根据地去了。不然的话，怎么这里一幅我的都没有呢？我的字画始终没有下落。"文革"结束之后北京市抄家字画也有过几次展览，我也去认过，总找不到我的藏品，这真是奇哉怪事。只有一个工友大乱结束之后，在一个角落里发现过一件字画，叫我去认领，一看，果然是陈师曾的山水，真是如见故人，我当即带回家中，送给他一条牡丹牌香烟表示我的谢意。我还有陈师曾的《水禽图》，如果这次找回来的不是山水而是《水禽图》，我会更高兴。

我们这些人是被专政的，根本无权过问学校的动态，只是我们的管制有时紧，有时松，可以推测到运动的运行不怎么顺利。后来好像管我们的人都不怎么管了，引起大胆一点的人"自己解放自己"。看见有些人这样脱离了劳改队，我自问没有什么问题也就不甘落后，我准备贴一张声明"自己解放自己"。张贴之前，我找于润洋征求他的意见，他从运动一开始，一直在关心我。他不反对我离开劳改队，但在声明上要表明我依然愿意听群众的意见。我从此回到家里来了。当然我还不能像自由人那样随便走动。没有人来看我，我也不去看别人，只有张洪模因为同住一层楼，比较可以随便来往，有时还托他上街买点应用的东西。他虽然自由，也还是有人指控他是黑线人物，他贴出大字报，对运动提意见，还是有人说他是混淆视听。

他自己也说有些朋友对他采取一种若即若离的态度。

这期间群众组织相当多，其中有一个称为"红教工"组织的把我和萧淑娴、张洪岛一拨人召集起来，算作他们的外围群众，并分配一些工作如抄写大字报之类。散会之后张洪岛对我说，这一下可算踏实了吧，我却认为不能高兴得太早。运动一天没有统一的领导，便不能正常运转。过了一段时间，"红教工"也停止活动了。运动的中心好像是一个称为"11·14纵队"，另外一个"北京公社"不买他的账，依然我行我素，与"11·14纵队"分庭抗礼。于是整天听见别开生面的"播音战"。"11·14纵队"是演奏各系的学生多，"北京公社"的主要成员则属于理论系。那些不参加两派活动的有另外一个称号：逍遥派。像我这一类"逃犯"，虽然是离开劳改队，终究是黑帮出来的，一般人还是另眼相看，有些人在学校大院里碰到的时候多数是远远躲开，但是在大街上碰到了却照旧是自由谈话，这大概也是所谓"形格势禁"吧，但是黑帮始终是黑帮，不可能长期"逍遥法外"。过了一段时间之后，不知道形势有什么变化，忽然来了一次广播，要原来的黑帮重新编入劳改队，由"11·14纵队"负责管理，这就是所谓"二进宫"。

"二进宫"差不多就是"劳动改造"，由一位老工友领导工作，每天早上集合听候分配，劳动结束做一番检查，看还有什么不足之处。晚上是写检查，没有什么可说，就写劳动的心得或者劳动的经验，如何提高劳动效率甚至于自己新创的工作方法等等，至于集合好了，同声诵读《毛主席语录》高呼"毛主席万岁"，"林副主席永远健康！"则是铁定的规矩，绝对不能违背的，有时在高呼到永远健康的时候，我忽然会想起历史的上的九千岁的叫法，这却是骨子里的反动根芽，实在是罪该万死的。

这样的日子过得倒也平静，老工友甄师傅安排劳动的时候，总是平心静气的——说明白，我们有时也敢和他闲聊几句，问他的姓 zhen 字是哪个写法，他说是西土瓦那个吧。所以颇有平等相待的样子，只有一听广播说过"勒令"之后才说自己名字的时候，才警悟到自己还是在被专政的身份。

如果时间充裕，我们也会出到大门口去清扫街道。这一下可发生了意想不到的事件。大概我们"臭老九"的外貌是容易辨认的，出来劳动说明都是一些可以自由欺弄的材料，有些人居然冲着我们走过来动手搜索。幸亏我们已经是一无所有的穷光蛋，让他们扑了个空。

这样两派对峙的局面僵持下去也不是办法，于是又来了打破僵局的军宣队和工宣队，这样双管齐下，也许会带来新希望。他们是无产阶级司令部派来的，真的是

新官上任三把火。他们对我们训话，说我们都是应该送到公安局去办理的，现在留在学校就是对我们的宽大。我们是天天都写检查的，他们严厉地喝道，不是检查，应该标明是"认罪书"！我们的检查从1966年开始写，写到1969年还没有写完，还要继续写，要写作"认罪书"。我们的罪恶也真多，多到正所谓"罄竹难书""擢发难数"的地步了。他们还特别把我叫去，严加教训，问我知不知道今天是谁掌权，一定要老老实实地接受改造！我算是尝了专政的味道了。幸亏直接管理我们日常生活的，依旧是学校的年轻教师和学生，还能够网开一面。

自从我被打成黑帮之后，薪水被冻结了，每月只发14元生活费，我老婆因为是病号，特许每月加领20元作为营养费。每天早饭和晚饭由我从食堂多买一份送回家去。回家的时候由值日的教师或学生押我回去。这些教师或学生有时让我单独回家。每到这样自由的时候，老伴立刻煎一个鸡蛋给我吃了才回我住处。这明明是罪上加罪的行为，我这是"知法犯法"！

这两种宣传队如何领导运动，我们是莫测高深，事实也没有过问的资格，我们只知道我们受到怎样的待遇。我是在国民党军队待过的，"军警宪"，这是比反动学术权威更严重的历史问题。一定要查个水落石出，查问的开头是我的职务是什么级，我说是"军简三阶"即军用文官简任三级，相当于上校级待遇。这个职务传了出来，有些同事也有意点明我军用文官的性质，冲淡·点严重性，但是宣传队却并不满足，他们总想把我同反动军官挂上钩。反动军官那就双手沾满了人民的鲜血了。要是挖出一个反动军官，他们的工作成绩就大了。他们硬要在我身上找到军官的证据，于是问我有没有枪，要是有枪，那就是会杀人的了，但是我的答复却是从来没有带过枪。可是下一次审问的时候，却推出爆炸性的材料。他们说，他们问我的老婆，我老婆说我有枪。"这样你还要赖什么！"但是我咬定没有枪，他们始终捞不到一丁点儿。但是他们还不死心，他们知道我和毛宇宽的关系。毛宇宽的父亲是陈诚的下属，毛宇宽的父亲放心把儿子交给我照料，说明我和毛的父亲也不是泛泛之交，陈诚是蒋介石得力的干将，你和陈诚的下属勾勾搭搭，一定是他的一伙。于是问毛的父亲是不是穿军服，穿军服就是军官，你同军官来往，也就是军官。蒋介石的军官一定是反动军官无疑。但是我又说毛的父亲当时穿的是长袍，而且写的是毛笔字。有力的一点说明我与毛的父亲从前是不认识的，他作为学生的家长来校讨论毛宇宽的问题的时候，我和他才见第一面，根本谈不上有什么交情。但是他们还不死心，他们认为他去了台湾，把儿子交给你负责，你赞成毛宇宽不去台湾，为什么你不赞成毛宇宽去台湾？我说，台湾是蒋介石的巢穴，当然不是好地方。宣传队哼一声说，你当时就知道台湾不是好地方吗？这一问我倒无话可说了。如果当时的老百姓连台湾和蒋介石那一帮是好是坏还不清楚，那也未免太不了解人民群众的心理了。对我的这一次审查算是专题的审查，他们没有达到预期的目的把我打成反动军官，只好挂起来。

另一方面，还有另一拨人审查我的历史。他们也真有耐心，他们要从20年代后期我在上海书店的工作查起。主持审查的是一个工宣队的女将，。她问我是做什么工作的，我说白天开门的时候我管卖书，晚上打烊之后我结账，有什么新书出版，我就送新书到各个代售处。她提问，送货的时候同代售处有什么应酬？我说很简单。我们先在送货本上写明出版物的名称，每一种多少本，送货的时候代售处把出版物的名称和数量核对清楚了，便在送货本上写明收到，盖上他们的图章，便算完成任务，收好送货本再上别的代售处去。她听了不以为然，旧社会是注意拉好关系，坐下来，谈谈生意，套套交情，好为开展业务准备条件，她好像非常熟悉社会的那种拉拉扯扯，互相勾搭的商场陋习。我说得那么简单，她根本不相信，疾言厉色地说，你想蒙谁呀！我给她解释，这是属于经理或者负有推广专责的人的工作，像我这样小职员是只管送货的，根本谈不上业务上的联系．但是她坚持她那一套，下一次再来继续盘问。但是事情仍然没有什么进展，真有点拉锯之势。我当时实在是非常着急，这样审查下去，我这40年的历史什么时候才能够审查完毕，也许根本就无法查清楚。她要追根究底，我又决不愿瞎编一气，上头不是也说不要逼供信吗？

正当我焦急万分的时候，忽然有人来通知我听候批判，真是"山重水复疑无路，柳暗花明又一村"。来通知的是学校的人，我记不清是青年教师还是学生了，他的态度很安静，到了一个大教室，四面坐得满满的，都是理（论）、作（曲）、指（挥）三系的教师。我坐在"被告席"，宣传队宣布开会，点明是对廖辅叔的罪行批判会。说完之后，先是我本人的"认罪"的交代，然后是一个接一个的批判，都是在念发言稿，真是把我批驳得体无完肤。但是我听过之后，老实说，除了上纲的种种议论之外，实在没有什么致命的打击。我总是乖乖的听着。最后是宣传队宣布，鉴于廖辅叔认罪的态度还算老实，决定对他不予严重处理，让他回到群众中来学习，好好改造自己。但是帽子我们还是拿在手里。如果再不老实，我们就要加重处理。至于拿在手里的帽子究竟属于哪一类却是谁也说不出。这样做了三年多的黑人，现在又可以算是自由了。关于待遇问题，他们讲了别的学校的处理办法，让受批判的人自己定，例如美术学院那个受过鲁迅指教的木刻家李桦，自定每月领取生活费40元，我也照他的先例报一个40元的数目。

当时，我算是回到了人民的队伍，但是帽子还在别人的手上，随时都有戴上的危险。我还是低人一等。我不随便上人家串门，别人也不会来看我。比较常来的是两位女士，一个是姚锦新，一个是民乐教授储师竹的夫人史雪妍。姚锦新在我第一次从劳改队出来之后，她就经常来看我们，还从姚依林说到一些大人物挨斗的故事。有时还送一些她做的红烧鲫鱼之类的菜肴。史老太也同样经常送一些好吃的东西给我们。我因此对她们特别怀有"雪中送炭"的谢意。

恢复自由之后，虽然我还是低人一等。愿意同我搭话的还是有一些人，有人告诉我说他们对我内查外调的材料还没有我自己写的材料那么详细。说起内查外调，大概他们九州十省差不多走遍了，他们还到我惠州老家去调查。我们那个碉堡式的合族聚居的祖屋，经过抗战期间日本帝国主义飞机的轰炸，大部分已经成了瓦砾场，许多别的人家在这废墟上建造起他们的新居，地皮根本不用花钱买。真正姓廖的只有穷到租不起房子的才凑活继续因陋就简的住下去，多数是另租新屋。我们外调的人找到破破烂烂的廖家老屋，找到的人差不多没有见过廖辅叔这个人，他们给外调人员介绍一个我同族祖父辈的老太太，说她也许能说出一点什么。他们找到她，她倒是一位廖家的活史族谱，她说，你们要找的这个廖某人从小离家，几十年没有回来过，我们因此说不出什么具体的事情，你们要了解他，最好是去北京中央音乐学院。这样的长途跋涉，得到的消息竟是应该到中央音乐学院去调查，劳民伤财，莫此为甚。大概他们经过多方面的内查外调，走访的对象从没有添油加醋的说过什么坏话，他们对我反复审查，也没有抛出过一点爆炸性的新材料，可见还是那句老话，总是好人多，落井下石的人毕竟是少之又少的少数。

出了劳改队，我被安排在理（论）作（曲）小组学习。早请示，晚汇报，唱"大海航行靠舵手，……毛泽东的思想是不落的太阳"。我自己知趣，不会在那里"仰首伸眉，论列是非"，主要是听别人的发言。当时是在清队①阶段，主要是专案组介绍某某人的材料，他们的工作主要是占有材料，但是他们掌握的材料，却有点抓不到点子上。例如要查某某人里通外国，所得的材料却多是那个外国人方面如何如何，至于某某人如何同他们勾结却没有什么确凿的事实。可见当初试探性说的里通外国，其实是无限上纲，并不是根据事实来定罪名的。这也说明，为什么"史无前例"造成这么多的冤假错案，正在于这种捕风捉影的思想方法和工作方法。

小组会除了听专案组的调查报告之外，有时是学习文件或者什么最新指示之类。

---

① 即所谓"清理阶级队伍"的简称。

奇怪的是学习开始之前，大家是有说有笑的，可是到宣传队的主持人一出场，大家立刻正襟危坐，洗耳恭听指示。指示过后，大家大都是回复到原先的位置，等候别人发言。随后就是冷场。我噤若寒蝉，不足为奇，大家经过宣传队的鼓励，还是默默相对，宣传队不时说，大家有什么就说吧，为什么总是鸦雀无声？虽然反复鼓励，还是鸦雀无声。这样挨了一段长时间，宣传队只好宣布散会。大家这才如释重负，站起来，伸伸腰，打道回府。

我是不在其位，不谋其政，搞运动应该是热热闹闹的，为什么无情的现实却是那么冷冷清清！当然，冷冷清清的局面也不会老是这样维持下去，于是有突破，那是李春光的绝食。为什么绝食？我当然不知道，绝食是怎样终止的，我也不知道。总之，不绝食，又回复到原来冷冷清清的局面了。至于始终不改其紧张活动的，却是那所谓牛鬼蛇神的劳改队。这些人都是一些钦定为属于敌我矛盾的走资派、美国特务、历史反革命或者统称为黑五类。但是经过有如历史上的酷吏或讼师那套深文周纳的手法仍然找不到定罪的证据，只好乖乖地劳动，乖乖地听候处理。

处在这样密云不雨的时候，我除了每天依时参加学习之外，倒有点像是逍遥派，书籍、乐谱、碑帖、字画等等抄家时已经扫地出门了，但是我还是不甘心无所事事地混日子，我悄悄地向图书馆借来《全唐诗》和《全宋词》，选了一本《唐绝句》和一本《宋词约选》。唐绝句是五言和七言混合编集不分五言和七言两部分。入选的标准除已有定评的名作之外，比较注意代表各人的独立的意见的作品，不论它是正确的，还是荒谬的，如薛能的"当时诸葛成何事，只合终身作卧龙"的《游嘉州后溪》，子兰的"古冢密于草，新坟侵官道。城外无闲地，城中人又老"的《城上吟》，李花开的"破落三间屋，萧条一旅人。不知负何事，生死厄于陈？"的《孔庙口号》之类。词选注意故国兴亡的作品，像王炎午、刘将孙、徐一初等人的作品过去一般是不入选的，我却认为他们才是宋词的最后的代表。

抄家的时候诗稿也在劫难逃。现在静下来跟着往事的回忆也把历年写下的诗词一首一首的陆续默写下来，特别是牛棚里写的那几首当时不可能留稿，现在才记下来，这几首诗对我来说特别有不同寻常的意义。即使身处逆境，我的精神终归没有垮下来，我没有迷失自己，也没有背弃我安身立命的事业。当然我不讳言我也在附和极左思潮的弊病，我缺乏这样高的觉悟。

在抄家剩下来的书中间，有一部《闻一多全集》是我从红卫兵手上救回来的。他们要没收这部书，我对他们说，闻一多是毛主席称颂的人物。毛主席说，闻一多拍案而起，横眉怒对国民党的无声手枪……我们应当写闻一多颂。这样一说，红卫兵当然是手下留情了。现在我翻到全集的唐诗大系那部分，就那些作品从头到尾圈点一遍，我发现有些入选的作品体物特别细致深刻，如孟郊的"斗蚁想微细，病闻亦清泠"和"千山不隐响，一叶动尔闻"；周贺的"澄波月上见鱼掷，晚径叶多闻犬行"；曹松的"废巢侵烧（一作晓）色，荒冢入锄声"等等，是与闻一多《死水》里面那些"蚯蚓翻泥""草根汲水"一类的警句一脉相通的。这些也算是我"投闲置散"的一点收获。

有一次我的胃又闹病了，方承国陪我上医院。说起当时的医院，真叫人哭笑不得，专家是给打成反动权威，靠边站了，顶班的是一些小将，他问你什么病，然后根据你说病情翻翻医疗手册，翻到你所说的那种病，于是就照书中所说的药名开他的处方。等了大半天得到的就是这一点，不过你总算领到需要的药可以回家了。所以除非万不得已，我也不愿上医院，但是医院还是非去不可的，因为你没有其他解决办法。这次是方承国同我去，他与医生聊开了，聊到"学校"，医生奇怪怎么到现在还没有组成革委会，这的确是奇哉怪事，因为"文化大革命"到现在已经搞了四年，"革命委员会好"这几个字经毛主席一说已经印成小本本到处发行了，音乐学院却始终不能捏合到一起。宣传队对"牛鬼蛇神"可以颐指气使言出法随，对革命群众光靠说服就无能为力了。好在事情早晚总会有转机的，到了1970年5月由周总理集合宣传队和音乐学院的群众代表，做了一次通宵的讲话，全院师生，除了少数留守人员之外，全部开拔去清风店，在解放军领导之下搞运动。

说起清风店，解放战争时期，曾经在这里打过一场被称为解放第一个大城市石家庄准备了有利条件的清风店战役。现在选在这里的驻军领导我们的运动，意味是十分深长的。

出发之前，家庭的后勤工作首先要做适当的安排，扬华提出请黎达帮我们找一个可靠的保姆，她是做托儿所工作的，有相当富裕的候选人名单。保姆找好了，我就比较可以放下一条心。此外，关心我的师友也不缺乏鼓励和帮助。钟敬文两口子听左因说我要下部队，还特别约我到外面一个馆子坐下来谈了小半天，本性难移，还是谈运动期间流传的真真假假的诗词。有一个老同学说得更远，他认为我这次下去是以平等的身份参加运动，"少了你是学校的损失"，这个我多年来听到的最可惊的评价，过去顶多是还可以凭一技之长为人民服务罢了。老九不能走，归根结底还只是个臭老九。九儒七丐的排队元朝之后到今天又再来一次，我是不会得意忘形的。

上了火车，我静静的坐在那里，看看书，倦了，闭上一会眼。忽然听见有人说，远处那座山就是狼牙山。这一听非同小可，光听这个名字就够你精神焕发的了。积习未忘，来它一首〔浪淘沙〕：

> 一脉太行山，极目无边。狼牙如簇耸嶙峋，青史千秋容作证，赤胆忠魂。
>
> 恶战直忘身，白日尘昏。悬崖一跃气逾振。百万军民争继武，净扫妖氛。

到了清风店，派定了宿舍的炕位，带领我们下部队的工宣队同学校的师生有说有笑的，根本不向我这边看一眼，我知道他们是向部队介绍了各人的情况的，我还是属于"另册"人物，我背着一部黑历史，自然不会自作多情，向部队长官献殷勤，部队长官也不会理睬我。对学校的师生我也注意保持一定的距离。我对他们即使不是自惭形秽，我也不会妄想高攀。如果他们主动来接近我，我自然是受宠若惊。但是话是不多说，不乱说。只求相安无事。

初来的几天是练队列，向左转向右转，向后转。随后是开始劳动，到40里外的柳陀学种田，插秧和拔草，行进的军容有诗为证："晓发清风接曙光，红旗猎猎气昂昂。最高指示循声读，宝像高擎更亮堂。"

除了插秧拔草之外，我们还挖鱼塘，吃忆苦饭。还到冉庄参观了地道战遗址，这都是难得的阶级教育。

在柳陀还发生了一宗意想不到的探亲插曲：宁婴抱着外孙女爱华来看我。爱华见到我，叫了一声姥爷，便向衣袋里摸出一块巧克力给我吃。天气有点热，巧克力已经半溶化了。第二大插秧，宁婴一股劲的脱掉鞋子，便同陈复君、阿荣等大伙儿下田去。这一下子惊动了当地的解放军。他们大概没有得到我的黑历史的介绍，他们觉得探亲的女同志觉悟这么高，这家人很不简单，他们还对我说，听说你是上千元的交党费，是吗？不知道是谁向他们传递的消息，总不会是工宣队吧。事实上并不是上千元的交党费，而是意外收入书稿之类的一部分交给党，积累成一个不小的数目。这是我一次意外的奖赏。同时，可谈心的师生还很多，我并不感觉孤独。文化大革命搞了四年，扣的帽子也好像不起什么作用了。困扰我的大概还是那段历史。

插秧拔草都是要弯腰的。我的腰部不争气，第一是弯不低，而且弯的时间长了，时间越长就越是酸痛，所以插秧完了，我身子一下子根本伸不直，要慢慢的，一点一点的直起来。更糟的是弯腰时间长了，一不小心控制不住，身子就免不了栽下去，裤子湿淋淋的，因此廖辅叔这个名字谐音成为"尿裤湿"。用广东话中念 F 而不是 K。于是有好心人替我说好话，说廖辅叔这样硬撑的劳动态度实在是应该表扬，不应该视而不见，甚至于另眼相看！

在柳陀还有一件值得一记的事是挖鱼塘，大热天，硬要把一片泥地挖成一个鱼塘，大家的那股劲造出来的是挥汗如雨。想用人力挖鱼塘，这样的劳动量大概我们这支队伍是不能胜任的。我们留在这里的时间有限，回清风店的时候工程还没有完竣。以挖鱼塘为题，写了一首〔菩萨蛮〕：

> 烂泥没胫沾双肘，铁肩挥汗圆如豆。水浅意弥深，同心炼赤心。　　愆尤殊缺失，攻错他山石。珍重再生年，东风赛二天。

现在回头一看，自然未免八股气，当时却是真心实意的。这样的作品还有不少，有些还是应该保存起来，为自己思想的演变做证，证明我这个人并不比别人高明。

在柳陀劳动的间隙，我们去了一次冉庄，参观痛打日本侵略军的地道战遗址。还没有到达冉庄，远远就看见一棵老树挂着当年发信号的大铜锣，心潮荡漾，记以小诗：

> 叱咤风云旧战场，蜿蜒地道战玄黄，英雄儿女歼倭寇，老树洪钟识冉庄。

经过柳陀的劳动锻炼，接受冉庄革命战争的教育，觉悟提高了，可以回清风店正式开始搞运动，全力投入斗批改了。

斗批改的前奏是部队政委的一次讲话。这次讲话很深刻，措辞是温和的，但是情意真切同时却又坚定。事实是我们从学校出发之前，宣传队的清队工作已经做得差不多。那些老家伙——这是对臭老九比较善意的称呼——虽然各个戴着国民党、美帝特务、海外关系等不同的帽子，但是专案组终归下不了最后的结论，最后是劳改队解散了，一起下部队接受再教育。当前的运动主要是消除派性，团结对敌，所谓敌人已经换做"五一六分子"了。我们这些老家伙主要工作是抄写大字报，开会的时候是敬陪末座，只有劳动是可心发挥积极性的机会。

部队终究是部队，部队生活总有与普通生活不同的地方。例如劳动，这里就有独具一格的内容。我们感到新鲜的是织伪装网，大伙人齐集在操场上，场上摊开一片绳子，由各人分头去打结，凑起来很快就结成一个大网，因为新鲜，所以引发出诗兴：

> 人群奔涌大操坪，后进争师子弟兵。岂羡渊鱼来结网？为防沙鹫逞飞霆。
> 挑灯夜战欢忘倦，分组程功拙亦能。老矣犹堪参战备，一回感念一飞腾。

开头政委讲话，要求搞好团结，经过一段时间的学习，成绩出来了，成绩的具体表现是"一对红"。平时是老话成真的同行如敌国，现在是手牵手的走上台来，一同唱出和谐的声音。也有是冤家与亲家绞在一起，儿女是订完了百年之好，做爸爸的却还是死对头，今天想通了，只做亲家，把冤家两个字销了。我们只能算是看热闹的，也真的感动了。可是热闹还没有完，过了没有多少天，一对红发展一串红，团结是大功告成了，团结对敌，敌人就是"五一六"！

要做好对"五一六"的斗争，首先要进行好思想武装，所以第一步是进行路线教育，清理各种胡涂思想，如阶级斗争熄灭论，路线斗争缓和论，路线斗争神秘论以至厌战思想等等，不搞好路线教育，就要掉队。学习过后，还要开讲用会，发言的都是中、青年教师，我们这些老家伙主要是提高认识，谈不上"仰首伸眉，论列是非"的。

思想斗争的武器锻造好了，对"五一六"的攻势随即发动了。我们这时所能做的是写对"五一六"开火的大字报。揪出来的所谓"五一六"，首先是一些学生，学生之后是青年教师，我们因为与运动根本没有资格参加，当然谈不上发言，更不用说揭发了。我们一直只是听，有时也会看到声泪俱下的控诉。对于斗争对象，除了大会批斗之外，如何进行个别谈话，隔离审查以至什么攻心战术，我们只听说有这回事，具体情况一无所知，只是事后听有经过隔离审查的所谓"五一六分子"说，要不是当时监视得那么严密，我是宁可自杀了事的。事过境迁，那些被审查的"五一六分子"现在都仍然是人民队伍的一员，真正"五一六分子"好像一个也没有找到，姚文元的文章是怎样炮制出来的？

如果要说揪坏人，却是真的有坏人揪出来了，"文化大革命"如火如荼，意想不到的揪出来的坏人却是"文化大革命"的组长：陈伯达，更出奇的则是又出现了惊心动魄的一幕。"文化大革命"推出来的红人林彪竟然是驾机外逃，折戟沉沙的……应该给他戴什么才合适呢!？人事的变化竟是这样的急剧，这样的不可思议。林彪事件出来之后，发下来的材料多得很，详细得很，短时间看不过来。这次是公开的大规模的学习，江青还对这突然的事变做过一番认清一个人需要有一个过程的解释，还公开了毛泽东给江青的一封信，非常诗意的说武林如何如何，如何不同意林彪对他这位四个伟大的领袖的张扬。这次倒给我一个发泄那憋了多年的闷气，过去觉得不对却又不敢公开说出来的事情，如井冈山会师不说朱德却说是林彪与毛泽东的会师这样颠倒历史的谎言，现在是可以理直气壮的摆出来了。这是文化大革命开始以来四五年间我头一次可以痛痛快快的发言。从此以后部队的生活可以说是进入正常状态。

部队生活是多样的，早操是日常的功课，晚上则是守夜站岗，有时还要做拉练

演习。早操提供了写景的资料：

冲寒整队上军操，号令森严胆气豪。人影疾徐齐进退，西天斜月在林梢。

守夜也是诗料：

风定寒方重，深宵肃站岗。明知鱼在水，仍警鼠跳梁。
独叶悠悠下，繁星熠熠光。愿君安睡足，抖擞接汀茫。

还有积肥也值得记下来：

肩背挽荆筐，来往寻肥半日忙，早计一年休误却，春光，更有掏圊姐妹行。
换骨尽多方，坐想行思绕太阳。四体不勤迷五谷，皇皇，耗矣尼山数仞墙。
（调寄〔南乡子〕）

守夜，使我真正领略到万籁俱寂的静夜的境界。城市是无论如何都不会没有一点声音响动的，只有乡村，才真的连一片树叶的飘落你都可以听清楚。也只有这样的时候你才体味到"蝉噪林逾静，鸟鸣山更幽"作者的创意，王安石那一句"一鸟不鸣山更幽"只不过显示他那拗相公的本色。也是在这样的静夜，当我赶抄大字报的时候才破题第一遭听到了毛笔头触纸发出的声音，才真正领会到欧阳修的"下笔春蚕食叶声"的他非凡听觉的创获。

守夜还有一项副业是背诵诗文，司马迁的《报任少卿书》，庾信的《哀江南赋》，韩愈的《原道》这些长篇巨著是最好的范本，但是屈原的《离骚》我始终背不出来，这说明我对楚辞没有下过狠功夫。

清风店清查"五一六"大概是清风店运动最激烈的一次。批判陈伯达、批判林彪都没有触及自己的灵魂。个别人的一些问题如偷听美国广播或者小偷小摸之类，虽然也开过一些会，也算是提醒人们阶级斗争还是很尖锐的，不要垫高枕头睡大觉，总之是一下子就过去了，没有卷起大风大浪。我这个人虽然算是入了"另册"，也只是在某些阶级感情特深的领导同志中需要区别对待，至于直接领导运动的四号对我赐予老学究的称呼，我感到还是善意的。讲话中间他有时还征求我的意见。甚至同意我的意见。在清理阶级队伍阶段有一位同志问我你自己认为有什么历史问题需要清理，我想起在学校宣传队领导的清队工作中主要是清查国民党问题，并没有接触到我代售革命刊物被捕的那件事，现在经他一问，我自然想到这个问题，并说明

当时同时被捕的徐迅雷是属于春野书店，当时主持春野书店工作的人我知道有钱杏邨，后来通用的名字是阿英，了解当时情况的可能还有他，他现在属于文联系统。向我提问题的那位同志还称赞我善于对待自己的历史，而且找到了主要的问题。他们根据我提供的线索去外调，真的找到了阿英，阿英也记得那回事，给外调同志一个满意的答复。问题就这样解决了。按照"文革"期间的逻辑，被捕出狱的准是叛徒。阿英实事求是的答复无疑是天大的幸事。

清风店时期算得上是我"诗兴"勃发的时期。每一件新事都会来他一首，遇到什么节日如建军节、国庆、毛主席生日等等都写成一套组词，登在黑板上。还有人拿着笔记本把它抄回去，于润洋说，大概他们平时也很少有机会从黑板上看到这样水平的作品。这一件事差一点还引出新的麻烦。有一次在各人检查思想的会上我从有人抄写我诗词这件事暴露我的思想，说群众欣赏我的诗词我并不当作一回事，倒是俞平伯赞许我的作品使我觉得我是受到值得高兴的褒奖。老于听了立刻说，这样的事情不必汇报上去。俞平伯是因为红楼梦的问题被毛主席点过名的，搭上他的关系可能会引起纠缠不清的问题，不提了吧。同志的关怀可谓到了无微不至的地步，可感也。

营房生活有帮厨的规定。每个人都要有几天的帮厨。早上到炊事班，吃过晚饭回到自己的住处。不知道什么缘故，我和杨儒怀却由暂时的变成长期的，于是索性搬到炊事班同大师傅们住在一起。

在炊事班有一个好处。部队生活是有严格规定，平时不能随便外出，晚饭后也只能在营房附近散步。在炊事班，一到星期天就可以自由行动，所谓自由行动，也不过是去合作社买东西，看热闹。赶集的日子去赶集，这都是多少年来没有经历过的新鲜事。事实上这倒是反映出现在农村的穷相。农产品少得可怜，他们自己吃都还不够，哪里能够有余粮来上市。农村应该有点工艺的产品，可是也找不到什么。结果往往是空手去又空手回，总算是又赶了一场热闹。

我下部队，扬华一个人在家里，住在筒楼附近没有下部队的少数邻居可以互相照应。钟敬文的儿女少华和小宣、左恭的女儿左因是自由的，他们有时候给扬华带来些小道消息，还有是赵朴初的《反听曲》以及引用杜牧诗句的"折戟沉沙"等等。钟敬文听见我帮厨的消息，还写了一首关于伙头军的七绝。扬华的生活因为有爱华留在身边，不像以前一样寂寞。爱华上次去柳陀，背诵了好几首毛主席诗词，解放军因此也对扬华产生兴趣，觉得我这个家庭真不简单呢。

来部队是为了学军和搞好运动。现在运动好像是结束了。我们的日程是天天读，

体操、帮厨、积肥、喂猪、窖藏白菜和白薯，掰玉米、每个人都有一份的分工，剩下来的时间是自由活动，可以看书以至下棋打桥牌，解放军也对棋牌产生了兴趣，因而也赶来参战。

同志之间也尽显自己的专长互相帮助。有的人还寻找新诗进行作曲的准备。我是给青年同志讲历史和诗词，还帮人翻译外国乐谱上的解释，头发长了怎么办？我们队伍里有不少这样的能人。立刻想起来的男的有黄飞立，女的有李菊红，另外还有不少。当然，不论是你理发，他按摩，还有教外文，讲诗词，以至织毛袜子什么的，都是无偿劳动，例外是还有人觉得这样的干活多少有点吃亏，于是想办法找回一点补偿。例如给你理了发，你说过谢谢，过了几天他会说香烟抽完了，你有吗，暂时供我一盒吧。被借的也心里明白，应声奉上一盒完事。更奇怪的是女营房经常发生失窃事件。大家试着去探索平时有何异常的现象，当即注意到一位女同志的丈夫来清风店探亲特别频繁，是不是其中有什么文章。争议的结果一时找不到什么有力的证据，真正的嫌疑人也不会随便承认。后来是那位跃马横刀的女将离开了清风店再没有回来，失窃的事件也没有再发生。大家也就放下一条心了。

这期间发生了一件大事，八个样板戏，八首革命歌曲，看腻了，唱腻了，有什么新东西呢？有，郭沫若新出版有一本书《李白与杜甫》，这本书讲的是名人，著书的又是名人，大家如饥似渴的托人去北京买回来看，看呀看的，看的人有点纳闷。讲李白还没有什么，讲到杜甫，怎么调子一下就变了。不管你老杜讲什么，做什么，总之都是不对的居多。我们水平低，郭老比我们高明，但是对杜甫的评价一下子变得这么低，这是怎么搞的？恰巧郭老的儿子与我们同在一个连，现在他要回北京探亲，有些年轻同志趁机要他回去问清楚他的老子，为什么要把杜甫踩成这样子！当然他不会有答复带回来，我们也不需要什么答复。后来社会上对郭的批评是越来越多了，有人为他辩护说，被迫的时候说几句违心话是可以理解的。但是整本洋洋数十万言的大书能说是几句违心话吗？鲁迅生前的有些评语也许值得回头再看一看吧。当然把才子流氓这个评语用在创造社身上也许是有点过火。这是好比广东的一句谚语说的，"一条竹篙打死一船人"，不过创造社鱼龙混杂是事实，它成员中有郭沫若、成仿吾、郁达夫三巨头是主角的，但是也有张资平、陶晶孙之类落水的败类，也有以鲁迅的《呐喊》当手纸的"革命派"，也有气得郁达夫声明脱离创造社的恶人。还有黄药眠的回忆也可以想见当时那里的把头作风。至于罗曼·罗兰读了《阿Q正传》之后写给鲁迅的信据说是托创造社转交的，却始终没有下落，成为文坛的哑谜，虽然郭沫若曾为此事替创造社洗刷一番。但是他当时是远在日本，怎么能替在上海的人打包票呢。所以鲁迅的评语也并不能说他完全是意气用事。

清风店的生活说起来现在倒有点像是具有二重性。营房所在地是农村，我们过的总的来说是部队生活，如果是不搞运动的时候，那又真有点田园风味。例如柳陀的那口养鱼塘，初来的时候曾参加挖泥劳动。但是工程相当浩大，我们等不到完工就回到清风店。后来旧地重游，只见天光水色，笑迎来客，因此写了一首颇带野趣的〔浣溪沙〕：

> 荒野低洼两载前，羡鱼今对水澄鲜。挖泥曾此汗双肩。　　刷羽有时观鸭浴，绕堤无意扰鸥眠，周遭陵谷变桑田。

生活上有一段时间是过于平静了，于是又来一次拉练，这一次不是走一段路就回原地而是长时间的行军，夜间借宿老乡家。这样可给生活添了不少的新意。有诗为证：

> 庭前父老话桑麻，窥栋穿檐海燕斜。小鸟也随人换世，不飞王谢入农家。

居停主人是老八路，他善谈白求恩旧事：

> 老兵夜话白求恩，绑腿芒鞋健步前。舍己利人衣补绽，艰难岁月念骈肩。

这次拉练经过了相当有名的古迹，一个是唐县的晾经台，说是唐僧在这里晒过佛经。又一个是木兰村，前边的一个盆地称为花盆，连木兰姓花都必须有实物作证。这一类古迹只好姑妄听之，但我还是因此得到有意思的诗料：

> 假名托古异唐僧，文献千秋算有徵。争认乡亲虽好事，总殊苏小但风情。

说古迹不一定真古，但是历史性的今迹却是真的，那就是白求恩在此病故的老屋，现在定为历史的名迹，我也有小诗纪事：

> 易水潆回黄石口，小村生客接长途。儿童见惯知来意，老屋千秋白大夫。

打破清风店平静局面的还有两件大事。一是联合国大会以压倒多数决议驱逐台湾代表，恢复我国常任理事国的席位。一是尼克松决定访华。另外还有两条消息引起我们的感慨，一是陈毅逝世，一是斯诺逝世。

为悼念陈毅逝世，我写了一首〔水调歌头〕：

河岳惊动色，千丈忽崩松。早萦天下忧乐，破浪趁长风。赫赫半生戎马，落落八方坛坫，伟略秉元戎，淮海得名巧，飞将合词宗。　审棋局，详笔阵，故雍容，命轻任重，曾不自计毕全功。后死续飞捷报，泉下倘收旧部，穷迫彼髡凶。有日重公祭，告尔五洲同。

斯诺的挽词，调寄〔木兰花慢〕：

蹇驴趋间道，天西北，闪红星。算莽莽山川，纷纷王霸，独此关情。纵横一挥健笔，乍人间刮目看长征。解自微风苹末，前知四海翻腾。　高名初不限文名，泾渭辨分明。对荒唐遏制，不迷不屈，还我传经。骑鲸、偿逢问讯，料开颜新旧结良朋。犹及握迎医使，可无遗恨平生。

最后一段时间，在清风店可以说是相当自由的了。多数的同志是把时间放在桥牌和象棋上面。我是赶上一次探亲时间约同钟敬文去了一次琉璃厂，那里的旧书店也开始开放一些旧书，当然是不怎么系统的，大概也是有什么就摆什么出来。我是买回了王国维的《观堂集林》，影印的线装的一函《东坡乐府》和《稼轩长短句》《玉谿生年谱会笺》《元遗山诗集》等等，回清风店的时候也就把后两种带来阅读。有一次小华同我谈起苏曼殊，还想看看他的作品，我当即兴冲冲地默写了十几首给她。她回到女营房与大家分享新得的美餐。张弦随即翻开小本，把它抄起来。看来大家都在闹着精神的饥荒啊！

有一次解放军派我去养猪，过去我帮厨的时候，江定仙也养过猪，除了喂食之外，还想办法帮它搔痒。现在派到我也不足为奇，但是我刚一上岗，欧阳小华和陈南岗竟赶来替我，并批评解放军用人不当。怎么让这样老同志来喂猪，解放军解释说，因为他看见廖辅叔容易相处，所以派他云云。看来他的做法倒有点像是雷公打豆腐。小华和南岗则有点打抱不平的味道。

"文化大革命"革了五六年，教学单位、演出单位原来的骨干都给打倒了或者靠边站，现在想到总应该有所作为，又缺乏适当的人手，于是想到向有关单位"借调"的办法。中央音乐学院本是藏龙卧虎之地，现在也为借调热闹起来了。每一次借调的人员离开之后，领导上都要召集一次座谈会，听听留下的人员的思想，我每次发言都是同样说是无动于衷，因为我知道，借调的都是吹拉弹唱的人才，像我这样只会写写讲讲的人是派不上用场的。稳坐钓鱼船这句话用在身上倒是挺合适的。

由于我算是正式回到人民的队伍，领导上还约我和喻宜萱来一次谈心会，对我

们说一些鼓励的话，问喻宜萱还要不要开音乐会。喻宜萱说不唱了，已经是老太婆了。说到我，喻宜萱还说我能看古书，古书没有标点，不断句，我拿到手就看得懂，她居然替我做宣传呢，她不久就给借调去了。

运动既然是结束了，人也陆陆续续的被借调走一些了。留在清风店的大概是只有听候处理这一条路了，人心渐渐的从苦闷转向浮动。打桥牌的，下棋的可以自得其乐。注意业务的也可以各就本业，当然基本上还是不安心的。音乐学院好像是生死未卜，要说各奔前程呢，上级又没有明确指示，所以是有点混日子的样子。我是有点想家，好在家中添了一个小孙女，她还会说与姥姥"相依为命"，同住的人也有的可以互相照应，所以我只好随遇而安，找些人谈谈诗词，或者说传授诗词。沈湘倒是觉得与我聊天蛮有意思的，可以增加知识。但是有一位搞作曲的却认为妨碍了他，他就是对文化毫无兴趣，只管他那套豆芽菜——这是马思聪对音符的谑称，也有人对目前这种现象感到迷惘。不是说学制要缩短吗，我们到这里学习都快三年了，还不够长吗？这种论调多少像是有点走火了。有一次记不得是谈什么问题，搞不清，有人朝我说，你讲吧，你读书多。我说，不行，不是书越读越蠢吗。听人接着说，他读书越读越蠢呢！她没有多说，也没有批评我，大概是"心照不宣"吧。古人有防微杜渐的说法，是不是现在也到了需要关注的时候了。

钟敬文下放到太原，他的子女常来家看望扬华，还带来他的近作，也转到清风店，我当即用原唱的〔唐多令〕和他一首：

岑水念筝琶，心香奉马家。托微词梦里黄花。老去倚声添兴会，浑不似，老兼葭。　　鬓发幸犹鸦，迷途回五车。隔幽并同滚泥巴。望处灯台光万丈，许吾辈，稳浮槎。

这样的作品，归结起来好像总带点八股气，从另一个侧面看，却正是改造取得了成绩的表现。不过说老实话。这种八股腔当时可是真心实意的，不是装装门面的。

在清风店这段时间是等待，等待什么？不知道，是祸是福也由不得你自己。然而终于等到了结果了，上面决定成立中央五七艺术大学，中央级的各个学院都是新成立的艺术大学的组成部分称为什么什么学院。中央音乐学院则与中国音乐学院合并为一个音乐学院。我们可以打马回朝了！

1973年10月，说到离开清风店，不免有一点惜别之情。那些卷入运动的旋涡中去的同志是不大愉快，那是可以理解的。我因为是置身事外，自然没有什么芥蒂，倒是有些同志在没有弄清历史之前，仍然表示尊重，是值得感谢的。我写了〔惜分

飞〕，题为《告别清风店》：

> 遵命当兵遵命返，重整云嗷象管。比似枫林晚，灵台喜见红光满。　　鱼水深情无极限，换骨金丹九转。细柳三年半，迥殊三宿空桑恋。

听到五七艺术大学的消息，说实在的，我们是高兴不起来，因为是换汤不换药。但是因为能结束寄旅生活，正式回到家里总是高兴的。虽然精神的压力并没有减轻，总算是自由了，行动不受限制，想去书店也好，饮食店也好，更高兴的是可以去探望朋友。先去商务印书馆打听陈原的住处，随即按照开列的地址去找。更巧的是将近走到目的地就在路上碰到余荻。此时的感受真没法形容出来，只是紧紧的握手不放。一到家，余荻立刻打电话给陈原。这个别来无恙，真的是意义深刻，比从天上掉下月亮来还要宝贵。

下一步要去拜访的是钟敬文和刘孟纯，这是出了校门以外我在北京关系最密切的三个人。

学校还没有开学，我们一起开会的是吹拉弹唱以外的人物。我们算是理论方面的，一部分是原来的理论系，一部分是编译室。首先碰到的问题是理论系这个名称，关于这个问题的议论前面已经讲过的，音乐学系这个名称算是定下来了。

说到我本人的工作，我原本是音乐学系的，和编译室也有历史的渊源，到了现在决定工作分配的时候，有人问我愿意做什么，按道理是应该回音乐学系，回音乐系就要讲课或者参加编写新的讲义，但是考虑到文艺的黑线是又粗又长的，现在黑线是斩断了，承接原来的黑线来讲是不可能了，新的红线是怎样的呢。照目前报刊上流行的算是红线的讲法，我是不免"腹诽"的，换个讲法那又要担风险，我因此表示我要搞翻译工作。说是这么说，现实的情况却是学习和批判。三日一小会，五日一大会，花样多着呢，能够坐下来翻译吗？！

果不其然，回到北京凳子还不及坐热，突然闹起无标题音乐事件。有一份关于音乐会的报告，说无标题音乐不一定要有什么社会内容，于会泳在北京召集首都文艺界大会进行批判，跟着学校也煞有介事地大开其会。

当时学校还没有招生，除了批判之外就是学习。过了新年又来了新的玩意——批林批孔。这一次拉我做召集人。把《论语》从头到尾翻一遍，凡是可批的都找出来。如果真是学术性的，那也有可批之处。但是在古为今用的思想指导下，凡是运动都是政治的。于是有好事之徒想问个究竟，林孔都是死老虎，谁是活老虎呢？因为动员的时候有人念了毛主席的一首五言诗"郭老从柳退，不如柳宗元。名曰共产

党，崇拜孔二先"。因此有人猜是批判郭沫若，但是立刻遭到众人的否决，郭沫若不值得这么兴师动众，其实大家心里明白，只是不愿揭穿谜底。从这种胡猜显示出现在群众是进步了，嗅觉是够灵敏的，却故意装颠扮傻，闹起捉迷藏来了。

大概又是古书为累吧，不知什么缘故调我去参加设在美术学院的批林批孔小组，还发了一张公交月票。这一下有人以为我交上好运了，自从文化大革命开始以来不理睬我的一位女士，现在见到我却从背后就招呼起来，我听了实在好笑。

我参加到设在美术学院的小组说是批林批孔的，事实上却在那里研究"三突出"，我对此一窍不通，这就好比徐庶入曹营，一言不发。倒是音乐出版社的陈平为了贝多芬书信的译稿的问题跑到美术学院来找我，显示出我这个人的存在。这样过了一段时间，我觉得实在无所作为，只好要求调回学校。

批林批孔发展为评法批儒，给古人排队，刘邦、吕后都是法家，三国的曹操、诸葛亮、孙权全是法家。奇怪的法家与法家之间却又经常打架。为了搞批判，连我们根本没有看过的《女儿经》都找出来了，这倒让我开了眼界。

经过一段时间的大吵大闹，批林批孔、评法批儒让群众得到一句评语："批林批孔批周公"。这个周公当然不是周朝那位辅成王的姬旦而是现代的周恩来。

大家的学习也已经感到腻味了。群众中流传着一句谈话的现象。两个人坐在一起讲真话，三个人以上讲空话，人再多一点讲假话。所以开会是空话、假话的集会，每一个人的真正生活都是在会外。

陈原因为有汽车，差不多隔两三天就要来家看望和通报。钟敬文在师大也没有正式上课，有空就过来，有时还老两口带着菜肴来会餐，陈秋帆亲自掌勺。如果整个半天都闲空，我们就去陶然亭或者上馆子。有一次我们两人还约同方承国去八宝山拜谒柳亚子先生墓。钟敬文还定下要用同一的词牌〔高阳台〕写词纪念。我也就写成一首如下：

> 哭绝陈根，事违临穴，长年屡恨来迟。远近松楸，可同死傍要离？献身民主新连旧，更难能私淑乌伊。夜漫漫，灯塔双明，命托肤施。　　艰难岁月重回首，许狂生骂座，小友传衣。一柱擎天，尊前大笔淋漓。泪盈老眼近新世，壮秧歌如海红旗。宠纶音，兴会无前，一代声诗。

既然到了八宝山，顺便寻访了一些名人的墓地，使人惊心动魄的是瞿秋白的墓地被砸坏不成样子，最荒唐的那几年有一个组织还印了定期出版《讨瞿战报》，极尽污蔑之能事。但是他们搜索得来的瞿秋白的文章，有很多却是我过去没有机会看

到的。

回到北京，来往的人比较多一点，方承国、毛宇宽、欧阳小华、于润洋、王震亚、刁蓓华等等都能谈些真心话，其中也不免有些小广播。至于官办的批判搭带学习也是清风店无法领教的。

其中如对晋剧《三上桃峰》的攻击，说它是为刘少奇翻案的大毒草，安东尼奥尼的电影《中国》说成是反华的影片，还有出口和在宾馆悬挂的绘画打成黑画，还含沙射影地说这些画是得到某些人的鼓励和支持的，矛头直接指向周恩来。我们每一次都要奉命观光和座谈批判。更加上有时听到的一些小道消息，渐渐的便对这一伙无产阶级革命派直到他们的"旗手"，产生颇为不敬的想法。我对旗手的了解，只是在上海看过她演易卜生《玩偶家庭》的主角娜拉，但是印象并不深刻，后来又在大公报上看到唐纳为她自杀的新闻。因为了解不够深入，是一种无所用心的感觉。抗战期间知道她"入宫"了，也只是知道而已，解放后因毛主席的诗知道她拍了庐山仙人洞的照片，不知道她还曾参加武训历史的调查，直到"文化大革命"爆发，才开始刮目相看，到了看到一次会上她对陈老总说话带着奚落的口吻，觉得很不是滋味，但是不敢有进一步的什么揣测，不知道什么缘故，我两口子谈到她的时候从某某同志慢慢的改口叫"娘娘"，变得不那么严肃了。是什么事故促成的，我自己也搅不清呢，但是不管怎么说，虽然不再是那么盲从，基本上还是紧跟的。当我意外的迎接那位从广东来的抗战期间曾经是好搭档杨重华（原名应芬），为此写了〔江城子〕：

> 十年怀想渺关山，乍开门，认苍颜，执手忘言一笑脱拘挛。真个别来无恙在，谈往事，万千端。　　老来换骨得金丹，究根源，辩亲冤，身滚泥巴容易洗心魂，抖擞又迎新战斗，齐扫荡，腐儒冠。

字里行间，表明我还够得上是紧跟形势的。

重华的到来，讲了不少广东方面的情况，最惨是王鼎新竟被活活打死，其他老友虽然不能免受冲击，总算都活了过来。大概死伤最严重是上海。

次英和纪金结婚，一切都由孟纯方面操办。1975年2月16日那天朱华梁、华芸兄妹到我家来祝贺，我和尚巢、崇向到刘家参与家宴，他们请了少数的亲友，孟纯表示还算是相当热闹。次英虽然经过文化大革命同时大破四旧，居然还请我写诗题纪念册。当然，崇向和宁婴往年结婚我根本没有想到什么题诗祝贺。今天崇向依然觉得她和宁婴是有点吃亏似的。这是此一时，彼一时，无法强求一律的。

说起当前的具体情况，本身的工作没有开始，只是口口声声的学习与批判，比较震撼人心的是张志新之死与莫名其妙的陶钝事件。这时报上出现了署名"初澜"与"江天"两人的文章，极尽强词夺理、涛张为幻之能事，教人越看越烦，从此大彻大悟，不管他如何大吹大擂，再也不当一回事。钟敬文近邻给他买来水仙花头，他分一部分给我，留一部分让我帮他加工刻削，平面开花，还为此写了一首七绝。

八大翻译处德语组的一些耆宿如商承祖、廖馥君等先后逝世，为此赋〔洞仙歌〕一阕：

> 怯卢文字，恁雕虫末作，海内提名仰耆硕。怅琼瑶到手，久化烟埃，何况又连岁音书渺邈。　象胥勤八大，说到行年，还得铅刀几回割。后劲托方来，弹指光阴，惊数老相随冥漠，剩惜别阶前摄真容，只华表巍巍，莫寻归鹤。

刻水仙花，眷念德语前辈，眼见是在恢复过去的生活方式了，好了，向夏承焘索取法书，承他寄来一阕〔满江红〕，题目是《风夜行垓下阴陵大泽》，这样的标题为词，当然激发了我的词兴。我答他一阕〔水龙吟〕：

> 奇情奇境奇文，夜风吹客行垓下。神飞故垒，乾坤一掷，争雄王霸。赤帝乘时，乌骓不逝，儒冠遭骂。算悠悠青史，英雄竖子，都应予，新评价。
> 美恶无容假借，早知名词家班马。梦笺一卷，乍惊长老，谁欤来者？倘附神交，难禁腹痛，宁添词话。（四十三年前曾在亡友陈庆之斋中获观先生赠伊清平乐手稿）。矗六和高塔，湖山装点，已灵光亚。

我还特别找了一张零剪的宣纸给他写回信，凡此种种给加上复辟的罪名也不为过。这也许就是对现实的一种逆反心理。这也反映了当时政治上的大事——第四届人民代表大会的结果。四届人大国务院重新安排各部委的领导，于会泳、浩亮、刘庆棠等窃据了文化部的领导职务，我在一次会上看到了于某的庐山真面目，胸无点墨，装模作样，完全是一副小人得志的样子。我把五代史的伶官传全翻出来看了一遍，消解消解我的闷气。

1975年7月，电影《创业》编剧张天民为江青一伙扼杀，罗织十条罪状的阴谋写信给毛主席。毛主席批示"此片无大错，建议通过发行。不要求全责备。而且罪状有十条之多，太过分了。不利调整党内的文艺政策。"这一下江青一伙栽了一个大筋头，"最高指示"又不能不传达。我们楼道上传递了这条消息随即人声鼎沸，奔走相告。我们都提起精神，坐在大卡车去听传达。只见这些"伶官"坐在上面，刘某一面传达，一面用手巾在额头上揩汗，我心里一下子乐开了，"你也有这一天！"当然，他们是不会因此垮台的，只是吃了一闷棍而已。

一石激起千重浪，毛泽东关于《创业》批示的传达，引发音乐学院青年教师李春光的积愤，他贴出一张长篇大论的大字报，借毛主席的批示，指出这伙"文化大革命"的新贵抵制毛主席批示的险恶用心，并由此揭露他们长期推行法西斯文化专制主义的罪行。李春光因此受到隔离审查，但是李春光决不低头。随着"四人帮"的垮台，恢复自由，他的大字报并由《人民日报》公开发表，引起一些"大老"级的人物的赞赏。我写了一首〔满江红带过春光好〕。《人民画报》英文版来学校给李春光照相，我们正好是在学习，他拉我同他并排照了一张。

同年10月，开了聂耳逝世40周年，冼星海逝世30周年纪念音乐会，这是毛泽东提出来的，当然非办不可，我为此写了〔望海潮〕，题为《重听黄河大合唱》：

> 源从天上，名传天下，黄河万古奔腾。声竭渡河，心存破房，宗爷遗恨难平。玩火又东瀛，遍岭南漠北，铁骑纵横。泪尽胡尘，年年父老望霓旌。
> 管弦疾走雷霆，伴英雄歌手，迸发豪情。风急浪高，山深林密，兵民竞请长缨。西北耀红星，指敌前敌后，荡涤膻腥。换了新天，惜君无分颂河清。

事后听说，冼星海音乐会的节目单原来是印有毛泽东"为人民音乐家冼星海同志志哀"的题词的，但是江青、张春桥把这套节目单废弃了，另外印了一批简陋的节目单。这种做法实在很难说出个理由。30年代说是文艺黑线，但是冼星海和聂耳是乐坛的双璧，公论翕然，无可争辩，对他们两位都要排挤，除了暴露他们帮派的阴暗心理之外是不可能有其他解释的。

同钟敬文过访夏承焘，留吃午饭，看了他的近作，很欣赏他那首题目为过柴市怀文文山作的〔满江红〕，钟敬文和我都有和作，他还把原作写成横幅送给我。不久他和夫人来看望我，看见那些空荡荡的书橱惊奇地说这里原来都是书的啊！听说这里就是宣统诞生的醇王府，他还兴致勃勃地去凭吊了一番那幢过去的醇王府，现在已是教职工宿舍的大杂院。

1945年日本宣布无条件投降之后，还干了一桩伤天害理的坏事，那就是谋杀郁达夫。今年纪念他遇害30周年，他的遗属要准备纪念材料，向钟敬文收集材料，说他早年在北方教书，薪水只够他抽烟的消费。我给他补充一点材料，1934年何炳松接任暨南大学校长，聘请郑振铎任文学院长，郑开的拟聘教师名单有郁达夫。送到教育部，郁的名字却被他们一笔勾销。1933年中国公学在法租界重新开学，陈庆之听说郁达夫要来讲学，于是约同陈田鹤和我混进去听他讲课，这就算是我和他的师生之谊。现在逢到他殉难 30 周年，我为此写了一首〔满江红〕。钟敬文则写了一组七绝。

1975 年过去了，转入 1976 年可真是天翻地覆，惊心动魄的一年。1 月 8 日，周恩来总理逝世；7 月 6 日，朱德元帅逝世；9 月 9 日，毛泽东主席逝世，建国三星座先后陨落，真是惊心动魄的黑年。然而否极泰来，江青、王洪文、张春桥、姚文元这一伙坏话说尽，坏事做绝的家伙却趁毛主席逝世的全民悲痛的日子里胆敢上窜下跳，狂呼怪叫，加快他们篡党夺权的步伐。然而坏人是逃不脱应有的惩罚，10 月 6 日，党中央代表全国人民的意愿以迅雷不及掩耳的行动一举粉碎了这个恶贯满盈的四人帮，拨正了前进的航向。

总理的病已经闹了很久了，现在终于不免传来不幸的消息，我当天就写了一首〔木兰花慢〕，并陆陆续续写了 12 首〔长相思〕，构成一组悼词。小华还拿回去给阳翰老看了，此外学校的同事也有好几个人要我抄一份给他们。这里记下那一首〔木兰花慢〕：

> 一朝天下恸，泪眼对，半旗垂，挺大节桓桓。忠心耿耿，盛德巍巍、新机兆开五四，数峥嵘岁月挟风雷。赤帜金书八一，南昌视此丰碑。　　艰危曾未蹙横眉，正气摄蛟螭。称股肱元首，文经武纬，地北天西。凄其试听巷哭，信无言桃李下成蹊。一息犹存后死，千秋永继遗徽。

对于总理逝世，"四人帮"抑制不住他们幸灾乐祸的黑心肠，不许开追悼会，演出团体必须照常演出，不许佩戴黑纱。但是群众的意志是压不住的，学校各系单独开了小型追悼会，我把那首〔木兰花慢〕用整张白纸写出来贴在墙上，然后朗读，札木苏等也念了悼诗，全校在大礼堂召开了悲壮肃穆的追悼会，不时听到群众啜泣的声音。但是悼念的高潮却是在十里长街，从东长安街到八宝山的路上两边里三重外三重的站满了涕泪涟涟的群众，悼送总理灵车驶过。这是悼念敬爱的周总理，也是对那些中伤，坑害我们的总理的悲愤的抗争和示威。是心中积闷的爆发，这样的场面是空前的，恐怕也是绝后的，因为很难有相同的遭遇。

十里长街的悼念是无言的，到了清明群众的悼念发展为语言和文字，同时也有白花和花圈。天安门的树丛简直成了白花的海洋，人们不断放声朗诵悼念以至声讨敌对的黑暗势力的诗篇，还把诗篇写出来摆放在各处可以摆放的地方。四人帮面对群众的声讨气急败坏的收集材料，送到各个单位，要求追查诗篇的作者。他们的阴谋当然是得不到群众的配合，反而让群众安静地欣赏那心血凝成的悼词和对黑暗势力的愤怒的声讨。北京市第二外国语学院汉语教研室的有心人以"童怀周"的笔名冒着极大的风险抄录到大量的诗词文章，粉碎"四人帮"之后，这些不可多得的雄文在北京和全国各地广为流传。许多外地亲友先后写信托我寄赠这类作品。这是中国诗歌史上一次伟大的创举。

朱总司令挽词是一首〔水龙吟〕：

> 眼前如此江山，几番涕泪悲元老。风雷老将，一身终始，旧邦新造。九月滇池，挥戈直指，晴川芳草。但皇冠换了，苍黄翻覆，依旧是，狼当道。
> 霹雳冬宫号炮，动神州东方欲晓。南昌赤帜，井岗扁担，奇传海表。万水千山，三军六辔，从容吟啸。算天生元帅，众人心上，写凌烟照。

7月28日唐山地震波及北京，睡梦中感觉摇摇晃晃，忽然间一座花架轰隆一下倒在地下，架上那个口径半米大的花盆落地散成碎片。幸运是它沿墙壁倒下，要是倾斜一点就要倒在床上，花盆还好只砸在杨华的在脚胫上，结果一定是骨折。宁婴和张永忠、东东一家人恰巧探视来了北京，当即从楼道西头赶过来。宁婴不知道从哪里来的气力，她一弯背，竟然把扬华背着走下四层楼梯。事后叫她试背一下准背不动。这正像李广黑夜射虎射穿石，明天再射总射不进一样的道理。

地震过后来了一场暴风雨，我们临时睡在屋檐下，后来次英搬来大匹塑料布，在大院里搭架子撑起来。最后是在大礼堂前厅睡折叠床。

说起吃，食堂的大师傅告诉大家，食堂准备馒头咸菜，请大家原谅将就一下。后来还是弄来了蛇豆，真难为他们。第二天，帮我们做家务活的刘阿姨竟然从她家里端一锅红烧肉给我们，东东见了，真是名副其实的心花怒放，大声叫道 gaga！昆明话管肉叫 gaga，那时他两岁还差两个月。这时大院里搭起了形形色色的帐篷，槐花开得特别茂盛，大雨过后满地槐花，与地震的景象极不相称。左恭夫妇也搬来学校与左因一家挤在一起。我因此倒有了一次同他长谈的机会。不幸的是没过几天他突然心肌梗塞，匆匆长逝。他的死太意外了，写一首悼词。因为前些日子看到叶圣陶，为了怀念朱自清，写过一首〔兰陵王〕，与俞平伯反复商计才算定稿。我于是也选定〔兰陵王〕来悼念左恭。

一个月过去了，大家还是心有余悸，不敢搬回宿舍。倒是领导有什么心事似的，商量如何恢复原来的生活，怕万一有什么意外，会造成混乱。后来还是决定各回原处，结束防震的生活。生活秩序刚告恢复，惊人的噩耗传来了，毛主席逝世了。前一段时间之所以来回筹划，正是为了应付这一着！这消息是惊人的，但是大家在思想上也不约而同的先有了准备，因为他害病的消息已经很久了。

主席逝世后三日，规定瞻仰遗容，大家席地团坐在天安门广场。与悼念周总理的场面不同的是，当时是互谈周公德业，声泪俱下。今天则是木然端坐，默默无言。我写了一首〔水调歌头〕：

> 百姓俱墨绖，四海泪翻腾。巨星竟殒中夜，天柱一声崩。缅想光辉半纪，荡尽百年魔怪，天白应鸡鸣。手造新国史，启后有遗经。　继马列，丰宝库，绪纵横。遵循阶级路线，反覆语叮咛。目注人民卅亿，胸列雄兵百万，挥斥几秋蝇。革命不停步，涕泪念重生。

追悼会过后，又写成两首〔忆秦娥〕。前一首是平声的，后首是仄声的。前一首是悲伤，后一首是誓言。后一首的下片是"五洲四海同悲咽，誓言字字坚如铁。坚如铁，继承遗志，扫除妖孽"这个词是借用骆宾王讨武曌檄的。我相信不仅是我，所有头脑清醒的中国人，对"四人帮"的倒行逆施，早已经到了忍无可忍的地步了。舒愤懑的日子很快的终于来到了。

1976 年 10 月 6 日，当时以华国锋为首的党中央，代表全国人民的意愿，一举粉碎了王洪文、张春桥、江青、姚文元反革命阴谋集团，革命和建设从此进入一个新的历史时期。

新的历史时期

（1977—2002）

"四人帮"垮台前夕，我曾经选定一首词牌〔三姝媚〕刺那伙一下。当时之所以选上〔三姝媚〕，是没有加上王洪文。我对一首词的酝酿总需要不少时间的，词没有写成，四人帮已经被押上耻辱柱了，我于是放下〔三姝媚〕，赶写了一首〔临江仙〕：

> 银幕勾栏传色相，少年未怨风尘。扶摇羊角起青苹。莺迁乔木，百啭闹秾春。
> 春色满园关不住，奇情欲附金轮。龙袍苦索称腰身。时乎雌雉，错认绛侯亲。

写完〔临江仙〕，就新听到一些情况，写了一些诗词，然后才写完〔三姝媚〕，不过下片已经是眼见树倒猢狲散，不是原来只管发牢骚的了：

> 风云多变幻，总难当今朝眼花缭乱，燕剪莺梭，问一春花事，欲教谁管？冶叶倡条，系锦缆春波桥畔。密意重重，有约双文，凤巢偷换。　好景分明在眼，奈一霎成空，酒阑人散。病榻缠绵，尚几番招惹，药炉烟断。涕泪无时，天涯近，隔花人远。莫讶乌纱覆顶，青丝难绾。

词中双文，即以文字影射姚文元。现在回头一看，既称双文，那就王洪文也一起带上了。这是无意得之，不亦巧哉！

"文革"后期，有人过够了枯燥乏味的生活，渐渐的重新做起"雅事"来了。尹瘦石把以前收藏的朱竹垞的《蒋京少梧月词序》手稿裱成手卷，遍请文友题跋，找到了钟敬文，启功和我，钟敬文把它先交给我，我于是像广东人说的"拉头缆"，写了一阕〔齐天乐〕：

> 少年倾倒风怀案，为翻孔门名教。风起云飞，陵迁谷变，转爱翁山同调。栖栖岭表，更代北燕南，莫安朱鸟。老去填词，补题凭与寿梨枣。　　生平飘尽涕泪，欲言还结舌，心事幽渺。陵树萧骚，宫花郑重，合忆曾伤马草。归田计早，怅遥睇茅山，失呼贫道。也似移家，未终阳羡老。

写好之后，我交给钟敬文、启功看了，极称字写得好，钟敬文怪他不说词好，却说字好。我以为书法家，自己映入他眼帘的是明摆的字，他一眼就看上了，词却要用心看下去的，那是第二步的事情。所以启功一眼就看到字，是合乎逻辑的。

贺绿汀因事来京，顺道到中央音乐学院看望老朋友，赵沨介绍李春光和贺绿汀见面，说这是上海和北京两个音乐学院敢公开硬顶四人帮的勇士。贺绿汀还说"四人帮"垮台之后，"嬉笑怒骂皆成文章"，最丰富的文艺品种是相声，因为"四人帮"及其爪牙这几年丑恶的表演最适合相声冷嘲热讽宣示的特点。在诗词这方面也许我也算得上是多产的，我还破题儿第一遭写了一首七言歌行《青鹤曲》。

在"四人帮"垮台之前，忽然传出上头要编西洋音乐史，有人还看到了参加编写者的名单，说名单上有我的名字，但是公布的时候却又没有我。大概我是太黑的缘故吧。怎样才能免于再被认为黑线人物呢，记得有一次大家坐在一起讨论问题的时候，提到了该如何对待巴赫。多数人还是老规矩，沿用苏联继承的批判老路，轮到那位资深的老头发言的时候，他却引巴赫写给上司的呈文里面那些对封建贵族的通用措词，自称是毕恭毕敬的驯顺的仆人。说巴赫是那样的奴颜婢膝，谈不上有什么进步的意义，没有什么可继承的。现在仍然持这样极左议论实在是骇人听闻，有人事后问他为什么现在还搬用那一套否定一切的理论，他回答说：将来人家叫我低头的时候你能救我吗？原来他竟深谋远虑，想得这么长远。当然毛主席是说过每过七年八年就再搞一次的，他是深信不疑的了。

"四人帮"垮台之后，"四人帮"时期的种种牌号都要通通推倒，中央五七艺术大学这个非驴非马的机关也在推倒之列，各个学院都恢复原来的建制，只有音乐学院却是两个学院——中央音乐学院和中国音乐学院的联合体。主张再分最力的是中国音乐学院。他们认为分开是两家独立门户；不分呢，民族音乐总的来说只能是音乐的一部分。譬如说开音乐会吧，民族音乐只能占节目单的一部分，大多数是西洋乐器的节目。这是极不正常然而却是堂而皇之的正常现象。所以还是分开才好。他们说得有道理，结果当然是分为两校，各得其所。至于人员如何安排，却不是原班人马各归原位，而是各人自定去留。结果是中央的原为中央，中国的却有人愿意换个位置，留在中央工作，这样一来，倒是中央人丁兴旺了。

恢复原建制之后，大家于是放手工作，首先打破沉闷局面的，就是招生工作。招生工作一开始就超出预想，就是报名的人特别多，到了新生考场，考生技术之高，真让人惊叹。就说小提琴班吧，什么协奏曲、奏鸣曲、都能够得心应手，应付自如。连到校采访的新闻记者也对这盛况感到惊异。这说明"四人帮"十年推行的法西斯文化专制主义，表面上是万马齐喑，实际上老百姓依然是自行其是。学校"关门"吗，暗地里我是私家传授。没有私家传授，考生的成绩是从哪里来的。有人开玩笑说，这次招考的热闹，好比是零存整取。四人帮只手遮天，枉费心机。

学校工作正式开始了，我所属的单位是创作研究室。翻译室原来是编过《国外乐讯》的，现在他们转到创作研究室，想要扩大规模，编一个定期刊物，名为《外国音乐参考资料》。我原先答应从事翻译工作，现在正好算我一份，既然准备专任翻译工作，就要找件重量级的著作好让我坐下来持久地干下去，于是想到瓦格纳的音乐论著，当时姚锦新不赞成我的计划，因为瓦格纳是遭到过马克思、恩格斯的批评的，搞这项工作是吃力不讨好。她建议我翻译东德新出版的《世界音乐通史》，雷列布龄刚寄给她第一册，可以借我使用。但是这还是一部刚发表第一册的著作。译起来怕接不上，所以没有接受她的好意，还是照我预定的计划翻译瓦格纳，并立刻动手译出《艺术与革命》这一篇交给《外国音乐参考资料》。这个刊物一出版，大受欢迎，因为好久没能看到过这么多新材料了，这在音乐界正好比是久旱逢甘雨。说实在的，说到我这时的思想情况，经过十年史无前例的冲击，多少还是心有余悸，所以译过之后，我采取批判的高姿态，写了义正词严的〔摸鱼儿〕，才算心安理得。

李景枞的儿子带了黄贤俊的重庆来信和词来找我，希望我能够为他在北京找份工作。就我个人来说，我是人微言轻，无能为力。唯一答他盛意是依他赠词西河原韵，亦即清真词的原韵和他一首。李氏子为三小姐所生，正所谓近亲繁殖。李和三小姐均已逝世，真是"年命如朝露"。

1977年这一年大事不少，陈毅诗词出版，邓小平东山再起，解放军建军50周年，毛主席纪念堂落成，每一件事都写词书感，而且自觉是摇手即来，还不能说是粗制滥造，这也许就是冰心所谓"第二次解放"的好处吧。

广州起义50周年，纪念会来函征文，写了一篇《广州暴动三日记》，所记都不是什么大事。当时我是一个小兵，不会有什么惊人的壮举。

郭沫若逝世，讣告说他是鲁迅之后又一面伟大的旗帜，事实上却并不像鲁迅那样无懈可击。我为此写了一首〔高阳台〕：

> 文涌新潮，工承创世，绩溪顿失光华。马上行吟，武昌柳亦藏鸦。扶桑十载溶经史，断分期周续商家。赋归来，万丈长缨，十八胡茄。　　涅槃初识腾雏凤，更新诗旋律，学步咿呀。访柳山城，衡门许我狂抷。抑扬儒法纷然否，算者番守默堪夸。极荣哀，亲见驱除，封豕长蛇。

他生平业绩，可以说都点到了。临近结尾，夸他在评法批儒那段时间里沉默。算者番，就别的时候没有保持沉默了。不幸的是正当"四人帮"矛头指邓小平，大叫大嚷"翻案不得人心"的时候，他竟一字不易地把这句话塞入他那首〔水调歌头〕里面。这是与《李白与杜甫》那本书一样同为白圭之玷的。

黄蕊秋参加妇联大会来北京，顺道过访，这是"文革"之后广东又一个老友别来无恙的相会，但是令我伤心的是她细述王鼎新"文革"惨劫的情况，为此写了一首〔水龙吟〕《伤心民》。

程千帆寄来他惨遭车祸的亡妻沈祖芬的《涉江词》。这是现代中国首屈一指的女词人的杰作，词中有关抗战期间文人清苦生活的描写特别引起我的同感。我回报程君一首〔高阳台〕：

> 万里关河，八年烽火，三吴辗转三巴。异代清才，一般人瘦黄花。新蔬问价踟蹰惯，算阿侬同此生涯。冷看他，语学鲜卑，曲弄琵琶。　　由来入蜀添神契，道疏狂待理，感慨名家。绛帐春风，催将桃李芳华。方期月桂环冠冕，怎无端横祸飞车？慰情钟，董理传书，后死秦嘉。

音协组织会员旅游承德避暑山庄，值得记上一笔。那时候旅游事业还没有提上日程，旧中国灾荒兵燹，连天安门都杂草丛生，哪里还管得到避暑山庄，所以我们去的时候虽然已经有了旅馆导游一类的设施，但是那些建筑还是相当荒凉残破的，所以我的纪游诗是这样一首开头的："寇患兵灾几劫灰，荒凉苑囿坏池台。鸠工正待新修复，访古真看古迹来。"

随着各个文艺协会组织的恢复，1979 年 11 月，第四次全国文艺代表大会召开了。这次文代会有一个特别节目是为"文革"期间冤死的同志默哀 3 分钟，一场灾难冤死这么多的文艺精英，大概是名副其实的史无前例，也应该说是空前绝后的了吧。会上不少人即席赋诗，我也不甘沉默写了一首〔鹧鸪天〕：

盛会回头十五年，冲寒破雾出新天。椎心岂独缘伤逝，放眼由来在向前。挥象管，拨鹍弦，著花老树有馀妍。真能从此消翻覆，四化光辉遍大千。

1979 年是五四运动 60 周年纪念，音协召开一个座谈会，我记得有吕骥、李焕之、郭乃安，汪毓和等人。大家谈到经过这次拨乱反正之后，对五四以来的人和事似乎应该来一次重新评估，例如萧友梅过去是贬多于褒，冼星海好像是天生的革命派。冼星海由于家庭出身及社会环境的影响，的确是先天就有进步的倾向，但是对资产阶级还不免存有幻想，他从法国回来之后，曾经想通过梅柏器指挥交响音乐会来建立地位，据说梅柏器看了他拟定的音乐会节目之后，认为这样的一份节目是不易对付的，言外之意是对冼星海能力的怀疑。他是遭到冷淡的待遇。经过与田汉等人的交往，才逐渐明确了前进的道路的，座谈的结果是推我来写萧友梅，接着又写了关于黄自的一篇。

大乱过后，尹瘦石大概特别起劲，他把 1943 年为柳亚子生日所绘的百寿图长卷和他 60 寿辰纪念册一起拿来要我题上几句。我为祝寿长卷题了一首〔木兰花慢〕，为他的生日纪念册题了一首〔水龙吟〕。送给他看的时候，他说原来只希望我把那首题他画马的〔浪淘沙〕题纪念册，没想到我再费力另写长调。

说起来好笑，也许经过第二次解放的缘故吧。近来写诗，虽然远不能说像温庭筠那样八叉手而八韵成，但是一题到手总不是那么东抓西摸的，大伤脑筋，而是相当轻松地交卷。

政协文史资料研究委员会黄药眠托钟敬文约我写一篇关于柳亚子的文章，我为此写了一篇《柳亚子先生言行小记》。同时钟敬文又因黄药眠的关系为香港的杂志《文丛》约稿，我先后写了两篇，一篇是关于廖仲恺的、另外一篇是记惠州西湖朝雲墓。

到了 1980 年，汪毓和和我谈到了对青主的评价。过去对于他的那本《乐话》可以说是批得体无完肤的，现在究竟怎么看呢？我为此写了一篇《略谈青主的生平》，讲清楚一些对他的误解。随后又写了一篇《记王光祈先生》就我所知实事求是地谈了他的思想情况。

1980 年是蔡元培先生逝世 40 周年纪念，北京举行了隆重的纪念大会，中华书局及时出版了一本《蔡元培年谱》，作者高平叔是蔡元培先生生平的研究专家，这本书当然是权威性的，但没有提到创立国立音乐院，他兼任院长，显得美中不足，因此我写了一篇《蔡元培先生与音乐教育》。

这一年也是萧友梅逝世 40 周年，在中山纪念堂召开了纪念会，萧友梅的儿子萧勤也从意大利赶回来参加纪念会，会上推我报告萧先生的生平行事。轮到吕骥发言，他像周作人纪念徐志摩、依照胡适的论点一条一条的提出自己的意见一样，根据我的说法提出他自己的意见。我说别的大学利用年终的结余买了汽车，萧友梅却不买汽车而是买了一台三角琴。他说那时萧友梅住在学校的附近，不需要汽车代步；我说音专出来的学生都有相当水平的本领为社会做出自己的贡献，有的人还参加各种进步的运动，他说音专学生之所以能够参加各种进步运动，那是时代的、社会的教育的积累，不是音专培养出来的；我说萧友梅把阳台装上半个玻璃窗便当作他的校长室，他说这是事实，我看见的。他说萧友梅还为辛亥革命出过力，那是从前没有听说过的。会后《人民画报》外文版还找我把发言稿拿去做他们报道的参考。但是法文版却将廖辅叔译为廖辅权。

新年过后，上海方面紧接着在北京后面召开萧友梅逝世 40 周年纪念会。萧友梅与上海的关系甚至于比与北京还要密切，虽然他的音乐事业是从北京开始。他在上海担任了国立音乐院与国立音乐专科学校的两任领导工作。国立音乐院时代是教务主任与代院长。院长名义上是蔡元培，但是他连这代院长的名义也不愿要。他的确是恬淡自甘的。这样全身心扑在教育上的校长，我没有见过第二个。据说广州岭南大学校长锺荣光很有这种风格，我只见过这个人，没有见过他从事的教育事业。

上海的萧友梅纪念会，我与萧淑娴及萧勤同去参加。我到上海音乐学院也算是旧地重游——虽然旧地早已不存在了，然而位置却是相当临近的。上海同志还领我们去看萧公当年用年终结余买回来的三角琴，这是他勤俭办学、公而忘私的物证。

在上海，除看了音专老友之外，我还去看了常州少年班的老伙伴王人艺夫妇和李洪辛夫妇。儿子次英当时在上海的空军部队，纪念会结束之后，他在空军招待所给我安排了一个房间，让我在上海多住几天，当时还在拨乱反正初期，一切却还在艰苦奋斗阶段，招待所不供暖气，弄得在室内都要穿大衣，带呢帽，生活相当不方便。好在伙食还是有条不紊的，所以日子过得还不坏。

1980 年还有一件事值得写上一笔，那就是搬来北京 20 年，今天才算住上一套独立的单元宿舍。因为庙少僧多，能够领到钥匙的同事只是少数，所以这座新宿舍称为红眼楼云云。

茅盾逝世，我写了一首〔满江红〕：

终贾年华，早承受马家衣钵。看欧战谁非谁是，定渠优劣。时代风涛三部

曲，漫漫长夜坚求索。老斫轮八十尚忘疲，腰如约。　　论鲁迅，同濡沫。评碔石，原才渭。惜春蚕丝尽，未完行脚。老辈大名分鼎足，王扬无用轻卢骆。总不曾水调拟歌头，输妖鹤。

结尾笔锋一转，又转到郭老头上。我以为像鲁、郭、茅这样的星级人物，要求是应当比较严格的。在"反击右倾翻案风"那么阴风鼓荡的时候，把翻案不得人心这样的恶声写进自己的作品里面，附和"四人帮"的阴谋活动决不是生活小节。

说来也巧，听到我所尊敬的人物像宋庆龄、董必武、朱德、陈毅，就连斯诺逝世的消息我都要写诗词表示我的哀悼。惟独康生逝世的时候，我没有什么表示。当时报纸上是渲染得够风光的还刊了整版的胶片，但是我并没有意识到什么，也还没有听说过他什么恶行。现在回想起来、是不是有什么预感呢？我也说不清楚。只是事实上我没有写什么悼诗的要求就是了。这是说不出什么所以然的道理来的。使我感到庆幸的是我竟然没有为此浪费过什么笔墨。后来康生问题出来之后，我曾引贾谊《吊屈原文》"斡弃周鼎兮而宝康瓠"那句话形容"文革"期间政治上的一种反常现象。

宋庆龄同志，习惯称为孙夫人，逝世的消息传开了，事实上并不使人感到意外，因为在此之前不久加拿大赠送博士学位仪式上她已经艰于起坐。我写了一首〔木兰花慢〕，表示我充满敬意的悼念：

　　焦心悬病变，终失望，剧亲丧。念雄健温文，精严慈惠，脱屣金张。问何物，新生活，但无聊持扯旧纲常。鼎鼎天人三策，从违关系存亡。　　梯航、经历几州洋，奋斗为新邦。总殷勤点检，送粮输药，千万斯箱。决罗网，狮子吼，正非徒花朵溢芬芳。一代女中尧舜，声华日月齐光。

从《略谈青主的生平》开始，我开始写回忆老一辈的音乐家的文章，就我所见，即适应当今要求写亲见亲闻的文化史料，我不写，能够写的人也不会很多了。定仙知道我要写这一类音乐家，当即要求我写陈田鹤。我也感觉到有此需要，因此写了一篇题为《追怀田鹤》。

自从关于萧友梅、青主、黄自、陈田鹤那几篇文章发表之后，各地关于前一代的音乐家的文章或以电话，或以通信，也有找上门来约稿，甚至于不同的地方要写同一个人。这种现象说明大家摆脱了极左的约束之后急于想知道音乐家的真实情况，我也觉得有责任满足各方面的要求，不得不放下我翻译瓦格纳的工作，一篇又一篇

的写回忆的文章，要写同一个人，就换一个角度着重写某一方面。从 1982 年起，关于团体的有回忆国立音乐院幼年班的《从苦难到欢乐》，关于音专的有《话说"音专"》与《音院音专的悲欢离合》，以及《谈乐艺社》和《谈音乐艺文社》。关于个人的有周淑安，应尚能、吴伯超、朱英和刘雪庵。同时也记下了几个外国曲人：查哈罗夫、梅柏器、齐尔品和戈尔施密特。

1983 年，贺绿汀 80 寿辰，上海音乐学院为出纪念特刊来约稿，我写了一篇题为《贺老琵琶定场屋》。后来有人写贺绿汀的传记，把我文章里面提到的鲜为人知的两件事，改头换面的收入他的著作。作为参考资料他后面开列一连串别人写的纪念文章，偏偏不提我的那一篇，这才便于他改头换面，但是他这一改便完全不符合事实。我说贺绿汀批评勃拉姆斯是在音专的地下室，他改为在黄自家里的饭桌上，而且是在为应中英庚款董事会刊印小学歌曲的要求，与音专师生合作在一次会后便饭的时候。可是我是参加这顿便饭的，根本没有提到勃拉姆斯，至于黄自引用罗曼·罗兰的话，那是我文章引用的，也与黄自毫不相干。这样为了冒充贺老的情况，讲述鲜为人知的旧事，不惜使用剽窃的手段，这实在是可耻的堕落。

经过拨乱反正，眼看不再搞什么大轰大嚷的运动，真的可以收心坐下来做点研究工作了。从批判厚古薄今转到厚今薄古，今也好，古也好，都做出了不少成绩。就是不古不今，从鸦片战争到清末民初那一段时间的东西却很少有人接触到，我于是企图搞清楚这一段时间国人是如何接触到西洋音乐，接触到之后又有什么反应。我同钟敬文谈起这个问题，他也认为这是一片新天地，我于是向他提出向北京师大图书馆借阅参考图书的要求，他慷慨答应了，同时音乐学系的张前同志住进科学院图书馆附近，他答应替我担任借书的琐务。可是实际的困难实在不小。当时中国的先进人物，大都注意关系国家前途的大问题，从科学技术到哲学思想，都是非常注重的，至于音乐，却还未受到重视。当时的先进人物，例如马建忠，他肯花大力气去探索中国的语文的组织规律，可是查遍他的《适可斋纪言纪行》，却一句关于音乐的话都没有。真是费力多而收效少，当然这是不应该急于求成的，只有耐心加恒心，一点一滴的找到多少算多少。我当时主要盯着某些游记，特别是清朝早期外交官的著作，随时做些卡片。至于我陆陆续续写下来的这一类文章主要有《王韬与西洋音乐》《与音乐有缘的外交官——曾纪泽》《乾隆宫廷音乐中的洋玩意》《近代中国人笔下最早的西洋音乐剧作》《近代中国人最初接触西洋音乐的反应》《贝多芬在中国》和《中国近代最早收入大量音乐条目的百科词典》。

1983 年国务院公布第一批博士学位研究生导师的名单，音乐学是两个人：杨荫

浏和我。讨论招生问题的时候，汪毓和知道我注重收集中西音乐交流的材料，就提出中西音乐交流的选题，赵沨还是主张古代乐论的研究，但是这一次没有合适的人选。到了第二次招生的时候，确定了中西音乐交流的研究方向，陶亚兵上了金榜。他还突破了交流的上限鸦片战争，而写成了中西音乐交流的纪事本末。原定的工作转到了他的手上，我到有点像龚定庵说的"但开风气不为师"。

1984年秋我因病住院，惊闻杨荫浏先生逝世作了一首〔八声甘州〕托方承国替我用毛笔书写出来，送到追悼会。这次住院我还戒了烟。

由于我相当长时间成了政协文史资料的固定撰稿人，所以1984年文史资料研究委员会成立文化组的时候顺水推舟的成了文化组的成员。文化组包罗了张毕来、钟敬文、吴世昌、吴作人、吴祖光、萧乾、李焕之等不少人。我和萧乾一见如同旧识，李焕之问起他因由，他说在人民文学出版社多次看到我的译稿，可谓神交已久云云。文化组负责人号召大家各写一篇自传，好让彼此有进一步的认识。我当即写了一篇，自问没有什么惊人的事业，所以题为《惭愧的回顾》。

杨重华来京开会，顺便找陈原和我约稿，我答应他写一本《谈词随录》。由广东人民出版社和香港三联书店联合出版。书中从词的起源阐述词与诗的分界，实事求是地分析北宋词与南宋词的长短得失，碧山词的本色相当于肖邦的钢琴曲，至于词至南宋而始极其工，至宋末而始极其变的说法认为是歪打正着，因为南宋的灭亡促成词风的进一步深化，表现了故国兴亡的感喟，这才是真正的始极其变，因为这样的亡国之音是过去不曾有过的。书中还引刘辰翁的《乌夜啼》，从江南女子改从北装，荡秋千短裙露腿的样子，想起改朝换代的悲惨的结局，这是过去的宋词选本从来没有收录过的。这本书算是我多年学词的总结。

1936年1月12日王光祈逝世于德国波恩医院。1984年6月22日至27日在四川成都举行王光祈研究学术讨论会，有全国各地音乐家参加。韩立文特别来信，希望我赶去参加。北京方面赵沨、李业道是代表音协的，俞玉姿也去了。开会的时候主席还以当时参加王光祈的上海追悼会的关系请我发言。但是我辞谢了，应景的话是讲不好的。

大会是宣读论文或即席发言，综观王光祈的生平：先是读了不少书，后来又参加各方面的社会活动，最后是远游德国，选定音乐当作他安身立命的事业，而且是为了复兴伟大的祖国，高怀壮志是极可佩服的。我因为过去已经写过不少关于他的文章，东道主甚至称我为最早讲论王光祈的人，而且早就排除了左右的干扰，所以这次免作长篇大论的发言，只是就某一点或某一方面做些铺垫。又因与会的有一位四川大学中文系的老教师，有机会领教他的新作因而引起了酸溜溜的唱和，所以会上、会后颇不寂寞。加上韩立文多方的照顾和私人的通气，更增加了旅途的愉快。

提起四川，立刻会想起蜀道难，难的另一面却是山山水水造成了遍地的景点。这一次看到的名迹不少，当然特别显赫的是都江堰。名人遗址首推武侯祠，杜甫草堂和三苏祠。至于乐山大佛则是乘船从江上眺望的。每到一处，差不多都要题上几句，修海林说我是一路访古，一路吟诗，后来是别人知道了，公然强索。四川不愧是司马相如、苏东坡的故乡，即如这次纪念会，也在会议的前厅摆上文房四宝，为客人挥洒提供方便。我把我50年前给王光祈追悼会送去的挽联重写出来送给王光祈纪念馆：

> 四十册寿世文章，为乐损生，关河冷落沉狮吼。
> 三万里滔天波浪，招魂何处？华表苍芒待鹤归。

王光祈故乡温江王光祈纪念馆索余题字，报以一绝：

> 人杰由来应地灵，孤儿殉道客重溟。乐坛留得丰碑在，百世人犹仰典型。

还有谒杜甫草堂，导游李女士讲述草堂遗迹，常引杜诗为证，可喜也：

> 夙愿初偿访草堂，柴门花径任徜徉。诗名历久传弥远，真个光芒万丈长。
> 老杜生涯剧苦辛，多君敷说倍情亲。也应深受诗人教，故遣词锋百态新。

游踪远至眉山，目的在乎三苏祠，有纪事诗：

> 高名父子连兄弟，政骏机云萃一门。能校短长论新法，牛呼司马亦公言。
> 大名少小识东坡，公在吾州惠爱多。自顾生平多坎壈，每从公处借诗哦。

王光祈墓建于他挚友李劼人的园地，墓碑为周太玄手出。史无前例期间墓地难逃劫难，墓碑被弃置在野草丛中。拨乱反正之后，墓碑像古物一样被发现了，当即在四川音乐学院校园内修建了王光祈碑亭，成为永久纪念的文化名迹，不可无诗：

> 归骨当年但有灰，故人高谊慰泉台。壮怀空寄黄钟律，未上昆仑绝顶来。
> 荒冢难寻剩一碑，委泥蒙垢几多时。一经刷洗无残损，真似山灵与护持。
> 别构碑亭遂永思，高文清节两堪师。即今乐府开新局，应有遗经待发挥。

好了，不多写了，已经够酸的了。还有值得记上一笔的事：会议期间我还偷闲独自去百货商店买了一幅四川特产的蜀锦被面，作为出游带回去送给老伴的小礼。人性论乎？人情味乎？豁出去了，什么批评也不管了。

宁婴来京探亲，谈到从云南调到福建，现在是跟永忠在他家乡定居了，要求写几句话做纪念。好，送给他们一首〔鹧鸪天〕，还用宣纸写好裱起来。抗战前在音专给人写字，曾托朱咏葵刻一个四个字的图章"灾松祸竹"，套用灾梨祸枣的老话，自嘲为浪费纸墨，现在是比过去范围更扩大了。

1987年吴祖光接受中国酒文化协会的委托主编一本关于酒的文集，定名为《解忧集》，来信约稿中有"夙仰足下文苑名家，酒坛巨将；文有过人之才，酒有兼人之量……"恭维的话。我给他回信说我文无过人之才，酒无兼人之量，但是交白卷又不禁想起那种不光彩的故事，所以只好写一首〔水龙吟〕来解嘲：

> 步兵烂醉厨头，中情为拒婚司马。滔滔人世，或醒或醉，谁真谁假。不曰仙乎，麴车过处，流涎如泻。识刑天猛志，醉人可恕，且采菊，东篱下。
> 不落孔门窠白，看中庸好生评价。花开一半，酒当微醉，放而非野。鲁迅曾言，耍颠李白，有时不耍。倘颓然终日，荆州书札，待如何写？

1927年12月11日广州爆发了震惊中外的中国共产党领导的武装起义。今年是60周年，广州举行纪念活动，其中有一项是邀请当年参加起义的老兵参加，我收到了通知，崇向陪我同去。飞机临近广州，心潮澎湃，到达广州夜空，满地灯光，光景奇绝，纪以小诗：

> 南飞入夜速归人，万簇灯光夜景新。却似人来九天上，俯看平地着星辰。

报到手续非常简便，什么也不询问，立刻安排住处，一宿无话。亲友闻讯争来相见，客房爆满。月棣的父亲初次见面，要请我吃惠州酿豆腐，每个人都有不同的热情表现。

大会开得相当隆重，会上发言的有张太雷这位起义统帅的女儿茜蕾同志。会后攀谈，我说起常州旧事，她还知道幼年班的所在地椿桂坊，因此非常亲切。曾以小诗纪事：

> 红旗浩荡拥元戎，阵殁长教咤鬼雄。麾下小兵今老大，尚凭虎女识英风。

来到广州，本来还希望会遇到当年的老伙伴。每次开会我都放眼四顾，总找不到相熟的面孔。也许久别之后，容颜改变。找办事人员看参加纪念大会的名单，也没有一个熟识的名字。我真的成了一个"死剩神"了吗！

大会过后，参观了当时苏维埃政府所在地纪念馆附革命文物陈列室。大厅摆着长桌子，桌上摆着文房四宝，供人题字留念。崇向提议我写点东西，我写了一首〔鹧鸪天〕：

> 岁宿周天历五巡，当年曾与扭乾坤。小兵八十垂垂老，恋旧还来访故园。
> 新气运，旧山川，国情今日契真言。好随老凤腾雏凤，重念前贤启后贤。

大会期间我结识了一位当时参加起义的老同志冯君锐。他很健谈，社会经验相当丰富。谈问题一下就会说到点子上。也许是受过史无前例的猛烈的冲击吧，固有的信念全给摧毁了。对待一些事情不免采取游戏人间的态度，或者叫做无可无不可，但是说起当时的老战友，他还是充满感情的。他讲了一些历年牺牲的老同志，其中就有阳楷章。他是在桂林被杀害的。广州暴动三日，他和我始终不离左右，最后在深巷里一个人家门口台阶上听到最后的枪声停止之后才分手的。他的牺牲是意料中事，但是感情上总是感到悲哀的。

大会还为参观深圳、珠海准备供应条件，由与会同志任择一处。我因深圳已由老八邀约亲人定期聚会，所以选定珠海。我们车队出发的时候先由警车开路。这是特殊的礼遇。珠海近海，似较深圳更多天然景色，我们还乘船浮海远游，看到澳门新建的跨海长桥。回到广州，老八接我们直驶深圳。来到老八家里，惠州、广州、香港的弟弟、弟媳、妹妹、妹夫及他们的子女加上他们所来的亲属共计21人，可谓盛会。除了家庭聚会之外，还去了中英街。街的左右两边分属我管和英管，商店货物无奇不有，我买了一条曹白咸鱼。在深圳，除了家家设宴之外，还参观了一些游览景点，深圳是白手起家，所谓景点都是人工的新货色，没有什么可看的。最后还利用一天的时间赶回惠州一趟。老屋只剩一个残破的门楼，石墩还在，也已经腐蚀到不成样子。我们旧有的房屋早就被日本鬼子炸光了，只剩下一个客厅，现在老七建了一座新楼，小气得很，不足道矣！惠州老家的近亲都请来相见。但是真正亲骨肉四姐的子女一大拨却没有通知他们来见面。真是莫名其妙！是不是人太多了，难以招待？这只有主人老七心里明白。

到了老家，父母的遗骨却放在"金罂"里。老八说要找块安葬的好地方，也许还讲究风水吧，一时还找不到，只好临时和其他骨灰混摆在一起。这是我首先要朝拜的地方，老七约老四和撷常同行。老七还烧了纸钱。事后还去看一看西湖。没有时间上游船，只是在岸上走了一会，适值到了朝雲墓，在墓前留影无意中遇到了秦号生，西湖管理局局长巫翩陪同，经秦介绍认识。秦号生对我说，他听说朝雲墓的墓碑已经毁了，现在新立的是陈颉和补写的，要我凭我的记忆追摄伊秉绶当时的手笔和今天的新碑比较一下看看有何差异。据我记忆所及，朝雲墓旧碑比新碑要高，伊书天骨开张，大气磅礴，现在碑文颇觉底气不足。这是我一时的感觉，不知当否。随后巫君领我们去参观东坡纪念馆，馆内挂有上次东坡学术研讨会与会者的题字。我应邀为纪念馆重录了旧作《眉山谒三苏祠》，并为他们说清楚政骏机云的关系。天黑了才驱车赶回深圳。

参观珠海已经是大会活动的末一个节目。当即定了回程机票，退了招待所的房间。现在深圳回来，即住在杨重华家里，由重华负责今后活动。

抵达当晚，重华约集政工旧友畅谈，都是十年的"牛鬼蛇神"，有诗纪事：

  抗倭携手赋无衣，牛鬼蛇神岂所期。劫后纵谈惊屋瓦，老年重返少年时。

第二天一早又是约集一些旧友饮早茶，白天是各处漫游，重点是镇海楼。50 年前镇海楼是铁将军把门，有楼也不能上，怕有倒塌的危险。现在是修复一新，成为小型的历史博物馆。晚上是重华以广东人民出版社的名义举行便宴。同席的还有出版社同仁。席间有梁鉴江君说起他的岳母廖尚柔也是惠州人，又与我同姓。我一听，怕听错了，再问清楚，他说岳父是陈榕亮，尊翁是陈景吕。真是一点不差，他的夫人就是我家姊妹按少长定位的七姐。他立即转口乎我为三舅，席上更加添了热闹的气氛。饭后我回到重华住处，七姐已派她女儿来看我，说她妈也常说到她有一个弟弟是在音乐学院教书的，约我明朝到她家去。她住在她女婿曾昭胜家。女婿是广东体委的副主任，原是东江纵队的干部。到她的住处，女婿谈上次运动会广东队的成绩，谈得很起劲，昨天我们还参观过体育馆和游泳池。七姐谈了一些旧事，遗憾的是飞机票定的是下午起飞，不能退票改变行期，因而久别重逢仅是匆匆一面，但还是记下了这难得的聚会：

  还乡不是实还乡，行色匆匆又北航。一饭临分强鼎食，白头有姐话家常。

到了飞机场，老四夫妇已经等在那里。我曾叮嘱他不要送东西，他们还是带来一包香肠。对他们来说，这还应该算是不轻的负担。

这次认识七姐的两位女婿，一位曾昭胜是老布尔什维克，一位梁鉴江是广东人民出版社古典文学的编审，本人也是诗人。廖家姊妹中间四姐夫是老教师，现在子女也多数从事教育工作。七姐夫原来也是教书先生，当过师范学校校长。现在子女也有相当一部分是教师。现在就这两家姑爷还是属于文化人家，其他多位的后人就没有什么值得称道的了。所以我至今还认定只有文教工作是保持家风永不衰败的工作。最近四姐的外孙是优秀中学教师。托他的母亲求我写张字幅，我赠他小诗有句曰，"后劲多君像老夫，十年板凳无使冷"。书呆子到老还是不改其倔强。

照常理而论，我回广州首先约见的一定是林楚君。不幸是他等不及我到广州来。他已经先走了。重华将我来粤的消息，打电话告诉他家里。大概接电话的是他的遗孀。她根本对我没有好感，也许甚至没有告诉她儿子，所以我根本没有同她家联系上。我只好把我为楚君逝世志哀的〔金缕曲〕记下来：

> 噩耗伤怀抱，算当年七条好汉，惟君终好。颊上伤痕容作证，颠踬羊肠鸟道。随处有天涯芳草。未免客途多感喟，几殷勤同励冰霜操。相望远，扶桑岛。
>
> 救亡初觉春来早，却无端蛾眉谣诼，难防宵小。曲折道途光明在，毕竟新天换了。重分隔蓟门岭表。有约你为东道主，问何时游子浮归棹。归去也，剩凭吊。

词中的七条好汉，是楚君就读中山大学的时候与同学组织的红晖社七个人，自称为七条好汉。世事沧桑，许多人都不知去向了，只有祝庚明，改名秀侠，蜕化为投机变节的败类。

从广州回到北京，1987 年已经临近除夕了。

进入 1988 年，在学校的一次大会上，主持人要我讲一讲参加广州起义 60 周年纪念的感受，我应命讲到我查阅参加大会人员的名单，我找不到我当年的任何一个战友的名字，相信全都为革命献出了他们宝贵的生命，我的喉咙哽住，说不下去了，主持人说了几句感叹的话，就换了一个题目，让别人接着发言了。

汪毓和从上海回来，说上海音乐学院要编印萧友梅文集，就是他那篇用德文写的博士论文，始终找不到合适的人来翻译，问我能不能帮他们解决这一道难题。我看事到临头，我只好说是义不容辞了。全文 12 万字，还好在大热天动笔。瓦格纳的翻译又只能搁一下了。这篇博士论文，因为是中国人写的，不会难译，就是难在翻检古书的原文来核对。这也算是我对萧先生最后的一点效劳吧。

说起萧友梅，常常会联想到蔡元培。当时学术界的头面人物像蔡先生那样关心音乐是很少有的，我因此特别写过一篇《蔡元培遇事想到音乐》，直到他的晚年，上海兰心戏院德国侨民演出洪豪生翻译的《牡丹亭》，他老先生还不肯放过，而且是一个人单独去看，没有带一个随从。这样不摆一点架子的大人物，不是我亲眼看见，只听到别人说我还不敢相信呢。

1989 年除了写了有关蔡元培的小文之外，还写了《徐志摩与音乐》及《刘半农与赵元任》两篇同样的文章。五四以后的新人物差不多把京戏与封建划个等号，徐志摩却能欣赏京戏，还玩票的演出《玉堂春》，应该说是有相当勇气的。这也是他当时受人攻击的一份罪证。因为搞京戏就是封建复辟。

朱咏葵在"文革"后期，开始迷上了《红楼梦》，他专注的主要是文字的异同，拿各种不同的版本看它用在事物的描写上，哪一个字更能传神，更符合曹雪芹的本意，所以基本上是在校订上下工夫，前后经过 16 年，最后手抄一部自称"老葵汇校，缮订、意说并精缮"的影印脂砚斋传本八十回《石头记》。根据当时出版界的情况这样的书只有自己掏钱才能出版，他于是把历年收藏经过"文革"幸存的一些王铎的字和齐白石的画通通由出版社折价计算出版费。出版社还算有点同情心，退给他一万元。他把这笔钱亲手交给他的老伴，说让你当个万元户吧，当时有一万元还算是一个可观的数目哩！

我借用"十年辛苦不寻常"这句话依辗铲体诌成三首七绝送给这位音专颇有特殊成就的老同学。他鉴定字画独具慧眼，深得胡小石等人的器重。他的绘谱技术据说有过这样的故事，人民音乐出版社出版的乐谱，引起德国乐谱出版社的重视，曾向人民音乐出版社建议，愿以高价聘请中国专家编制乐谱，但我方对报酬分成不能取得一致未成事实。我的三首七绝是：

> 十年辛苦不寻常，脂砚无惭伯仲行。崛起朱家张一帜，且容冷眼看名场。
> 局促书斋夜吐光，十年辛苦不寻常。样书破例酬知己，打响亲开第一枪。
> 论交歇浦旧同窗，味到酸成惯共尝。换得晚晴天气好，十年辛苦不寻常。

1990 年有几个纪念日，一个是青木关音乐院建院 50 周年纪念，一个是中央音乐学院建院 40 周年纪念，青木关音乐院是中央音乐学院重要的组成部分，所以两个纪念日联合举行，并邀请海内外校友参加。林声翕从香港来京参加，并带来韦瀚章对我的问候，我回报了他一首〔鹧鸪天〕，他的歌词首推黄自谱曲的三首艺术歌曲的合刊，题为《春思曲》。解放初期，说话比较随便，无所顾忌。有些评论家说这些歌词是陈词滥调。后来注重统战工作，有些人就说这一类典雅的歌词很适合黄自先生的古典文学的欣赏趣味。

学校欣逢 40 周年盛典，对在职教职工论功行赏，分别颁发金质奖章和银质奖章。鄙人忝膺金奖，但是负责同志声明，金质奖章应是纯金的，但学校经费拮据，无力铸造那么多的金质奖章。所谓金章因此具有象征意义，总之是给了你应得的荣誉。

为了写《乾隆宫廷音乐中的洋玩意》，搜寻当年演出的歌剧的本事查遍了中央音乐学院图书馆有关歌剧的书籍，才在威尔纳·欧尔曼的《四百年间的歌剧》里面找到了有关这部歌剧《切奇娜》的本事。这是比较多花了点力气的文章，题材也比较新鲜，写完了才松了一口气。

在一次会上碰见李业道，他为《音乐研究》拉稿。我答应他写一篇瞿秋白与音乐相关的文章，表明他余事也带有开拓性，他领先介绍了夏里亚和邓肯。对瞿秋白我总感觉得要写点什么，我对社会主义最早的一点认识就是从他那里得来的。但是大块文章有许多人写得比我好、我不敢轻易动笔，所以我找了这样一个题目。

近来社会上升起了"第一热"，但是有些是只凭热情，没有经过严密的考核，因此不免前后错位，我为此写了一篇《谈中国的"第一个"什么之类》，摆正了郑振铎、耿济之、瞿秋白、萧友梅、王光祈、周淑安、郑小瑛、杨荫榆、吴贻芳等人历史的层次问题。

从1991年开始，国务院给文化战线上的工作人员颁发特殊律贴，金额100元。这个数目在生活上关系不算很大，也算是一种荣誉吧，有些人甚至于在履历上写明享受政府特殊律贴。

有一天，星海音乐学院一位教师来北京，顺道过访。谈得正浓的时候，他一下子说漏了嘴，说1985年某人在南京中国音乐史学会开会的时候，有人问他为什么没有出版他的中国古代音乐史，他说重要的东西都给廖辅叔抄走了，我的只好不出版了。当时大家听了，觉得话说得太离谱，当即予以反驳，并向文化部汇报。文化部指定音乐学院切实纠正，音乐学院党委书记陈自明对某人进行了批评。事后苏木还在系里当面质问他随便诬陷别人，究竟抄了你什么东西。逼到他什么都提不出来了，只拿出一条事实，抄了他一个甲骨文的"乐"字。甲骨文难道是他的私产？四堂都不算，却是抄他的。退一万步说，就算这个"乐"字是他的私产吧。他说他的音乐史不能出版，是他的主要东西却给我抄走了的。现在逼到山穷水尽，只说得出一个"乐"字，那原来的所谓重要东西不都是睁眼说瞎话了吗！小人也！但是当时他们怕我生气，一直瞒着我，他们独自对某人展开攻势，直到这次过访教师说漏了嘴，才一五一十的说了出来。同志们的关心和善意，实在是太令人感动了。

河南沁阳建起了朱载堉纪念馆，邀人题词纪念，我送去一首〔浪淘沙〕。

列宁纪念馆的掌门人眼见苏联变色，有人甚至于叫嚷要迁葬列宁，这位老人老泪纵横为列宁抱屈，可见公道是自在人心的。为此写了一首《司阍一绝》。随后克里姆林宫红旗落地，我又写了一首七绝：

堡宫平地落红旗，七十年间几是非。毕竟有人收拾起，飘扬留待再来时。

余湛邦写了一首《寄怀张学良将军》的〔贺新郎〕，来函索和。九一八事变起，我立刻写了抗日的歌词，由陈田鹤谱曲。又写诗词痛斥日本帝国主义，骂蒋介石和张学良。其实骂张学良的弄错了对象，他是替人受过。现在湛邦写词寄怀，正好趁这机会改变我对这位当年少帅的评价。以下是我的和作：

事变惊环宇，最关情家山破碎，群魔狂舞。甘受恶名无抵抗，整我枕戈师旅。奈内战连年如故。逆耳批鳞穷述说，便鬻拳兵谏心逾苦。终定约，抗骄虏。

御风伴送君归去，又争知朝三暮四，翻云覆雨。官样文章传北寺，辗转川黔禁锢。空怅望沙场金鼓。明史研将须发白，叹年华大好都虚度。同命鸟，赵贞女。

1992年我85岁生日时，爱华和韩树凡带我去玉渊潭公园赏菊花。公园里有一间小屋，我想起列宁从瑞士回俄罗斯，在芬兰一间小茅屋前面坐着写字的图景，我也就跑到了那间小茅屋前面去，让韩树凡给我照一张相。并留下一首七绝纪事：

秋菊熔金地吐馨，女孙邀赏祝遐龄。老夫别有游园趣，俯首篷门仿列宁。

赵元任百年诞辰纪念，吕骥要我做纪念报告。为了让大家多知道一点赵元任的情况，我先讲了一大堆关于他的六世祖赵翼赵瓯北，关于他翻译《阿丽丝漫游奇境记》的妙手，关于他为刘半农的逝世写的挽联以及他在语言学上的贡献，然后才谈他的音乐创作，认为他的《新诗歌集》是代表了五四精神的第一部歌曲集。陈原论赵元任还引用了我这句话。

曾竹韶做了朱载堉的胸像之后，又再来一个贝多芬的胸像。张富义领我到他家看了他的工程，同时认识了他的夫人黄墨谷。她编了一本《重辑李清照集》，又写了一篇《为李清照"改嫁"再辩诬》。对于记载所谓李清照"改嫁"之事的所有资料做了全面的考查，经过详细精密的论证，辩明所谓改嫁云云，实系南宋人污蔑之词与传闻之误谬。缪钺认为黄墨谷这篇文章是这一问题的定论。我当面对她表示她为李清照做了一件大好事。

从曾家回来，我写了一首〔水龙吟〕记曾氏生平行事。结尾是"喜复生漱玉，双修福慧，举梁鸿案"。黄墨谷看了，认为我的词写新人事而又合格律，特别拿她的词作《谷音集》送给我，真是可喜可感。

1992年6月11日中央音乐学院作曲系教授姚锦新逝世。她苦于精神病的纠缠。有时病情好转，她立刻准备开课。一开课听的人是连作曲系以外的师生也同样挤进来听讲。她对扬华特别亲爱，有什么好吃的，总要拿点过来。德国人送给她一个皮制钱包，她也转送给扬华，她对扬华说："德国人相对称呼是很讲究的，平时总要叫'您'，到感情混熟了才直称'你'，我们平时你和您的称呼是不怎么严格区分的，所以我和你不采用德国式的以你相称，我们今后直接呼名，不加任何客套吧。"扬华多病，病中不时对我说，我走后，你就和锦新结婚好了。这是扬华的嘱托，然而无情的现实还是锦新先走了！我为她写了一篇悼念文章《大才未展，懿范长存》。还用我和扬华的名义送去一副挽联：

> 风雨共高楼，嚼徵含宫忘夜永。
> 才华扁影国，解围咏絮并琴亡。

陈田鹤长女陈晖计划刊印他父亲的选集，将他的歌曲选集拿来让我校勘，凡是前后不统一标题，如有的以歌词起句为题，有的只写词牌，不标起句，都先标词牌，后标起句；有的是词句不全，乐谱下应有的字遗漏了，如"飞絮落花时候一登楼"中的"一"字竟然空缺，不知道唱的时候这个缺字如何处理。唱歌的往往不动脑筋。过去曾经有过这样的差错，毛泽东词句"黄鹤知何去，剩有游人处"，有人竟把"游人处"唱为"游人外"，这是让右边"卜"字把左边的一划切断了，卜字变成了独当一面，真不知教的人和唱的人是怎么想的。

刘思同因乃雄的关系和我相识，他喜欢买书，同我很谈得来，他说他父亲与黄节是好朋友，这引起了我的好奇心。问他的父亲的大号他说是刘栽甫。原来是早年在广州主持《国民新报》的老报人。黄节的《蒹葭楼诗》里有和他看花听曲和各种诗酒集会的好几首作品。看来他虽然在李济深广东省主席任内做过民政厅长——黄节当时则任教育厅长——还不是那种昏庸腐朽的官僚。思同喜欢泡书摊，还是有点家风，因此和他交上了朋友。后来他从上海将刘栽甫的诗稿亲自刻印成书，寄来了一本给我。我还通篇看了一遍，发现了什么讹误的地方随即写信告诉他，不辜负他刻印的盛心。

萧勤上次返国，曾提出由我写萧友梅传的请求。这件事本来也是我心头的积愿，当即动手拟出提纲，顺序编写。写的时候大部分是凭我的记忆和他的文稿，不夸张，不隐讳，一如他生平的作风，平实朴素，特别是令我敬佩的是他那全心扑在音乐教育上的敬业精神。对于冼星海学潮过后取消入学的资格以及聂耳投考音专的落选，一般被认为是他对进步学生的歧视。我不厌其烦地剖析清楚，说明都没有政治意义。关于他勤俭办学的事迹特别是在减轻学生负担方面做了比较详细的叙述。至于他绝命前夕，没有一句话涉及他的家事，却念念不忘做出关于防止学生冻坏手指的指示，直到 20 世纪末由国务院副总理李岚清同志提议而举办的在他为纪念萧友梅逝世 60 周年的音乐会前的谈话，还提出这件事作为萧友梅尽瘁音乐教育，至死不渝的例证。

赵元任的那首歌曲《教我如何不想他》大概是近代中国直到今天传唱最多的名歌。好奇的人总喜欢查问这个他是男是女。照我们现在的习惯，他字是男性的第三人称，女的则是女字旁的。所以才会提出这个疑问。1981 年俞玉姿还趁赵氏回国探亲的时候当面问过他，他的回答是：可以理解为一首爱情歌曲，但他可以是男的他，也可以是女的她，也可以代表着一切心爱的他、她、它。这是因为歌词是刘半农当年在英国伦敦时写的，有思念祖国和念旧之意。作曲家自己的解释当然是定论了。但是在技术上讲，这个他字总应该弄个明白。考这个"她"字的始祖正是刘半农，他的文章《她字问题》是 1920 年 6 月 6 日在伦敦写的，他说明"她"只是提议，并没有实行。刘半农写《教我如何不想他》在 1920 年 9 月 4 日，自然没有那么冒失，贸然使用自己提议的"她"字。他开始分别使用"他"和"她"是在 1921 年 8 月《新青年》发表的《一个小农家的房》里面。至于《教我如何不想他》原题是《情歌》，后来收入《扬鞭集》才改成为《教我如何不想他》。刘半农是男子，他写情歌想他的恋人当然是女性的了。如何对待这个"他"字？我以为如果保存历史的本来面目，不妨照旧用"他"字。如果为了适应现在的习惯，改为"她"字也未尝不可。写这样的文章也许可以算作好事之体吧。

欧阳小华介绍她的朋友张小曼来访，张自我介绍她是张西曼的女儿，问我知不知到张西曼。我说知道，1937 年中苏文化协会在上海举行普希金逝世百年纪念会，我听到他用俄语的发言。当时中国通行的是英语，用俄语是很少的，所以印象很深刻。在重庆，也是在中苏文化协会，这一次是柳（亚子）诗尹（瘦石）画展览会上，我又和他会面，签到的时候我跟在他的后面签上我的名字。他看见的时候点点头，随即同我拉话，滔滔不绝地说个没完，主要是骂当前政府的腐败，掌权的听不得不同的意见，身边没有真正的人才，尽是一些唯唯诺诺的奴才。然后说到中苏文化协会以及这次柳诗尹画的展览，好比是冲破阴霾放射出耀眼的阳光。为什么一见面他就那么随便地说话呢，后来才知道他当时要编现代中国的旧诗，柳先生曾把我的作品抄些给他，并说了一些赞许的话，所以他看到我签名之后就随便点点头大发议论了，随后到了解放后的北京，不久就逝世了。张小曼提出柳诗中存在的一些疑难的问题，我一一给她解答，最后我答应她的请求，为张西曼遗集题词，调寄〔临江仙〕：

> 纲领煌煌催赤化，人间窃火英雄。几多志士蹑前踪。登坛说法，口语斡罗工。　　洗耳渝州聆谠论，一朝拓我心胸，蓟门亲见万旗红。千秋贞石，铭墓托周公。

过去每年都会收到俞步锱的贺年卡，今年没有了，也没有其他的信息，同时又想到黄蕊秋久病卧床。写信给重华的时候，顺便问问她们两位的情况，回信是她们已经先后告别人世了。在广东的老战友是举行了追思会的，只有我远在北京，消息比较隔阂就是了。她们两位每次来京开会，必临寒舍，实在是很好的同志，为此写了一首〔浣溪沙〕。

有人谈历次国歌的更迭，总说到袁世凯编制国歌为他帝制阴谋开路的问题。但是看他当权时期的那首以"中国雄立宇宙间"开头的国歌却找不到帝制阴谋的痕迹，歌里面明明说是"共和五族开尧天"嘛。捉贼捉赃，赃在哪里？直到我看到萧友梅的文章《中西音乐的比较研究》里面引用的这首国歌的谱例和那篇专论《中华民国时期的几首国歌》的文章（1991 年 11 月 16 日《团结报》第 251 号）我才顿开茅塞。原来"共和五族开尧天"这一句的原文应为"勋华揖让开尧天"。难解的哑谜这才揭开了。勋华是指尧舜。尧帝名放勋，舜帝名重华，所谓揖让，肯定不是指临时总统孙中山让位给袁世凯，而是爱新觉罗王朝让位给袁王朝，皇帝让位给皇帝，这一历史事实就与筹安会等等同为袁酋称帝得力的辩论工具了。问题是"勋华揖让"改为"共和五族"是谁搞的呢？如果是洪宪垮台后改的，那是彼时彼地当事人的因陋就简，如果是袁世凯自己一伙改的呢，那就是作贼心虚，欲盖弥彰卑劣而又奸诈的表演了。因为这新的发现，引起我写一篇叙述我国近代国歌递嬗的文章《国歌琐谈》。

解放伊始，古旧书是很便宜的，我以低价买了一套 74 册的《刘申叔先生遗书》，看他论音乐的文章很有他独到的见解，很想写一篇文章予以介绍。限于当时运动频繁，顾不到这些。经过"文化大革命"，我收藏的《刘申叔遗书》也难逃劫运。现在想起来，书没有了，钟敬文的藏书却是侥幸保存的，于是把这套书借过来，了却我长年的心愿。

他区分古代学术门类为两大派，即实学和文学，他把音乐学与图绘学称为实学，他认为古代"舍实用而外，固无所谓美术之学也"。他认为远古"圣人"朱襄氏作五弦瑟以采阴气，以定群生；或者葛天氏三人操牛尾以歌八阕；或者阴康氏因水道壅塞，人民筋骨萎缩，故作为乐舞以宣导之，都体现出原始人类从事劳动以至征服自然的愿望和智慧，他进一步阐发，"由是言之，则古人重乐歌，所以宣民气也，与皙种注重德育之旨同，古人重乐舞，所以强民力也，与皙种重体育之旨同"。

刘师培对保存国粹有矛盾的理解。保存国粹的提法照鲁迅的意见，在当时爱国志士心中是意在光复旧物，因而在音乐问题上不免带有排他性的偏向，感叹乐府兴而雅乐亡，匏音亡而乐器改，而羌夷之乐乃得秉其隙而易之……粗后之音，形为乱象，言念及此，能勿悲哉！他对于不同区域的音乐交流、吸收、消化、创新的作用毫无了解。这是从保存国粹的意愿出发，不可避免地出现的局限性和片面性，这无疑是智者千虑之一失。如果我们对于当时历史条件进行具体的分析，那么，这种偏向也是可以理解的。

李洪辛多年病瘫，不能握笔，但是他还有不少东西等他写出来，他准备口授，让别人记录，但是舌头又转动不灵了，话说不清楚，终于只能躺着断送无聊的岁月，1994年4月3日心脏停止跳动。他熟悉少数民族的生活，他写有长诗《奴隶王国的来客》，剧本《大凉山恩仇记》。后者1947年曾在上海兰心戏院上演，洪深亲自助阵。解放后他转向电影脚本的写作，出版的有《两家春》及《燎原》。《燎原》描写刘少奇在安源煤矿领导工人运动，"文化大革命"期间因此遭到残酷的斗争。经过拨乱反正，重新执笔，为《南昌起义》编写了电影剧本。在编写孙中山的电影剧本的时候因病被迫中断。他的死对我的冲击很沉重，几次三番想写悼词都写不成，直到1995年才写成一首〔水龙吟〕：

> 平生同好同心，常州一见真如故。高楼灯火，良宵烟酒，忘形尔汝。比事论文，北欧群鬼，东亚雷雨。算凉山恩怨，回头修好，终不走、冤家路。
> 好是新天日月。两家春、开明儿女。燎原星火，启蒙开窍，艰难起步。猎猎红旗，南昌故郡，顿成新府。叹辉煌史剧，凭君挥洒，怎骑鲸去！

1994年闹腿肿，恰巧永忠的大哥永树从印尼讲学回国，途经北京到家里探访我，给我看病。他是针灸界的资深专家，看过之后他发现我的病与肺有关系，他回福建之后，我去医院检查，果然是与肺有关系，当即住院治疗。

多年以来，因为平时喜欢逛书店，逛市场，所以买一张月票，免得临时掏腰包。最近有一次下公共汽车，发现上下车的踏板有点高，下车时脚未到地显得摇晃，知道安全是不一定有把握的了。从此不敢单独出门乘公共汽车，稍后就发现下肢浮肿进了医院，住院需要特殊护理，次英从部队调一个人来承担。小兵名卢文波，人很精灵，不仅照顾我，连同房那一位便壶他都不嫌脏，主动拿去倾倒，所以彼此相处得非常之愉快。事有凑巧，北京师范大学艺术系主任张肖虎住在病房隔壁，他心肌梗塞，病情不轻，但能自由行动。我则病在腰腿，并非心腹大病，但是行动困难。每次到阅报室看报纸，一坐下去，就一定要人搀扶才能起来。有一次我正在打吊针，绝对不能离床行走。卢文波却有事必须出去，只好临时惊动张肖虎，请他过来帮我倒便壶。卢文波虽然难于启齿，终于还是把请求的事说出来了。不料张肖虎却二话没说，立刻过来履行任务。这样的事的确是只能有一，不能有二，不能不写几句话表示感谢：

> 同业长甘首蓿盘，比邻病室忽兼句。偶然高谊应无二，护理居然到大难。

后来还是我先出院。不过我的出院，实在是我操之过急。我是觉得既无大病住院就没有必要，何必浪费公家钱财。事实是我回家之后，却一次是在厕所门坎上跌破头，再一次是起床的时候站不稳，整个人翻在地上，一步一步的爬到门口找到着力的东西才攀着起来，裤子全脏了，真是狼狈之极。幸亏老伴当时身体还好，帮我做好了一切善后工作。

我写回忆文章，老音乐家已经写的差不多了，独独没有写杨荫浏先生，总觉得拖欠了什么似的。今年1994年是他逝世10周年纪念，可以趁机写一点，于是写了一篇追念文章，题为《千秋绝业，一代宗师》，其实我没有能力写好他伟大的过人之处，只是表达我的景仰之情而已。

韦瀚章死了，引起我写一篇有关老一辈的歌词作家的文章，讲的是易韦斋、龙榆生和他三个人。易韦斋是纯粹传统性的词人，填词曾试图每一句的词语结构都与传统的某一首词的句法一样，如柳永的〔永遇乐〕结尾"一日不思量，也攒眉千度"？他填的则是"百事不关怀，只书铭三诵"。他为萧友梅写的歌词第一首和第二首的句法结构也仿此办理。龙榆生的词学直接继承朱彊邨的衣钵，同时又想跟上时代，探讨新的歌词的写法，结果当然是放脚老太婆式的长短句。他写的《玫瑰三愿》是模仿冯延巳的〔长命女〕，却因黄自的谱曲成为艺术歌曲的保留节目。韦瀚章歌词是写得不少，本来是得到黄自的欣赏的，后来黄自认识到他的作品远离了时代，也没有再选用他的作品了。

看清末出国人物的笔记，有时也有他们看戏的记载。但是多数只记下了戏曲的情节，不提作品的名字。他们看到一出戏，说剧中人物苏萨宁，被迫为敌军带路，却故意把他们带入斜路，终于被杀。书中没有提戏的名字，但是决不是《苏萨宁》而可能是《为王捐躯》之类。苏萨宁的名字是十月革命后改的，岂止改名，连内容也改为忠君爱国。当时笔记中唯一介绍了作品名字的是《鸿池》，即我们今译的《天鹅湖》，这是阿英最先提出来的。我现在根据我看到的文中所写的情节，找到他们所看到的作品的名字计有洛尔青的《沙皇与木匠》，奥芬巴赫的《大公爵夫人》，古诺的《浮士德》。至于李凤苞光绪四年（1878）看到的《睡美人》应该不是柴科夫斯基的舞剧，因为柴作完成于1889年。李凤苞看到的大概不是什么杰作，因为用这个写作的歌剧不下十部，但都没能够占领舞台，现在也无从查考了。

曾纪泽看过两部莎士比亚的作品，一是改编为歌剧的《哈姆雷特》，作曲者可能是妥玛斯，另一部名为《罗萨邻》，改编者为谁不清楚，查遍《歌剧系年》都找不到拼音近似的作品，陶瓦尔《歌剧目录词典》里有一部歌剧名为 Rosaline，但是作者拉托却是名不见经传的，只好存而不论了。

还有戴鸿慈看过古诺的《罗密欧与朱丽叶》和马斯内的《灰姑娘》。当然当时出国人员看到的远远不止这几部，但是因为语焉不详，无从弄清眉目，所以只能列举比较熟悉的作品了。

1995年过了新年才3天，钟子林介绍欧阳美伦来访。她是钟子林与何乾三访美时认识的，后来成了好朋友。这次她访问钟子林夫妇，又因为她与李献敏的关系顺道来访问我。她是美国匹兹堡大学的音乐学硕士，曾在齐尔品协会担任资料工作，这次来访还带来不少有关齐尔品访问音专的复印件，经我一一核实，重出的就留下来给我了。

欧阳美伦来访，又引起我对齐尔品与鲁迅的通讯问题的疑问。贺绿汀是为齐尔品给鲁迅带信的，请鲁迅与他合作写一部歌剧的脚本。据贺的回忆鲁迅是写了回信的，说等他病好了即可动手编写。我对这个问题一直有不同的看法，认为这是不可能的。鲁迅大病之后，哪里会轻率地答应帮一个陌生的外国人从事自己同样陌生的歌剧脚本的编写工作的呢？你说贺绿汀经手办理的、他人还在，还会错吗？那不一定。我在文章里写了我自己亲身经历的与他有关的事，有人把它时、地、人全改变了，作为他独专的秘闻塞进他的传记里面。据说传记的原稿是经贺老亲自过目的，对这宗明显不符合事实的狸猫换太子的做法竟然没有纠正，可见他们的记性是未必十分可靠的。我对鲁迅的回信持否定态度是可以成立的。当然我并没有把话说绝。齐尔品的遗物是保存得非常完好的。他有一部分在巴黎的遗物是还没有清理过。也许鲁迅的回信正是在这一拨遗物里。欧阳美伦说她还计划去巴黎一次，要是她将来真在那里找到关键性的鲁迅回信，我自然会欣然承认是我错了。阿弥陀佛！

屈大均的《广东新语》在广州重新出版，广东朋友送了一部给我，其中有关于刘三姐的记述，说她是新兴人，这就变成了我们广东人的同乡了。当然，这类传说是很难固定在一个地方的。除了广西和广东，甚至于远至江西和云南都可以找到她的踪迹。这正是民间传说的典型现象，谁也用不着据为私有的。屈大均卒于1696年，因此写一篇《屈大均与刘三姐》算是他逝世300周年的纪念。

1996年4月22日爱华与乐为结婚，作〔好事近〕一阕题其结婚纪念册。

要我写字的不少，甚至有远道索书、初未谋面的任绍奎，都找上门来，又为元翔升学题纪念册，加上启慧、爱华驾驶毕业试车远游香山，写了宣纸条幅，孟纯为纪全所作〔满江红〕，纪全也请书字幅，连日写了又写，因成一绝自嘲：

> 老眼难谋雾障除，笔端轻重欠功夫。为酬亲旧还书债，可笑连朝放墨猪。

何乾三逝世，不能去八宝山告别，写了一首〔浣溪沙〕志哀，真是志哀，不是应酬笔墨。

黄大岗编辑《音乐研究》，希望我多写文章，最近写了一篇《音乐史研究的误区及其他》，主要是说苏联音乐学家写文章好多清规戒律，凡是有损民族尊严及个人名誉的生活问题、动不动就要回避或者指责别人多事；至于西方音乐家则喜欢捕风捉影，造事惑众，都是研究的误区。

香港快要收回来了，想起新旧见闻，感极成诗：

> 昔年亡命此栖迟，触目撩人米字旗。诬指惑民腾赤化，为言猾夏始红夷。
> 五洲估客纷成市，百劫惊涛尚费词。割海金瓯今补缺，倘教云左九原知。
>
> 舍垢悠悠百五年，说香说臭了迤邅。分甘共惜长流水，定限容私造孽钱。
> 两制一邦宏远略，九州百世纪新篇。蚍蜉撼树谁家子，鬼也装迷作笑传。

我生于1907年9月24日（阴历中秋后二日），今年虚岁90。有一天陈复君、肖兵等在闲谈中说起我的生日，说是90岁应该在虚岁开会祝寿。钟敬文、贺绿汀都没有例外，所以音乐学院也应该来一番盛会。事情果然就这样实行了。他们问我要请些什么人。我说不要大哄大嚷，只请几个老朋友如吕骥、喻宜萱、江定仙、李纯一以及中央音乐学院和有关单位研究所及音乐学系少数几位同志就够了，当然还少不了幼年班的那些孩子。事后想起来竟忘了请缪天瑞，实在是一大憾事。他是我在上海进音专之后最早认识的老朋友，真是追悔莫及！音乐以外来访是由张富义联系的中央广播电台记者张月明，她来采访，并在中央人民广播电台"今晚八点半"广播两个晚上不同内容的节目。大会过后另外有一些客人和少年班老同学到家里来一场私人聚会，宁婴和永忠一家及时发来电报附送花束。欧阳美伦则从美国打来远洋电话。老八从深圳送来一座金箔寿字。

还有，崇向一辈子女三家合资印行近年文章《乐苑谈往》。要是在音乐出版社，只能排队印行，不知何年何月；要赶在生日出版那就只有自己掏腰包。众擎易举，新书及时面世。汪毓和和戴嘉枋还为此写了介绍文章。

党委宣传部的曹卡民托崇向求书。我写这一类字幅总喜欢落款的时候嵌上对方的名字，现在面对卡民的卡可真有点卡壳了。然而皇天不负苦心人，最后我想到卡门，于是一副对句有了着落了："歌剧翻新有卡门，思潮破旧先民约。"她先是参军，后转业到音乐学院工作，结尾是简单的两句："操笔从军今木兰，热心转业亲音乐。"

1997 年，枕上赖床，想起老伴，颇多感触，成〔西江月〕一首：

> 五纪行圆佳偶，六和记宿新街。金钗无有有荆钗，几许艰辛骇怪。　　屈指平生交好，只余尔汝长偕（敬文陈原均悲丧偶）。且容知足且开怀，且共迎春岁岁。

但是没过多少天，蓦然传来小平逝世的消息，这是莫大的精神打击，赋〔水龙吟〕一阕：

> 十年历尽风霜，东山终为苍生起。扶倾反正，培根固本，乱丝堪治。救彼差池，行兹改革，闭关重启。看施为饶有神州特色，毛思想，新威势。　　牛角面包偏嗜，想当年勤工滋味。一朝闻道，立功修德，峥嵘六纪。割岛回归，百年垢辱，凭君湔洗。恨余生竟欠，推将轮椅，履香江地。

1998 年，曹卡民为我与柳亚子的交往写了一篇文章，在《净友》发表，缮发之前，先来舍核实，文中兼及庇护地下党员及幼年班工作，没有什么虚夸的空话。

1999 年，北京师范大学为钟敬文 95 寿辰聚会庆祝，我被邀请在会上谈敬文旧体诗作，但以时间短促，未及发言，稿交北京师范大学《文教资料》发表。该刊为此特辟钟老专辑。我借用王国维"诗人对于自然人生，必须入乎其内，又须出乎其外"的说法，作为对古今写作旧诗的要求。入乎其内，才能吃透古典诗词的精髓，写出来的作品才有道地的中国作风和中国气派；出乎其外，才能摆脱传统的束缚，表现时代，抒发与新社会相适应的情感。拿这个标准来衡量，钟先生正是能入而又能出的一位。俗话说，"文人相轻"，但对钟敬文，我是实实在在的口服心服，甘拜下风。

祝钟寿后两天，即去八宝山参加吴作人的告别仪式。吊罢归来，想起前两天才参加过钟老的祝寿会，有感于龚定庵"东邻吊罢西邻贺"的感叹，成一绝句：

> 世态纷更庆吊忙，今朝叹逝昨称觞。寻思天地无常意，好为书城惜景光。

古人云，死生亦大矣，岂不痛哉！除了邓小平和吴作人两宗大丧事之外，黄翔鹏和伍康妮之死，也使我精神受到了强烈的震撼。黄翔鹏是解放以后成长起来的优秀的音乐学家，品德也是高分的。伍康妮是捷克的女留学生，50 年代不久，中苏的分歧即表面化，捷克当然跟着苏联走，她来信表示，距离虽远，感情不变。后来苏联强占捷克，她又公开表态，反对苏联践踏捷克主权，以致被开除党籍。每有人来华，她托人带信。最近洪月华得到消息，说她不幸逝世。虽然东坡海外，未必即真，可能性终是存在的。这两宗噩耗都使我感事成诗这也是情理之常啊。

曾竹韶继朱载堉造像之后，最近又造了贝多芬胸像，限额发售，还请德国大使馆人员参加首发式。后来是一个酒业集团把塑像包下来了，分送有关团体和个人。我也领了一份情。写了一首〔临江仙〕送给曾竹韶：

> 弦管风雷旋大地，乐坛乃挺奇葩。英风哲理思交加。咽喉箝命运，欢乐自无涯。　造像传神知几辈，克师共认名家。而今新作出吾华。威严含婉约，特色故奢遮。

后辈关心老人，说是人之常情，实亦难能可贵。看我家倒是好事不少，值得记上一笔。我年老耳背，爱华老早就为我配了助听器。后来技术进步了，来了装入耳朵的小巧玲珑的玩意，次英纪全立即把我领去配制，解决了耳背的问题。但是年岁不饶人，老眼昏花逐年加甚，增加了阅读的困难，白内障动手术又要住院我大不愿意。嗨，美国又来了新消息，治白内障可以用超声乳化技术，不用住院，不到一小时就可以手术完毕。天下有这样好的事情！次英两口子不敢怠慢，立刻怂恿我去就诊。我也就愿听他俩摆布。诊断结果先做一只眼，看效果如何再做第二只。做第二只还认为视力相当衰退，但是结果竟超出预料，达到一点二。年迫90，居然争取到耳聪目明，不亦快哉！写一首〔水调歌头〕显示我得意的情态：

> 助听又消障，耳目再聪明。亲知今后晤时，不似隔纱屏。往日风雷一噫，此际丝弦四部，听处觉声清。扁鹊如可作，应自补难经。　书生气，只典籍，最关情。一编在手，鲁亥豕莫逃形。间就晴窗弄笔，无复僵蚕曲蚓，满纸乱翻腾。读写无挂碍，即此等延龄。

这一段时间求书的、索题的来得不少，我自己也兴致勃勃的连诗带字送货上门，亦即郑板桥自认的此亦我辈人之贱相也。如果一一记下来，回忆录可要变成诗集了。不行的，只是有一首《调永忠》的〔卜算子〕，扬华看了觉得寻这位姑爷的开心倒是蛮好玩的。有一篇报告文学《风雨人生彭士禄》记革命先烈澎湃那位幸免敌人屠刀的儿子为国防工业做出非凡的贡献。有感于屡遭诟病的所谓八旗子弟，不可无诗：

> 精研仿制苦程功，核艇沉潜固海封。名父无惭斯虎子，昂然一扫八旗风。

还有电视播放三峡大江截流，不可不记：

> 人定夺天工，挥手分洪。长江半截半朝宗。水力奔腾成电力，利溥民丰。
> 世变愿无穷，代有愚公。龙王瞠目认英雄。高峡平湖今在望，好把巫峰。
> （调寄〔浪淘沙〕）。

虎年新正，欧阳小华寄来一张40年前旧照，那正是反右前后，往事如烟，可感可叹，成〔浣溪沙〕一首：

> 旧事回眸四十年，说诗几度夜灯前。迷人漫道压城云。　吱鬼喝牛濡沫切，饲猪敢替火头军。西风有话到巴山。

今年是音专外籍教师苏石林逝世20周年纪念。对音专的外籍教师的评价，齐尔品曾经对丁善德说过，像查哈罗夫、拉查雷夫、富华和苏石林这几个人，在世界范围内来说都够得上是第一流的。查哈罗夫我已经介绍过了，富华是优秀的小提琴演奏家，教学方面却不如苏石林细心和耐心，所以在教学成果上远不如苏石林。拉查雷夫是西洛蒂的弟子，所以他又是李斯特的再传弟子。他来音专比较晚，性格又有点属于内向型。我曾问过李昌荪，他是跟他上过课的，他说话没遮拦，一句话就打破了许多人的沉默，他认为比苏联专家强得多。我因和他接触不多，没有什么好说的，倒是苏石林，我要趁他逝世 20 周年的机会写一篇纪念文章。

就这四位名师比较来说，如果要从业务水平、工作态度、生活作风以至对学生的关心爱护各方面综合衡量，我敢说，苏石林是应该名列榜首的。特别值得称道的是当 1942 年汪精卫卖国政府跟在日本侵略军的背后，闯进上海租界霸占国立音专的时候，他毫不犹豫地毅然脱离音专，与投敌的民族败类划清界线。1945 年日本宣布无条件投降，苏石林同中国人一道分享胜利的喜悦。他回音专任教，并兼任南京音乐院声乐教授。1956 年 60 岁他带着他的中国夫人周慕西回到苏联，在莫斯科音乐学院教授声乐，直到 1974 年因病退休，4 年后逝世。他生前总想为中国声乐学生筹划一笔奖学金，可是由于苏联政策的限制，没有成为事实，始终引为憾事。但是他对中国的感情却是我们永远不会忘记的。

1998 年 5 月，德国的一个交响乐团访华演出，有一曲目是马勒的《大地之歌》，因为曲中有两首唐诗的作者发生问题，引起当时在座的国务院副总理李岚清的注意，希望一定把这两首唐诗搞清楚。其中第二乐章的《寒秋孤影》经过好几方面的考校，确认是钱起的《效古秋夜长》。第三乐章的《瓷亭》，钱仁康认为是李白的《宴陶家亭子》，他的理解是陶与瓷相近，陶家亭子简称它为陶亭，即是瓷亭，但是诗的内容相差太远，只能备此一说。另外有人提出原出李白的文章《夏日陪司马武公与群贤宴姑熟亭序》——这是我驻法大使提出来的。他只提出这篇文章的题目，没有说明作者的名字和文章的出处。我只好向李白的文集找到这篇文章来看。文章的内容与译文倒有相通的地方，所以我同意这篇作为《瓷亭》的底本。同时我还就文译为诗，举洪豪生译《卖油郎独占花魁》为五步抑扬格的长诗的例子，说明并不是绝无可能的。

崇向一辈三家集资印行《乐苑谈往》，还有一笔尾数还未有用完，当即用作刊印《兼堂韵语》的本钱。诗词混合编排，有人认为乱了套，我却以为同一时期采取不同的形式抒发自己的感情，编在一起才合适。但是新诗还是作为附录，因为形式相差太远，而且只限于一段时间，并没与诗词同行到底。

以《兼堂韵语》寄赠郑伯农，他还来一首〔浣溪沙〕，平仄全合板眼。后在报上看到他写的一首〔望海潮〕，也是全篇合律，可见年轻人也是能守格律的。当时看了他的〔浣溪沙〕，认为"意美调谐喜极次韵"。

1998 年是我老夫妻重逢花烛 60 周年纪念，为此写了组诗七绝十五首。

长江水位累涨，抗洪大军昼夜奋战，我们守着电视，一样紧张，想要写诗纪事，深感笔力孱弱，十几天仅得三首，名为《抗洪赞》：

　　啮岸洪峰势接天，抗洪队伍聚英贤。英贤出手强中手，万里堤防保万全。

　　昼夜无时守大堤，不知饥饿不知疲。救人舍命波涛恶，生死牌前有誓词。

　　赤诚胆气高科技，动地惊天广禹功。金字书将新信史，军民百万锁蛟龙。

最近一段时间前列腺引流导管经常出事，不到两星期就要去医院换管。有时深夜，有时凌晨，刘英法必须陪我赶命，实在过意不去，秀才人情，只有空言道谢："采药连年累往还，病魔对汝举降旛。器机几案随营造，妙手重教见鲁班。"崇向因为平时经过工地经常看到鲁班奖一类的口号，所以一看就知道这是对英法的手艺的称赞。

9 月 24 日生日那天意外迎接党委带来新的客人，客人还带来一个大花篮。问清楚了原来是国务院副总理李岚清同志托人送给我的祝寿花篮。说好听一点可真是蓬荜生辉。这是当今政府尊重知识、尊重知识分子的体现，回想 30 年前，仿佛是经历了一场恶梦。

我看书往往碰到不能解决的问题，在脑子里盘旋几十年，一直在纠缠着，弄不清，又撇不下。《中国男儿》这首学堂乐歌歌词的作者就是一例。最先听说是杨度，但是始终找不到真凭实据。今天索性把它抖出来，听候广大群众的意见。我所拟的题目是《中国男儿的词作者——杨度?》交给《音乐研究》发表，遗憾还是听不到回音。大概终归会这样不了了之了。

《瓦格纳音乐论著》动手翻译之后，有一次黎章民来访，他当时是音乐出版社的总编辑，谈到我翻译的计划，他说译好之后交给我们出版。所以经过多年断断续续的功夫，终于译完之后，就送给音乐出版社。出版社一拖好几年，好管闲事的好朋友去出版社打听，他们说纳入明年出版计划，但是这一纳明年的说法又重复了几次，终于送了回来，说是译文晦涩难懂，请我加以修改。这一来我心冷了，摆在那里相应不理。后来李春光知道了，自告奋勇联系出版社，果然拉上了三联书店，订立合同，定期出版。可是楼梯响了，人却没有下来，最后原稿送返，赔偿违约规定 5000 元，理由也说不清，大概也是译文晦涩难懂之类，还说请严宝瑜看过，严说廖先生不简单云云，总之是印不成了。好吧，算了，反正我的工作是做了，结果如何，我是付之不闻不问，我只写了一首纪事诗：

> 未来艺术逞长言，嘲讽先闻马与恩。今日连遭翻覆手，翻怜亡友诤言贤（亡友指姚锦新）。

次英战友曲文是专机驾驶员，见次英家悬老夫字幅，因有索书之意，报以一绝，乃新鲜题目也：

> 高山流水传名曲，石破天惊有大文。九万里风专使在，九天上下足回旋。

李菊红每年都为我生日及新年从香港寄来贺卡，我为此送给他夫妇一首七绝，自问何德何能敢劳他们远寄贺卡，因请他们以后不必多此一举免得我受之有愧。但是她来信说是他们认为我是音专的老前辈，我和扬华又是模范夫妻，理应表示尊重，希望我们不要客气也不必给她回信，其意固甚恳挚也。

女高音歌唱家张缦自巴黎来访，并带来她录制的中国歌曲的光盘，真不知道她是怎么想到来找我的。这可是一位不速之客。她的家庭是旅美华侨，她是在美国出生的，从小读中国书，讲中国话，还与顾毓琇有师生关系。她索我题字，赠诗一首："浮海先人历世长，乡心无改后昆强。难能异国传华乐，三日韩娥恍绕梁。"可笑的是她要了一份又要一份，她要在美国、法国两地悬挂。亦新鲜事。

北约无端侵犯南斯拉夫，并炸我驻南使馆，我两记者张颖与许杏虎遇难，这是美国横行霸道的罪恶的表现，在这里记上一笔：

> 笔尖到位气昂扬，直把传媒作战场。要使群情天下白，霸王面目甚豺狼。

> 凌空夜爆杀机蛮，一死千秋重泰山。未竟事功君好去，中华儿女接君班。

澳门回归有日，我写了应景文章《萧友梅与澳门》及《青主与澳门的一段因缘》。萧友梅那一篇补充了他的塾师陈子褒许多重要的材料，末后说到他的另一个学生冼玉清，从冼玉清说到她在岭南的学生冼星海，冼星海对书法很有工夫，但为乐名所掩。这是冼星海传记中很少提到的。

看报看到吴冠中对张大千的批评，认为他是一个媚俗的画匠，这真是实得我心，因作一绝发泄我的积懑，兼及他那搔首弄姿的书法。

提到论画，我最近倒为题画写了四首七绝，其中竹石、兰花、山居属于传统题材，只有金鱼倒给我借他做点文章："尾叉眼突异常鱼，瓷瓮破缸意自如。美色娇容备观赏，一生无分到江湖。"这四幅画是惠州青年画家梁力文致函索题的，永钦知道了责怪他少不懂事，惊动人家老迈。我的态度是只要老命可拼，特别是江东子弟，我定然有求必应。我为青年人对我信任而高兴。最近我还为孙中山围攻惠州那次战役写了一篇惠州城攻守战前后。就战事论战事，杨坤如守惠州也许可与傅作义守涿州相提并论，因为都是通过坚守取得可观的战绩。但就战争的性质而论，那么，傅作义守涿州，是晋军对奉军的对等的战争，杨坤如守惠州，却是叛军对上级的顽抗。攻守之战虽同，顺逆之势那就大不相同了。我在文中还揭示了当时有些惠州人眼中存在的地方主义思想和对孙中山的糊涂的认识。这是历史事实，无法回避的。

由于新作的歌曲好的少，流行歌曲又近于邪门歪道，所以有些歌唱家有无歌可唱之叹。我为此写了一首《从艺术歌曲的实名谈起》。艺术歌曲这个名词折腾了几十年，变来变去变到近些年来才定下来，好像没有人再来提出异议了。称它艺术歌曲，难道民歌就不是艺术吗？称他为抒情歌曲，又难免以偏概全，它不能包括叙事以至哲理内容的作品。探本穷源，症结是在"艺术"这个词上面，艺术歌曲这个词是从德文译过来的，德文艺术这个词用在名词前面造成一个复合名词的时候，它就有加工的涵义。如人造丝称为 Kunstseide，化肥称为 Kunst-dinger，因此 Kunstlied 就是经过加工的歌曲，有别于民歌是自然产生即我们所谓天籁。这样来理解艺术歌曲命名就不会有贬低民歌的误解了。从艺术歌曲的定名说到眼前好歌不多，歌唱家于是有无歌可唱之叹。我针对这种现象指出我们的歌唱家多数只限于选唱新歌，对五四以来的优秀歌曲缺乏注意。一个歌唱家的保留节目应该包括古往今来的作品，所以无歌可唱还有待于我们歌唱家的细心挖掘。

2000 年春节次英夫妇带来一盆据说是比利时种杜鹃花。满满一盆都是密密的花枝，每一枝头都烂漫开着单朵或双朵的红花。一盆在地，真是一片鲜艳的红光，如何形容实在想不出适当的词，结果只得诌成这样一首七绝："眼前烂漫杜鹃红，异种欧西入域中。生色欲争春意闹，无香恨与海棠同。"

每逢春节来京，青君同宾夫妇必然过访，今年也不例外，但今年好像特别亲热，这倒引起我怀旧之情。时在 1949 年上海解放前夕，考虑到国民党军队败退，可能先来抢掠一番，我们因此找到公寓的芳邻卢青君，好在紧急的时候互相照应。本来在此之前，她曾带朋友来我家打过电话，不算陌生，一来一去，倒真交上了朋友，常来她家的吴同宾也是世家子弟，可以谈文论学。现在 50 多年了，是老朋友了。

欧阳美伦常写一些记叙文，每有所作，常寄来给我看。其中有一篇记她教女儿弹贝多芬的浪漫曲，以甜为谕，她怀中小女儿插嘴说妈妈怀中最甜。这引起我雏年失母的伤感，为此写了一首〔浣溪沙〕，并寄给美伦，她竟然把它放在她书桌的电脑边上，并说经常与朋友分享，没想到晚年又得到一位知心的忘年交。

宁婴有寄来新作〔采桑子〕《参观炮轰金门前沿阵地》，和她一首，算是对她的一种鼓励。

看到日本右翼势力的嚣张，实在抑制不住心中的义愤。它自恃富有，周围邻国即使愤怒声讨，终究没有什么制裁的办法。它又有美国做后台，美国因为前有苏联后有中国，成了它的眼中钉，所以利用它有事的时候替它卖力，亦即做它的猫脚爪，所以日本尽管篡改侵略历史，参拜靖国神社，它始终一声不哼。这是最丑恶的狼狈为奸的勾结！我也只能写诗抒愤：

> 侵略偷翻进入名，琵琶遮面莫逃形。东西谬种遥呼应，军国阴魂散未曾？

报载杭州将重建雷峰塔，我因此想起塔崩的时候鲁迅借题发挥，写出声讨干涉自由恋爱的檄文，借词纪事则有陈曾寿的〔八声甘州〕，现在我也采用这个词牌记录今天的盛举：

> 记当初高塔镇雷峰，白娘子蒙冤。竟无辜弱女、拘囚上钵，幽壤千年。浪说圣湖一景，联想带创瘢。甲子俄崩圮，幸释婵娟。　　今日民殷物阜，念湖山揽胜，十景须全。待浮屠重造，夕照映长天。好招邀素贞母子，伴小青此地再团圆。还堪笑，禅师多事，自惹尤愆。

2000 年 11 月 14 日，"马勒《大地之歌》的歌词解译及作品评价研讨会"在中央音乐学院召开。参加会议的有北京、上海、吉林各单位的 20 多人，是一次相当规模和相当水平的研讨会，各人发表了自己的不同的意见，但并没有当场引起争论，可以说是弥漫着自由讨论的学术空气。我觉得值得注意的是北大的葛晓音那跳出李白以外甚至是唐诗以外去进行寻找的想法。不过那是大海捞针一般的渺茫，不知要花多大的力气才能取得一点收获。还有一个问题，《大地之歌》歌词的《悲哉行》作者题为李白，《青春》歌词的作者则题为李太白，是不是出自不同的两种版本。如果找到这本署名李太白的选集，是否能够找到与此有关的其他诗篇的线索，从而解开这层迷人的雾障？把李白与李太白认为是两个人，不是没有可能的，正如中国曾经有人认为贝多芬和裴多文、白提火粉是不同的作曲家呢。这真是越想越玄了。

在《大地之歌》的研讨会上认识了诗词学会副会长周笃文，曾答应送他《兼堂韵语》，后来找了一本寄给他。他来信表示钦佩，并要选十首给他登在《中华诗词》上。

12 月 22 日，江定仙逝世，这样年纪的老朋友再没有几个了。写了一副挽联：

> 磨砻道义，体察情怀。财帛济穷途，相见当年真恨晚。
> 乐苑扬名，讲堂遗爱。桑榆寻故旧，可怜在世已无多。

还为告别仪式，赶写了一首〔木兰花慢〕。虽然还不是空洞的应酬文字，总不免题得粗糙。静下来再写一篇悼念文章，题为《定仙，你走好》，交给学报发表。学报编辑觉得不够庄重，拟改为《实至名归的作曲家——缅怀江定仙教授》。我以为我拟的题目，是老友的叮咛。如果这样改，看起来便好像是泛泛之交的纪念文章了。

2001 年新年的第一件事是教育部副部长王湛率领秘书、司长及有关高教及人事的处室主任，还有中国教育报和教育电视台的记者在我院院长王次炤的陪同下手捧鲜花，光临寒舍，为老夫子拜年，真是受宠若惊。王副部长谈过一番溢美的话之后，还问我留学德国经历多少年，这一下把我问倒了。我当即据实回答，我哪里留过学，我大学文凭都没有一张，我主要是家学出身。说得大家都笑了。

接着又来了一件意外的事，左因拉着前辈陈原和同辈少华来家里叙旧，说的多是关于左恭在政治部调和新旧两派的矛盾，希望我从中起到一些撮合的作用。结果是徒劳无功。实际上所谓旧派都是一些顽固派。陈原谈起往事，我说我是去志锐中学代课，温东璧带我上你宿舍里找你的。陈原却说，他记得我们头一次见面是在反侵略会。这样一件事居然还有两种版本。我是清楚记得是在志锐中学的。他是偶然在那里教英文，我是偶然经人介绍去给杨瑜代课教国文。陈原当即接口说杨瑜这个反动家伙，后来是不得好死的。正在我们谈得起劲的时候，黎达也来拜年，只好由崇向陪她说了几句话，我把那盆比利时种杜鹃花送给她，她是种花的好手。

欧阳美伦从美国回来消释一下游子的"文化乡愁"。先看钟子林，顺道也来看看我们，并带来大瓶的营养胶丸及巧克力等等，随后又送来一本白先勇的小说集《台北人》。小说的主角多数是一些游戏人间的女人。她说她喜欢诗词，但恨无从入门，我当即毛遂自荐，她可以把作品寄给我看，我再就作品提些意见。谈得投机，我搬出一台端砚送给她。

欧阳美伦回美国后，把她填写的一首词寄给我，请我指出毛病，帮他修改，但是仔细一看，她虽然写的是某某词牌，但是对词牌的句法结构和平仄序列全不了解，只是照每一句的字数写成一句。这样当然不可能对此进行修改。我于是就她抄录的作品挑出那首〔少年游〕逐字注明平仄，并据她的作品指出不合平仄和句法结构的地方，请她仔细研究，然后才能进一步进入填词。不晓得她对平仄是不是能够分别。这是学诗的起码条件，这一点广东人特占便宜，他们对入声特别清楚，唯一困难的是上、去声不易辨别。如果不讲四声，只讲平仄，他就可以拿一百分了。

她来信说，她仔细把玩了那台端砚，现在每天都研墨写毛笔字，的确是一个热情好学的好后生。她已经去过欧洲，但还没有接触到齐尔品在巴黎的遗物，所以对鲁迅给齐尔品回信的疑问一时还无法解决。老实说，鲁迅不写回信这句话我并没有说死，但是我始终是倾向于没有写回信的。

前些时候在台湾的一本杂志上看到的新书广告有一本《粤海旧闻录》，说是材料相当丰富。我是喜欢搜罗乡邦掌故的，这样的一本很合我的口味，于是托人去香港代买。但是一无所获。这一次我托欧阳美伦帮我寻找，她认识不少台湾人，也许有点希望。可是她在美国华文书店找不到这本书，写信去台湾出版处又无回音。她在美国一家图书馆借到那本书，她竟全部复印寄给我。收到这本书我当然高兴，但又觉得不值得这样浪费精神和财力。到我看过这一本书之后，对作者祝秀侠的变节坠落，不禁切齿痛恨。他早年在上海跟随左翼作家队伍，后来认为八路军小米加步枪肯定打不过蒋介石军队的美式装备，于是投入国民党做县长局长，广东解放，他逃到澳门，终于走上反共反人民的道路。例如解放战争节节胜利，文中称为"匪焰方张"，广东解放他说"粤垣陷匪"。高剑父拒绝何香凝、柳亚子的邀请，不回广东，他说"气节凛然，以视刘海粟、徐悲鸿辈，其贤不肖相去远矣"。说到共产党人，人名之下加一匪字，另一方面对国民党的官僚则胁肩谄笑，尊称某老某公。真是无耻之尤。

读《冰心全集》，看到她跟刘天华学琵琶的一段故事，觉得这是文艺界的珍闻，因此写了一篇短文《冰心与刘天华的师徒关系》。

台湾的花腔女高音歌唱家陈明律过去曾为《西风的话》开头一句话"去年我回去"还是"去年我回来"，征求我的意见是哪一句对。她是照"去年我回去"唱的，我的答复是"回去"对。后来她又为要录制华丽丝、青主的歌曲，问我有些字句的意见并要一张他们的照片。今年2月，她来大陆。由陈田鹤的两个女儿带她一家三口到我家来，并希望我写一篇介绍她的文章，我想起她为了弘扬祖国的音乐文化全心录制我国五四以来的艺术歌曲，一辑一辑的录制赵元任、黄自、陈田鹤、刘雪庵和应尚能的作品，最近又要录制华丽丝和青主歌曲的专辑，的确是不可多得的有心人，值得称道的优秀的歌唱家。我为此写了《陈明律情牵中国音乐》一文。

刘欣欣夫妇从哈尔滨来北京，带来他们几个人新出的稿本《哈尔滨的西洋音乐史》，我说这样的内容恐怕不好称为音乐史，他们于是拟改为西洋音乐在哈尔滨，要我题几句话。我写了一首七绝给他们。刘欣欣是中央音乐学院的大提琴专业毕业生，还喜欢写书。与陶亚兵同事，我去年写给刘欣欣的字幅托亚兵带回哈尔滨去给她，因为她去了美国，一直还没有交给她。她听了很是高兴，回去就去找亚兵要。

3月7日萧友梅音乐教育促进会颁发音乐教育建设奖，颁发对象包括音乐教师、文化教师、行政人员和炊事班的大师傅，这是一改独尊音乐教师的新举措，值得大书一笔的。

沈阳航空工业学院伍湘涛写了一篇与清华有关的音乐家，他听人说青主属于清华音乐家之列，但查询各种词典都没有同样的内容，所以特函询问。这当然是子虚乌有之说，青主与中国学术界除了音专之外，几乎谈不上有什么关系。只有与赵元任的两次通信算是一件大事。他的学术工作是在亡命乐坛那段时间。那是一种隐姓埋名，伏处牖下的生活和工作，他还故弄玄虚，在一篇文章的后面落款作某年某月某日于日本。谁拿来什么问题，他也从来没有当面解答的。所以要仔细研究他，光看书面材料，是难免误入歧途的。

中国文联和中国音协今年头一次决定颁发金钟奖，名为终身荣誉勋章，获奖条件需要年过80，从事满60年的音乐家，最后选定合条件的27人，老夫榜上有名。我自觉惭愧，比我强的有的是，他们走得早，我只是占便宜多活了几年。5月20日吴雁泽代表文联和音协、由我院刘康华副院长陪同把金钟奖和荣誉证书郑重其事地送上门来。我是吹拉弹唱一无所能，又没有一首传世的作品，我只是默默耕耘，不敢懒惰而已。我生平欣赏《史记·李将军列传》的太史公曰"桃李不言，下自成蹊"那句话，也可以说是我立身行事的座右铭。

今年是中国共产党成立80周年，征文的一般要求大都是领导中国革命反帝反封建斗争的胜利或是开展中国的建设、逐步走进发达国家的行列。这类的文章太多了，用不着加上我写不完备的一篇，所以我就我党在当前国际共产主义运动的关键作用说一说我的心情：

> 大地惊变色，瓦解报苏东，细参当日情势，坡滑异途穷。彼固背离师说，我起中流砥柱，猎猎战旗红，高兴莫太早，蠮尔害人虫。　四坚持，三代表，壮军容。登高望远，邻舍后院故相通，海峡要须一统，世界要须多极，反霸众心同，马列南针在，江汉总期宗。（《水调歌头》）

6月间陶亚兵从哈尔滨来北京出差，顺道来访，他说准备写中国的表演艺术史，因同他谈了二三十年代的知名演艺家。声乐演唱四大名旦喻宜萱是开山大师；其次是黄友葵，唱海顿清唱剧《创世纪》的夏娃一鸣惊人；后起是周小燕，有中国夜莺之称；郎毓秀真正出名是在40年代。30年代的小提琴家是神童马思聪，其次是戴粹伦、王人艺、陈又新；大提琴是张贞黻，都参加了上海租界工部局管弦乐团；歌唱家有男高音胡然参加《创世记》演出；低音斯义桂，与上海白俄歌剧团出演俄罗斯歌剧；钢琴首屈一指的是李翠贞，稍后是李献敏、夏国琼与吴乐懿；长笛有叶怀德；稍后是韩中杰，还有一个极有前途的音专声乐组学生孙德志，曾担任黄自清唱剧《长恨歌》杨贵妃的角色，不幸短命死矣。此外，钢琴有范继森，声乐有蔡绍序，小提琴有马思宏，廖玉矶也已初露头角。

9月1日赵沨逝世，作〔临江仙〕志悼。

乃雄从加拿大来京，参加9月初的青主学术研讨会。我不准备发言，但他们要我说几句做开场白。我做了简短的发言，题为《青主的本来面目》。现在有一种把青主说成是纯音乐的倾向，就青主对礼乐的关系的主体观念，认为音乐是独立于一切的纯艺术。我就他当时亡命乐坛的处境，说明他偏于反对礼乐的意见，是为了表明他对艺术的社会意义的淡化，但就他当时具体的作品（包括音乐与诗歌），说明这些并不是超然物外的"上界的语言"。希望能引起大家的注意，不要走到偏重艺术至上主义的倾向。

乃雄回加之后，将去看望玉矶，我写了好些旧事和广州化的德语，同她畅叙旧情，附上一张我老两口合影的照片。

生日那天晚上陈长泉从美国打来电话，说他的儿子小立原在世贸中心大楼70层上工作。9月11日恐怖爆炸前一天他因为打夜班一早回家休息，所以免遭劫难。特来电报平安，这真是不幸中的大幸。我为此写了两首七绝：

　　浩劫惊心震五洲，连人爆炸百层楼。须知恐怖乖人道，单极强权自结仇。

　　枉死无辜太可伤，如何赡恤议赔偿。宽怀小立忙前夜，给假今朝免祸殃。

10月2日侯艺兵送来那本《世纪学人，百年影集》。这本书原定是去年年底出版的，到期消息杳然，我以为不会出来了，今朝送来，颇出意外。书中收音乐家只有阴法鲁和我两人。当初他曾告诉我不收吕骥等人，因为他们主要是社会活动家，不是专研学术的。我告诉他至少应收老一辈的钱仁康，并拿钱著音乐专集两本给他看，他说已经来不及了。这应该算是一宗憾事。

黄旭东告诉我，说上海要出丁善德纪念文集，向我约稿，只要几百字就可以，但求是有我的文章就行，因此写了一篇短文。因为所知不多，不能说什么空话。并找出一张与他在莫斯科的合影。

张富义旅居美国 14 个月之后 11 月回到北京，带回张涵秋和田彪送来的年礼 100 美元和一盒原装的德国巧克力蛋糕。他们一家的感情，年深日久，始终保持原有的深厚。

他在美国新结识一个朋友，并带来他的著作《论语辩惑》，认为是订正了一些流行的说法，实则只是在字面上找出自以为这才符合孔子的本意，有时还臆造一段故事，说是孔子针对这个故事提出的意见。这就未免是主观主义、唯心主义的议论了。

原拟搬迁的新居装修完工之后即可"乔迁"，不料暖气不暖，只有 11 度，不可能度过严冬，只好等候温度提高之后才行动。遗憾的是大部分书籍已经先搬出去了，颇感查检不那么方便。

新世纪的头一年对我来说是悄悄的过去了，周围的世界却是不一样，说来话长，不说罢了，只说我的家吧。老伴长年卧床，又无大病，说是悄悄的过日子也可以。至于我自己，大略的算一算，什么大事也没有做过。外来的算是金钟奖，会见几个美国和台湾来的客人，写了几篇小文章，同年轻朋友谈些近代音乐的往事，写几首诗词，给国内外出刊题字。就这么多，估计明年后年顶多也是这样，只是换了一些不同的人名和事实而已。

关于《人生自述》①的几点说明

父亲的《人生自述》是在晚辈与后学的大力敦促下，执笔于 2000 年下半年，以每天千字的进度，完稿于 2002 年初。父亲当时身体状况欠佳，还未来得及进行二次加工，就因病离世。这真是一大遗憾。父亲曾在前言中讲不予出版，仅仅"藏于家"。这些年，我们也就照他的意愿珍藏起来。但师长同仁认为这是他老人家的谦辞，《人生自述》即使因修饰润色不够而不能作为文学作品来欣赏，但至少还具有一定的史料价值。值此百年诞辰之际，学院提出出版计划，我们晚辈也愿与大家一起分享与回顾父亲一生的经历，因此也就善随人意，同意出版。

---

① 《人生自述》是后来的题名，即廖先生在前言中所说的《回忆录》。

　　《人生自述》中涉及一些诗词、典故、古典文学名句等，在校阅过程中，承蒙方承国先生、舒咏梧先生的鼎力相助，在此亦深表感谢。

　　为尊重历史、忠实原著，只按时间顺序编排成八个部分，文字上没有做任何改动以求存真。疏漏、错误在所难免，恳请师长同仁指正。

廖崇向

2007 年 6 月 6 日

年谱简编·书简

年谱简编

1907 年

9 月 24 日 出生于广东省惠州市（原惠阳县）秀水湖畔一书香之家，原名廖尚棐。父亲廖计百为当时所谓的"维新派"，以教书为主业。家中藏书有赫胥黎《天演论》、梁启超《新民论》、日本最早社会主义者幸德秋水《帝国主义》等。从小随父亲读古文和习书法，喜欢民间音乐和诗词歌赋。在家乡两等小学读书，小学时期正是提倡学堂乐歌和白话文的时代。

1922 年

7 月 大哥青主（廖尚果，法学博士、作曲家、音乐美学家）留德回国，成为他学习生活的一个转折点，也决定了他一生的发展方向与为人志向。

1922 年 9 月—1926 年 7 月就读于广州英文专门学校。期间，在大哥的引导下，研读中国古典文学，进修德国语言文学，开始广泛接触西洋文化和欧洲古典音乐。

1926 年

9 月 转学到倾向进步的广州法官学校。

德籍嫂嫂华丽丝（钢琴家、作曲家）来到中国广州。

1927 年

春 在法官学校加入共产主义青年团。在蒋介石发动"四一二"政变期间，因参加共青团而被学校除名。

12 月 参加由张太雷、苏兆征、叶挺、叶剑英等共产党人领导的广州起义，失败

后，去往香港避难。

1928 年

夏 随哥哥青主及德籍嫂嫂华丽丝转至上海。

冬 协助青主一起经营一家以出版乐谱为主的 X 书店，改名王维周。X 书店注重介绍西方乐艺名作，兼出许多创作乐歌。

其间，青主因被国民党通缉，不敢公开露面，而由他承担着大哥所要办的一切事情。同时，在家跟哥、嫂学习音乐和德语。还学习朱彊邨的《宋词三百首》《东坡乐府》和《稼轩长短句》等，开始了词学研究与创作；订阅《小说月报》，满足渴望求知的心愿。

1929 年

7 月 因 X 书店代销一本有进步倾向的《世界》周刊而与他人一起坐过短期的监狱，后以罚款而告终。

秋冬之间，X 书店因经营不善，再加上罚款以及海外南洋代销处的毁约而亏空倒闭。华丽丝入国立音乐院任教，青主不久也应萧友梅之聘进了音乐院。

1930 年

2 月 受萧友梅校长之聘，任国立音专图书馆管理员，一人承担买书、编目、出借等馆内的所有事务，还代售乐谱。同时，协助青主办校刊《音》和学术刊物《乐艺》。

1931 年

9 月 18 日 日军突袭沈阳，"九一八"事变爆发。音专师生立即投入抗日救亡活动。撰写了歌词《认清敌人》（陈田鹤曲）、《喇叭响了》（江定仙曲）。还与贺绿汀、陈田鹤、江定仙、刘雪庵等一起，在黄自带领下走上街头，宣传、募捐。

1932 年

1 月 28 日 淞沪战役打响，正在南京过寒假，交通中断不能及时回沪，再加上教育部只发一半办学经费，学校紧缩编制，成为裁员之一。

4 月 回上海，去音专办理图书移交等手续。

此后的两年多时间里，翻译图书、辅导补习德文的学生，承包音专出版物的乐

谱抄写，为华丽丝收的私人学生做翻译，为《乐艺》（青主主编）、《音乐教育》（缪天瑞主编）、《音乐杂志》（音乐艺文社编）撰稿。

1934 年

4—5 月 为萧友梅代笔撰写《音乐家的新生活》一书，写完一篇交萧审定一篇。完稿后由正中书局出版。

9 月 受聘任国立音专校长办公室文牍。

与江定仙、陈田鹤、刘雪庵合作参与"中英庚款董事会"征求的儿童歌曲创作活动，多首作品入选。

翻译埃贤朵夫的小说《饭桶生涯的片段》、巴塞维茨的童话《小彼得云游记》，均由萧友梅介绍给商务印书馆出版。

1935 年

音专在上海《新夜报》上开辟宣传严肃音乐的阵地，初名《音乐专刊》，后改为《音乐周刊》，每周准时出版。应主编黄自之约，为周刊固定撰稿人。

1936 年

参加黄自主编的《复兴初级中学音乐教科书》的歌词写作，所作《西风的话》《雪人》《国庆献礼》（黄自曲），《燕子的歌》《春游》《国耻献词》《去来今》《怀古》《嫩芽》《懒惰礼赞》（陈田鹤曲）等被选入该教材。

1937 年

暑假，去济南看望陈田鹤，"八一三"全面抗战爆发，交通中断，未能及时回沪。再加上个人原因而自动离职。

回沪后写了《八一三战歌》《杀开血路》《鲁迅先生周年祭》三首歌词（陈田鹤曲），后一首为约写的，在鲁迅逝世周年纪念会上演唱。

为《音乐杂志》（丁善德、陈洪主编）撰稿。

1938 年

听闻黄自病殁上海，写成挽词《望江南》一阕致哀。

1938 年 2 月—1941 年 10 月先任广东第十二集团军政训处中校宣传组员，后任

第四战区政治部秘书室中校秘书。期间结识在政训处工作的邱扬华女士，缔约婚姻，共赴时艰。

1941 年

1 月 在广东曲江获悉萧友梅在沪病逝，写成挽词《水龙吟·悼亡词》一阕致哀，寄给萧师母表示吊唁。

1941 年 11 月—1942 年 2 月任中德合资的欧亚航空公司专员。

1942 年

2 月 日本侵略军的飞机在惠阳县城上空扔燃烧弹，其父来不及走避，惨被烧死，这是日寇第三次血洗惠阳。柳亚子为其父写了墓志铭。

1942 年 6 月—1942 年 9 月任广东第七战区经济游击处中校处员。开始翻译德国反法西斯流亡作家的诗文。

1942 年秋—1943 年秋是翻译的丰收年。翻译的小说有茨威格的《日内瓦湖畔的插曲》《无形的画册》、魏斯柯夫的《辽远的音响》、罗曼·罗兰的《克里斯朵夫和安东妮的邂逅》，论文有吉尔波丁的《普希金的遗产》、奥柏曼的《纳粹主义的小说》、傅赫斯的《违反本意的诗人》以及诗歌 50 余首。

1943 年

1943 年 8 月—1944 年 9 月在桂林，担任柳亚子南明史编委会秘书、撰稿人。

1944 年

1944 年 9 月—1946 年 5 月在重庆，任军委会政治部秘书处秘书、编审。

1946 年

1946 年 8 月—1950 年 3 月　受吴伯超院长之聘，任南京国立音乐院教授，在常州附设的幼年班教文学和音乐欣赏课，还担任外籍教师的随堂翻译。

《中国文学欣赏初步》由生活书店出版。

1949 年

参加在上海成立的新文字工作者协会，还在幼年班推广拉丁化新文字。

《大音乐家及其名曲》由三联书店出版。

1950 年

春 随南京国立音乐院迁往天津，与其他几所音乐教育机构合并组建为中央音乐学院，任教授、研究员，主要从事西方音乐资料翻译和音乐史教学。

1951 年

任中央音乐学院图书馆主任，兼研究部翻译组组长。同年，赴湖南耒阳参加土改。

主持编译《苏联歌曲集》（第一集）由万叶书店出版。

1952 年

任天津市政协委员，当选为天津市人民代表。

1953 年

《音乐发展史论纲》（梅雅尔著）译本由新音乐出版社出版。

1954 年

10 月 与马可、丁善德前往莱比锡参加民主德国的音乐节和作曲家协会代表大会，并兼任翻译。期间考察民主德国和前苏联音乐。

中央音乐学院接受捷克斯洛伐克留学生伍康妮来校学习。这是该院第一位外国留学生。与杨荫浏共同担任导师，由有关部门制定五年的学习计划。

50 年代中期，陆续接受了德意志民主共和国留学生熊凡德、越南留学生韩伟等，讲授中国音乐史。给熊凡德授课直接用德语。

《博马舍》（戏剧 沃尔夫著）译本由作家出版社出版。

《音乐与现代社会》（梅雅尔著）译本由新音乐出版社出版。

1955 年

夏 参加全国文学翻译工作会议。

担任来院讲学的德意志民主共和国小提琴专家舒尔茨、长笛专家吕则迈尔、德奥音乐学家戈尔施密特的翻译。

《阴谋和爱情》（戏剧 席勒著）译本由人民文学出版社出版。

《论现实在音乐中的反映》（万斯洛夫著）译本由音乐出版出版。

1956 年

9月 担任中国共产党第八次全国代表大会翻译。同年，与张洪岛、汪毓和等筹建中央音乐学院音乐学系。

《玛利亚·玛格达莲》（戏剧 赫贝尔著）译本由作家出版社出版。

1957 年

《煤》（小说 席包尔·里尔斯基著）译本由作家出版社出版。

1958 年

加入中国共产党。

1959 年

参与中国音协和音乐研究所关于《中国古代音乐史提纲》的制定。

参加文化部《艺术概论》的编写工作。同年，随中央音乐学院迁至北京。

1960 年

与杨荫浏共同指导的中央音乐学院捷克留学生伍康妮完成毕业论文——《春秋战国时代儒墨道三家音乐思想上的斗争》，由人民音乐出版社出版。

1961 年

8月 参加文化部在香山饭店召开的音乐教材会议。

主持编译《肖邦》（伊瓦茨凯维支著）译本由音乐出版社出版。

1964 年

到京郊通县参加社会主义教育运动。

《中国古代音乐简史》（1964 年3月第一版，2005 年5月第八次印刷）由人民音乐出版社出版。

1966 年

"文革"爆发，前期被专政，劳动改造；1970 年春赴清风店，参加由 38 军领导的军训和劳动锻炼，至 1973 年 10 月返京。

"文革"后期根据个人的文学欣赏观点和爱好，从《全唐诗》中选辑了一本《唐绝句》；又从《全宋词》中选辑了一本《宋词约选》但尚未加以注释和评价，只藏于家。

1977 年

由音乐学系调创作研究室。

1979 年

5 月 在《人民音乐》发表《回忆萧友梅》一文，这是 1949 年后中国大陆近代音乐史学界有关介绍、肯定萧友梅为人、贡献和历史地位的第一篇文献资料。

11 月 出席第四届全国文学艺术界代表大会。

1980 年

5 月 出席中国音协、中国艺术研究院音研所、中央音乐学院在京召开的"中国古代音乐史工作座谈会"。

12 月 出席中国音协和中央音乐学院在北京中山纪念堂举行的"萧友梅逝世四十周年纪念会"，作《萧友梅先生的生平行事》报告。同月，出席上海音乐学院的"萧友梅逝世四十周年纪念会"。

1983 年

国务院学位委员会公布：廖辅叔、杨荫浏为全国首批音乐学博士生导师。

针对国人如何接触西洋音乐及其后又如何反映等问题，开拓了近代中西音乐交流史（从鸦片战争到清末民初年间的音乐史）的研究。

1984 年

6 月 22—27 日 参加四川音乐学院等单位举办的"首届王光祈研究学术研讨会"。

被聘为全国文史资料研究委员会文化组成员。此后在《文化史料》《文史资料选辑》《惠州文史》《惠城文史资料》发表一批文章。

1985 年

4 月 1 日 参加由中央音乐学院、中国音协联合主办的《乐记》《声无哀乐论》学术研讨会。

5 月 当选第四届中国音协理事。同年，被聘中国音协理论委员会所属中国音乐史学会顾问。

《谈词随录》由三联书店香港分店/广东人民出版社联合出版。

1986 年

4 月 出席中央音乐学院图书馆召开的"全国首届音乐、艺术院校图书馆工作会议"，在开幕式上讲话。

1987 年

12 月 参加在广州举行的广州起义 60 周年纪念活动。

1988 年

招收陶亚兵为博士研究生，领衔承担文化部部属科研课题。

1989 年

《十七世纪以前中国管弦乐队历史的研究》（萧友梅德文版博士论文）译本出版。

1990 年

6 月 中央音乐学院建院 40 周年，获荣誉金奖。

10 月 13—17 日 出席在北京举行的"全国高等音乐、艺术院校中国音乐史教学研讨会"。

12 月 26—27 日 出席在中央音乐学院举行的萧友梅逝世 50 周年系列纪念活动，在大会上讲话，在"萧友梅学术研讨会"上发言。

1992 年

3 月 14 日 出席"中央音乐学院首届博士学位论文答辩会"。他所指导的博士研究生陶亚兵的论文通过答辩,其论文题目为《1919 年以前的中西音乐交流史料研究》。以此为蓝本,命名为《中西音乐交流史稿》,1994 年由中国大百科全书出版社出版。

11 月 10 日 出席中央音乐学院音乐研究所召开的"语言学家、作曲家赵元任先生诞辰百周年纪念会及音乐会",作题为《语言学家赵元任和他的音乐创作》报告。

1993 年

6 月 出席在人民大会堂举行的"20 世纪华人音乐经典颁奖会",代表胞兄青主领奖。

7 月 20 日 出席首都音乐界隆重举行"贺绿汀先生 90 华诞、从事音乐工作 70 周年庆祝会"。

《萧友梅传》由浙江美术学院出版社出版。

1996 年

9 月 24 日 中央音乐学院音乐研究所举办廖辅叔先生 90 华诞暨从教 66 周年庆祝活动。被与会者盛誉为中国音乐史研究奠基铺路的学者、是一位善于充分发挥后辈才智的音乐前辈、是一位学贯中西、知识渊博、具有优秀品质的音乐教育家。会后,舒言在《人民音乐》1996 年第 6 期作了报道。

音乐文集《乐苑谈往》由华乐出版社出版。

1997 年

春 与江定仙、喻宜萱、李焕之等最先发起倡议设立"萧友梅音乐教育建设奖",并出任中央音乐学院萧友梅音乐教育促进会顾问。

1998 年

诗词集《兼堂韵语》由中央音乐学院学报社出版。

1999 年

为纪念萧友梅 95 岁诞辰,12 月 29 日《音乐周报》发表记者采访廖辅叔的文章，题目为《萧友梅没有大悲大喜》。

2000 年

10 月 中央音乐学院建院 50 周年，获最高荣誉奖和突出贡献奖。

12 月 14 日 出席由中央音乐学院音乐研究所主办的马勒《大地之歌》歌词解释暨作品学术研讨会。

12 月 获首届萧友梅音乐教育建设奖。

2001 年

5 月 获中国文联、中国音协设立的首届中国音乐"金钟奖"终身荣誉勋章。

9 月 2 日 出席中央音乐学院主办的"纪念音乐美学家、作曲家青主 108 冥诞学术研讨会"，作题为《青主本来面目》的发言。

12 月 应聘任上海音乐学院《萧友梅全集》编委会顾问。

2002 年

年初，绝笔之作《丁善德往事杂忆》。

4 月 18 日傍晚，在北京逝世，享年 95 岁。

身后记事

2002 年

5 月《瓦格纳论音乐》译本，由上海音乐出版社出版。

《人民音乐》2002 年第 6 期刊登了中央音乐学院悼文：《绛帐音乐千秋史　青毡诗文百卷书——一代宗师廖公辅叔先生生平》方承国执笔。另外，在《音乐周报》《惠州日报》《音乐艺术》刊有悼念文章。

10 月 因捐赠近代女词人吕碧城亲手绘制的丝质团扇，获中华诗词学会颁发荣誉证书。

2003 年

7 月《惠城文史资料》第 19 期刊出了《纪念廖辅叔先生》专辑。

8 月 8 日 一部难产的学术著作（即《瓦格纳论音乐》翻译出版的我闻我见）廖

崇向文 刊于《音乐周报》

2008 年

10 月《廖辅叔的乐艺人生》（上、下册）廖崇向 黄旭东编　中央音乐学院出版社出版 。

11 月 6—7 日 中央音乐学院、上海音乐学院、中国音乐家协会理论委员会、惠州市人民政府联合举办了惠州"廖氏两兄弟"——廖尚果（青主）诞辰 115 周年、廖辅叔诞辰 100 周年学术纪念活动。出版了《忆青主》《廖辅叔的乐艺人生》等。

12 月 以人为本　弘扬历史人文精神——"惠州廖氏两兄弟"学术纪念活动在我院举行 宋学军文 刊于《音院信息》报 2008 年第 12 期

2009 年

10 月 28 日 廖辅叔先生与王光祈研究　韩立文撰文 刊于《音乐周报》及《音乐探索》2010 年第 1 期

2011 年

12 月《一代宗师今无匹　星座双辉光艺坛》——惠州"廖氏两兄弟"学术纪念活动综述 廖崇向文 刊于《惠城文史资料》总第 24 期 2011 年 12 月

2014 年

经学院领导批准，《廖辅叔全集》作为学院的重大科研项目正式启动。

廖崇向　辑录
2017 年 8 月

书　　简

致钟敬文先生的三封信

敬老：

　　承允代求启功先生书法，老方极为感动。但前所言款赐"家宽"一事，顷得老方通知，家宽实为"树宽"之误，他一时记错了。如果启功先生尚未写就，敢请再告诉他款赐"树宽"。如果已经写了，那当然只好听之，反正字是真迹，名字倒在其次也。

　　宋庆龄名誉主席逝去，当时曾作木兰花慢一阕，为如此女性大人物作词，史上尚无先例，所以实难写好。不知您老亦有所作否？词如下：

　　焦心悬病变，终失望，剧亲丧。念雄健温文，精严慈惠，脱屣金张。问何物，新生活，但无聊捍扯旧纲常。鼎鼎天人三策，从违关系存亡。　　梯航、经历几洲洋，奋斗为新邦。总殷勤点检，送粮输药，千万斯箱。决罗网，狮子吼，正非徒花朵溢芬芳。一代女中尧舜，声华日月齐光。

狮子一语，乃罗兰翁 50 年前颂词，信可为千秋定论矣。

匆匆。

即颂俪安！

辅叔敬上

1981 年 9 月 6 日

静闻同志：

手教敬悉，谨遵嘱就刘君文章写了一点粗浅的意见。但对于具体的每一劳动歌的节奏的分析，因为不熟悉劳动的方式，不敢妄议。知之为知之，不知为不知，固非有意偷懒也。

今年忙于杂事，几成无诗之年。日前老尹携来百寿图卷及六十寿纪念册，逼出了两首词，录呈左右，也算是打破了长时间的沉寂。

木兰花慢
题漓江祝嘏图卷

始安图百寿，惜小子独来迟。为跃马樱都，辽东夜猎，僭补芜词。淋漓，共看大笔。数人间极恶法西斯。亲见忠奸颠倒，摩挲元佑残碑。　　差池，人事费寻思，国手算全棋。问谁明邪正？谁言进退？谁决然疑？须眉，信翁矍铄，到头来青史总无私。东亚卢梭如在，依然比似先知。

水龙吟
题瘦石六十寿纪念册

几回八桂三巴，羿楼门下同从事。长街偶语，翩翩年少，恂恂风致。泽畔行吟，传神阿堵，老莲知己。摄流民笔下，无声有恨，纷扰攘，干戈际。　　犹忆柳诗尹画，瞥金书震惊红卫。劫余身世，相看未老，尽饶豪气。骋逐霜蹄，草原风雪，不妨千里。愿年年争报，葡萄酒熟，伴将军醉。

匆匆。

即祝阖家节日愉快！

辅叔

1990 年 9 月 27 日

先生五柳，不肯折腰谋五斗。巨鹿三张，五斗翻充起义粮。　　是耶苍颉？造字象形图八八。可解疗饥？米字居然做国旗。（英国人识汉字了，呵呵！）

静翁米寿抬宴，因乘洒兴，拾与米有关数事，作减字木兰花，先生得毋嗤其油滑耶？

辅叔　放肆

1991 年 3 月 27 日

犹豫再三终于写

致孙继南先生的信①。

继南同志：

《中国音乐通史简编》赶看完了，因为是赶，所以不能看得细，恐怕不免令你们失望。看的时候，看到那些明显的笔误，我就不客气地改掉了。有些地方则签注我的意见请你们考虑。不过都是一些不大重要的问题。总的说来，你们花了不少的心血，写出一部适合群众阅读的、取材相当丰富、叙述又相当确切的音乐通史，而且是自古到今一气贯串的通史，过去是还没有过的。使我不能不对你们钦佩和感谢，感谢你们在目前出版界不景气的时期竟然为群众提供一部可读性强的音乐史，至于解救学校的课本荒，当然就更值得庆幸的事了。

在这里我就几个小问题说一点意见。

晁衡日本名阿倍仲麻吕，这个麻吕应否写成一个字"麿"？因为近卫秀麿是这样写的。

书中说"学堂乐歌运动蓬勃兴起"（第七章第3页），"运动"这个词用在这里是否合适？因为当时的学堂乐歌还只是一些有识之士在那里提倡，恐怕还没有形成运动。请考虑。

海盐腔风格文静、幽雅，恐怕还是不如沿用旧说法：静好、婉娈。又伴奏用锣鼓、拍板，是否与静好相矛盾？

第五章中歌剧《小小画家》（13页）附谱两首都题为《背书歌》，前一首是否为《打盹曲》之误？

交流那部分谈到某一作曲家的作品的时候，如果不是与交流有关的就不必多讲，以省篇幅？请考虑。

东北沦陷那一段需要不需要？我以为值得考虑。

书中提到《东方红》的时候，有领袖是救星的话，这是个人崇拜时代的产物，删去，如何？

通史之下要不要加"简编"两字，我没有特别意见。如果出版社要与别的通史取得一致，不题"简编"也是可以的。

此外还有一点技术性问题。书中一般不附外文，因此我以为所有外文不妨删去。

标点符号要注意：

---

① 此信是审阅孙继南主编的《中国音乐通史简编》后的反馈意见。

凡是引号、书号、括弧不要将弧号单独放在一头，例如黄自的《春思曲》（三首），江文也的《台湾山地同胞歌》（四首）等。就应该把《春思曲》后的前括弧"（在另一行起头，加在"三首"之前。"四首"的"后括弧"挤在上一行，如不能挤上去，就应写成（四首）。

又如《红军纪律歌》，这后一个书号也不能放在下一行，除非把"歌"字也放在下一行，写成《红军纪律歌》。

又如"主要是在汉族和汉语地区；"，这个分号"；"也不应该另起一行，应写成"主要是在汉族和汉语地区；"

又如"不过如柏拉图之'乌托邦'，完全不能成为事实"。前一个"'"也同样不能放在末尾，应放在另一行"乌"字之前。

以上云云，都是卑之无甚高论，不过"知无不言，言无不尽"，也许不会认为我是太噜苏了吧，一笑，即颂

撰安！

廖辅叔

1990 年 9 月 4 日

序文和题字待写出后补寄，今天来不及了。

附：孙继南先生的来信

廖先生：您好！

前在京曾去尊处拜访，承蒙热情接待并慨允为我们的书审稿、作序、题签，实无任荣幸与铭感。

《中国音乐通史简编》是为了解决当前高师中国音乐史课教材之需而编写的，历时两年有余。虽经集体讨论，并在主编具体要求下，三易其稿，但限于水平，恐错讹仍在所难免。为此，渴望在出版前得到您的指正。您是我们所崇敬的、德高望重的音乐史学家，您的意见，将会得到我们最大的尊重。望直言批评、赐教，这是我们一致的愿望。

由于此书许多高师都在等待使用，为争取明年暑假前保证出书，出版社要求九月份必须下稿。因此，不得不请您在酷暑炎热的条件下为我们审阅书稿。

现将山东教育出版社请您为此书审稿、作序、题签的邀请函随信奉上，请收。

前几天与哈尔滨周柱铨先生联系，得知他已把古代音乐史稿部分的第三章至第七章寄往您处，谅已收到。

我负责统修的近现代音乐史稿部分已全部看完，现送上。同时附来我们编写中涉及的有关资料（编号1—3），以供参考。

本月下旬（25日前后），我将给您去长途电话，具体落实如何聆听意见及取回书稿等问题。耑此 顺须

大安！

孙继南敬上

1990 年 8 月 15 日

（我们希望在本月底或下月初能把全部书稿取回，根据您的审稿意见加以修改、整理，再由出版社召开定稿会，按期发排。是否可以？待电话联系时商定。）

致外甥女婿林慧文①两封信

慧文：

恕我倚老卖老，直呼你的名字，不再加上先生、同志、仁兄一类客气的称呼。原来我们还是亲戚！你岳母说的我家五姐的情况完全符合事实，不过你所说的梁氏在通讯社工作我不清楚。我只知道五姐的丈夫梁叔惠，早年在我父亲的机关工作，后来在广州又在我的哥哥廖尚果（青主）的机关任职。五姐的哥哥增鲁，别名抗风，他自称阿抗。广州起义失败后，我亡命香港，是他送我到大沙头火车站，看见我平安上了火车，才离开车站的。我们虽然是堂兄弟，所谓一爷之孙，实则与亲兄弟差不多。阿鲁哥现在有一个女儿林深，定居在加拿大，她夫妇双全，子女均成家立业，同我家经常联系。她非常关心我们，越老越觉得亲切，这种感情是可以理解的，也是非常宝贵的。

你们一家这次光临寒舍，值得纪念，因为引出了一串亲戚关系，更是意外之喜。小蜜预约三年后入京读大学，祝愿她顺利如愿，我家又可以迎接新的小客人。

黄澄钦所说的萧友梅为先祖母作挽联，实有其事，他怎么会知道这桩旧事的呢？张友仁西湖志里倒是提到过的。那是一副挽联，萧氏把它谱为曲子，用五线谱记录下来，由我在裱好的堂幅上画上五条线，再画成完整的乐谱，有曲调、有钢琴伴奏，一个个音符描上去，的确是花了一番功夫，也算是别开生面的哀挽形式。

托带的书麻烦你们分头转送，心殊不安，特感遗憾的是遗漏了应该送一本给谭

---

① 林慧文先生是惠州民间文艺家协会常务副主席

山宜，请向他代达歉意，以后有机会再补送。又永钦老叔（算辈分他是我的叔叔）曾说过梁力文父亲要看《谈词随录》，这一次没有送一本给他，是疏忽大意了。还有一件小事，吴定球和吴定贤是不是一家人？也算是管闲事的问题吧，一笑，即颂

阖家康胜！

廖辅叔

2000 年 8 月 16 日

慧文：

　　顷接我侄女林深，即你岳母的表姐的来信，特转致。我得到你有关我们亲戚关系的来信，即去信加拿大告诉林深新搭上的这种关系，她也随即给你岳母姐妹写信，并感谢我帮她接上廖家亲人的关系，使不感到孤单。天涯游子的感情总是那么亲切，人与人之间就是需要这一种人情味。

　　她的信可以说是她简短的自述，你们也可以不妨同她谈谈你们的生活情况，这倒是亲情的交流，我也为这种新接上的关系感到高兴。

　　林深的加拿大地址如下：

Mr. & Mrs. K. W. Kwong

3744　12　Are

Ednondton，Alberta

Canada　T6L　3B2

　　头一行是我习惯的写法，表示是给她夫妇写信，她的丈夫邝启伟，外文的拼音是照广东话译的。

　　急于邮寄，不多说了，即祝

　　阖家安康！

辅叔

2000 年 10 月 5 日

致家乡宗亲廖永钦①的 28 封信

永钦老叔：

奉读 1 月 10 日手书，藉知老叔行期在 14 日，我行走不便，不能送行，原谅。

报上所登的拙作重版，并不是新印，而是该出版社发出 1985 年所出书谱的广告，早已售完了的。我家里藏有初版的印本，现在捡出，连同寻访所得的二胡教材四种，一并寄上，希望能对您有所帮助。这些都是学校自印教材，该是较有实际意义的吧。

老叔每次来京，我们都能多听一些有关故乡的消息，很高兴。离乡已 50 多年，年纪越大，乡情越重，能够见到故乡来人，听到故乡的言语，自己也可以有机会讲一讲老家话，多不容易啊！唐诗说"少小离家老大回"，我少小离了家，现在人已老大，却还没有回乡，希望不久真能实现还乡的愿望，那就可以畅谈了。今天就写到这里吧。

祝你们全家连叔公叔婆大人身体健康，新春万福！

辅叔

约 1985 年后

永钦老叔：

梅菜早已收到。当时因看到聋哑学校的地址，不知是什么缘故，所以想等收到信后才回信。但是您的信前两天才收到，知道您要来民政班学习，这次学习对您的帮助一定很大，对您今后工作也一定有很大的提高，真是一件好事。

梅菜很新鲜，使我一家有机会尝到家乡的风味，大家都非常感谢您。我离开老家明年即满 60 年，很想回去一趟，可惜没有合适的机会。

《广东画报》第三期我有空一定找来看看。惠州西湖很美丽，我数年前还写过一篇关于惠州西湖朝云墓的文章在香港一家杂志发表呢。

衷心祝您健康！

辅叔敬上

1985 年 7 月 11 日

---

① 廖永钦先生是惠州盲人聋哑人协会主席，在他的引见下，廖辅叔先生与惠州文化界诸多人士相识与交往，搭建了学术交流的平台。信中出现的诸君不做一一介绍，特此说明。

永钦老叔：

新年伊始，接到您寄来的挂历，非常高兴。您常常想着远隔万里的天涯游子，我感动得说什么才好。有一年阿悬从广东带来米兰和含笑各一株给我，同时看到俞平伯和钟敬文两老的新年唱和，我因此赋诗两绝句：

去年行盈六十年，真成落户到幽燕。天涯何处无嘉树，不见红霞拥木棉。

含笑逢春笑口开，醉人香气类新醅。浓香纵逊清香好，稍慰乡情岭外来。

我离开惠州已经超过 60 年了，1976 年曾为离开 50 年写过一首渡江云，在惠州一家杂志《芳草》上发表，不知您看到没有。我离开惠州的时候，惠州还没有自己的印刷所，我记得有一种《循报月刊》是在广州印刷的，现在却已经有能印彩色挂历的印刷厂，故乡真是大变样了。可惜我始终没有机会还乡一行，好好欣赏一下西湖的湖光山色。等着吧，也许还要回去走走的。到时再畅谈吧！祝

新春曼福！

辅叔敬上

1987 年 2 月 5 日

永钦老叔：

你 4 月 14 日的信我 20 日收到。收到之后一直盼望《惠州文物志》早日寄到，可是直到今天——20 天后才终于收到了，好长的旅途啊！

《惠州文物志》这本书很好，算是为惠州的文物算了一笔总账，可惜的是名人手迹太少了，邓铁香只有楹联的后半"何处下渔竿"，我小时候游百花洲倒见到过全联的。"文化大革命"前我在北京也曾买到他的一个条幅，写的是一段兰亭序，抄家时也遭了劫。梁鼎芬的墨迹也曾是我的收藏的珍品，现在全没有了。书的扉页有你的落款，还有吴定贤的大名，真使我受宠若惊。关于我的材料，去年我的妹夫冯撷常回惠州时，同惠州政协文史资料研究委员会的同志谈起我们兄弟的事情，他们就要我为他们提供有关材料，今年又提起来，我已经给他们写了一篇关于我大哥的文章《青主（廖尚果）事略》，由冯撷常转给他们。至于我自己的事情我本人不好写，所以委托冯撷常撰写一篇，现在不好再麻烦吴定贤同志了。

去年我回惠州，真是来去匆匆，没有机会多与乡亲会面，也不能多看一些地方，

连在西湖划划船的时间都抽不出来，真可谓虚此一行了。如果有机会我希望能再回去一次就好了，回到惠州应该比较从容的走街串巷，探奇揽胜，才算是真正回到故乡咧。

附函致吴定贤同志一信，请转交。我虽然远隔万里，如有我可以效力的地方我还是愿意为家乡做点事情的。

敬礼！镜公尊前请带奉候

辅叔上
1988 年 5 月 10 日

永钦老叔：

奉读你 2 月 25 日手书及关于陈安邦书法介绍的东江报，非常高兴。东江报上说他是陈仕早的儿子，他的祖父是"清末北平大学毕业生"，恐怕不确。清末北京只有京师大学堂，辛亥革命后改为北京大学，北平大学是国民党时代的名称。仕早是我小学同班的同学，仕早的父亲陈巽基别字稚立，喜欢画画，好像是我大哥尚果在惠州中学的同学。我们在府两等读书的时候，碰到五四运动，声讨卖国贼，抵制日货，游行用的宣传画就是仕早请他父亲画的。他还把他父亲的大作送给我。我大哥从德国回来，看见这些画的署名，立刻说画家是他的同学，可见我们两家的关系是相当有渊源的。还有他的伯父陈仕煦陈颉和曾经在府两等小学带过课，也算得是我的老师。记得 1938 年春天我回到广州，行经文德路，看见教忠学校门口挂着好几块牌牌，我立刻认出那是陈颉和的手笔，我还走进去问那个门房，说要见陈先生，门房说，因为敌机轰炸，学校已经迁离广州了，很遗憾没有见到陈老师一面。现在陈氏又出了一个书法家，可谓代有传人，可喜可贺。

我平时常常留心惠州一些人，特别是老同学的情况，却总得不到明确的消息，现在你介绍了一个陈安邦，使我怀旧之情稍微得到了满足，也是一件好事。你说你辜负了这个廖，觉得惭愧。我说天下事有个分工，一个人能够分担社会上一部分的工作，而且做出了成绩，特别像你这样长期为残疾人谋福利，正是做出了贡献的人，才真是不愧志士仁人的称号，为廖家增光不少呢！

你们说希望我在惠州多留一些"墨宝"。说来惭愧，我根本不是书法家，自己不敢多露一手。要我送货上门，我也不知道向什么地方送。如果有人要我写点什么，或者有什么纪念活动性的活动用得着我，我是有求必应的。东坡纪念馆、逍遥堂、噩生书屋以及一些亲朋好友，我都尽力而为，只要人家不嫌弃。

关于老叔的称呼，那是辈分所定，感情上我们平等相待就是了，对吗？谨此敬祝万事胜意！

辅叔 扬华 敬

约 90 年代

永钦老叔：

在收到你的来信之前，我已经收到民政局的信。我正如你来信所说的，手长衫袖短，所以我当时就已经决定写一首诗来表达我的心意。结果是写了一首词：

解道身残志不残，有恒水滴石能穿，赛歌竞技捷频传。

腌脚还修孙子法，失明终著海伦文，几多奇迹出人间。（调寄浣溪沙）

"孙子腌脚，兵法修列"，是中国古人的事，海伦是指美国女作家海伦·凯勒。她出生 19 个月，即因一场大病丧失视力与听力，但她克服种种困难，在有心人的帮助下，修完了大学学业，写了十几本书。去年中央电视台播送了她的生平，不知道惠州有没有转播。现在我的这首词写了两张字，一张送给你做个纪念，另一张请你转交给盲人聋哑人协会。如果你们发起募捐义卖，那就可以用我的字义卖，谁肯花钱买我的字，我一定有求必应。价格请你们定，所得款项即捐盲人聋哑人协会。山东武训纪念馆来函募捐，我也用这个办法写了两张字送去。那是写了一首五律。秀才人情大概只能是纸半张了，可笑亦可叹也。

读了南方时报刊登的那篇关于你的文章，我对老叔真是肃然起敬，老叔才真是给廖家增光呢！即祝

新春万福，镜公尊前请代奉候。

辅叔

1990 年 2 月 7 日

永钦老叔：

新年好，老叔一家健康愉快为祝为颂。现在有一件事想请你帮忙办一下。最近我写了一篇《陈景吕先生遗事》文章，在《惠州文史》第三辑发表，他们寄了一本给我。考虑到陈老先生的后人——儿媳妇、孙子、孙女都健在，我要寄一本给他们看，也算是一种纪念。为此寄上 5 元钱，照它定的工本费，请你就近买一本寄给我。他们的编辑地址是：惠州环城西二路 80 号文史资料研究委员会。琐碎小事本来不应

211

该找你麻烦,属在至亲,我就大胆一次了。

你什么时候再来北京?算起来你来北京,比我回惠州可能性更大,我也只好服从现实了。吴定贤、巫翮等同志会来北京吗?我倒希望他们能来,他们是说要来的。让我再向你老叔一家

拜年!

辅叔敬上

扬华嘱代问候叔婆大人

1992 年 1 月 8 日

永钦老叔:

前奉到手书及《惠城文史资料》,因临近农历年关,忙了一阵,后来又因博士研究生论文需要校阅并准备答辩各项工作,更加腾不出手来,一直没有给你写回信,真对不起。《惠州民间歌谣》看过之后觉得还有一些没有收录,所以补上一些,写在书上,现将该书寄上请审阅。为了补写歌谣,也耽搁了一些时间,现在总算大致写出来了。

你来信说的《惠州方言志》我没有收到,这本书我倒是真想看,看些方言是很有意思的,也可以引起我的回忆,说不定也能提高我语言的水平呢。我平时在家里总喜欢讲讲"阿咪话"的,觉得讲惠州话最道地,有些人离乡久了,就不会说本地话,我却始终没有忘记,虽然有些话已经是用土音说的普通话。

来信说老四回惠州定居,不知已搬回来没有?在老家多几个人就近照料,也是好事。如果回来,你们又可以多见面,多了谈天的机会。

《惠州文史资料》第八辑有一篇《廖仲爽在"两航"起义前后的贡献》是关于先生的,现在寄上一本,也可以算是廖家的人物的一番比较重要的事业吧。

春回大地,遥祝老叔阖家老少

健康愉快!

辅叔鞠躬

1992 年 3 月 9 日

永钦老叔、婶母大人均好:

4 月 23 日大函收到不久,就接到叶映文小姐的电话说带来了老叔惠赐我们的土产酥糖和柚皮糖。昨天她已经到我家里来了,不巧的是我因参加刘半农、刘天华、

刘北茂所谓江阴刘氏三杰纪念展览会的开幕式，被人扶着去参加，因此没有见到她，真是憾事。听说她很忙，回惠之前不会再来我家，我就没有机会向她当面道谢了。她住的地方在三环路，新郊区，我还没有去过，走路不便，要见面只好等以后的机会了。谨在这里向老叔表示衷心的感谢。

《惠州方言志》那本书很有意思，作者很下了一番功夫，也许因为作者还年轻，或者惠州话现在同过去比较有了些变化，所以她列举的惠州话同我少时讲的有点不同。例如"肥"字，她只列出肥字，并没有写到惠州方言 niap（尼甲切），是不是现在惠州人只讲肥，不讲 niap 了呢？

老叔拟的福利院对联对仗，平仄都相当合适，惠州话比普通话平仄分得清。你给热水器广告的录音也很准确。"安全又很气"的"很"字正式写法应该是"悭"，这是我们旧时的读法写法，不知现在有没有改变。谨录出以供参考。余空续陈，谨祝

夏安！阖家平安愉快！

辅叔 扬华

1992 年 5 月 13 日

永钦老叔：

老叔 5 月 31 日赐书奉悉，经你提醒我当即给欧阳锋同志说明 100 元和钢笔均已收到。当时因接到梁永泰遗孀写的一份材料，可以补正我写过的文章，原拟写好文章一起回信，可是忽然接到一项任务，要我写一本中国近代音乐教育家萧友梅的传记，赶在明年 1 月萧先生 110 岁诞辰举行首发式，因此专心写萧传，一切别的事情都搁下了。现在你提醒我，我当即给欧阳同志写了一封信，说明耽搁的理由，并请她原谅。为此多谢你老叔的提醒。

老叔贤兄来京，我未能拜访招待至深抱歉，哪里还要向我们后辈表示歉意的道理呢！

我们家里的电话改为七位数 6053531，分机仍然是 526，我没有告知各位，以至许多人都来信询问，我又多了一番回信，如果方便，还想请老叔顺便告知各位。实在无法想得周到啊。

我现在仍然忙着萧友梅传的事情。老叔近况如何？想来你是够忙的，这种忙非常有意义，对残疾人是极大的帮助，是造福人类的伟大事业，说起来真是不胜感佩。

敬祝日进不已，泽波广远！

辅叔 扬华

1993 年 6 月 10 日

永钦老叔：

12 月 7 日赐书，敬悉一切。老四两口子入老人院定居，我们觉得比回惠州好一点，因为广州他们已经住惯了，四嫂又有熟人来往，不致寂寞，所以我们认为这样决定是不错的。我们想给他夫妇写信，不知老四现在用什么名字，请你告诉我们，以便今后通信。

老叔不能来京开会，我们失去见面的机会，实在可惜。如果老叔有机会，欢迎老叔和阿婶来京旅游，我们也可借此拜见阿婶，亟盼你们能成行。

《惠州古城的传统风俗》一书早已收到。因为老叔上次来信说林慧文先生希望我写幅字给他，不巧我正患肩周炎，手臂不好使，写字没有把握，现在正在施行电疗，拟等到恢复好些之后，再用宣纸写成条幅奉寄。请老叔告诉林先生，我一定会写张字送给他。收到这本书的时候，我已经集龚自珍的诗句成一副对联：

收拾遗闻归一派，

狂胪文献耗中年。

后来觉得还不够具体，所以再集上两句足成一首七绝：

一州掌故闲徵遍，

为溯黄农浩渺前。

这样就参考历代著作，一直到惠州的民间传闻都包括进去了。至于书中某些地方，我认为与我所知有些出入，我也想老老实实告诉他，所谓知无不言，也是对作者负责的态度。老叔认为应该不应该直言无隐的提出来，因为我又怕提出来会引起误会，反而不美，未知老叔以为如何。甚望有以教我。

老叔已经加入党组织，有更多为人民服务的机会，至堪庆贺。希望多做好事，也为党增加力量，树立榜样。新年将至，谨此遥祝

老叔和阿婶全家健康幸福、万事胜意。

辅叔 扬华 谨上

1993 年 12 月 19 日

永钦老叔：

连收三封信，极感老叔厚意。书已经收到，文史资料及民政志，两本惠城 500 问尚未收到，大概不日也会寄到的，挂号总比平信慢一些。思乡曲托人复印，印出

即当寄奉。

关于青主的材料，近年我写过几篇，现在已经结集历年文章印成专书，出版后当即寄给你们。现在不另写了。

《惠城文史资料》编辑欧阳锋同志处我有专函给她，我很感谢她对我工作的称赞。对于家乡的事，只要力所能及，我是应该尽我的义务的。

关于廖氏族谱的情况，我记得是雨生公主编的，当时我还在惠州，他常常把有关资料送给我的父亲看并征求他的意见。书的前面列有参与编纂的人名，其中也有我的父亲和青主的名字。书中写到什么人也开列他的著作。这一点很给我启发，觉得我也应该努力，将来能留下一点事业的记录。不过这种连宗序谱的事，还不免是封建社会所遗留，现在似乎不必提倡，因为现在人们的视野已经应该扩大到国家与世界。近年不仅国内、英国和美国也有些出版社有关名人传记的也向我征集资料，有的也附有多少美金可予发给纪念章之类，我都不予理会。商人敛财的手段，大概中外都有一套的。

近来老眼昏花，手指关节也不灵便，写起字来很不整齐，使人看了不舒服。诣希原谅。春节在即，即祝

新春万福，并向阿婶拜年！

辅叔 扬华

1996 年 2 月 5 日

永钦老叔：

《惠城 500 问》收到了，你老叔的盛情使我非常感谢，这本书的材料真是够丰富的，读了增加不少家乡的知识，也可以说稍微了却乡关之思了。书中关于曾任少将级以上人物似应将刘孟纯、廖尚果列入。刘孟纯要注明详见关于新疆起义及文艺界项目内，廖尚果则应题笔名青主，现在根本不提青主的名字是不适合的。

我眼睛白内障，看书写字都有困难，老年又不好随便动手术，只好自己注意保护视力。我们老两口身体都还可以，能够做些家务事，不必挂念。

敬祝身体健康，工作顺利。

辅叔 扬华

1996 年 4 月 18 日

永钦老叔：

兹托我的外甥杨自强带给你老叔七本书，是我去年印成的拙作。其中一本是送给老叔的，另外六本请费神分发各位。麻烦你老人家，请原谅。

廖乃雄是青主之子，现在定居加拿大，他的地址是如下所列，请直接与他联系。匆匆加以手术后不能多写字。即祝

阖家老少健康！

辅叔 扬华

1997 年 8 月 14 日

永钦老叔：

大扎早已收到，附来的周瑞娟书法展览的材料及她送我的横批，我都反复观赏过了。惠州艺苑人才辈出，真是长江后浪推前浪，雏凤清于老凤声，我也想有所表示，因此写了一首七绝，并写成条幅，送给小周姑娘。我不是书法家，写出来不能看书法，只是一点纪念罢了。请转给她，并代我向她道谢。拜托拜托。

素文是慧文之误，我虽没有患老年痴呆症，也不免糊里糊涂，张冠李戴，还请你代我向林君表示歉意。

我的几本书累你老叔东奔西跑，很是不安，惠州话"自己祖叔"，所以放肆了，请接受我对老叔的衷心的敬意。廖家有你老叔这样的热心人，正所谓"邦家之光"，这四个字是过去廖家祖屋大堂正中一块扁上的题字，是廖家人引以为荣的。因为这说明廖家是所谓的书香门第，可惜现在那块匾额是不见了，你们是住在祖屋后面最高的一层的，大概也被日本侵略军毁坏了。

老叔说的陈伯钧，我完全记不起来，所谓同窗之谊是不是指两等小学同学？我也想不起这个名字，年老了脑子真是不好使了？请代我问候他们。

老叔来信说有许多人希望得到我的题字等等，你都一一婉言推谢了。老叔照顾我老年多休息，不要劳累，自是盛意可感，但是不知者以为我会摆架子，那就不好了。去年音乐学院为我举行 90 华诞庆祝会，我对大家的溢美之辞表示承受不起。但是为了感谢大家对我的信任和鼓励，我当场声明，如果有人要我解答问题，或者要我题字，我一定有求必应，请大家不必顾虑我的健康情况，我还是要以老当益壮来勉励自己。这段话适用于音乐学院，也适用于惠州的乡亲。请老叔对过去为我推辞过的或者今后提出要求的，一律向他们表示，请他们提出要求，我一定尽力所能为，满足他们的要求。这是我真心的表白，请大家不必客气。特别对那位残疾人画家，

无论如何要尽我的义务，你说对吗？

第一张信纸倒过来写了，又出了一次洋相，见笑之至，就写到这里吧。

祝老叔全家健康愉快！

辅叔 扬华

1997 年 10 月 21 日

永钦老叔：

老叔 11 月 16 日的手书及《惠州书画院作品选》，还有刘雪庵冤案的文章都收到了。书画院作品选寄给我，你自己不是就没有了吗？那你的损失太大了，真过意不去啊！

关于老叔生平的叙述使我更增加对老叔的敬佩之情，一个人有志气就可以在事业上有成就。我上次写过关于海伦的一首小词，也是对身残志不残的有心人的歌颂，不限于海伦一个人的。老叔实在是廖家引以为荣的人物，还决不是我的客气话，我是不会随便恭维人的。

数月前黄澄钦来北京，特意来看望我，还带了一位医生周仲平来，大家用惠话谈得很痛快，还托他带了一本《乐苑谈往》给周瑞娟，大概她收到了吧。

上次我信中说，如果有人要我写字什么的，请你一律答应转知我照办，过去你推辞了的，也请你通知他把东西拿来给我题字。我精神能够做到，就一定要满足人家的要求，我最讨厌那装腔作势、摆架子的人。希望别人不要误会，以为我是"白鸽眼"，瞧人不起。我自己没有什么了不起，怎么能摆什么架子呢！

青主的儿子廖乃雄，因我上次写信告诉他，惠州日报介绍惠州名人，要他写份材料，他当即写了青主履历给我，现在随函附上，请你转交的负责同志林慧文，谢谢。

我的白内障是用一种比较新的摘除手术治理的，效果还不错，我本来就戴老花眼镜，戴上眼镜还是看不清楚，现在是小字都可以看了。但是我还是比较小心看书看到相当时间就停止阅读，起来散步，或者动手做些小事情，请放心。

祝老叔、老婶冬安！

《惠州书画院作品选》第 22 页张启文书苏东坡第一首第四句"闭门隐幾坐烧香"的幾字应为几字。几是小桌子，古人是设于座侧，倦时作倚靠用的，并不是幾的简化字，写作隐幾是讲不通的。此书如果重印，最好是换另外一幅字，像现在这样子，让别人看了，以为惠州人连这句诗都搅不清楚，是影响不好的。

辅叔敬上

1997 年 11 月 29 日

永钦老叔：

新年刚过，春节又快到了，照老规矩，这是最热闹的节日，谨在此向老叔、老婶及弟妹祝贺新春万福，用惠州话说是身猛力健。

马胶咸鱼非常鲜美，请代向黄澄钦先生道谢，又随函附上拙书一幅，为澄钦先生过访作。秀才人情纸半张，算是我的回报，请转交黄先生。

上次奉函曾对苏东坡的一句诗的"幾"字提出我的意见，其实当时还有一条关于曾国祥先生的意见。《惠州书画院作品选》第 19 页《牡丹亭皂罗袍》结句"锦屏人忒看的这韶光贱"的"贱"字，曾先生写作"浅"字，我还以为是别有所本，需要找可靠的版本来核对一下，所以没有提起。现在经过核对，"浅"字实在应该是"贱"字。

惠州日报还登载了澄钦先生的一篇访我的文章，他写作的态度很谦虚，这是可贵的德性。现在的惠州比我当时的旧惠州的确是大大的进步了，可喜可喜！

手控制不住笔字写得不成样子，抱歉得很。即祝

阖家老少新春万福！

辅叔 扬华 拜年

1998 年 1 月 23 日

永钦老叔：

新年过后，又收到老叔的大包，其中有梁力文的画、惠州日报及鹅城杂志，老叔对我的关心太令人感动了。为了感谢乡亲的关怀，我当即写了东坡书画院的字幅，因为不知道具体的用处，所以写了一张直的和一张横的，请梁力文先生斟酌采用。另外还写了一首七绝送给他。他和老叔一样，都是属于残疾人而能奋发自强，做出成绩来的，这是值得佩服的事业。《心桥》剧本非常有意思老叔了不起！

另外黄澄钦先生曾带一本蓝新德写的一本书《汉剧东江二十年》给我，现在我将回蓝先生的信附在给澄钦先生的信里面，请给蓝先生。我随函寄上，也请老叔转交黄澄钦先生。我自己图方便，都包在一封信里面，麻烦老叔代劳。实在是对不起，惠州话叫做"自己祖叔"，拜托了。

眼力不好，字写得潦草，不恭之处，请恕罪。不多写，祝

阖家健康愉快！

辅叔 扬华敬上

1998 年 2 月 27 日

永钦老叔：

5月11日手书敬悉，兹遵嘱为谭山宜先生大作提写书名，因为不知哪种格式更合适，所以横写、直写各一份，请斟酌采用。老眼昏花，笔触轻重难于掌握，写得不好，也就没有办法了。谭先生对民间艺术甚有兴趣，实属有心人，值得佩服。惠州文化有这样的有心人努力工作，可惜我不能多出一点力，惭愧之至。顺祝

阖家老少健康愉快！

辅叔　敬启

1998年5月18日

永钦老叔：

老叔5月26日的信早已收到了，因为接信的时候，我正在做白内障第二只眼的手术，术后不能看书写字，还不许低头。之后，又来了大热年，什么都不能做，谭山宜先生要我写字，也拖了下来。现在总算写出来了，但眼力不好，写不好，只好将就塞责了。这样说好像不负责任，属在宗谊，惠州叫做自己子叔吧，就坦白说了。现在随函寄上，请转交谭先生，麻烦老叔了。

我和老伴身体还好，今年是我们结婚60年纪念，我只写了几首诗，没有举行庆祝会。当年结婚是在抗战期间，也没有请客摆酒，私人私事，不好惊动大家啊。谨祝

老叔阖家安吉！

辅叔　扬华

1998年8月31日

永钦老叔：

首先请恕我久不奉复之罪。收到你的信和蓝广浩的书画集，因为梁力文说要在10月间来北京，所以写了老叔的对联及送给蓝广浩的字幅之后，没有付邮，等他来京返回之便带给你。可是今天已经11月25日了，他还没有来。现在再不等他了，直接付邮才是正理。

说起来我也真是不免老懵懂了，"树立惠城新风"的城字写为阳字，只好另外补写一个城字，裱的时候挖补一下好了。人老了，总不济事。也许因为老了，做错事也容易得到原谅吧。

蓝广浩还年轻，他的诗词很下了一番功夫。现在一般人写诗词，不讲究平仄，他却是相当严格地遵守格律，很是难得。附上送给他的拙作请转交，并代表达对他的赞赏。他真是一个后起之秀啊！

老叔能写剧本，还得奖，可见是一个多面手。一个人总是有多方面的活动才有意思，心胸也不会狭窄。老叔一家子女都有出息，老婶身体健康，甚为欣慰。"文化大革命"期间听说有人去惠州外调我的材料，廖家人只有老婶说得出我这个人的情况，老婶真是个大能人。可惜我上次回惠州大半天，没有机会拜见她，请代向她请安。

老叔说的堂兄永强，我也听说过，他的祖父我叫他三伯公，即曾祖父，他名鸿塑。永强老叔的父亲名衔绪，字缵周，读古书很下过一番功夫，又写了一笔好字。他常常从祖公堂上面下来同我们兄弟聊天，他是廖家比较好学的读书人。

崇向对老叔应该称叔公，你就叫她名字，他的丈夫刘英法，直呼名字，不必讲什么客气，惠州话叫"自己祖叔"，是吗？

《惠州史话及其他》收集了许多材料，请代向作者问候。天气冷了，诸祈珍摄，谨祝

阖家安康！

辅叔 拜上

1998 年 11 月 25 日

永钦老叔：

12 月 15 日来信敬悉。电话改号，未能及时奉告，真对不起。本来我要写信的，因为上次奉函，曾附有谭山宜先生的一副对联，准备收到老叔回信一起奉告。但一直等不到回信，不知你们究竟有没有收到，所以一直在等待，时间拖长了，累老叔空打电话，罪过罪过。我们现在新改的电话号码是 66425563，不用分机分号了。

谭山宜的对联有无收到，未见提及，甚念，如果是遗失了，就要再写了。

关于我父亲的材料，我最近又写了一份寄给市志办公室主任邹永祥先生，可以参看。

廖氏通书编委会材料，已看过，现寄还，请检收。新年春节，先后来临。谨祝老叔、老婶及诸弟妹新年幸福、健康！

辅叔 扬华敬上

1998 年 12 月 29 日

永钦老叔：

你 7 月 9 日的信早就收到了，附瑞娟的照片使我非常高兴。你们对我的关怀是非常宝贵的，我大概再不可能做长途旅行，对故乡的怀念只能从对故乡亲友的怀念来表达了。在这方面你老叔起了关键作用的。我再次对你老叔表示衷心的感谢。

附上梁力文和周瑞娟两封信，请转交。立文寄来的梅菜、茶叶、杏仁饼等珍品，真是受之有愧，但又却之不恭，总之不要破费了。

回信早应寄出，因天气酷热，一写字汗水就湿到信纸上，所以拖了这么长时间，还祈原谅。谨此敬祝

阖家安吉！

辅叔 扬华
1999 年 8 月 14 日

永钦老叔：

你的来信已经收到很长时间了，因为老伴卧病在床，随时需人照顾，影响情绪，所以迟迟未能奉复，罪甚罪甚。现在老伴病情虽未彻底好转，总算比较稳定。于是着手清理信债笔债。据实陈述，还祈原宥。

老叔问浩然烟树念庞公是不是庞统，老叔这种每事问的精神真可佩服，一般人看过去就过去了，很少有"打破砂锅问到底"的。孟浩然所说的庞公是庞德公，庞统是他的侄子。

黄澄钦寄来一套西湖的组画，即老叔所说的图文并茂的作品，他要我写篇序和题字，我已经另外直接写信寄给他，不必麻烦老叔了。只是周瑞娟所提的"东平文苑"横幅，还是要老叔转交的。我的题名时低了些，应该高一点，与大字对比稍为居中才好。如果要裱字或刻板，最好还是能够把题名摆在合适的位置。

别的没有什么要说的了，先此付邮，并祝

老叔阖家健康愉快！

辅叔 拜上
2000 年 5 月 17 日

永钦老叔：

老叔 11 月 9 日来信收到了，必须立刻回信，因为有一件事严重失实，必须赶快

更正。来信说："慧文告知'三嫂仙逝'，实系误传。我妻虽然病弱，卧床静养，医生检查并无大病，有时还能起床行走。慧文怎么会说成'仙逝'？奇哉怪也！好了，我现在说清楚了，你们放心好了！

镜周公墨迹极为宝贵，你把它裱起来，的确很好。我因此想起廖家过去的人大都有墨水，你们的伯父缵周公（衍绪）也写得一笔好字，古文也很有功夫，我们当时还时常谈论文章书法，他还要我读英文书给他听，是很有文化修养的人。

附来的那两张报纸，关于张友仁先生的那一张，原先已经有人寄给我看过了，倒是那张老照片登到报纸上很出乎我的意外。照片说明的作者曾伟斌，说我是他的舅公，我一时想不起来是什么关系。像林慧文那样是很清楚的，他说的一点都不错，但是曾伟斌，我想来想去总想不出什么来由。你老叔能找到他弄清楚这种关系吗？我发现我同惠州越来越多的亲戚，亦一乐也。

赶紧付邮，余容续叙，即祝

阖家健康愉快！

辅叔 拜上
2000 年 11 月 12 日

永钦老叔：

老叔 9 月 21 日的来信及照片早已收到了，因为近日闹病，经常跑医院，上下楼很吃力，后来又打吊针，一次三瓶，差不多熬个半天，弄到我累得不敢动弹，所以奉复拖了不少时间，真是罪过。好在我还是没有大病，饮食睡眠都算不坏，只要多休息就是了。

你说翻印的照片要交给尚集，不知交到手没有。我这里是感到他毫无反应，倒是大强在报上看见你和慧文写的新闻稿，非常高兴，立刻写了一首诗寄给我，表示祝贺。看样子他还像书香人家的子弟，与你屡次编剧得奖都是令人高兴的事。特别你老叔长期为残疾人谋利益，可谓善中之善，使我衷心钦佩。

邹永祥兄处我已有专函答复他的要求，他要写廖家家史，主要这一家，我觉得廖家人物像廖雨生、廖子东、廖靖涵等都值得写，但我不知道他们的详细情况，写不出来，单写我们一家，好像是偏袒了一房，所以我不能写。大概你老叔也会同意我这样做的吧。

廖靖涵，依辈分大概要称他阿伯公，他非常清高，他的儿子在他生日的时候把他从蒙古王公那里送来的礼物带回惠州，他老人家竟然认为是不义之财，不愿领受。

他的儿子在第二次直奉战争的时候，据说代表吴佩孚去找蒙古王公出兵帮助吴佩孚夹攻张作霖，不幸中途被张作霖捕获，处死。但是没有得到确凿的消息，总之人是从此没有再出现，大概是凶多吉少了。这也算是廖家的一段历史，偶然想到就写出来了。这里主要是说靖涵公的人品，值得后人效法的。

精神不好，写了一篇狗爬字，请谅。即祝

阖家健康愉快！

辅叔 拜上

2001 年 10 月 21 日

永钦老叔：

手书两封同时收到，老叔为我的事四处奔波，太劳累你了。你对尚集两次三番的传递信息，他好像是无动于衷，对我也毫无表示，大概他真是"无事不登三宝殿"的了。

邹永祥方面老叔替我做了不少事。关于青主的文章我一时也想不出哪两篇，学院要为他编印文集，等书出来之后，再通知他吧。

近来我的精神比较差，廖家的事情一时不能写。《惠城文史资料》想编廖仲爽专刊，我认为，他生平主要是做行政工作，是普通公务员。但是两航起义震惊中外的大事，他却勇于担当，成绩卓著。他平时助人为乐，备受称颂。我想特别提出来的是他的伦理道德。他和青主与我是同母三兄弟，他行二，因五叔早逝，只有一个遗腹女，他过继给五叔，负责赡养他的继母。后来他结婚了，自己成一小家庭，同时我父亲讨一侧室，育有一女六子，成了一大家。我和青主早早离开广东，他在家赡养三家人，负担可谓重极了。但是数十年来他从来不向兄弟提出分担赡养老父一家的责任。我早年落魄江湖，仅免饿死，自愧不能负起赡养老父一家的责任，家人对我也算是能够谅解。只是对仲爽我是问心有愧，他也的确是做到道德极高的标准。关于仲爽的材料，你们可以与广州的郑定原联系，大强有他的地址。你们可以请郑定原写仲爽的材料，他是很热心的廖家亲戚。

我近来身体逐渐衰弱，走路很吃力，重东西拿不起来，写字还算过得去，手不抖，真是万幸。这封信就此结束了。即祝老叔一家

健康愉快！

辅叔 敬上

2001 年 11 月 8 日

永钦老叔：

收到你的来信，知道我那篇关于惠州方言诗的文章已经登出来了，可惜我还未收到样书，大概编辑忙中忘寄了。你知道那么多什么仪，什么仪，你真是一个有心的人，可敬可佩。惠州市和残联都被评为先进单位，其中也有老叔的一份功劳，我同感欣慰。

平仄问题确是一个微妙的问题，现在有的大学中文系毕业生，都分不清平仄，有的人却自然而然分辨出来。即如廖乃雄的女儿廖冲是学钢琴的，但是她却通晓平仄，没有人教她，她自然就懂了。

说到蓝广浩诗集的写序问题，我去年接到你来信附带他的诗稿后，就曾经考虑如何写法，想来想去想不出来，所以搁下来。现在你又提出来，我又重新考虑，但是苦思冥想，思想还是集中不起来，总理不出头绪来。这大概就是过去说的"江郎才尽"，现在不那么说了，属于思路阻滞吧，总之序写不成，只能交白卷。请你转告蓝君，代我表示歉意，也许是年登九五，是应该到了封闭的时候了。计自春节过后，始终没有写过一篇短文章，也没有写成一首小诗，大概是所谓无诗之年了。变成了一个光吃饭，不做事的老家伙——你看我写字那个乱七八糟的样子，可愧可笑，只好请求原谅了。不多说了，即祝

阖家健康愉快！

辅叔 拜上

2002 年 4 月 2 日

图片·手迹

青年时代的廖辅叔。

1929年在上海与青主、华丽丝、
廖玉玑合影。

30年代前期在上海·国立音专工作时和同学及朋友合影。前排左起：陈玠、
姜瑞芝、陈梅魂、李惟宁、陈田鹤。后排左起：江定仙、贺绿汀、刘雪庵、廖辅
叔、胡然、张昊。

1931年5月 音专欢迎比利时朗诵家利腾（Liten）。前排右二起：萧友梅、利腾、查哈罗夫。利腾右后江定仙，萧友梅左后廖辅叔、右后陈田鹤。右二陈又新、后排左一李献敏、最后站立者朱英。

1933年与音专师生在兆丰公园，居中后排脸左向者为廖辅叔。

1934年在国立音专宿舍。

1946-1948年间（右二）与夫人在国立音乐院常州幼年班茅草屋前。

与夫人邱扬华在南京国立音乐院常州幼年班大门前。

1943 年在桂林廖家一爷之孙五兄弟合影。左起：廖尚果（青主）、廖仲爽、廖增业、廖辅叔、廖抗风。这是 1927 年分离 16 年后第一次团聚。当年先生作七律一首记之：五知乡心十六年，艰危告语转欣然。童痴顾我今胜昔，世事从渠海变田。居勿安称牛马走，急难苦赋鹡鸰原。天涯尚有思亲泪，一滴何时到九泉！

在常州幼年班前院阿德勒与小提琴学生合影。后排左 3 毛宇宽。

1950 年在天津与原国立音乐院常州幼年班师生合影。

1954 年出访民主德国与德国音乐家合影。左起：克涅普勒、梅雅尔夫人、阿兰·布什、马可、廖辅叔、梅雅尔。

1954 年出访民主德国与德国音乐家合影。右为廖辅叔、左一为丁善德、左二为马可。

1955 年 10 月与德国长笛专家吕则迈尔合影。前排就坐者为廖辅叔与德国专家。二排左起：李学全、孔凡生、赵莉秋、林克铭、张宏俊。三排左起：方定昊、李雄飞、李传禄、杨国安、卓志高。

1955 年与德国小提琴专家舒尔茨合影。二排左二为王耀玲。后排左起：隋克强、朱永宁、黄飞立、舒尔茨、廖辅叔、张梧、韩里、褚耀武。

1955 年廖辅叔与
德国小提琴专家舒尔茨
（中）、黄飞立（右）合影。

1956年与苏联音乐史专家康津斯基合影。左起：张洪模、张洪岛、汪毓和、翻译、专家、
专家夫人、廖辅叔、高士杰、黄继堃，前排右一与小孩一起者欧阳小华。

1957年与苏联音乐史专家别吉章诺夫合影。左起：汪毓和、赵宋光、廖辅叔、欧阳小华、黄继堃、姚锦新、专家、张洪岛、专家夫人、？、专家女儿、张洪模。

195? 年德意志人民共和国国家人民艺术歌舞团来院联欢并举行演出，马思聪、缪天瑞、廖辅叔等出席观看。

1957年，中央音乐学院附中成立时与师生合影（局部）。二排左起：张梧、朱起芸、黄飞立、郑华彬、赵沨、黄源澧、缪天瑞、夏之秋、廖辅叔、李凌。

1961 年 8 月，文化部在香山饭店召开音乐教材会议时合影。左 5 起：廖辅叔、王子成、林默涵、赵沨、李元庆。

1979年出席第四届全国文代会期间摄。前排左二起：任虹、江定仙、廖辅叔、贺绿汀、姜瑞芝、杜矢甲、易开基、何士德。后排左起：龚琪、唐荣枚、李珏、瞿希贤、吴乐懿、汪丽君、郎毓秀。

1980年5月17—25日出席中国音协、音乐研究所、中央音乐学院在北京召开的中国音乐史工作座谈会。一排左起：吉联抗、蓝玉崧、缪天瑞、赵沨、吕骥、吕骧、孙慎、曹安和、郭乃安、?。二排左起：夏野、周畅、何为、廖辅叔、李石根、?、傅雪漪、冯文慈、?、李丹娜、?、傅景瑞、?、刘明澜。三排左起：许建、张荣明、冯洁轩、黄翔鹏、乔东君、?、袁柄昌、?、王迪。四排左起：甘亚梅、?、?、赵后启、吴钊、伊鸿书、田青、周柱铨、苏木、?、杨匡民、?、刘东升、冯蕙。

239

1980 年 12 月在上海音乐学院召开的萧友梅逝世 40 周年纪念会上致辞。左起：萧勤、贺绿汀、丁善德、廖辅叔、萧淑娴。

会后合影。

1981 年 1 月萧友梅之子萧勤来中央音乐学院访问时合影。左起：夏之秋、江定仙、汪丽君、廖辅叔、喻宜萱、萧淑娴、萧勤、朱咏葵。

1984年与中央音乐学院名誉院长、中国音协副主席赵沨在参加首届王光祈研究学术讨论会期间在王光祈碑亭前留影。

1985年4月《乐记》《声无哀乐论》学术会议留影。一排左起：何乾三、肖琳、杨明英、蓝玉崧、廖辅叔、王耀珠、？、？、钱茸。二排左起：王宁一、郑祖襄、费邓洪、罗艺峰、叶传汉、许在扬、周柱铨、？、蔡仲德、？、方承国、白榕、牛龙菲。四排左起：潘必新、署明、？、？、沈念慈、王次焰、修海林、杨沈、伊鸿书、李起敏、冯洁轩、孙维权。

1985年9月9日新加坡李豪女士(左起四)来访时与上海·国立音专老同学、老朋友合影。左起：廖辅叔、李焕之、汪丽君；右起：杜矢甲、唐荣枚、江定仙、任虹。

1992年顾毓琇夫妇来我院访问时合影。左起：廖辅叔、喻宜萱、顾毓琇、于润洋。

1986年3月学院音乐研究所在欢送赵其昌时合影。前排左起：汪毓和、王震亚、赵其昌、廖辅叔、金继文、张洪模、陈永连、张建华。中排左起：欧阳韫、黎达、司徒幼文、田联韬。后排左起：韦郁珮、叶灯、冯淑华、欧阳丽君、唐安丽、庄小季。

1986年4月21日出席全国高等音乐、艺术院校图书馆工作会议开幕式后与全体代表合影。前排左三起：朱建、厉声、吴祖强、廖辅叔、赵沨、郑淑珍等。

1987 年 9 月 24 日在 80 华诞庆祝会上。前排左起：田联韬、欧阳小华、于润洋、刁蓓华、廖辅叔、赵沨、王震亚、张洪槟、方承国、陈永连。二排 4. 陈复君、5. 肖兵、6. 潘一飞、7. 陈自明，右 1. 王凤岐、2. 汪朴、3. 张建华、4. 徐士家。

在80华诞庆祝会上。左起：苏木、潘一飞、方承国、廖辅叔、王凤岐、徐士家、朱岱弘。

80华诞与夫人合影。

80华诞廖辅叔夫妇与梁茂春摄于家中。

在80华诞庆祝会上。左起：王震亚、肖兵、廖辅叔、汪毓和、张洪模、陈永连。

1987年12月参加广州起义60周年纪念活动的全体代表合影。二排左4为廖辅叔。

在原广州起义纪念碑前合影。

1988 年 9 月 10 日在中国美术馆参观吴钢《戏剧摄影作品展》后与戏剧家吴祖光（右）合影。

与郁风（中）、张富义留影。

1988 年在中国美术馆参观《吴玉如书法展》时与吴同宾（中）卢青君（右一）夫妇、方承国、吴同申（左一、二）夫妇合影。

1989 年 12 月国立音专老同学齐尔品夫人李献敏自美国来北京在江定仙家做客。前排左起：喻宜萱、江定仙、李献敏、萧淑娴。后排左起：齐尔品之子、廖辅叔、唐可。

80 年代与作曲家王震亚合影。

80 年代与老友江定仙摄于家中。

80 年代与四川学院教授韩立文合影。

80 年代与友人 A. 德怀尔特合影。

摄于 20 世纪 80 年代的中央音乐学院九位著名教授。左起：黄飞立、黄源澧、易开基、江定仙、廖辅叔、喻宜萱、萧淑娴、沈湘、夏之秋。

1990年6月17日中央音乐学院成立40周年暨原国立音乐院成立50周年纪念时在大礼堂与原国立音乐院师生合影。前排左起：1. 廖辅叔、2. 萧淑娴、3. 江定仙、5. 陈自明、8. 吴祖强、9. 王宗虞、10. 刘烈武、11. 薛祥兴等。二排右起：5. 黄源澧、6. 夏之秋、7. 易开基。二排左1. 丁善德、2. 洪士珪、4. 费明仪、6. 张权。三排左1. 严良堃。

1990 年 6 月 21 日林声翕先生来访时合影。前排左起：黄飞立、廖辅叔、林夫人、江定仙、林声翕、吕骥、丁善德、李焕之、李凌、孙慎、易开基。

1990 年 6 月 17 日中央音乐学院 40 周年校庆暨国立音乐院成立 50 周年纪念后，与老友丁善德（左二）、萧淑娴、江定仙在大礼堂前留影。

1990 年 6 月 17 日中央音乐学院 40 周年校庆时，获荣誉金奖。在领奖台上与喻宜萱（右二）、于润洋（右三）合影。

与林声翕合影。

1990 年 6 月 19 日在中央音乐学院欢迎香港作曲家林声翕先生的聚会上。左起：段平泰、吴祖强、林夫人、江定仙、林声翕、于润洋、廖辅叔、严良堃、汪毓和。

1990 年纪念国立音乐院成立 50 周年原师生合影。二排左起：洪士珪、薛祥兴、黄源澧、廖辅叔、易开基、江定仙、王宗虞、夏之秋。三排右起第 3 人为声乐艺术家张权，左起 3. 刘烈武、4. 陈琳、5. 汤德章。

1990 年重庆国立音乐院 50 周年纪念时专家学者合影。

1990 年纪念国立音乐院成立 50 周年部分校友合影。前排左起：段平泰、索保忠、廖辅叔、潘玉英、陈琳。后排左起：吴亭必、沈灿、郑丽琴、严良堃、吴祖强、祝盾、王振先、张韶。三排左起：？、胡炳余、黄晓和、赵惟俭、李向阳。

1990 年 10 月在《全国高等音乐、艺术院校中国古代音乐史教学研讨会》上的合影。前排左起：孙继南、廖辅叔、王玉成、刘再生。后排左起：郑锦扬、赵为民、刘镇钰、郭树群。

1990 年 10 月在北京原中央音乐学院太舟坞办学点举行的《全国高等音乐、艺术院校中国古代音乐史教学研讨会》上的合影。左起：甄志平、修海林、陈秉义、廖辅叔、杨和平、靳学东。

1990年12月中央音乐学院举办现代专业音乐教育的开拓者、奠基者萧友梅逝世50周年系列纪念活动。图为在学术研讨会后部分代表合影。前排左起：于润洋、段平泰、易开基、廖辅叔、萧淑娴、萧勤、江定仙、陈振铎、吴祖强。二排左起：徐士家、俞玉姿、刘琳、徐冬、黄礼仪、？、宋学军、李淑琴、方季年。三排左起：姜夔、李岩、魏廷格、黄旭东、梁茂春、居其宏、郑祖襄、？、赵世民。

1990年12月萧友梅逝世50周年纪念音乐会后摄。左起：陈自明、吴祖强、萧勤、孙慎、江定仙、吕骥、廖辅叔、萧淑娴、赵沨、于润洋、徐士家。

1991年《中央音乐学院学报》社"创刊10周年纪念会"。前排左起：王震亚、杨儒怀、于润洋、廖辅叔、江定仙、吴祖强、张洪模。后排左起：田联韬、汪毓和、方季年、徐士家、朱同德、陈比刚、刘霖、蒋青、修海林、黄晓和、肖琳、何乾三、欧阳蕴、周青青、郑源敏、郑祖襄、黄旭东。

1992年3月14日中央音乐学院首届博士学位论文答辩会留影。左起：刘霖、于润洋、蔡仲德、张静蔚、黄翔鹏、廖辅叔、陶亚兵、汪毓和、苏木、修海林。

与中央音乐学院也是现代音乐史上我国自己培养的第一位音乐学博士陶亚兵合影。

1992 年 11 月，在江定仙 80 华诞暨执教 60 周年庆祝会上两位挚友亲切握手。

1994 年与好友钟敬文先生摄于北师大小红楼。

1994 年与日本留学生榎本泰子留影。

1994年廖辅叔与雕塑家曾竹韶（右1）、黄墨谷夫妇（右2、3）在朱载堉塑像前留影。

1995年1月廖辅叔夫妇与何乾三（左1）、美籍华人欧阳美伦（右1）在家中合影。

1995年12月国立音乐院幼年班50周年纪念会上留影。前排左起：顾顺庆、朱信人、黄源澧、廖辅叔、叶宇、马育弟、李德伦；后排左起：张应发、金湘、王永新、陈光明、李学全、李仲平。

在90华诞庆祝会上：副院长王次炤和前党委书记陈自明向廖辅叔表示祝贺。

在90华诞庆祝会上：与原常州幼年班学生、后为中央乐团首席大提琴马育弟（左）、黄晓和（右）合影。

在90华诞庆祝会上与音乐界领导及同仁合影。左起：李纯一（史学家）、廖辅叔、江定仙（原副院长、作曲家）、吕骥（原中国音协主席）、喻宜萱（原副院长、声乐艺术家）。

在90华诞庆祝会上与师生同仁合影。左起：陶亚兵、刘红柱、汤琼、修海林、廖辅叔、王次炤、喻汲、张富义、田联韬、甘亚梅、蒲实。

在 90 华诞庆祝会上与于润洋合影。

在 90 华诞庆祝会上与女儿崇向、外孙女爱华合影。

90 华诞廖辅叔夫妇与冀瑞铠、陈南岗夫妇摄于家中。

90 华诞与外孙女君华。

1996 年与侄子廖乃雄夫妇合影。

1990 年 7 月周广仁、刘硕勇（左起 4、5）结婚纪念。

1996 年 9 月 30 日廖乃雄回国之际，与音乐界人士聚会。前排左起：万昭、张弦、廖辅叔、刁蓓华、虞孝蓉、黄伯春。后排左起：杨大风、黄晓和、张洪模、于润洋、廖乃雄、钟子林、刘诗嵘、刘凤华、鲁松龄、蔡良玉。

1997年4月19日，在萧友梅音乐教育促进会成立大会上，由副院长李绪持会牌与萧淑芳（萧友梅侄女）在院长王次炤（左）、副书记郭淑兰（右）陪同下，进行设立"建设奖"揭幕仪式。

与萧友梅侄女画家萧淑芳合影。

与参会的蔡仲德教授握手。

1997 年 4 月与萧勤（左）、黄旭东（右）摄于家中。

院庆 45 周年与缪天瑞先生合影。

音乐学系建系 40 周年庆祝会后与美学组、史学组师生合影。前排左起：李超荣、徐士家、于润洋、吴祖强、赵沨、廖辅叔、汪毓和、黄晓和。后排左起：刘春玉、宋瑾、邢维凯、邓四春、叶明春、王次炤、钟子林、修子建、潘必新、杨洸、李春光、张前、王红梅。

音乐学系建系40周年庆祝会后与史学组师生合影。前排左起：李超荣、徐士家、于润洋、吴祖强、赵沨、廖辅叔、汪毓和、黄晓和、俞玉姿。二排左起：甘亚梅、戴嘉枋、王次炤、孙笑非、郑祖襄、钟子林、尚红、李诗源、杨韵慧、胡涯、张一凤、左霞、袁静芳。三排左起：李咏敏、蒲方、李淑琴、李岩、赵玉卿、伊鸿书、梁茂春、项筱刚、吴京燕、王凤岐、修海林。

与画家沈红辉合影。

1997 年与青年作曲家邹航合作创作歌曲《香港回归感赋长句》后，接受《北京青年报》记者的采访。

与 60 多年的挚友江定仙先生在中央音乐学院内新落成的黄自塑像前。

90 年代廖辅叔夫妇与音乐史论家毛宇宽合影。

与好友作曲家江定仙之子江自生合影。

1997 年，中国文化部老艺术家合唱团访问新加坡李豪合唱团，廖先生特题赠条幅祝贺，这是团长兼指挥秋里（中）、副团长陈复君（女，右1）等在欣赏廖老题词。

庆祝蒋英教授从教 40 周年暨赵登营《冬之旅》独唱音乐会。
左一为德国驻华大使馆文化参赞梅汝佩先生。

1999 年 7 月 9 日在声乐艺术家蒋英教授（中）从教 40 周年庆祝会上、左为音乐会主持人孟昭宜。

90 年代与原钢琴系主任易开基（左一）、沈松涛夫妇游世界公园。

90 年代与老友原大提琴家后改行成为中国首位专业绘谱专家朱咏葵合影。

2000 年院庆 50 周年与中国音乐史教授周柱铨合影。

2000 年院庆 50 周年与《音乐信息》主编曹卡民合影。

2001 年 3 月在萧友梅音乐教育建设奖发奖会上与赵沨（中）亲切交谈，左站立者赵沨夫人吴锡麟、坐者为原附中校长方堃，身旁为原附中校长俞慧耕。

2001 年 3 月与台湾女高音歌唱家陈明律合影。

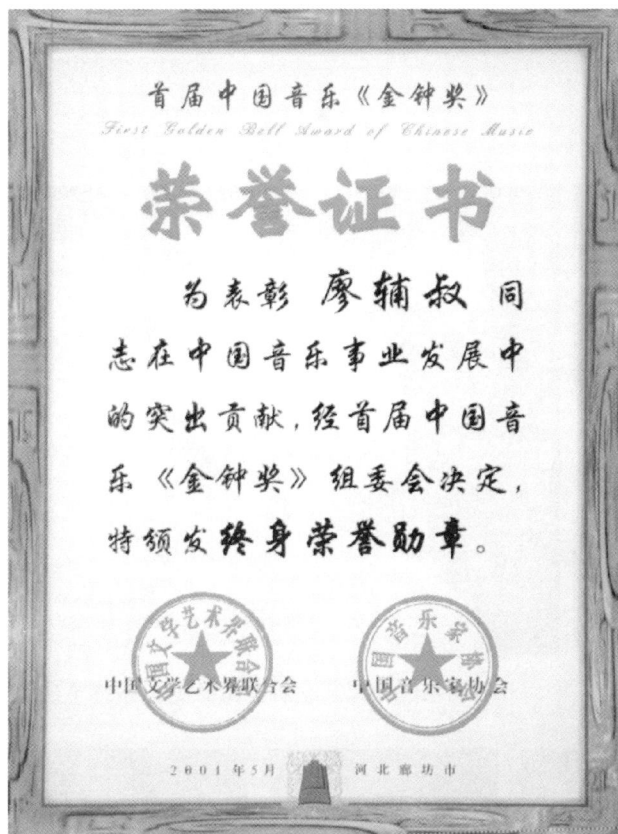

2001年5月吴雁泽（右）代表中国文联和中国音协，在副院长刘康华（左）陪同下，把首届金钟奖终身荣誉勋章送至廖辅叔家中。

与惠州残联主席廖永钦合影。

与惠州民间文艺家协会常务副主席林慧文合影。

与惠州籍山水画家黄澄钦合影。

与惠州青年画家梁力文（左）合影。

1951年廖辅叔夫妇与女儿、儿子在天津·中央音乐学院的大楼前留影。

1961年全家福。前排：廖辅叔夫妇。后排左起：侄女邱宁婴、儿子廖次英、表妹李月棣、女儿廖崇向。

1963年10月与夫人邱扬华在中央音乐学院礼堂前合影。

1981 年 2 月，廖辅叔一家三代摄于家中。

1982 年秋廖辅叔夫妇与外孙女刘爱华、刘君华留影。

1987 年 12 月惠州之行，与家乡亲人团聚。前排左起：四弟夫妇（一、二），九妹夫、廖辅叔、八妹夫妇（五、六），七弟、八弟。

在雕刻水仙。

廖辅叔在研读古诗

90 年代廖辅叔的三张生活照：在金橘树旁、赏花，在新兴宾馆（下图）。

90 年代与外孙女爱华、君华留影。

1997 年 9 月 24 日，90 岁生日时与家人合影。

90 年代与孙女廖元翔（左）、侄孙女张小立在书房。

90 年代廖辅叔夫妇与侄孙张大年（左）、孙女廖元翔（右）、外孙女爱华和君华在家中合影。

90 年代与儿子廖次英、刘纪全夫妇合影。

1997年1月外孙女婿乐为陪伴逛韬奋书店。

2000年夏廖老夫妇与侄孙女廖冲合影。

2001年春与女儿崇向在校园漫步。

2002年春节与重外孙乐正在书房。

为梁力文画题词（兰花两幅）

为梁力文画题词（石竹）

为梁力文画题词（金鱼）

吴作人赠

尹瘦石赠

黄苗子书写的碑文。

廖辅叔为萧淑芳的扇面题词。

廖辅叔同志：

在中央音乐学院建院四十周年之际，由于您在学院创业、建设和发展中做出重要贡献，特授予荣誉金奖。

中央音乐学院

一九九0·六·十七·

证 书

廖辅叔老师：

五十年来，您曾为学院的建设与长远发展辛勤耕耘，做出重要贡献，在院庆50周年之际，授予您学院最高荣誉奖。

特颁发证书，以示表彰。

中央音乐学院

2000年10月

证 书

廖辅叔老师：

您为学院的音乐教育事业做出特殊贡献，在院庆50周年之际，您荣获学院杰出贡献奖。

特颁发证书，以示表彰。

中央音乐学院

2000年10月

证 书

廖辅叔先生是我国第一代音乐理论家与诗词名家生前十分关心诗词事业的发展将收藏多年的中国近代杰出女词人吕碧成亲手绘制的丝质团扇捐赠给中华诗词学会禹风亮节令人崇仰为表彰他生前对诗词事业的关心和支持特颁此证.

中华诗词学会   中华诗词社

二00二年十月十四日

291

社會廣角

刊头题字　廖辅叔
责任编辑　高常筠

（第138期）

《人民日报》海外版题字

樂園

中央音乐学院《音院信息》报题字

東平文苑

书苑题名

日下逍遥

甫叔耽年
富义雅属

栏目题名

逍夢阁

庚辰初夏

廖辅叔

画室题名

题书名

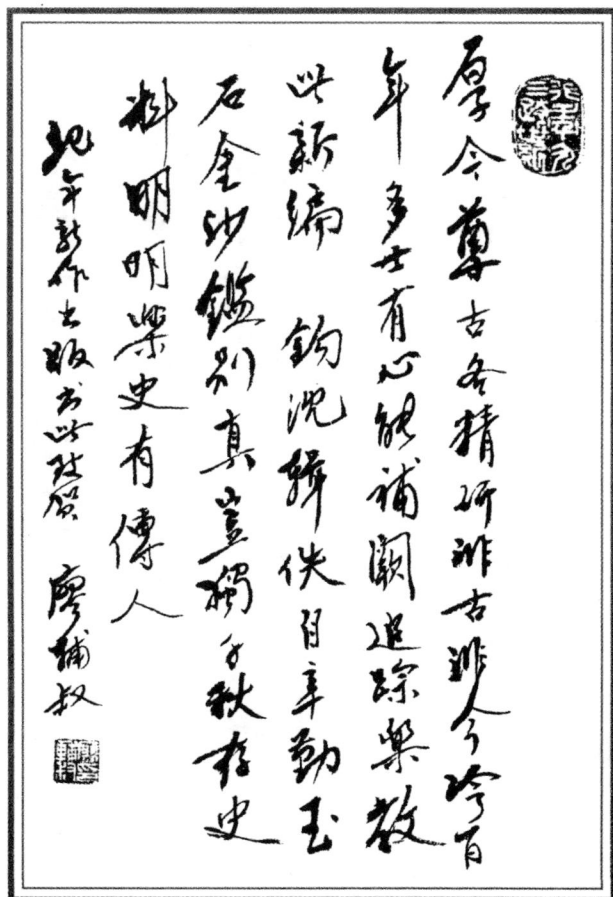

序言

西乐东来百年纪

颂太阳

沈信史传

西洋音乐来华述志喜

九十四岁廖辅叔题于北京

子期思舊賦，驚鄰笛起山陽，

記身在亭間心在天下，數此軒昂

新晴列閑境，界儌紗朝青眼到

師襄頻愧緣深骨肉要知憐

慎蒼茫　陽、江漢遠相沖誘

悵映湖光。便蜀道難行歷城好

在竹遇文鴛，河梁寄懷屬國換

新天曲韻音淋浪一樣中郎有

女殷勤董理宮商。

亡友田鶴長女陳峰將刊四

鶴作品集盛戚木蘭花慢

癸酉春末　輔叔

高名父子连先昆 政骏机云象一门 修计
煌长论新涤牛呼 习马尔公言大名少小
谢东坡为杭州惠爱多 自顾生平多
娱操每游写豪借诗哦 蜀少调三苏前
一九八年清明 廖辅叔录旧作

归骨当年但有灰 故人高谊慰泉台 壮怀空寄
黄钟律未上崑嶙绝顶来 荒塚难寻剥一碑委
泥蒙坫几多时 一番刬洗会残真似山灵共护持
别棈碑亭遂永思 高文清节两樽师 即今乐府闲
新句应有遗经待发挥
癸亥夏摘句
谒王光祈新碑亭感赋三首
甲子仲夏 廖辅叔

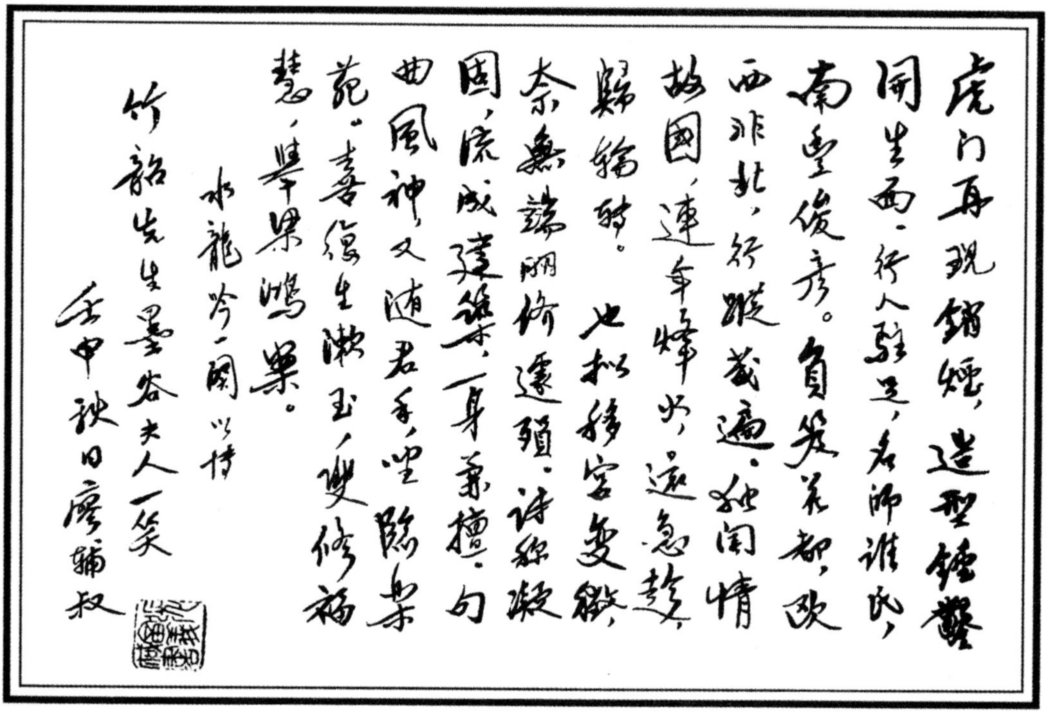

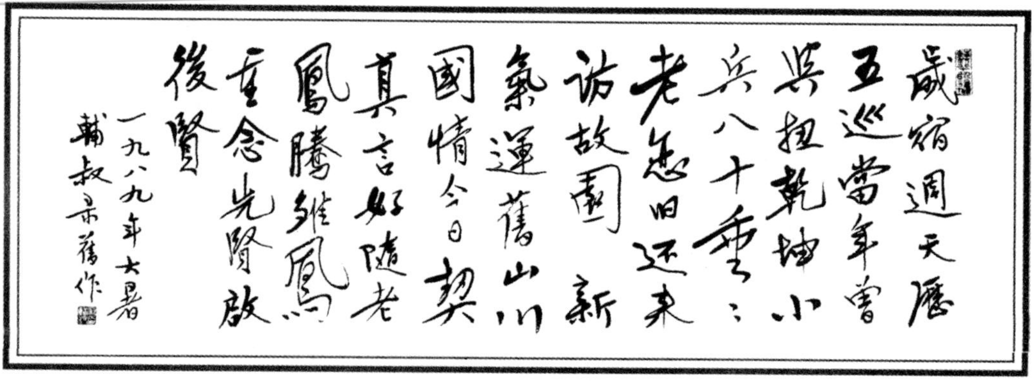

虎门再现销烟，造型锺警
同生西行人驻足，名师谁此
南望俊彦，负笈花都，欧
西非北，行踪载遍，独闲情
故国连年烽火，�归急整
归辐射。也拟移宫变徵，
奈无端丽修遗颜，诗称凝
国，虎威成建筑，君手坐胶累
曲风神又随，一身兼擅句
范，喜复生漱玉，双修福
慧，举果鸿案。
　　水龙吟一阕以祝
竹韶先生墨谷夫人一笑
壬申秋日廖辅叔

岁宿週天历
五巡当年曾
兴挂乾坤小
兵八十馀；
老怎旧还来
访故园新
气运旧山川
国情今日契
真言好随老
凤腾雏凤
重念光贤启
後贤
　　一九八九年大暑
　　辅叔录旧作

广州起义纪念馆题词

谦国说延陵挂剑深情遥送观乐

刺焉兴聪德益高看後劲铿秀采明

图大绪继横厉算音声煌煌乐

律广门庭西法盛家遗百载四海公评

浪淘沙一阕一九九一年春以庆

朱载堉纪念馆落成　廖辅叔

告别二十世纪感言

海涯老却成連，白頭無
命逢瓠乳，憂時腸熱坐
京眼瞑，遠鄉心碎吶指花
綻。分明當日，海翁深意獨
倉皇急起，陰陽輕景輕付
與東流水。 恰是精金純
色，此情芳，秋荼如薺，辛
勤卌載，披莉裝千，乘風
萬里，滿路豺狼，滿天霜雪，
滿門桃李，有華墨來醉，祇
徊前事，瀍西州候。

一九四一年初，聞報驚惡雪朋先
生病逝上海，曾賦水龍吟一闋志哀
茅印勤寄蕭師母，今當先生逝世卅四
十周年紀念之際，謹柔篇作以志

蕭勤世兄留念 廖輔叔

問年登大耋 宜堂大家九句華誕
論德著雙馨 廖輔叔敬賀

之秋老友千古
牡士英名歌八百
宗師遺澤被三枏
廖輔叔敬挽

忽耀华年琴作剑，新声起振中州包山

滇海更星洲，归故梓东病，里绝埋战机，

莉棘尽除桃李茂，老兵赫赫新献，滇缅馀热

不言休，新续随口授，命断痛闲头，

赵飒同志千古

庐辅叔衷挽

一見相傾笑風風 李柔湖廣是
比鄰交情似補三株樹呈詣敬四
座春 又換舊海場塵威寒留英勵松
籍西今歷劫都無恙知己同懷要細論
定仙道兄一笑 丙寅輔叔

共和開國添驕子 今朝八十初度夏水長流寶刀号老新
事隨翔新譜教惶小駐鄉柏飛天光吾門戶未竟楸杯
早春徐勇呙牯賣 江灣姊志浮暑沙師門咫尺相伴未
去彈指滄桑領情桃李喜見生枝接武重洋寄語佐海屋
添籌西利全都廿一開棋九的壺祝嘏 調寄齊天樂以祝
定仙老友八十大壽 廖輔叔書于都門

指间风雨动岛寒可憟
月桂凋残命输衡克
水上姓名同天柱凄绝
绿桐喑哑梦绕常州
一九四八年一月三日痛悼
美波女士
　　　　辅叔记于常州

极目雪壑壑，万里飞迎，台样兀立战云成。比似人海
船天际出，始见船桅。戍密笈欷歔，铁树苍闲，虎
取弹持现楼基。赫赫沙皇翔宝座，十月风雷。
一九五四年飞越西伯利亚作浪陶沙
左因老处当年朱曾见此景象否
　　　　辅叔于北京

凤经烈火无凡鸟　人为七年警路岐
新旧推移随世变　不妨洗耳辨妍媸
一九九二年初夏
凤岐大弟留念　辅叔北京

旭日瞳昽万里红　玉堂学士出华东
子秋铅椠勤商略　好为宫商振学风
旭东同志留念　辅叔

问名难忘野云飞　鹰扬凤仪教学徐
闲仍传览几回商略　见精思
丁丑重阳　姜夔仁弟一笑　辅叔

青木阅前初洗耳　溪畔喜扬眉
词名已月　思子里平平年来到所期
育茅老弟　辅叔

身外功名忘達士心頭憂樂繫

黎元見林見樹領全見世道由

未海夏田　辛未初夏

黎達同志留念　輔叔北京

浩蕩離愁白日斜吟鞭東揩即天

涯落紅不是無情物化作春泥更

護花　小松同志面念

一九五年季秋景　輔叔北京

飞流星飘然掠网，翻腾随手来往，一传二递成攻势，

莽地一锤如雷奔，令哨兵，别令横铜墙铁壁屏障忘却

眼亮，对垒顶斜球，挺身抢救，扑地反扣击。此为数一筹

探挡直上，有时主迷升降，不愁怯阵防锤散，挺好翻身

硬仗，敢奋壮，君不见五星熠，红旗飘，龙飞老将记悟凄

维誉今朝俯许，苦慰九天上。　摸鱼儿二阙为女排赋

齐英同志留念

一九八二年儿童节辅叔书于北京

许行首倡尊劳动文艺多为
共此情竹胜丝弦不如肉美艺
原目自然生
壬申早春
文竹女史留念
辅叔北京

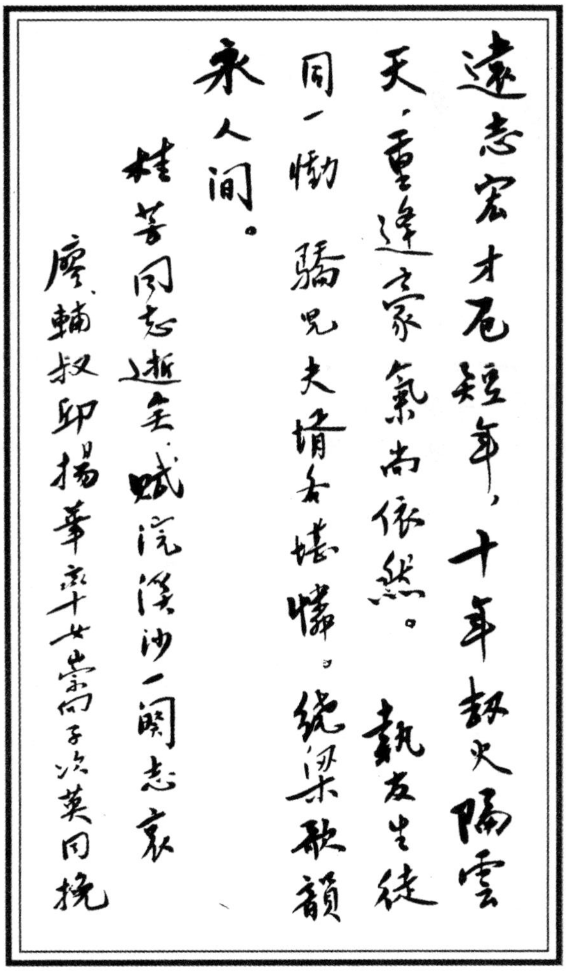
远志宏才厄短年，十年劫火隔云
天，重逢豪气尚依然。执友生徒
同一恸，骄儿夫婿各嗟怜。绕梁歌韵
永人间。
桂芳同志逝世赋浣溪沙一阕志哀
廖、辅叔卯扬华京十女尚子次英同挽

为天地立心 为生民立
命 为往圣继绝学
为万世开太平

承张横渠语 辅叔

期马大宛名錶陵瘦有戍 竹批双
平峻风入四蹄轻沉向无空阔真堪記
驍馳勝有如此万里可横行
杜甫诗马可以见後馬年
辛叉年歲暮 廖辅叔

一角芳洲明點翠

半椽書屋挹留丹

粤生詞長正書屋撰聯

一九八六年秋日廖補叔書

萼生书屋题字

收拾遺聞歸一派

狂臚文獻耗中年

山宜先生留念

補叔集定盦句

大愛心扶殘濟疾樹立惠陽新風

興善舉尊老慈幼宏揚中華美德

永欽老叔撰聯命書

九九重九補叔北京

为廖永钦撰联。

谢安舟楫风遐起
庾信文章老更成

富义女弟留念

辅叔北京

功凭独手追南阜意在冬
心笔老莲九畹乡情传
万里悦如一家坐清芬

力文先生

辅叔

诗家佳句也翻新好
写枝头细入神词
翰丹青目一手清
才又见管夫人
庚辰夏日敬赠
红蝉女士 辅叔

南阳同里张医圣滋国务名富郑
公教子能承义方教寿鹤好共祝
乔松
富义老弟六旬的大寿
一九九二年壬申春日以祝
廖辅叔

平生如弟兄，一朝撒手无先告，联

床夜话，早年无次重湖学府，物换

星移，鸳飞草长江南羁旅，乍相逢泫浮

旧时容貌，讵聚散如廿苦。 摘忆东南学

壁，裁殷勤绸缪桑土，国仇须报，悠悠卅

载，蹉跎甲午，迎接春风，玉阁羌笛，天

山飞度。幸善承遗志，鹿车槌娓伟佳

儿女。 水龙吟一阕痛哭

孟纯表兄之丧 廖辅叔哀挽

時代聲音擊柝愴首修復勁術
亦新傳新聞集帶生花筆報告
遂成練虎文　癸酉初夏寫于
寶社同志一笑　輔叔北京

神交万里簪盍寄仰
于秋有會心今日迎君袂
伴雞鄉情目覺發秋深
但有一刻正秋見本
澄欽先生过访作　輔叔

收拾遠河歸一派狂臨文獻戴中
年一州幸教河畿遍看潮黄晨
浩渺前　大作问世读毕全诗句为
慧文先生贺　甲戌春半　輔叔北京

解道身残志不殘有恒水滴石穿
寧實敏競技捷頻傳腳踏遂修
孫子涵米明終著海倫文義多奇蹟
出人间
一九九零年马年新正写呈
永欽老叔留念
輔叔北京

應須江海寄曠快
亂栽花竹養風煙
瘦碧集放翁荆公句
乙亥冬至捕叔而君華於

太白牡忍攬明月　文山大筆
和昭儀治平自接修齊俊
松茂遠同柏悅時
一九九九年大旦者
治松月儀优佩留念
辅叔

采药述年累经遂病魔
对症举降播器几紫
随誉造巧手重教见
鲁班　戊寅冬至
英法贤哲　辅叔

百岁光阴纪录事功才及半
次英狂句诞辰纪念
卅番风雨经行踪迹已跨洲
乙亥看书辅叔杨华北京

315

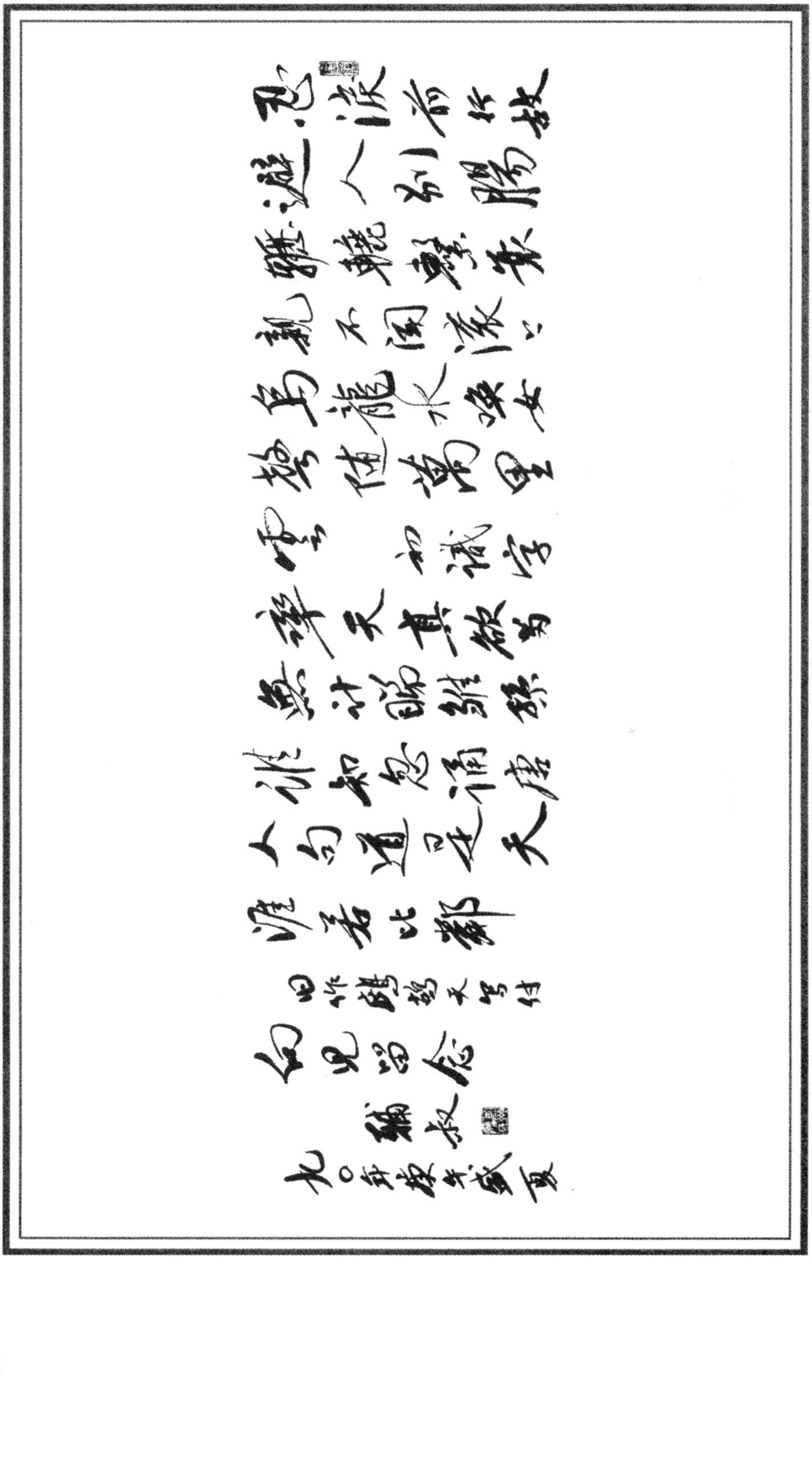

词作·译作歌曲

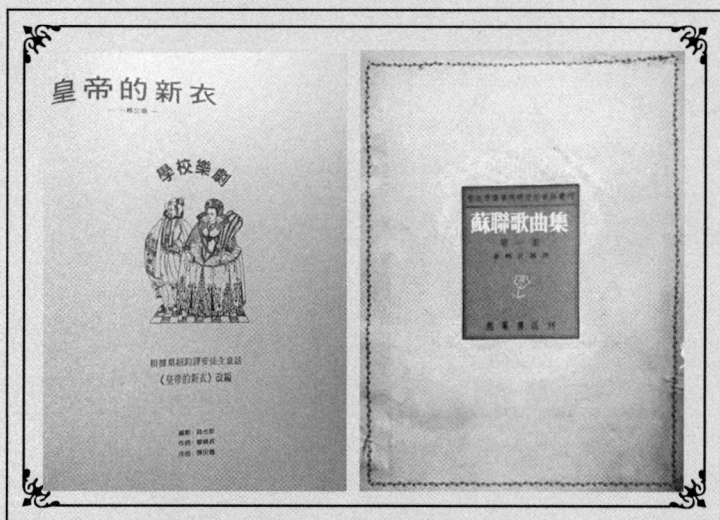

西风的话

廖辅叔 词
黄 自 曲

去年我回去，你们刚穿新棉袍，

今年我来看你们，你们变胖又变高。

你们可记得，池里荷花变莲蓬？

花少不愁没颜色，我把树叶都染红。

原载《复兴初级中学音乐教科书》商务印书馆1936年。

雪 人

廖辅叔 词
黄 自 曲

卷 起 衫 袖 不 怕 冷， 堆 成 雪 人 面 团 团。
雪 人 有 嘴 不 会 唱， 雪 人 有 眼 不 会 看；

胭 脂 嘴 唇 墨 眼 睛，眉 毛 不 长 也 不 短。
老 是 静 坐 不 起 来，太 阳 一 照 怎 么 办？

原载《复兴初级中学音乐教科书》商务印书馆1936年。

毕 业 别

廖辅叔 词
黄 自 曲

六 年 的 功 课 浅 到 深， 六 年 的 身 体 弱 变 强，

原载《复兴初级中学音乐教科书》商务印书馆1936年。

第一步走完便分手， 可是前面的路还要长，

师友的指导与提携，这情谊似太阳的光辉，在

秋天还可以想到春，回忆会给人一片温存。

喇叭响了

廖辅叔 词
江定仙 曲

雄壮地

1. 喇叭响了，上前去莫迟疑！与其苟且偷生，
2. 喇叭响了，上前去莫迟疑！必须整齐步伐，
3. 喇叭响了，上前去莫迟疑！努力冲锋陷阵，
4. 喇叭响了，上前去莫迟疑！发扬民族精神，

不如慷慨战死！我们是热血的男儿！
必须统一意志！我们是热血的男儿！
努力斩将搴旗！我们是热血的男儿！
振起大国声威！我们是热血的男儿！

发表于1931年。

萤 火 虫

廖辅叔 词
江定仙 曲

为播送一点光明，我愿飞遍东西南北。

我看不惯这世间到处是沉沉的夜色。

我们贤明的祖先，本来是书生的朋友。

我虽然一身渺小，也有热情在我心头。

原载《音乐教育》第二卷第3期，1934年3月。

前　途

廖辅叔 词
江定仙 曲

水　碧　山　青，　天　色　晴　　明。

出　外　去，　出　外　去，　领　略　自　然　的　真

趣。　　　人　空　海　阔，　地　面　狭　窄。

原载《音乐教育》第二卷第6期，1934年6月。

履？　　　　　不，　曲港跳

鱼！

Animato

芳醪　变成

苦酒，　极乐转入深忧。　　　在盼望中，在猜想中，

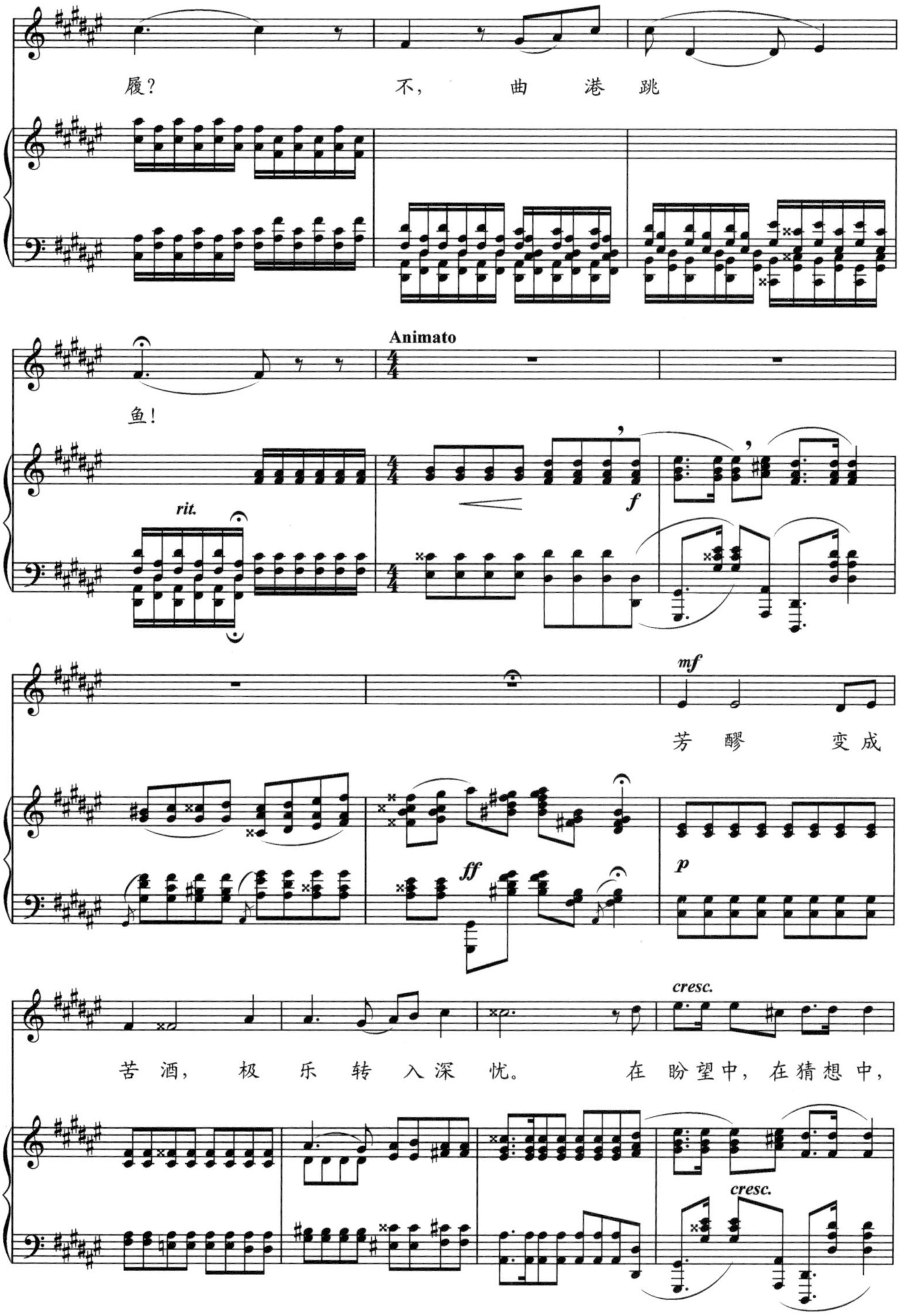

履？
不，曲港跳
鱼！
Animato
rit.
f
mf
芳醪变成
ff
p
cresc.
苦酒，极乐转入深忧。在盼望中，在猜想中，

静　境

廖辅叔　词
江定仙　曲

原载《音乐杂志》（音乐艺文社）第一卷第3期，1934年7月。

乘风去，乘风去，凭仗科学的赐

与。 年轻体壮，前途无量

向前去，向前去，开 辟 人

间 的 乐 土！

前　途

廖辅叔 词
江定仙 曲

Moderato

水 碧 山 青， 天 色 晴 明。

出 外 去， 出 外 去， 领 略 自 然 的 真

趣。 人 空 海 阔， 地 面 狭 窄。

原载《音乐教育》第二卷第6期，1934年6月。

消磨了春天， 催老了华年。 心 爱！

几 时 才 再 度 相 逢， 让 我 细

说 相 思 的 苦 痛？

晚　歌

廖辅叔 词
江定仙 曲

好朋　友，　　我问问

你，　　你喜不喜　欢这黄昏？　　鸟雀　们都在

枝　头休　息，　天空　中有蝙　蝠成群。

原载《音乐教育》第二卷第8期，1934年8月。

蝙蝠在那里来回

寻食，晚间才是它工作的时辰。

如果你白天不曾偷懒，便可以

安心消受这黄昏！

在 死 线 上

伊令眉 词
江定仙 曲

骨 里 有 你 的 髓， 管 里 有 你 的 血，

你 的 心 一 定 还在活 跳， 帮助你思 想 有你的

脑， 这 时 代 不 容 你 偷 安 苟 活！

原载《国立音专校刊》1934年第47期，以"伊令眉"笔名发表。

在死线上

（四部合唱）

伊令眉 词
江定仙 曲

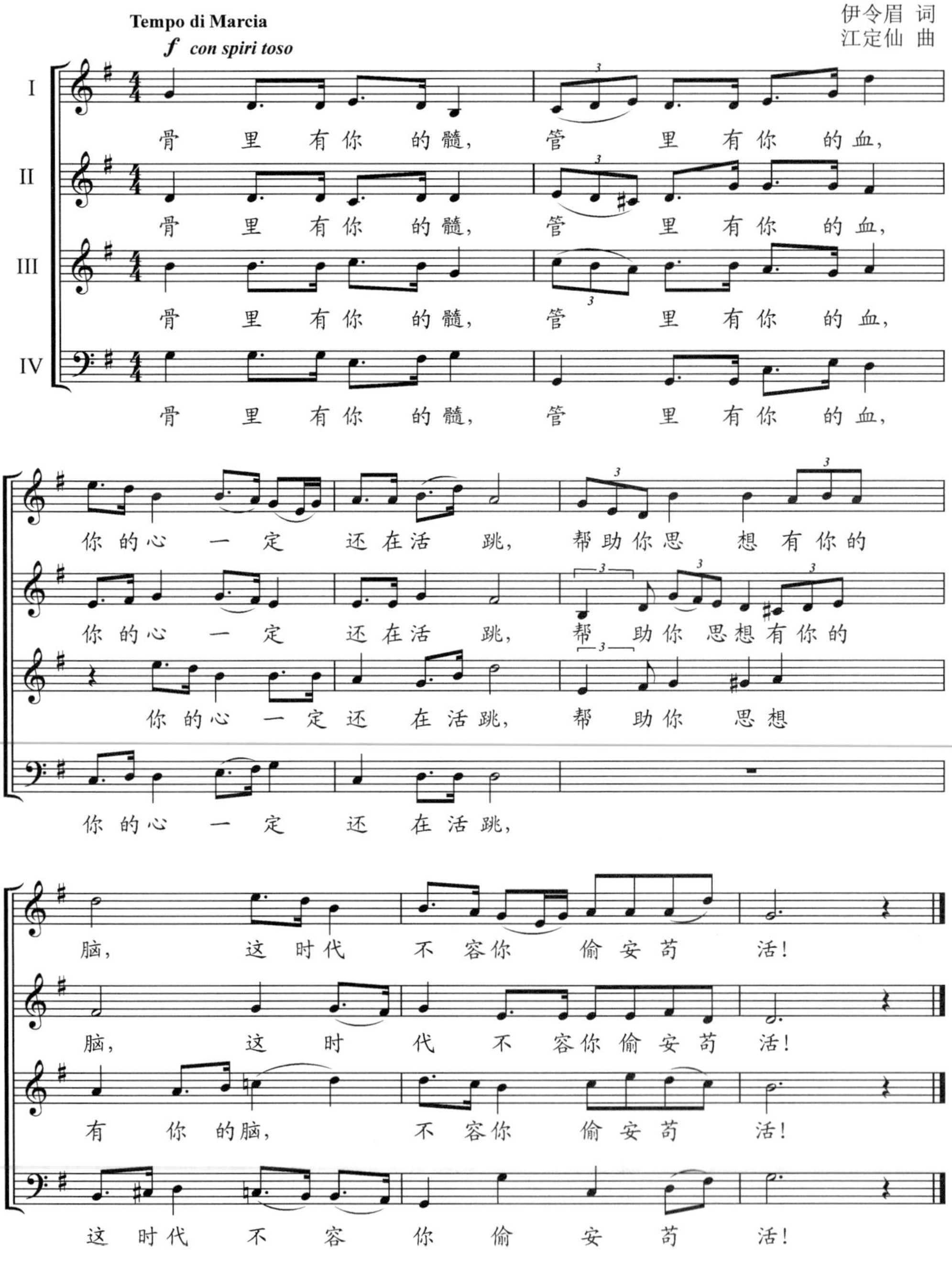

原载《国立音专校刊》1934年第47期。

万里长城

廖辅叔 词
江定仙 曲

万里长城，万里长城，你跨　过了古今
万里长城，万里长城，你如　今有创巨

伟大的工　程。　要记住你历史的主人，
痛深的回　忆。　要报复这累代的国仇，

不是秦始皇却是百　姓！
便每一秒钟都得努　力！

原载《音乐教育》第三卷第5期，1935年5月。

小鸟和小孩

廖辅叔 词
江定仙 曲

开开窗, 开开窗, 让我进来避风霜。
开开窗, 开开窗, 请你进来避风霜。

开开窗, 开开窗, 让我进来避风霜。 不吃你的米,
开开窗, 开开窗, 请你进来避风霜。 放胆一样飞,

不睡你的床, 只要歇一歇, 在你的窗幔上。
放心一样唱, 等到春天来, 再去看太阳光。

原载《音乐教育》第三卷第10期, 1935年10月。

雁　子

廖辅叔 词

江定仙 曲

歌词：

我们是一群雁子，飞来飞去真自在，有时飞成人字，有时飞成一排。有时高，有时低，有时疏，有时密。我们是一群雁子，飞来飞去真自由。

原载《音乐教育》第四卷第1期，1936年1月。

亲 爱

（二部合唱）

廖辅叔 词
江定仙 曲

歌词：

1. 伸出手来，我们握手，我们都是亲爱的同胞。
2. 伸出手来，我们握手，我们都是亲爱的弟兄。

伸出手来，我们握手，我们都是亲爱的同胞。
伸出手来，我们握手，我们都是亲爱的弟兄。

空气的分配不会你浊我清，
我们要用勇气与同情，

同胞。
弟兄，
同胞。
弟兄。

原载《音乐教育》第四卷第1期，1936年1月。

太阳 的 光 辉 不会 你 多 我 少。　伸 出 手 来，
合 力 替 民　族 延 长 生 命。

II.同，　I.同 胞，　同，　同 胞，
弟，　弟 兄，　弟，　弟 兄，

我 们 握 手，我 们 都 是 亲 爱 的 同　胞。
弟　兄。

认 清 敌 人

廖辅叔　　词
陈田鹤　　曲
陈王子阳配伴奏

1.认 清 敌　人,认 清 敌　人!要 扑

原载《到前线去·爱国歌曲选》刘雪庵主编，上海国立音专出版，1932年4月。

灭横暴的倭奴。我们要奋不顾身！努

力，努力，努力做一个勇敢的国民！

2.认清敌人，认清敌人！要扑

灭横暴的倭奴。我们要万众一心！努

力，　　努力，努力做一个勇敢的国民！

3.认清敌　人，认清敌　人，要扑

灭横暴的倭　奴。我们要茹苦含辛！　努

力，　　努力，努力，做一个强毅的国民！

燕 子 的 歌

伊令眉 词

陈田鹤 曲

1. 为 寻 觅 一 所 新 居，愿 冒 险 飞 过
2. 不 愿 把 旧 巢 修 补，却 从 头 建 筑

重 洋，燕 子，你 这 种 雄 伟 的 气 魄，是
新 巢，燕 子，你 配 受 我 们 的 尊 敬，你

我 们 奋 斗 的 榜 样！
反 对 枝 节 的

原载《音乐教育》第一卷4、5合刊，1933年5月。

改 造！　　　在你们的认识里

没有偷　安，　　在你们的工作里

没有松　懈，　　我愿效法你们的精神，给

人类造一个极乐世　界！

晨　歌

廖辅叔 词
陈田鹤 曲

1. 太阳在东边，鸡啼千万遍。太阳在东边，鸡啼千万遍。花在开，鸟在唱，黑暗的世界全透亮。
2. 太阳在东方，我们快下床。太阳在东方，我们快下床。莫贪睡，莫偷懒，今天的事情今天干。

原载《音乐教育》第二卷第1期，1934年1月。

春 天 的 歌

廖辅叔 词
陈田鹤 曲

原载《音乐教育》第二卷第1期，1934年1月。

棹　歌

廖辅叔 词
陈田鹤 曲

撑撑篙，　撑撑篙，　前面是拍拍的波涛，

莫放松，　莫放松，　波浪不给你一刻从容！

1.摇摇橹，　摇摇橹，　前面是茫茫的水路，
2.唱唱歌，　唱唱歌，　前面是滚滚的江河，

莫焦躁，　莫焦躁，　彼岸会给你平安达到。
要安定，　要安定，　成功全在你放胆前行。

原载《音乐教育》第二卷第1册，1934年1月。

好 国 民

廖辅叔 词

陈田鹤 曲

1.一二三， 一二三， 左转弯来右转 弯， 一二三， 一二三，
2.四五六， 四五六， 步调整齐步法 熟， 四五六， 四五六，

左转弯来右转 弯， 要服从指挥的 口 令， 要生气勃勃地
步调整齐步法 熟， 举动要像生 龙 活虎， 我们莫做东

进 行， 振起精神， 振起精神， 我们要做好国民！
亚病夫， 振起精神， 振起精神， 我们要做好国民！

原载《音乐教育》第二卷第1期，1934年1月。

春　游

廖辅叔 词
陈田鹤 曲

1.日　光照在山顶，　　　绿　叶生满枝头。
2.日　光照着湖水，　　　湖　水盛着轻舟。

我　们到郊外嬉游，我　们到郊外嬉游。
我　们到水上嬉游，我　们到水上嬉游。

你弹琴，　我唱歌，　唱　到小鸟齐来和。
我撑篙，　你摇浆，　歌　声唱得真欢畅！

原载《音乐教育》第二卷第1期，1934年1月。

木　马

廖辅叔 词
陈田鹤 曲

1.母亲送给我一只木马，　我骑起来天不怕地不怕，
2.假装我将来真要打仗，　我一定是一点都不惊慌，

我提着一把指挥刀，　原来是用纸板制造。
为保护自己的民族，　好男儿不应该畏缩。

我做一个司令，或是一个兵丁，这还不是一样？
我做一个司令，或是一个兵丁，这还不是一样？

原载《音乐教育》第二卷第3期，1934年3月。

学校乐剧《皇帝的新衣》

歌曲一

编剧：钱光毅
作词：廖辅叔
作曲：陈田鹤

形 式 和 陈 设 都 显 得 宫 殿 堂 皇，原 来 享 福 是

我 的 心 愿。 莫 让 国 家 大 事 来 伤 我 脑 筋，

有 空 闲 得 为 衣 裳 打 算， 命 长 命 短，

原载《音乐教育》第三卷第1、5、6期，1935年1、5、6月。

注：歌曲三同歌曲一。

歌曲二

歌曲四

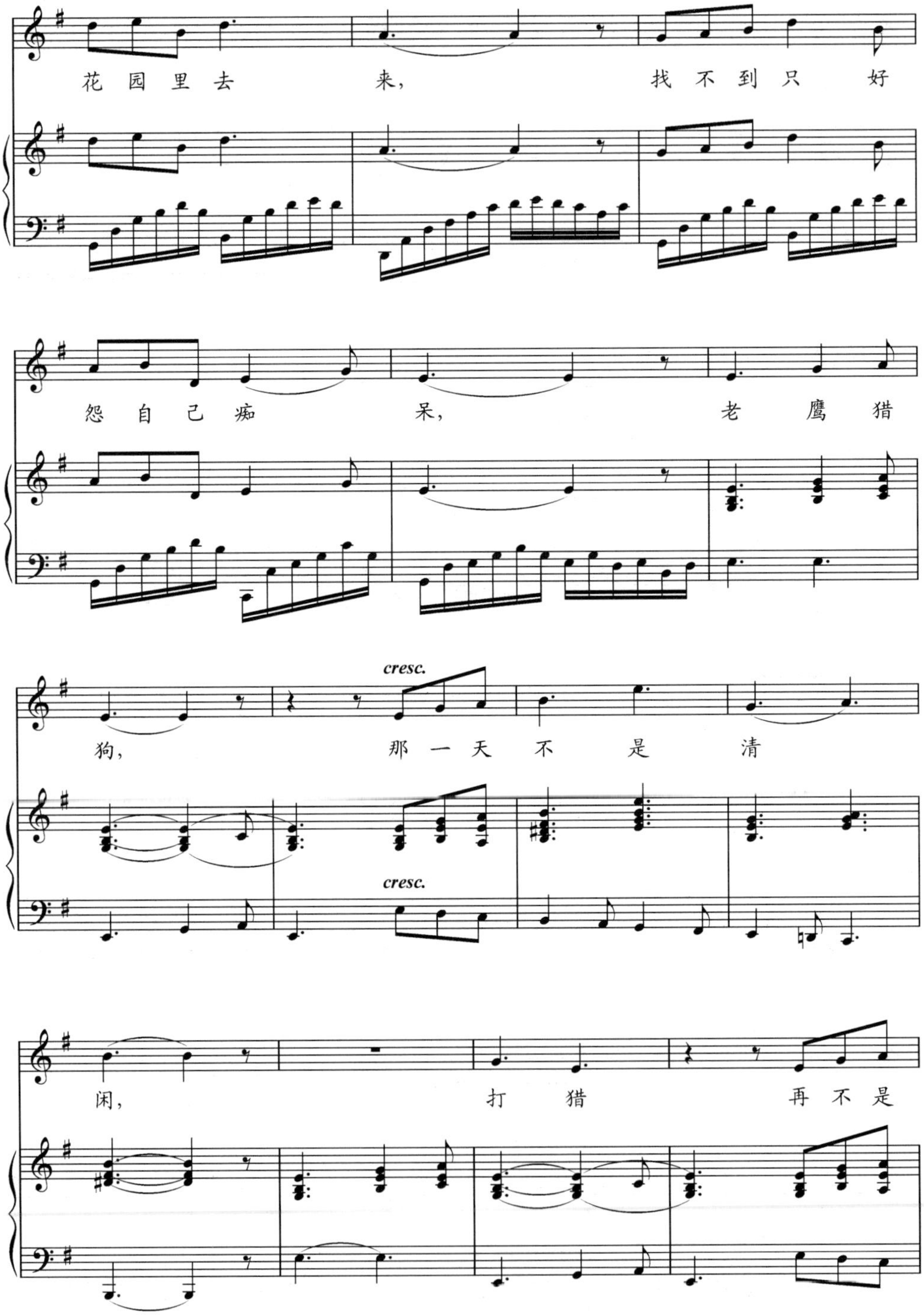
花园里去 来，找不到只 好
怨自己痴 呆，老 鹰 猎
cresc.
狗，那一天 不 是 清
cresc.
闲，打 猎 再不是

皇 帝 的 消 遣。 皇 帝 在 哪
里， 再 不 用 瞎 猜！ 你 随 时 把
cresc.
f
试 衣 房 打 开， 都 可 以 朝 拜 圣 明 的 君
cresc.
f
mf
王， 他 又 试 穿 一 件 新 制 的 衣 裳。
mf
dim.

歌曲五

霉，　　　有眼睛也　没有看见的福气。

古往今来此物真稀少，　哈哈哈，

哈哈哈

哈哈哈，　古往今来此物真稀少！

哈哈哈

歌曲六

Andantino

（织工甲乙同唱）*p*

这

新衣 绣出 叶色绿 花色黄，

白 玫瑰 像仙 女， 红 牡丹 是花 王。

一 切颜 色都是鲜 艳非 常， 还 不时

飘着清甜的花香。凤在舞，龙在飞，

夜莺唱歌，孔雀翘尾，仙禽交集，启示国

家的祥瑞。而且它永不褪色

或是破碎。白天里它是清淡

文 雅, 映着灯光便闪 出艳丽的明 霞。

(甲) (乙) (同唱)dolce
神 妙, 神 妙。 从 来不曾有 过的

(甲) (乙) (同唱)
神 妙, 古 人, 古 人, 看 不见只好 怨死得

早。 为报 答 皇帝的恩 德 才 做这套

衣裳除了你，啊万岁爷，

谁配把它穿上！

歌曲七之一

（混声四部合唱）

Moderato

S. 我们从宫殿里得到新消息，

A.

T.

B. 我们从宫殿里得到新消息，

mf
皇 帝的 新 衣 是 人 间 第 一， 你 有 钱
mf
皇 帝的 新 衣 是 人 间 第 一， 你 有 钱
mf
mp
mf

买 得 到 宝 石 珍 珠， 画 师 画 得 出
买 得 到 宝 石 珍 珠， 画 师 画 得 出

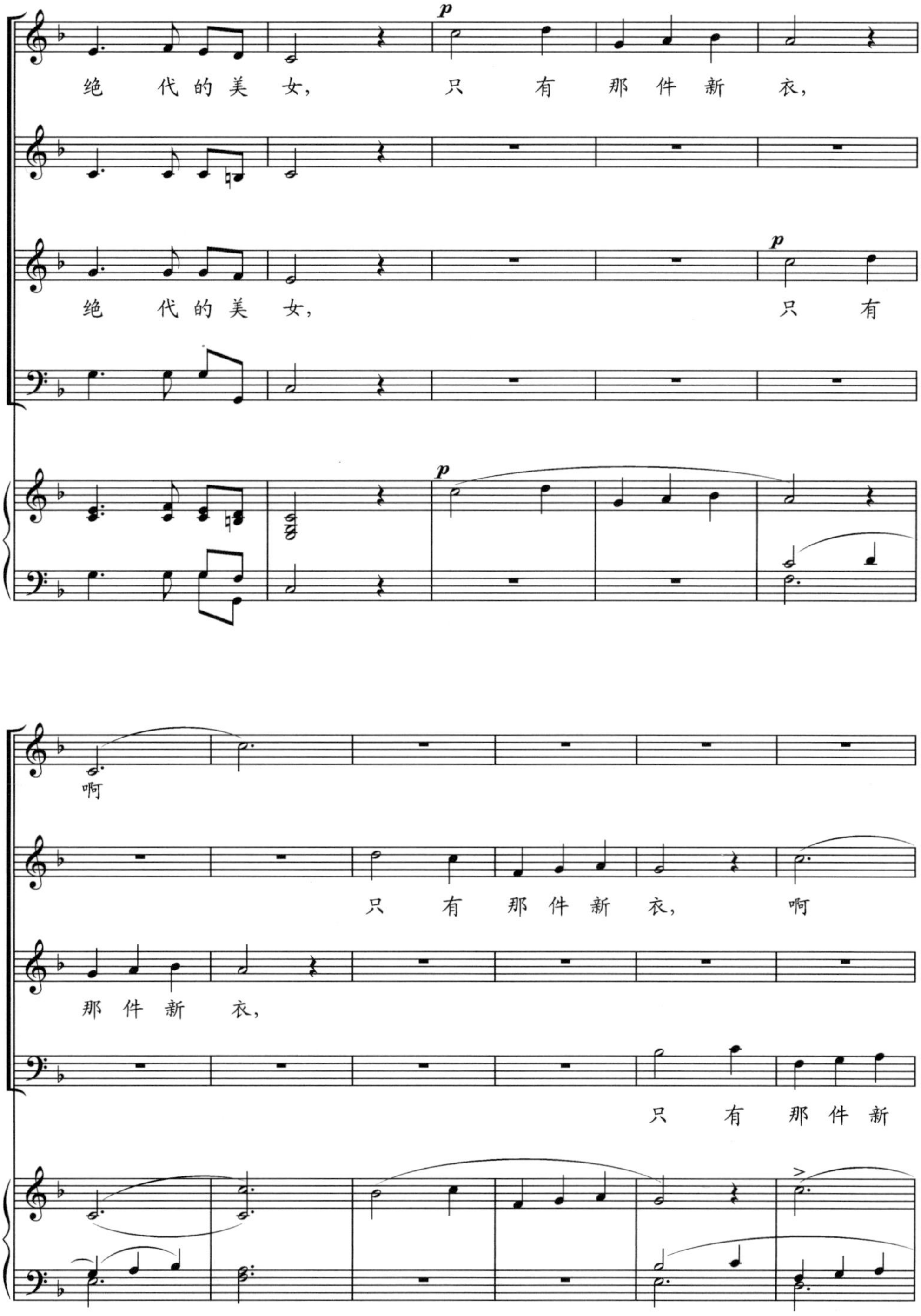
p
绝 代的美 女， 只 有 那件 新 衣，
p
绝 代的美 女， 只 有
p
啊
只 有 那件 新 衣， 啊
那件新 衣，
只 有 那件新

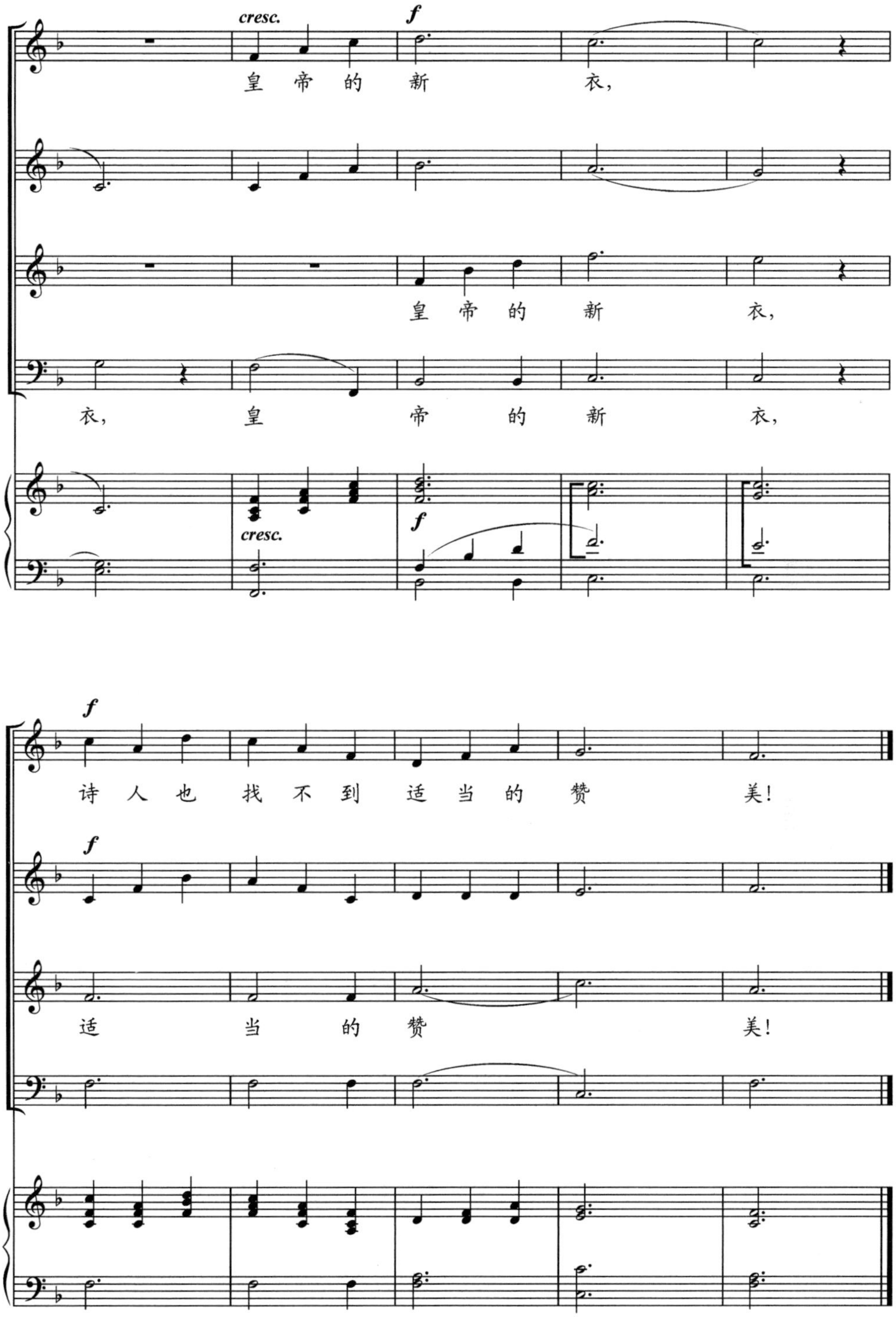
cresc.
f
皇帝的新衣,
皇帝的新衣,
衣,皇帝的新衣,
cresc.
f
f
诗人也找不到适当的赞美!
f
适当的赞美!

歌曲七之二

（齐唱）

Allegretto

假 如 我 们 看 得 到 皇 帝 的 新 衣，

我 们 应 该 是 怎 样 的 欢 喜；

假 如 我 们 看 得 到 皇 帝 的 新 衣，

我 们 应 该 是 怎 样 的 满 意！

歌曲八

（混声四部合唱）

拉扯成大道理！ 织工就是撒谎的大混

拉扯成大道理！ 织工就是撒谎的大混

拉扯成大道理！ 织工就是撒谎的大混

蛋， 皇帝的心已 经给迷雾蒙蔽，

蛋， 大臣把

蛋， 皇帝的心已 经给迷雾蒙蔽，

大臣把

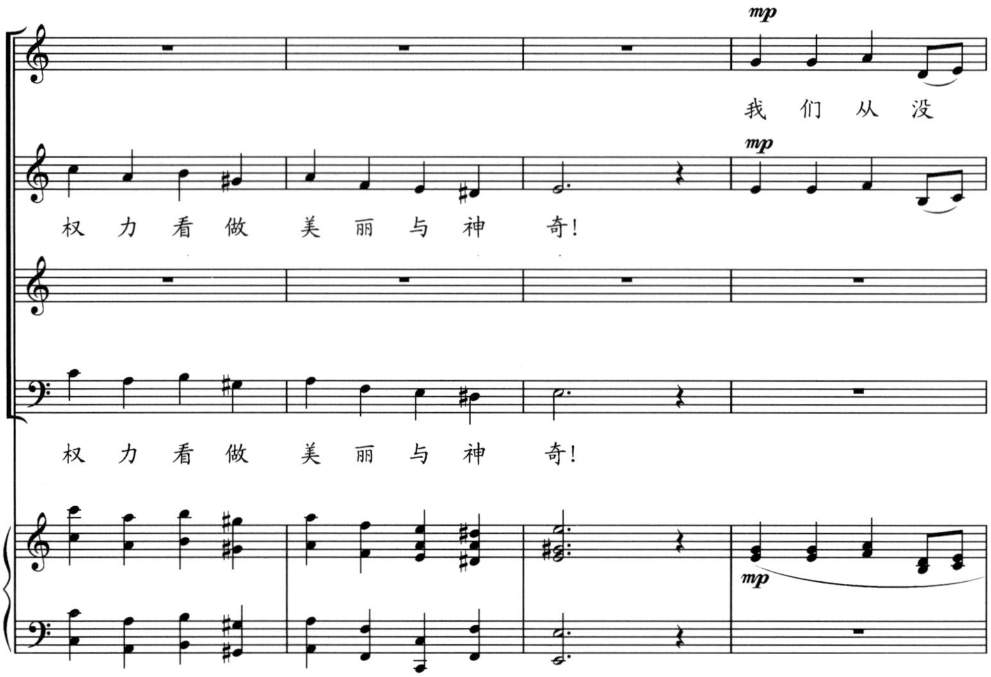
mp
我们从没
mp
权力看做美丽与神奇!
权力看做美丽与神奇!
mp

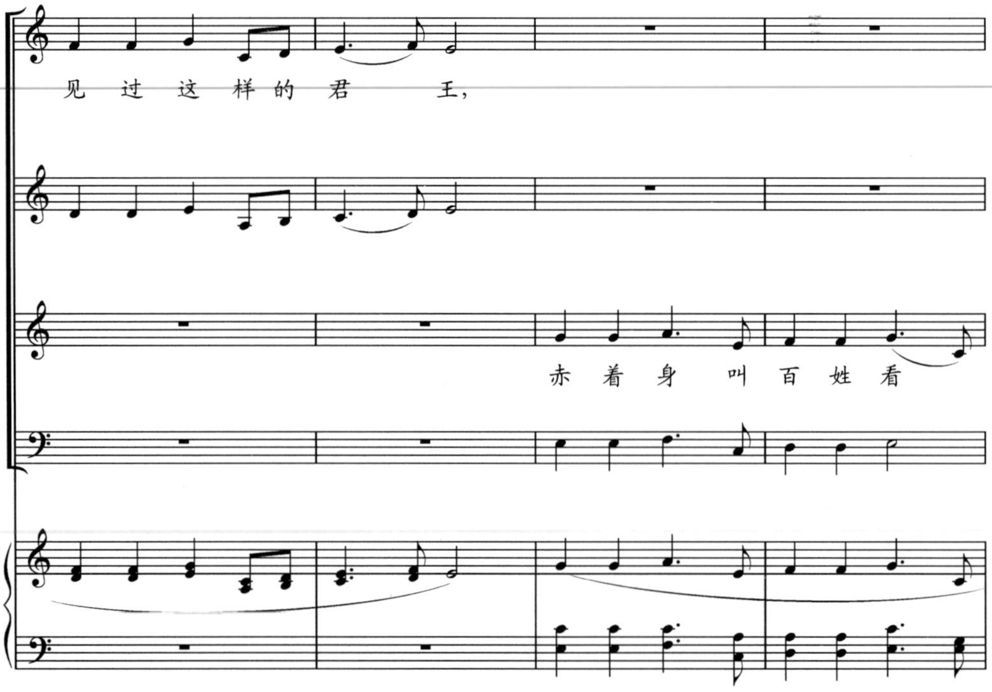
见过这样的君王,
赤着身叫百姓看

mf
我们不愚蠢，
新衣裳。
我们不偷懒，
有什么 美丽，
f

神奇，我们要共同拆穿这鬼把戏！
神奇，我们要共同拆穿这鬼把戏！
我们要共同拆穿这鬼把戏！有什么美丽，
f

米 色 白

廖辅叔 词
陈田鹤 曲

原载《音乐教育》第三卷第6期,1935年6月。

忙。屏水犁田力太差，我跟妈妈学纺纱。
黑。挑菜劈柴力不够，我跟哥哥学放牛。

萤 火 虫

廖辅叔 词
陈田鹤 曲

Allegretto

1.不放火，放火光，萤火虫，夜夜
2.不放火，放火光，萤火虫，夜夜

忙，飞过围篱飞过树，看见花开猫散步。
忙，谁做夜工谁做梦，瞒不过你萤火虫。

原载《音乐教育》第三卷第6期，1935年6月。

植 树 节

廖辅叔 词
陈田鹤 曲

1. 你 种 柏， 我 种 松， 一 齐 挖 泥 一 齐 种， 不 愁 力 小 泥 太 干， 不 怕 辛 苦 真 好 汉！
2. 你 种 棉， 我 种 桑， 大 家 出 力 大 家 忙， 不 愁 风 吹 雨 来 打， 我 和 小 树 同 长 大！

原载《音乐教育》第三卷第7期，1935年7月。

飞　机

廖辅叔 词

陈田鹤 曲

Allegretto

不用拖，　不用抬，　飞机上落真自由。　高低

快慢都随意，　高山看它飞过头。

不用拖，　不用抬，　飞机上落真便当。　我要练成

强壮的身体，　驾起飞机飞过太平洋。

原载《音乐教育》第三卷第9期，1935年9月。

春　天

廖辅叔 词
陈田鹤 曲

Allegretto

1.春天 吹雪雪 消溶，大树 纷纷 换新 衫。欢迎
2.春天 吹冰冰 开解，溪溪 微微 起笑 涡。赞美

快乐的 春 使， 你要 游山 我作 伴。
自然的 美 丽， 你要 跳舞 我唱 歌。

原载《音乐教育》第三卷第9期，1935年9月。

蚂　蚁　兵

廖辅叔 词
陈田鹤 曲

1.蚂蚁 王， 蚂蚁 兵， 大树 底下 扎兵 营。对同
2.蚂蚁 兵， 蚂蚁 王， 大树 底下 扎兵 房。对敌

伴， 似兄 弟， 打起 仗来 出气 力。
人， 要进 攻， 打起 仗来 好威 风。

原载《音乐教育》第三卷第10期，1935年10月。

亲　爱

廖辅叔 词

陈田鹤 曲

1.伸出手来，伸出手来，我们 都是亲 爱 的 同胞，伸出
2.伸出手来，伸出手来，我们 都是亲 爱 的 弟兄，伸出

手来，伸出 手来，我们 都是亲 爱 的 同 胞。 1.空 气的
手来，伸出 手来，我们 都是亲 爱 的 弟 兄。

分 配 不会 你浊我 清， 太阳的 光辉 不会

原载《音乐教育》第四卷第1期，1936年1月。

你多我少。 2.我们要用 勇气与

同情合力替民族延长 生命。

三只小猫

廖辅叔 词
陈田鹤 曲

Moderato

1.三只小猫小, 三只小猫小, 一边 唱,
2.两只小猫小, 两只小猫小, 一边 唱,

一边 走, 一只钻进洞里去, 现在只剩两只猫。
一边 走, 一只爬到树上去, 现在只剩一只猫。

原载《音乐教育》第四卷第4期，1936年4月。

种　花

廖辅叔 词
陈田鹤 曲

1.取泥种花，　　取泥种花，
2.取水浇花，　　取水浇花，

花多叶大，　大家笑哈哈！
叶大花多，　大家笑呵呵！

原载《音乐教育》第四卷第4期，1936年4月。

星　星

廖辅叔 词
陈田鹤 曲

Allegretto

一颗颗，数星星，笑呵呵，像眼睛。一颗

颗，数星星，亮晶晶，像明灯。

原载《音乐教育》第四卷第5期，1936年5月。

国 耻 献 词

君 復 词
陈田鹤 曲

不要 悲哀，不要 悲 哀，悲 哀 只显露出懦
不要 慌张，不要 慌 张，慌 张 会动摇了战

夫 的 面 目！ 我们要用 热 的 鲜
争 的 阵 线！ 我们要用 铁 的 毅

血， 洗 去 历 史 的 耻 辱！
力， 维 系 民 族 的 生 存！

原载《复兴初级中学音乐教科书》第1册，1936年1月，以"君復"笔名发表。

竹一样的 虚心，筋一样的韧性，扭碎奴隶的

锁链，打破帝国的阵营， 待创造个伟大的

中华，再来歌颂胜利的光荣！

去 来 今

君 復 词
陈田鹤 曲

Moderato

过去的 一切由他过去，我们的世界在未

来。要占领光荣的未来，便不要放松艰难的

现在。抛弃了妇人的绝 望！收敛了婴儿的悲

啼。快裹起创口再斗争，这里没有懦夫的天 地。

原载《复兴初级中学音乐教科书》第1册，1936年1月。

怀　古

（二部合唱）

伊令眉 词
陈田鹤 曲

怀 古，怀 古，我 们 的 历 史 是 这 样 光 荣，

一 代 有 一 代 新 的 创

一 代 有 一 代 新 的 文 明，

造，

原载《复兴初级中学教科书》第3册，1936年3月。

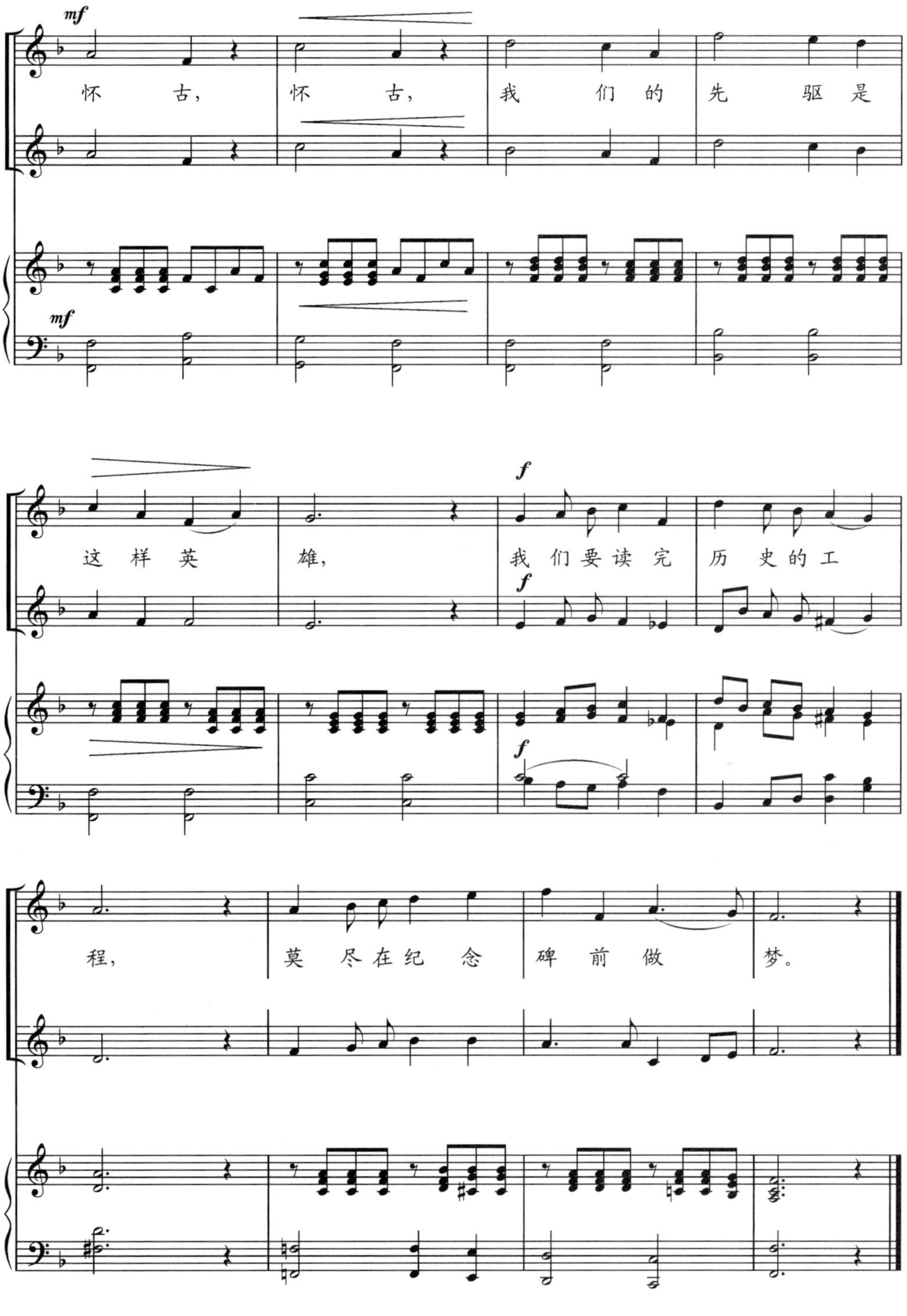
mf
怀 古， 怀 古， 我 们 的 先 驱 是
mf
这 样 英 雄，
f
我 们 要 读 完 历 史 的 工
f
f
程， 莫 尽 在 纪 念 碑 前 做 梦。

嫩 芽

伊令眉 词
陈田鹤 曲

你 说 我 是 一 枝 嫩 芽，是 软 弱 还 兼

短 小？看 我 有 胆 钻 出 泥 层，我 受 得 住 雨 打 风

飘，莫 笑 我 是 一 枝 嫩 芽，我 还 要 岔 芽 滋 长，看

将 来 在 我 枝 头，有 叶 的 绿 和 花 的 香。

原载《复兴初级中学音乐教科书》第3册，1936年3月。

懒惰礼赞
(Lob der Faulheit)

莱星 (lessing) 原作
伊令眉　　　译意
陈田鹤　　　作曲

Andante

1. 我要唱一首短歌，来歌颂你可爱的懒惰，
2. 你是最高的产业，有你便有安闲的岁月，

唉，我觉得这够困难，要唱的合你
啊，我呵欠，我疲倦，我有心也是

身份。但我得尽心竭力，工作后正好休息。
枉然。我无从将你讴歌，你先就妨碍了我。

原载《复兴初级中学音乐教科书》第5册，1936年5月。

回　忆

廖辅叔 词
陈田鹤 曲

Andante sostenuto

头 皮　硬不过

回 忆的凶顽，　它伏伺到你无聊、　你失

眠，　便拿起狼牙 的烙　铁冲入脑门，

原载《回忆集》中华书局出版，1937年2月。

烫你的神经， 看焦烂的创 痕！ 驱逐

con moto

它， 驱逐它， 说似肉

连着皮， 分不开， 除非毁坏了自

己。　　可怜荒岛受尽波浪的皮鞭，

空怅望满载游客的飘　海　船！

点起希望的灯　照耀灵台，　　让

新生把回忆迎头打败！

心　花

廖辅叔 词
陈田鹤 曲

我曾想

劈开枯枝搜嫩芽，

我曾想敲破坚冰滤春水，

"可是，朋友，忍耐一些吧，不要枉费你的力气！"

原载《回忆集》中华书局出版，1937年2月。

枯 枝 活 了，长 出 来 的 是 嫩

芽 青 青； 坚 冰 溶 了，

流 出 来 的 是 春 水 盈 盈。

小 鸟 在 阳 光 中 欢 唱，

我 的 心 跟着它开花。

愿 它 开 在 你 的 心 头，

不 妖 冶 也永不凋 谢！

八一三战歌

廖辅叔 词
陈田鹤 曲

一二八的敌人 在跟前横行， 我们 如今再不

能忍耐，起来，起来， 发动英勇的抗争，

上海是中国人的上 海 闸北到大场，

原载《战歌周刊·战歌》创刊号，1937年10月。

黄浦到吴淞 都记下敌人拖欠的血债， 大炮对

大炮， 飞机对飞机； 把全部敌人打出上海！ 起

来，起来， 发动英勇的抗争， 逼迫 敌人向我们

忏悔,听 坚决的自卫的 呼声, 上海是 中国人的 上 海!

杀 开 血 路

廖辅叔 词
陈田鹤 曲

雄壮、坚定地

六 个 年 头， 一 篇 血 账， 到 如 今 再 也 不 含 糊。 谁 抢

去 我 们 的 东 四 省？ 谁 破 坏 华 北 的 版 图？ 认 清 我 们 正 面 的

敌 人， 杀 开 血 路， 这 才 有 生 路。 六 个 年 头， 一 篇 血 账， 到 如

今， 再 也 不 含 糊。 对 侵 略 的 答 复 只 有 战 争， 敌 人 的 侵 略 不 会 有

限 度。 起 来， 不 做 汉 奸 的 同 胞， 全 加 入 抗 敌 救 亡 的 队 伍。 我 们

要 从 华 北 杀 到 吉、 黑、 辽， 收 复 失 地 的 全 部， 我 们

要 从 华 北 杀 到 吉、 黑、 辽， 收 复 失 地 的 全 部。

原载《战歌周刊 战歌》第一卷第2期，1937年10月。

祝粤北大捷

廖辅叔 词
陈田鹤 曲

欢乐勇壮

防御工事背后的敌人 做了一年缩头的乌龟，

宁可留条狗命回东洋 不敢向我们耀武扬威。

我们出击一次又一次， 几回都只打得乌龟壳，

活该敌人送死送上门 这一次打他个魂飞胆落！

我们不知道什么叫失败，我们从敌前打到敌后，

我们不知道什么叫休息，不杀退敌人不歇手！

银盏坳 牛背脊，我们的鲜血不会白流

雪奇耻 报深仇，从血泊中伸出歼敌的铁手！

从血泊中伸出歼敌的铁手！我们的路标 直

指向广 州，前进吧 英勇的

弟兄们 胜利之神在向我们招 手！

原载《战歌周刊·战歌》第二卷第5期，1940年2月。

飘　海　歌

廖辅叔　词
陈田鹤　曲

顺　　风　是舟子的不　　幸，　　他得向

浪山寻生存，宁　　　芬

1935年手稿。

四处在散步歌声，迷醉得不止耳目，

还有心魂。

天使驾起云车张云旗，

海水也分得一些霞彩。

浪花　　像是大丛的百合，教人

想到纯　洁想到爱。

孤

舟　在美景中前　进，　孤岛跟

孤　　舟和着沉　浮，感

恩　流出欢欣的眼　　泪。

看，　前面飞　来一只白　　鸥！

无　名

（哀挽德志）

廖辅叔 词
陈田鹤 曲

昙　花倏忽，　逝者如

斯，　人事，人事　几萧条，

难忘朗诵分题，　清歌共

原载上海新夜报《音乐周刊》44期，1935年9月22日。

赏。月 桂 凋 残， 天 胡 此

醉， 乐 坛 乐 坛 添 寂 寞，

最 痛 孤 怀 息 祷， 双 眼 无 光！

渔 家 姑 娘

海 涅 词
廖辅叔 译
陈田鹤 曲

漂 亮 的 渔 家 姑 娘，

请 你 把 船 靠 岸。 请 到 我 的

身 边来坐 下，相 亲 又 手 相 挽。

1939年4月手稿。

请把你头贴我 心,用不 着那么 害

怕。 你天 天 都 不 在 乎,

什么恶浪 拍打。 我心 就 好比

海 洋, 有 风 暴 涨 落 潮。 但

在 我 心 房 深 处,

却 有 珍 珠 闪 耀。

跟着炮声前进

廖辅叔 词
陈田鹤 曲

跟着炮 声前进! 前进! 用行动消减 敌人的

欺凌,敌人拿和平来遮掩侵略,我们要求正义的

和 平,华 北 是中国的土地,快把 强盗尽扫入

1937年手稿。

海洋，让鲜血淋灭敌人的火焰。我们要攻击不单是

抵抗，起来！ 中国人一 齐起来！起来！从钢铁

炼成我们的阵线，不进攻除非等待 灭亡。冲过去！

冲 过去！ 冲 过枪炮的 火焰！

鲁迅先生周年祭

廖辅叔　词
陈田鹤　曲
陈泳钢编配

我们永远不能忘记你，　我们，一切中国的子孙。

我们尽各自的力量，但要追随你的精神动员。

1937年手稿。

一 年的光阴过 得 快， 更 快是时 代 的转 变。

一 年的光阴过 得 快， 更 快是时 代 的转 变；

到 今天四 万万五 千万人， 已 经结成铁一般的

战 线。
rit.
f
mp
我 们不是等待 屠宰的羔 羊， 野 兽当前自己
a tempo
mp
也变成野兽样 民 族的吼声震动全 球，全 球
f
mf
ff
sfz
发生激烈的同 情 回 响。
rit.
rit.
ff

看 着 我 们 战 士 的 坚 强， 谁 也 不 忘 记 你 哺 养 的 功 劳。

向 前 进， 抹 掉 我 们 的 泪 痕。 前 面 永 远 有 你 光 明 的 领

导！

北洋大学校歌

廖辅叔　词
萧友梅　曲
陈泳钢编配

花堤霭霭　北运滔滔　巍巍学府北洋高。

悠长称历史，建设为同胞。

注：北洋大学为中国近代第一所大学，今天津大学。此曲写于1935年10月，为建校40周年而作。

不 从纸上逞空 谈，要实地把 中 华 改

造。 穷 学 理， 振科 工，

Meno Mosso (♩=c.78)

重 实 验， 薄 雕 虫。 望 前驱之

英华卓荦应 后起之 努力追踪。

念 过去之 艰难缔造，愿一心一

德， 共扬校誉于

Molto piu mosso (♩ =c.109)

无

Presto

穷。

香港回归有日，感赋长句

（男中音独唱）

廖辅叔　词
邹　航　曲
王时配伴奏

♩=68

♩=60　庄严的、激动的

f 昔　年亡命　　此栖迟，　　触目撩人　米字旗。
含　垢悠悠　　百五年，　　说香说臭　了迤遭。

诬　指惑民　　腾赤化，　　为言猾夏、
分　甘共惜　　长流水，　　定限容私、

为言　猾　夏　　始红　夷。
定限　容　私　　造孽　钱。

原载《中国青年报》，1997年6月15日。

♩=76 怀旧的，抒情的
mf
五 洲 估 客，
两 制 一 邦，
五 洲 估 客 纷 成 市，
两 制 一 邦 宏 远 略，
f
五 洲 估 客
两 制 一 邦
纷 成 市，
宏 远 略，
rit.

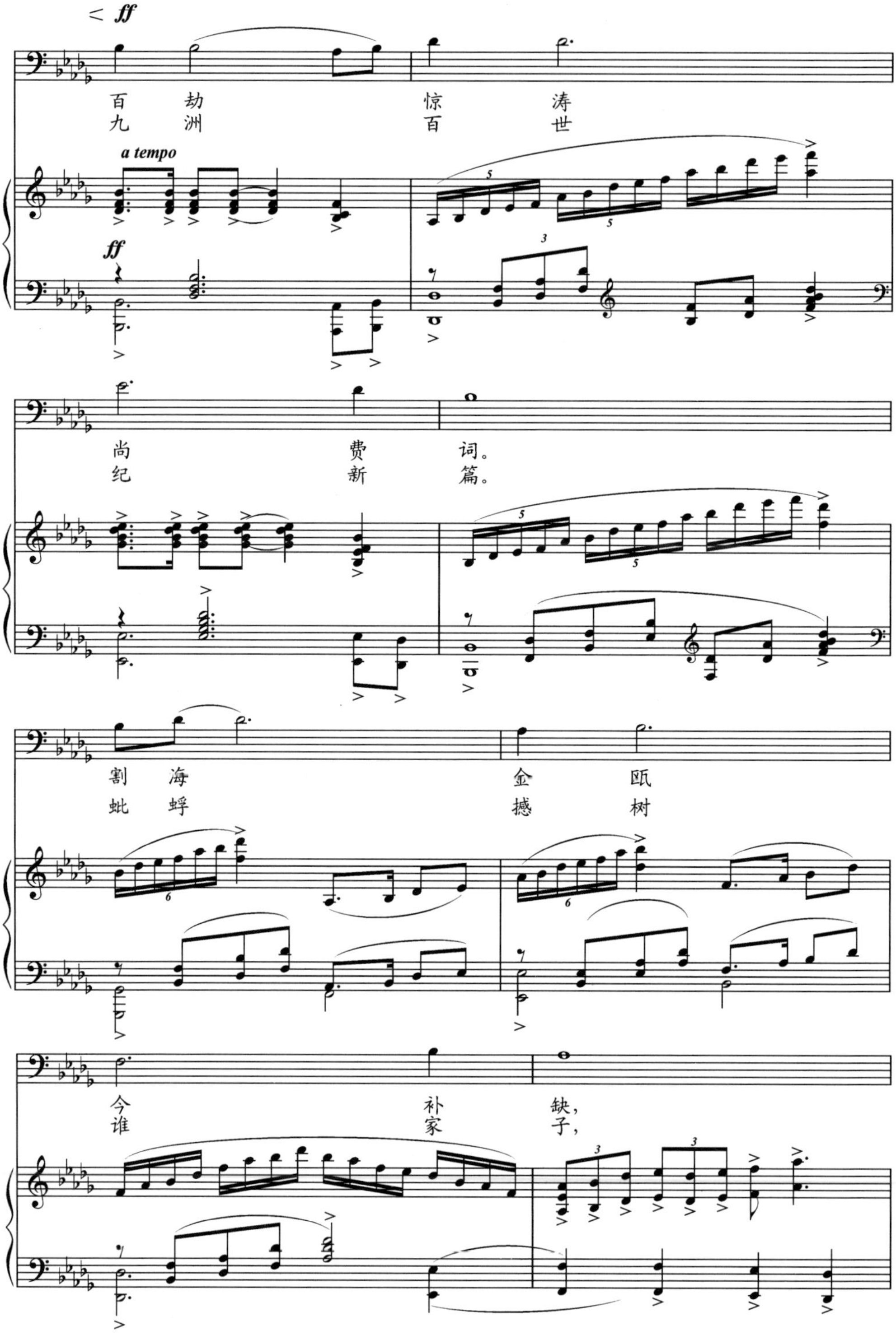
ff
百 劫 惊 涛
九 洲 百 世
a tempo
ff
尚 费 词。
纪 新 篇。
割 海 金 瓯
蚍 蜉 撼 树
今 补 缺，
谁 家 子，

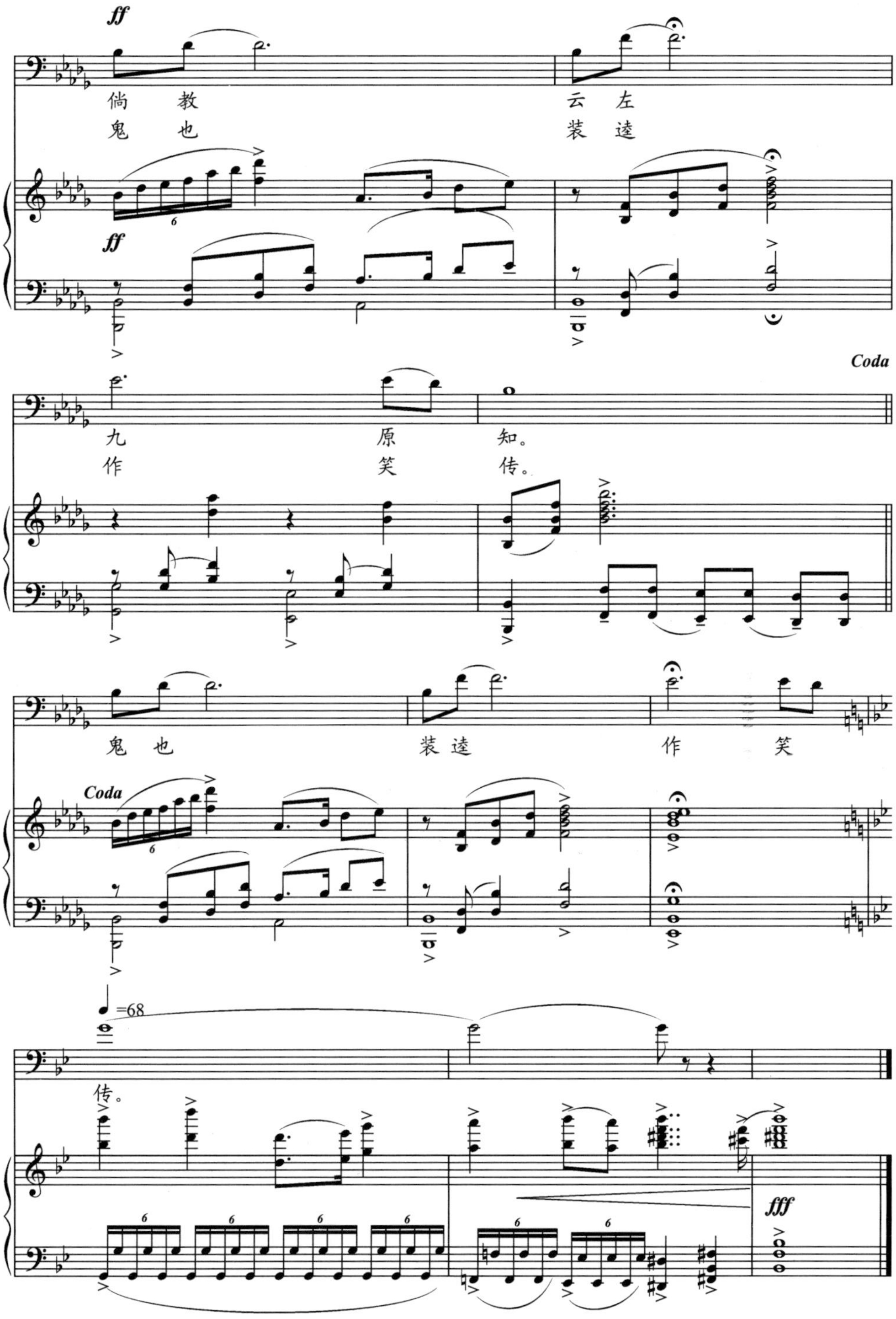
ff
倘 教 云 左
鬼 也 装 逵
Coda
九 原 知。
作 笑 传。
鬼 也 装 逵 作 笑
Coda
♩=68
传。
fff

艺 神 之 子

Der Musensohn.

歌　德　词
舒 伯 特　曲
廖辅叔、喻宜萱译配

Ziemlich lebhaft.

Durch Feld und Wald zu schwei-fen, mein Lied-chen weg zu pfei-fen, so geht's von Ort zu
穿 过 田 野 和 森 林， 短 歌 没 章 顺 口 唱， 从 村 庄 到 村

Ort, so geht's von Ort zu Ort! Und nach dem Tak-te re-get und nach dem Maβ be-
庄， 从 村 庄 到 村 庄！ 动 作 跟 随 着 节 拍， 行 进 跟 随 着

we-get sich al-les an mir fort, und nach dem Maβ be-we-get sich al-les an mir
速 度， 我 一 直 向 前 行， 行 进 跟 随 着 速 度 我 一 直 向 前

校订样本：《外国歌曲选集》，中央音乐学院油印本1980年4月。

fort.
行。
Ich
花
pp
kann sie kaumer - war - ten, die er - ste Blum im Gar - ten, die er - ste Blüt am
园里第一支花，树上第一个蓓蕾，我焦急地等
Baum. Sie grü - ßen mei - ne Lie - der, und kommt der Winter wie - der, sing
待，鲜花刚听我唱歌，寒冬忽又降临，可
ich noch je - nen Traum, sing ich noch je - nen, je - nen
我急唱我的梦，可我急唱我的我的

Traum.　　　Ich sing ihn in der Wei-te, auf Ei-ses Läng und Brei-te, da
梦。　　我　在旷野上歌唱，不管它远近冰封，寒

blüht der Win-ter schön, da blüht der Win-ter schön! Auch die-se Blü-te schwin-det, und
冬素裹红装，寒冬素裹红装！ 即便是花儿凋谢，簇

neu-e Freu-de fin-det sich auf be-bau-ten Höhn,　und neu-e Freu-de fin-det sich
新的快乐又出在耕作过的山冈。 簇新的快乐又出在

auf be-bau-ten Höhn.
耕作过的山冈。

Denn wie ich bei der Lin-de das jun-ge Volk-chen fin-de, so-gleich er-
只 要在菩提树边碰到年轻小伙子，我立刻

reg ich sie. Der stumpfe Bursche bläht sich, das stei-fe Mädchen
吸引住他， 傻瓜也心花怒放，呆板的姑娘

dreht sich nach mei-ner Me-lo-die, nach mei-ner, mei-ner
也 会随我歌声起舞， 随我歌声 随 歌声

Me-lo-die. Ihr gebt den Soh-len Flü-gel und
起 舞。 让 他们长上翅膀把

treibt durch Tal und Hü - gel den Lieb - ling weit von Haus, den Lieb - ling weit von
爱人引出家门，走过深谷高山，走过深谷高
p
Haus. Ihr lie - ben, hol - den Mu - sen, wann ruh ich ihr am Bu - sen auch end - lich wie - der
山。慈爱的艺术女神，可我何时才能够在你怀中安
pp
ritard.
a tempo
aus, wann ruh ich ihr am Bu - sen auch end - lich wie - der aus?
息，可我何时才能够在你怀中安息？
a tempo
ritard.
mf
decresc.
sf

红日西沉
Beim Sonnenuntergang.

蒙克（Munch）　词
德译：汉斯·施密特
格里格　曲
廖辅叔、喻宜萱译配

Poco lento e dolce ... p

Nun sinkt die Son - ne nie - der sacht in
Ich blick mit ru - he - vol - lem Sinn in
太　阳　向　西　边　沉　下　去，沉
纵　然　我　心　情　多　平　静，凝

con Ped.

fer - nem Wal - des - schat - ten, und lei - se lischt ihr Licht in Nacht auf
all das Schwin - den, Schwei - gen, gar bald wird gleich - falls so da - hin sich
入　了　远　方　森　林，在　山　顶　海　面　草　地　上，太
望　着　消　逝　沉　默，同　样　不　要　很　长　时　间，我的

un poco più animato

Ber - gen, Meer und Mat - ten. Die Blu - men und die Vö - gel all, so
mei - ne Son - ne nei - gen. Und was das Herz mit ban - gem Schlag er -
阳　光　转　入　黄　昏，不　管　它　鲜　花　小　鸟　怎
太　阳　也　会　西　落，我　心　啊　跳　动　多　紧　张，有

un poco più animato

校订样本：《外国歌曲选集》中央音乐学院油印本，1980年4月。

419

hold sie blühn und sin - gen, nun auch mit ih - rem Duft und Schall ver-
wünscht, er hofft hie - nie - den, ver - stummt, und auf den lau - ten Tag folgt
样 开 放 和 歌 唱, 如 今 也 只 是 香 花 不 放 香
什 么 心 愿 希 望 落 得 一 场 空 想, 小 白

1. espress. ritard.

hau - chen und ver-klin - gen.
鸟 也 不 再 歌 唱。

ritard. più stretto ritard.

2.

2. stil - ler A - bend-frie - den, folgt stil ler A - bend-
天 又 换 成 了 黄 昏, 白 天 又 换 成 了

frie - - - - - - - - - - den.
黄　　　　　　　　　昏。

Edition Peters

致　祖　国
An das Vaterland

格里格　　　曲
保尔松　　　词
廖辅叔、喻宜萱译配

Molto Andante ed espressivo

校订样本：《外国歌曲选集》，中央音乐学院油印本，1980年9月。

p
O Mut - ter du, ich lie - be dich, was kann ich mehr noch sa - gen!
噢 母 亲 啊, 我 热 爱 你, 我 还 能 说 些 什 么!
poco mosso
Du heg - test mich, du schützt est mich
你 抚 育 我, 你 保 护 我,
mf
f
rit.
Tempo I
seit mei - ner Kind - heit Ta - gen. O Mut - ter du,
从 我 的 童 年 开 始。 噢 母 亲 啊,
senza cresc.
poco
ich lie - be dich, was kann ich mehr noch sa - gen!
我 热 爱 你, 我 还 能 说 些 什 么!
pp
dolce

索尔维格摇篮曲

Solvejgs Wiegenlied

格里格　　　　　　　曲
德译：威尔海姆·亨策思
易卜生　　　　　　　词
廖辅叔、喻宜萱　译配

Schlaf, du teu-er-ster Kna-be mein!
睡 吧珍贵的 好宝贝!

Ich will wie-gen mein
我 又摇又守

校订样本：《外国歌曲选集》，中央音乐学院油印本1980年4月。

Kind - und wa-chen.
护 我宝贝。
Still mir im Scho-ße hat's ge- lauscht dem Sang,
他曾在膝上倾听 我唱歌，
mit
同

poco animato
mir hat ge-spielt es all sein Leb - ta - ge lang.
我一道游乐度过 他的时 光；
An sei-ner Mut-ter Brust mag
在他的母亲怀里
poco animato
mf

tranq.
animato
gren es sein all sein Leb - ta - ge lang, Gott seg - ne es fein!
他度过他的 幸福时光； 愿 上帝祝福他！
An mei-nem Her-zen laß ich's
我愿意让他在我
dolce
tranq.
pp
animato
mf

tranq.
ger - ne ruhn all sein Leb - ta - ge lang; so müd - ist es nun. Schlaf, du teu - er - ster
心 头 上 得 到 一 声 安 息; 看 他 多 疲 倦, 睡 吧 珍 贵 的
tranq.
pp
p
cresc.
Kna - be mein! Schlaf! Schlaf! Ich will wie - gen mein Kind und wa - chen.
好 宝 贝, 睡吧! 睡吧! 我 又 摇 又 守 护 我 宝 贝。
cresc.
più cresc.
f
Schlaf! Schlaf! Ich will wie - gen mein Kind und wa - chen, schlaf, du teu - er - ster
睡吧! 睡吧! 我 又 摇 又 守 护 我 宝 贝, 睡 吧, 珍 贵 的
f
più cresc.
Kna - be mein!
好 宝 贝!
p
cresc.
pp

舟　中
Im Kahne

克拉格　词
德译：汉斯·施密特
格里格　曲
廖辅叔、喻宜萱译配

校订样本：《外国歌曲选集》，中央音乐学院油印本1980年4月。

tranq.sempre p
Fahr, fahr zum Fi-scherstrand, ru-hig ist es am Scheer-en-rand; ringsdie See liegt so
划呀 划到那 打 鱼 滩， 安稳 平 静 是 谢 伦 岸； 海 水 周 围 多
pp
stil - le, Wo - wo - wil - le.
平 静， 伏 伏 维 勒。
p
poco rit.
a tempo
tranq.
pp
Lö - se, l - se, mein Schatz, die dich - te
散 开， 散 开 宝 贝 你 那浓 美 的

pp
Lo - cken - pracht,
dann laβ uns tan-zen die war-me, lich-te
卷 发，
跳舞吧莫辜负 温暖明亮
pp
a tempo
anim.
Ju - ni - nacht.
Wart, wart, zu
Sank-te Hans
gibt es Hoch-zeit mit
六月夜。
去呀，去到
圣汉斯
参加婚礼的
a tempo
anim.
un poco rit.
dolce
f
p poco rit.
lust-gem Tanz,
Gei-gen in Hül - le und Fül - le.
Wo - wo -
跳舞会，
小提琴婉转又悠扬。
伏伏
tranq.
pp
f
poco rit.

wil - le.
维 勒。

Wie - ge, wie - ge mich,
摇荡， 摇荡我

blan - ke Wel - le, im - mer - fort!
滚滚 波 浪 不 停 摇 荡！

Lieb-lich naht, wie die schlan ke Ga-zel-le, mein Schätz lein dort.
我 的 宝 贝 呀 轻 巧 像 羚 羊 摇 向 远 方。

Wieg, wieg in
睡吧， 摇到

Traum mich ein, dubist mein, und ich bin dein. Geigen, schweiget nun stil - le!
我 入梦, 你属于我, 我 属于你, 小 提 琴别 再出 声 音!
Ped.
Ped.
p poco rit.
a tempo
wo - wo - wil - le.
伏 伏维 勒。
tranq.
pp
poco rit.
a tempo
p
Ped.
Ped.
Ped.
Ped.
Ped.
Ped.
ppp
Ped.

我 的 目 标

Mein Ziel

芬 叶 词

德译：汉斯·施密特

格里格 曲

廖辅叔、喻宜萱译配

原调G大调
Allegro moderato

Vorwärts mu-tig den Blick ge-rich-tet,-
我们勇敢地 望着前方

fest und si-cher das Ziel ge-sich-tet,___
坚定不移地 走 向 目标，

stolz ver-ach-tet die
骄傲地通过那

krum-men Ste-ge, ―
崎岖山路，

vor-wärts stets auf ge-ra-dem We-ge!
我们走上那平坦的道路！

校订样本：《外国歌曲选集》，中央音乐学院油印本1980年4月。

p
Vorwärts durch das Ge-röll der Fel-der!
踏 着 地 上 的 碎 石 前 进!
cresc.
Vorwärts durch das Ge-strüpp der Wäl-der!
拨 开 森 林 的 荆 棘 前 进!
mf
fz
Vor - - - - - - -- wärts ü-ber der Strö-me Brausen!
跨 过 奔 腾 的 河 水 前 进!
trem.
fp
f
ff
Vor - - - - - - - wärts ü-ber der Schlünde Grausen!
穿 过 漆 黑 的 山 洞 前 进!

Ob in Son - ne, in Sturm,____ in Re - gen,
无论阴 晴雨雪____ 或风暴，

im mer vor - wärts dem Ziel____ ent - ge - gen, ent -
我们要 永远____ 向前进， 永

- ge - - - - - gen!
远 前____ 进！

fz
ritard.
ffz
p
Al - so laß uns, Ge -
亲 爱的 伙 伴 快
tranquillamente
a tempo pp
lieb - te, wan - dern,
踏 上 征 途,
ei - nes Hand in der
我 们 大 家 来
cantabile
Hand des an - dern,
携 手 前 进,
nur im Her - zen die
只 要 坚 持 自

Rich - te tra - gend, nichts nach an - de - rer Stra - ße fra - gend,
己 的 方 向, 我 们 决 不 会 走 入 歧 途,
p
nim - mer strau - chelnd und nim - mer glei - tend, im - mer
不 会 失 足 也 不 会 跌 倒, 勇 敢
rit.
animato
f
vor - wärts und auf - wärts schrei - tend! —
前 进 勇 敢 前 进!
Vorwärts mu - tig den
我们勇敢地
fp

Blick ge-rich-tet,___ fest und si-cher das Ziel ge-sich-tet,___
望 着 前 方， 坚 定 不 移 地 走 向 目 标

stolz ver-ach-tet die krum-men Ste-ge,___
骄 傲 地 通 过 那 崎 岖 山 路，

Edition Peters

vor-wärts stets auf ge-ra-dem We-ge!___
我们 走上那平坦的道路！

Vor-wärts durch das Ge-röll der Fel-der! Vor-wärts durch das Ge-
踏 着 地 上 的 碎 石 前 进！ 拨 开 森 林 的

mf
fz
strüpp der Wäl- der! Vor - wärts ü - ber der
荆 棘 前进! 跨 过奔 腾 的
trem.
fp
f
Strö - me Brau-sen! Vor - wärts ü - ber der
河 水 前 进! 穿 过漆 黑 的
ff
fp
p
Schlün - de Grau - sen! Ob in Son - ne, in Sturm,
山 涧 前 进! 无 论 阴 晴 雨 雪,
ff
Ped.
sempre cresc.
in Re - gen, im-mer vor -
或 风 暴, 我 们 要
cresc.
sempre cresc.
Ped.

– wärts dem Ziel ent - ge - gen, ent - - - - -
永 远 向 前 进, 永 远
fff
ge - - - - - - - - - - gen!
前 进!
ff
fz
ritard.
ffz
Ped.

可 爱 的 森 林

Care selve

歌剧《阿塔兰塔》选曲

亨　德　尔曲

廖辅叔、喻宜萱译配

校订样本:《声乐教学曲选》外国作品（一），俞子正主编，西南师范大学出版社，2006年。

(poco cresc.)
trac - cia, ven - - - go in trac - cia del mio cor, ven - go in
荣 华 给 我 思 恋 多 慷 慨, 愿 你
(poco cresc.)
trac - - - cia del mio cor, del mio
天 门 快 敞 开, 快 敞
(p)
cor! Ca - re, ca - re sel - ve, om - bre be - a -
开! 可 爱 的 森 林, 草 原 和 树
(p)

te, ven - - - go in trac - cia del mio cor, ven - go in
莴, 让 我 贴 着 你 胸 怀, 愿 你

trac - cia del mio cor, del mio - cor, ven - go in trac - cia
天 门 快 敞 开, 快 敞 开, 愿 你 天 门 为

del mio cor!
我 敞 开!

假如你在我的身旁

Bist du bei mir

G.H.施特尔策尔词

J.S.巴　　　赫曲

廖辅叔、喻宜萱译配

校订样本:《声乐教学曲选》外国作品(一),俞子正主编,西南师范大学出版社,2006年。

Ruh, zum _____ Ster ben und zu mei-ner Ruh. Ach, wie ver-gnügt

亡，永　　　远安息在天　　堂。　　啊，多　高兴

wär so mein En - de, es drück-ten dei-ne schö - nen Hän-de mir__

这样的收场，用你的那么美好的双手合

die getreu - en Au - gen zu.　　Ach, wie ver - gnügt　　wär so mein

上我忠诚的眼睛。　　啊，多　高兴！　　这样的

收　场，　用你的　那么美　好的双　手合　上我忠诚的眼

En - de,　es drück-ten　deine schö-nen　Hän - de mir　die getreu - en An - gen

睛。　　假如　你　在我的身　旁

zu.　　Bist du bei　mir,　geh ich mit Freu - den

我将平　静地迎　接死亡。永　远安息在天　堂。

zum Ster - ben　und zu mei - ner,　Ruh, zum　Sterben und zu mei - ner Ruh.

战鼓咚咚敲响

Die Trommel gerühret

（《爱格蒙特》戏剧配乐之一）

歌　　　德词
贝　多　芬曲
廖辅叔、喻宜萱译配

Vivace.

Die Trom - mel ge - rühret,
战　鼓　咚　咚　敲响，

das Pfeif - chen ge - spilt! Mein Lieb - ster ge - waff - net dem Hau - fen be -
军　号　声　嘹亮！　我　亲　人领　着队　伍，全　副武

fiehlt, die Lan - ze hoch füh - ret, die Leu - te re - gier - et. Wie klopft mir das
装　高　高举　起长枪，指　挥　人们　战斗。我　心　在跳

Herz! Wie wallt mir das Blut! O hätt' ich ein Wäms-lein und
动! 我血在沸腾! 但愿我穿上短衣

Ho-sen und Hut, o hätt' ich ein Wäms-lein und Ho-sen und
长裤绿军装,噢! 我和他昂首阔步奔赴战

Hut!
场!

cresc.

ff

lch
穿

folgt' ihm zum Thor naus mit mu - thig - em Schritt, ging' durch die Pro-
过 田野城 乡, 英勇 向前方, 敌人 已经

vin - zen, ging' ü - ber - all mit.
败 退, 我们 猛 追赶。(上)

Die Fein - de schon wei - chen, wir schie - ssen da-
敌 人 已 经 败 退, 我 们 猛 追

drein; welch' Glück son - der - glei - chen, ein Manns - bild zu
赶。(上) 莫 大 的 幸 福 是 赛 过 男 子

sein, welch' Glück son - der - glei - chen, ein Manns - bild zu sein,
汉, 为 保 卫 家 乡, 勇 敢 上 战 场,

ritard.
1.
a tempo
ein Manns - bild zu sein!
勇 敢 上 战 场!
colla voce
f
p
f
sf
dimin.
p
2.
sein, ja, ein Manns - -
场, 勇 敢
f
f

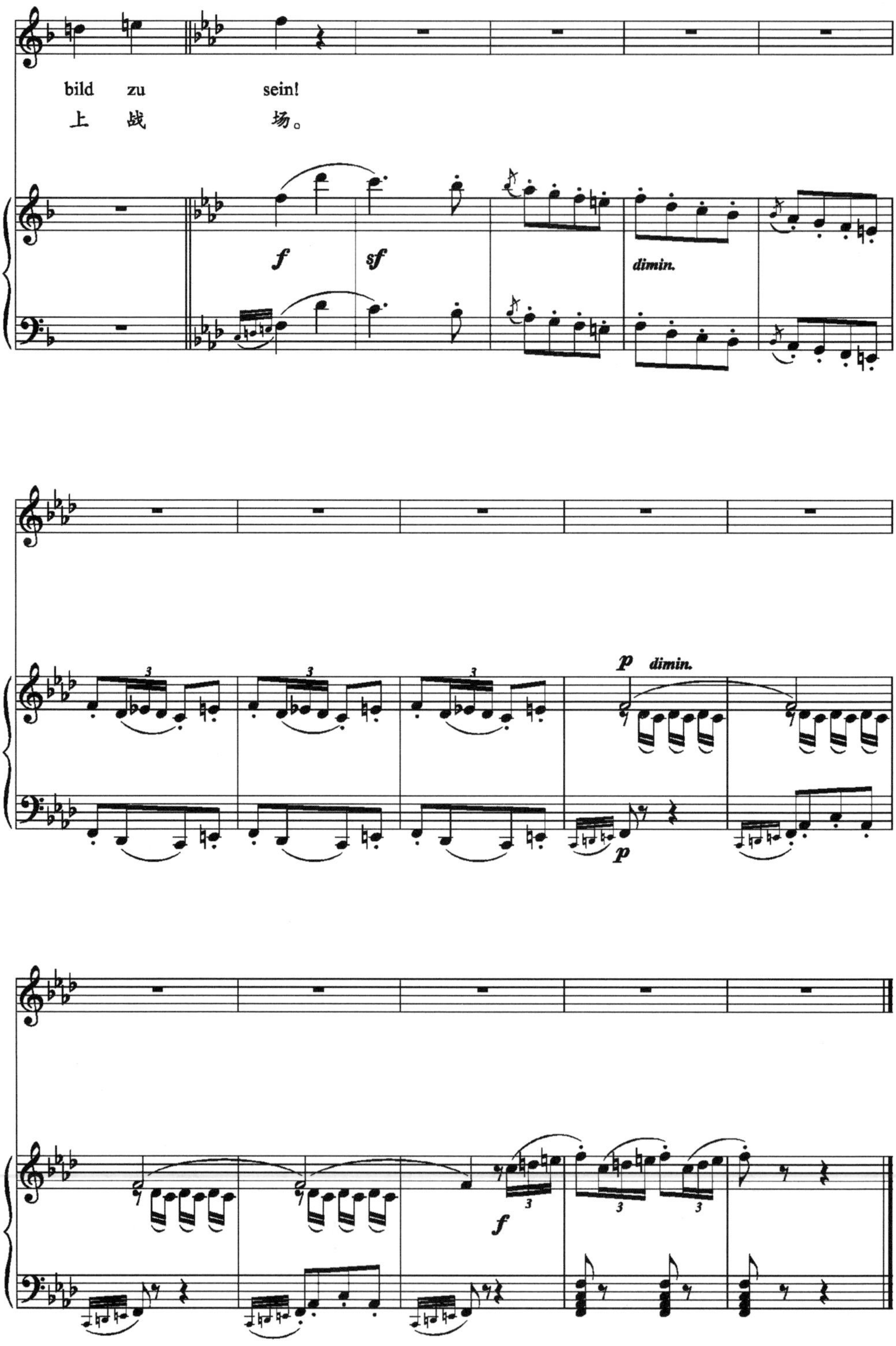
bild zu sein!
上 战 场。
f
sf
dimin.
p dimin.
p
f

鼓　手①

Der Tamboursg'sell

廖辅叔译词
G. 马　勒曲
喻宜萱配歌

① 歌词选自《儿童奇异号角》，今译《青年的魔角》。
校订样本：《古斯塔夫·马勒/理查·斯特劳斯艺术歌曲选集》，喻宜萱选编，人民音乐出版社，2005年1月。

più impetuoso
führt mich aus dem G'wölb! Wär' ich ein Tam - bour
把 我 带 出 来! 假 如 我 还 是个
blie - - - ben, dürft' ich nicht ge - fan - gen lie - - - gen!
鼓 手,也许不 会把我抓 起 来!
con orrore
O Gal - gen, du ho - hes Haus,
哦, 绞 架,你 这座高 楼,

f
du siehst so furcht - bar aus! Ich
你那模 样 多么可 怕! 我
f p
f p
schau' dich nicht mehr an! Ich schau' dich nicht mehr
再 不会 去 看 你! 我再 也 不愿 见 到
f dim. p
più impetuoso
sf
p
an, weil i weiß, daß i g'hör d'ran, weil i
你, 因为 我 知道 我 属于 你, 因我
p
p
cresc.
ff p
sf

Tempo I
weiß, daß i g'hör d'ran! Wenn Sol -
知道,我属于你! 当士
pp
sf
sf
da - ten vor - bei - mar - schier'n, bei mir nit
兵从我身前开过去, 我不会
sf
sf
p
più impetuoso
ein - quar - tier'n, wenn sie fra - gen, wer i g'we-sen bin:
住进这营房, 当他们问我, 你是何许人;
più impetuoso

colla voce molto alzato

Tam - bour von der Leib - kom - pa - nie, Tam - bour

我 是 侍 卫 连 队 的 鼓 手, 我 是

von der Leib - kom - pa - nie!

侍 卫 连 队 的 鼓 手!

(Militärtrommel)

molto più lento

455

molto sostenuto　　espr.

colla voce

Gu - te
晚

ritenuto

Nacht,　　ihr Mar - mel-stein',　ihr Berg'　　und
安，　　你们大　理石，　你们高　　山和

pp
Hü - ge - lein! Gu - te Nacht, ihr Of - fi - zier, Kor - po-
小 山 丘! 晚 安, 你们 各 位 军 官, 各 位
pp
pp
ral und Mus - ke - tier! Gu - te Nacht! Gu - te
军 士 和 榴 弹 兵! 晚 安! 晚
p
Nacht! Ihr Of - fi - zier, Kor - po - ral und Gre - na -
安! 你们 各 位 军 官, 各 位 军 士 和 榴 弹
pp

dier! Ich schrei' mit hel - ler
兵！我用 嘹 亮 的 声 音 叫
Stimm': von Euch ich Ur - laub nimm!
喊；离开 你们 我 去 度 长 假！
Von Euch ich Ur - laub nimm!
离开 你 们 我去 度 长 假！
dim.

smorzando
ff
pp
Gu - te Nacht!
晚 安！
dim.
p
f
mit brechender stimme
Gu - - - - te
别 了，再
pp
Nacht!
见！
ppp
con pedale

谁创造了这支小调①

Wer hat dies Liedlein erdacht

G. 马　　　勒曲

廖辅叔、喻宜萱译配

① 歌词选自《儿童奇异号角》，今译《青年的魔角》。

校订样本：《古斯塔夫·马勒/理查·斯特劳斯艺术歌曲选集》，喻宜萱选编，人民音乐出版社，2005年1月。

Mä - del her - aus. Es ist nicht dort da - hei - me! Es ist nicht dort da-
向 外 眺 望。 这 不 是 她 的 家! 这 不 是 她 的

hei - me! Es ist des Wirts sein Töch - ter - lein! Es
家! 她 是 店 主 的 小 女 儿! 家

woh - net auf grü - ner Hei -
在 绿 葱 葱 的 郊

de! Mein Herz-le ist wund! Komm,
外！ 我的 心 受 了 伤！ 来吧，

Schätz-le, mach's g'sund! Dein' schwarz brau-ne Äug-lein, die hab'n mich ver-
亲 爱的，使它 愈 合！ 你那 深 棕 色的 眼 睛， 它 使我 受了

wund't! Dein ro - si - ger Mund macht Her - zen ge - sund. Macht
伤！你那 红润 的 嘴唇，使 人 心灵健 康，使
Ju - gend ver - stän - dig, macht To - te le - ben - dig, macht
青 年 人 灵 敏，使 死 人 重获 新 生，使
Kran - re ge - sund, macht Kran - ke ge - sund, ja, ge -
病 人 康 复，使 病 人 恢 复 健
p
cresc.
f

sund. Wer hat denn das schön schö-ne Lied-lein er-
康。 是 谁 创 造 了 这 支 如此 美 丽 的 小

dacht? Es ha-ben's drei Gäns' ü-bers Was-ser ge-bracht. Zwei
调？ 是 三 只 鹅 从 水 上 捎 来 的 歌。 两只

grau-e und ei-ne wei-βe! Zwei grau-e und ei-ne wei-βe! Und wer das
灰 鹅 和一只 白 鹅! 两只 灰 鹅 和一只 白 鹅! 如 果 谁

Lied-lein nicht sin - gen kann, dem woe - len sie es

不 会 唱 这 支 歌, 它 们 愿 意 用 口 哨 吹 给

pfei - fen! Ja.

他 听! 对 呀!

青年漫游之歌（套曲）[①]

Lieder eines fahrenden Gesellen

G.马勒词曲
廖辅叔译词
喻宜萱配歌

1.当我的恋人举行婚礼的日子[②]

Wenn mein Schatz Hochzeit macht

----

① 今译《旅行者之歌》。

② 今译《当我心上人举行婚礼的时候》。

校订样本：《古斯塔夫·马勒/理查·斯特劳斯艺术歌曲选集》，喻宜萱选编，人民音乐出版社，2005年1月。

Allegro
Tag!
始!
mf
rit.
Andante
p
Geh' ich in mein Käm - mer - lein, dunk - les Käm - mer -
我 走 进 我的 小 房 间， 阴 暗 的 小 房
pp
Allegro
Andante
espress.
lein, wei - ne wein' um mei-nen schatz,
间， 哭 啊， 哭 啊， 为 了我的恋 人，
m.s.

rit.
Allegro
um mei - nen schatz, - - - ben Schatz!
为 我 亲 爱 的恋 人!
f
rit.
Moderato
pp
pp
Blüm - lein blau Blüm - lein blau! Ver - dor - re nicht! Ver-
蓝 色 花! 蓝 色 花! 别 枯 萎 啊! 别

① "齐居"为模仿鸟叫声。

küth!
居！
accel.
poco rit.
molto riten.
ppp
wie im Anfang
p
Sin - get nicht! Blü - het nicht! Lenz ist ja vor - bei!
鸟儿别再 唱！ 花儿别再 开！ 春天真的 已 过 去
pp
Allegro
Al - les Sin - gen ist nun aus! Des
所 有的 歌 唱 已 停 止！ 在
mf
p

Andante
pp
espress.
A - bends, wenn ich schla - fen geh', denk' ich an mein Lei - de!
晚 上, 当 我 睡 眠 时, 心想着 是 我的 悲 哀!
pp
rit.
Allegro
An mein Lei - - - de!
心 想着 我 的 悲 哀!
rit.
ppp
rit.

2.清晨我漫步田野①

Ging heut'Morgen übers Feld

Gemächlich (*nicht eilen*)

Gieng heut' Mor - gen ü - bers Feld, Thau noch
清 晨 我 漫 步 田 野， 露珠

auf den Grä - sern hieng, sprach zu mir der lust' - ge Fink: "Ei, du!
还 挂 在 草 上， 得 意 的 喜 鹊 对 我 说；"值吗?你

Gelt! Gu - ten Mor - gen! Ei,
呀！ 祝 你 早 安！ 唉，

① 今译《这天早晨我在田野里漫游》。

Gelt? Du! Wird's nicht ei - ne schö - ne Weit? schö - ne Weit?
值吗? 你呀! 世 界 既 然 很 美 丽? 很 美 丽?

Zink! Zink!
闪光! 闪光!

Schön und flink! Wie mir doch die Welt ge-
利 落 又 漂 亮! 世 界 让 我 心 欢

fällt!"
畅!"
f
3
ff
Auch die Gloc-ken - blum' am Feld hat mir lu-stig, gu-ter Ding', mit den
原 野 上 的 风 铃 花儿 也 同 我 逗 乐 助 兴; 它 响
pp
Glöckchen, klin-ge, kling, klin-ge kling, ih - ren
起了 小 铃 铛, 叮 当 叮叮 当, 发 出
pp

Mor - gen - grüss ge - schellt: "Wird's nicht ei - ne Schö - ne Welt? Schö - ne Welt?
它 早晨的 问 安： "世 界 既然 很 美 丽？ 很 美 丽？

Kling! Kling! Kling! Kling!
叮 当！ 叮 当！

Schö - - nes Ding! Wie mir doch die Welt ge -
事 物 多 美 好！ 世 界 让 我 心 欢

fällt!" Hei - ah!
畅!" 嗨 嗬!

Allmählig in ein sehr gemächliches Tempo einlenken

Noch etwas langsamer

pp

Und da fieng im Son-nen -
天 空 开始阳光闪

pppp
schein gleich die
耀， 世 界
p
Welt zu fun-keln an; Al - les, Al - les,
立 刻 焕发光 芒； 一 切的 一 切
m.s.
Ton und Far - be ge - wann! Im Son-nen-schein! Blum' und
都 变 得 有声又有 色！ 在 阳 光里， 既有花

Vo-gel, gross und klein!
又有 大的小的 鸟!

Gu-ten Tag! Gu-ten
祝你日 安! 祝你日

pp

Tag!
安!

Ist's nicht ei-ne schö-ne Welt? Ei, du!
世界 既然很美 丽?值吗?唉!你

Gelt? Ei, du! Gelt?
呀! 值吗?唉!你 呀?

Schö-ne Welt!
美丽的世 界!

molto riten.
molto riten.
Sehr leise und langsam
"Nun fängt auch mein Glück wohl an?!
"现在 该是我 幸 福的 开始?
pp
inaig
Nun fängt auch mein Glück wohl an?!
现在 该是我 幸 福的 开始?
ppp

Nein! Nein! Das ich
不！ 不！ 也

mein', mir nim-mer, nim-mer blü-hen kann!"
许, 花儿永远 不 会为 我 开 放！"

3.我有一把火热的刀子①

Ich hab' ein glühend Messer

Schnell und wild

(mit starkem Pedalgebrauch)

Ich hab' ein glü - hend Mes - ser, ein Mes - ser in mei - ner Brust. O
我有一把火热的刀, 一把 刀插在我 胸前。 噢,

weh! O weh! Das schneid't so tief
痛 啊！噢, 痛 啊！刺 入 那么深！

in je - de Freud'und
刺入 一切欢乐,

---

① 今译《我的刀寒光闪闪》。

Zeit lassen
je - de Lust, so tief! So tief! Es schneid't so
一切喜悦，那么深！那么深！刺得那么
etwas zurückhaltend (aber nicht zu sehr)
p
ff
a tempo
weh und tief! Ach, was ist das für ein bö - ser Gast! Ach, was ist das für ein
痛又深！啊，一个凶恶的客人！啊，多么残酷的
p
f
bö - ser Gast! Nim - mer hält er Ruh', nim - mer hält er Rast!
客人！他永不歇息，永远不安静！
f
p
mf
mf

Nicht bei Tag, nicht bei Nacht, wenn ich
白 昼 黑 夜，只要我在安
accel.
schlief! O weh! O weh!
睡 中！噢， 痛 啊！噢， 痛 啊！
Sehr schnell

Nicht eilen

ri - te - nu - to   *p*   **Langsamer**

O   weh!
噢，痛 啊！

molto riten.

Noch langsamer   *pp flüsternd*

Wenn ich in den Him-mel seh,
只 要 我 对 天 仰 望，

pp immer mit Ped.

pp
seh'ich zwei blau - e Au-gen steh'n! O weh! O weh!
我就看见一双蓝眼睛！噢，痛啊！噢，痛啊！
sempre pp und Ped.
poco rit.
pp flüsternd
Wenn ich im gel-ben Fel-de geh', seh'ich von Fern das
只要我走在原野上，我就看见远
ppp
ppp
poco accel.
f
blon-de Haar im Win-de weh'n! O weh! O weh!
方风中金发飘荡！噢，痛啊，噢，痛啊！
m.s.
mf
mf
f
p
mf

molto accel.
f
Sehr schnell
Wenn ich aus dem Traum auf-fahr' und hö-re
只要我从梦中惊醒，我就会
f
pp trem.
Etwas weniger schnell
klin-gen ihr sil-bern La-chen, O weh!
听见她银铃般的笑声，噢，痛啊！
cresc. al
f rit.
f
sempre Ped.
Mit grösster Kraft
O weh! Ich wollt'
噢，痛啊！我愿
fff
ff f

Sehr zurückhaltend
p
ich läg' auf der schwar - zen Bahr, könnt' nim-mer, nim -
躺进黑色的棺材里，从此后，我
m.s.
mf
p
pp
- mer die Au-gen auf - ma - chen!
的双眼永远紧闭！
ppp
ppp
accel.
accel.
accel.
accel.
a tempo
veloce
nicht schleppen
pppp
poco rit.

4.一 双 蓝 眼 睛

Die zwei blauen Augen

Alla Marcia
Durchaus mit geheimnissvoll schwermüthigem Ausdruck (nicht schleppen)

Die zwei blau - en Au - gen von mei - nem Schatz, die ha - ben
我 的 恋 人 那 双 蓝 色 眼 睛, 怎 就 把

mich in die wei - te Welt ge - schickt. Da musst' ich Ab - schied
我 送 到 了 天 涯 海 角。 我 只 好 依 依 不

neh - men vom al - ler - lieb - sten Platz! O
舍 地 告 别 我 心 爱 的 地 方! 噢,

Au - gen blau, wa - rum habt ihr mich an - ge - blickt!? Nun hab' ich e - wig
蓝 眼 睛，为 什 么 朝 着 我 张 望？ 现 在 我 将 永 远

Leid und Grä - men!
悲 哀 和 忧 伤！

Ich bin aus - ge - gan - gen in stil - ler Nacht, in
我 在 静 悄 悄 的 夜 里 出 行， 在

stil - ler Nacht wohl ü - - - ber die dunk - le Hai - de;
静 悄 悄的 夜 里　　走过 黑 暗的 原　　野；

hat mir Nie - mand A - de ge-sagt. A - de!　　A -
没 有 任 何 人 向 我　说一声：再 会！　　再

de! A - de! Mein Ge - sell'　war Lieb' und Lei - de!
会！再 会！远 离 我　眷恋的 伙 伴 多 悲　伤！

Leise, bis zum Schluss

Auf der Stra - sse steht ein Lin - den-baum, da hab ich zum er-sten Mal im

在大街 上有 一棵菩 提 树，在那里我头一回安 然

Schlaf ge-ruht! Un - ter dem Lin - den - baum! Der hat sei-ne Blü-thenü - ber
入 睡! 鲜 花 盛 开 的 菩 提 树啊,它把花瓣洒在
ppp
mich ge - schneit. da wusst' ich nicht, wie das
我 身 上。 我 不 知 道 生 活
Le - ben thut - war Al - - - les, Al - les wie - der gut! Ach,
怎 样安 排, 转 瞬, 一切重 归 于美 好! 啊,

Al - les wie - der gut! Al - les! Al - les!
一 切重归 于平 静! 一 切, 一 切,
poco rit.
Lieb' und Leid, und Welt, und Traum!
眷爱 和 悲 哀, 世 界 和 梦!
morendo
ppp
ppp

你看我，别尽盯着那些歌

Blicke mir nicht in die Lieder

F.吕克特诗
G.马勒曲
廖辅叔译词
喻宜萱配歌

Blik - ke mir   nicht in die
你　看　我　　别尽盯着

Lie - der! Mei - ne Au - gen schlag' ich nie - der,
那些 歌! 我 让 我的目 光 向 下 沉,

校订样本:《古斯塔夫·马勒/理查·斯特劳斯艺术歌曲选集》，喻宜萱选编，人民音乐出版社，2005年1月。

wie er-tappt auf bö-ser Tat.
像干了坏事被捉住。

Sel-ber darf ich
我自己也

nicht ge-trau-en, ih-rem Wach-sen zu zu-schau-en.
没有胆量去跟踪 它们的成长。

Bil-ke mir nicht in der Lie-der!
你看我 别尽盯着 那些歌!

Dei - ne Neu - gier
你 的 好 奇 就 是

ist Ver-rat, ist Ver-rat!
泄 密， 是 泄 密！

Bie-nen, wenn sie Zel-len bau - en, las-sen auch nicht
好 比 蜜 蜂 营 造 蜂 房， 总 是 不 让

zu sich schau-en, schau-en selbst auch nicht zu.
别　　人　　张　　望，　也　不　让　自　己　观　看。

Wenn die rei-chen Ho-nig-wa-ben sie zu Tag ge-
当它那丰富的蜜糖从蜂房搬

för-dert ha-ben, dann vor al-
出来亮相，那首先

- - len na-sche du, dann vor
就让你解 馋, 那 首先
al - len na - sche du, Na - sche du!
就 让你解 馋 品 尝!

我呼吸着菩提树的芳香

Ich atmet'einen linden Duft

F.吕克特诗
G.马　勒曲
廖辅叔译词
喻宜萱配歌

校订样本:《古斯塔夫·马勒/理查·斯特劳斯艺术歌曲选集》,喻宜萱选编,人民音乐出版社,2005年1月。

ein An - ge - bin - - de von lie - - ber
是 出 自 可 爱 的 素 手 的

Hand.
赠 品。

Wie lieb - lich war der
菩 提 树的 香 气 原是

poco cresc.

Lin - den - duft.
多 么 清 馨。

Wie lieb - lich
如 今 它 的

dolce

dim.

pp

ist der Lin - den - duft.
香 气 依 然 那 样 清 馨!

das Lin - den - reis brachst du ge -
是 你 温 情 地 带 来 的

lin - - de! Ich at - me leis
嫩 枝! 我 轻 轻 呼

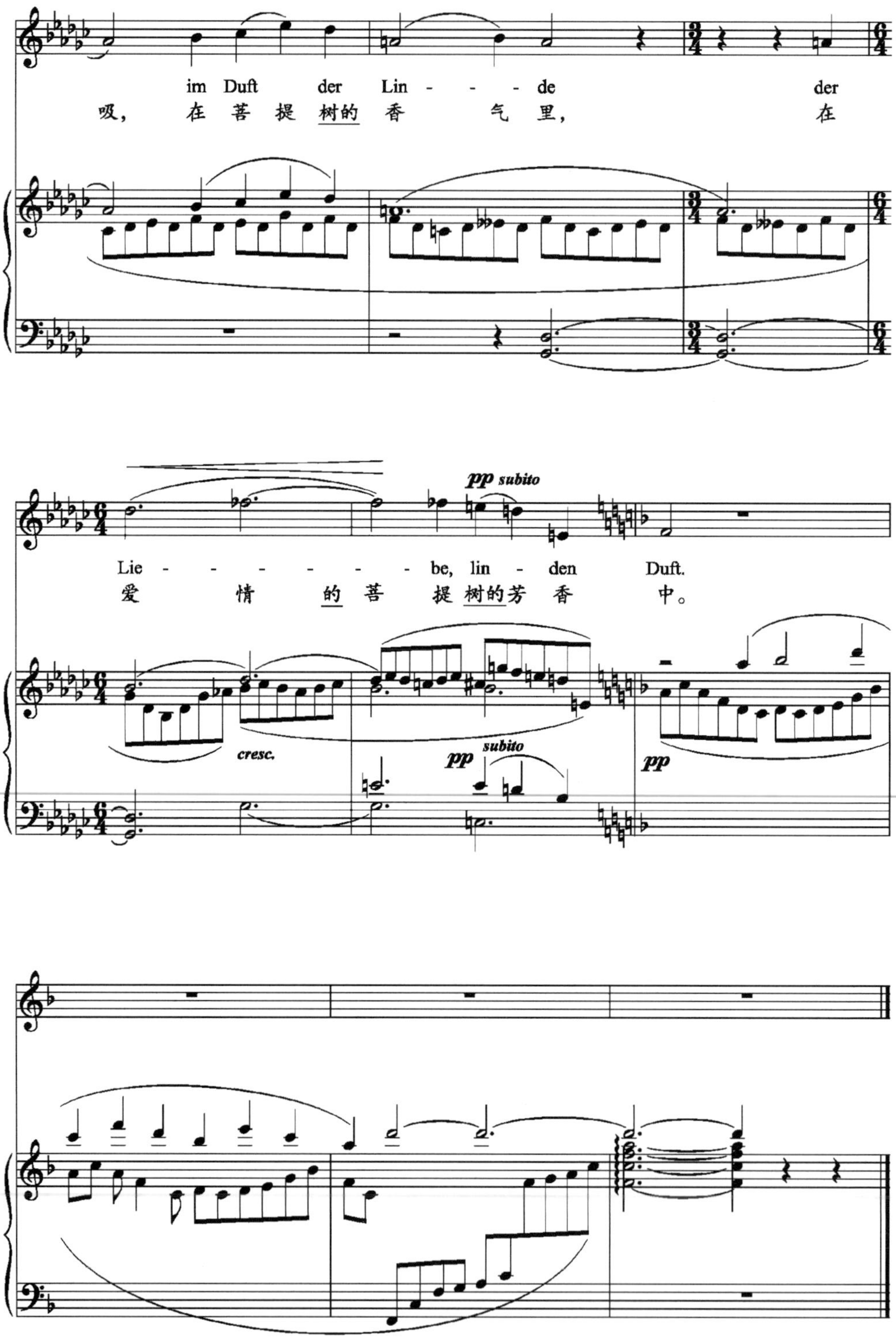
im Duft der Lin - - - de der
吸，在菩提树的香气里，在
pp subito
Lie - - - - - - be, lin - den Duft.
爱情的菩提树的芳香中。
cresc.
pp
subito
pp

半 夜 里

Um Mitternacht

F.吕克特诗
G.马 勒曲
廖辅叔译词
喻宜萱配歌

Tranquillo, con moto eguale _p_

Um
在

Mit - ter-nacht hab' ich ge-wacht und auf-ge-blickt zum
半 夜 里 我 醒 过 来 向 天 上

Him - mel; kein Stern vom Stern-ge-wim - mel hat mir ge-
观 望; 星 群 里 没 有 一 颗 星 给 我 半 夜

校订样本:《古斯塔夫·马勒/理查·斯特劳斯艺术歌曲选集》,喻宜萱选编,人民音乐出版社,2005年1月。

lacht um Mit - ter - nacht.
里 带 来 微 笑。
rit.
grell
a tempo
sf
f
molto legato
Um Mit - ter -
在 半 夜
p
Poco più lento
più impetuoso
nacht hab' ich ge - dacht hin-aus in dunk - le Schran - ken.
里 我 的 心 想到 黑暗 的 场 所。
espress.

Um Mit - ter-nacht.
在 半 夜里，
non strascinare
p
f
rit.
p
Es hat kein Licht - ge - dan-ken mir Trost ge - bracht um
眼 前 没 有 光 明的 思 想 给 我 半 夜里 带来
Tempo I
pp
Mit - ter-nacht.
安 慰。
Um Mit - ter-nacht
在 半 夜里，

nahm ich in acht die Schlä-ge mei-nes Her-zens; ein einz'ger
我留心我心房的跳动; 痛苦的

Puls-des Schmer-zens war an-ge-facht um Mit-ter-nacht.
惟一的脉搏半夜里蓦然发动。

Um Mit - ter - nacht
在半夜里

Kämpft' ich die Schlacht, o Mensch-heit, dei - ner Lei - den;
我 发 动 战 争，人 类 啊，你 的 苦 难；

nicht konnt' ich sie ent - schei - - - - - - - den
我 不 能 凭 我 的 力 量

mit mei - ner Macht um Mit - ter -
在 半 夜 里 进 行 决

nacht.
战。

rit.

ritornando al tempo

f

p

p

pp

Um Mit - ter-nacht

在 半 夜 里

Tempo I

pp

pp

f con gran impulso

hab' ich die Macht in Dei - ne Hand ge - ge - ben;

我 把 权 力 交 付 给 你 的 手 中;

cresc.

f

ff Più mosso
molto pressante
Herr! Herr ü - - - ber
主人 决 定 死 亡 和
f
10
f
9
10
ff
ff
Tempo I
sempre con tutta forza
Tod und Le - - - ben, Du hältst die
生 命 的 主 人, 你 坚 持 守
sf sf sf sf
3
ff
wacht, Du hältst die
卫, 你 坚 持 守
p f
ff
ff

wacht,
卫,

ritenuto   Largo

Du,   Du   hältst   die   wacht   um   Mit - - ter-
你，   你   定要坚持   守卫   在半   夜

Ancora più largo

nacht!
里!

假如爱是为了美丽

Liebst du um Schönheit

F. 吕克特诗

G. 马勒曲

廖辅叔译词

喻宜萱配歌

Con tenerezza

Liebst du um Schönheit, o nicht mich liebe!
假如爱是为美丽，哦，可别

lie - be! Lie - be die Son - ne, sie trägt ein gold'nes Haar!
爱我！去爱那太阳，她全身披着金发！

Liebst du um Ju - gend, o nicht mich lie - be! Lie - be den
假如爱是为青春，哦，可别爱我！去爱那

校订样本：《古斯塔夫·马勒/理查·斯特劳斯艺术歌曲选集》，喻宜萱选编，人民音乐出版社，2005年1月。

511

Früh - ling, der jung ist je-des Jahr!
春　　天，　它年年都年　轻！

Liebst du um Schä - tze, o nicht mich
假如爱是为珍宝，　哦，可别

lie - be! Lie - be die Meer - frau, sie hat viel Per - len klar!
爱我！去爱海仙女，她有许多晶莹的珍　珠！

allargando
p
Liebst du um Lie - be, o ja, mich lie - - be!
假如 爱 是为 爱 情， 好 吧，那就 爱 我！
pp
(p) dolce
Lie - be mich im - mer, dich lieb'ich im - - - mer, im - mer -
始 终 都 爱 我， 我 永 远 爱 你，永 远 爱
pp
dar!
你！

秘 密 的 邀 请①

Heimliche Aufforderung

J.H. 玛卡依词
R. 施特劳斯曲
廖辅叔译词
喻宜萱配歌

Lebhaft

Auf, he - be die fun - keln-de Scha - le em-
举杯, 把 那 闪 光 的 酒 杯 举 到

por zum Mund, und trin - ke beim Freu - - - den-
嘴 边, 在 欢 乐 的 宴 会 上

mah - - le dein Herz ge - sund. Und wenn du sie
祝 你 身 体 健 康。 你 举 杯 的

① 今译《秘密的要求》，词作者约翰·亨利·玛卡依（John Henry Mackey）

校订样本：《古斯塔夫·马勒/理查·斯特劳斯艺术歌曲选集》，喻宜萱选编，人民音乐出版社，2005年1月。

dim.
p
hebst, so win - ke mir heim - lich zu, dann
时 候偷偷 地向 我 招 手, 我
p
pp

läch - - - - - le ich und dann
也 回 应 微 笑,

trin - ke ich still wie du...
像 你 一 样 默 饮。
p
pp

und still gleich mir be-
有 一 群 黑 面 人 在

trach - te um uns das Heer der trunk - nen
我 们 周 围， 像 我 一 样 看着

(leichthin)

Schwätzer ver - ach - te sie nicht zu
我 们， 别 那样 讨厌 他

sehr. Nein, he - be die blin - ken-de Scha - -
们。 不， 举 起 那 斟 满 着 美
f
Ped.
Ped.
- le, ge - füllt mit Wein, und laβ beim
酒 的 酒 杯， 让 他们 在
lär - - - men - den Mah - - le sie glück - lich sein.
热 闹 的 宴 会 上 欢 欢 喜 喜。
Ped.
Ped.

Doch hast du das Mahl ge - nos - sen,
当 你 享用 过 美 食 和 豪 饮，
pp
allmählich ruhiger
den Durst ge - stillt, dann ver - las - se der lau-ten Ge-nos - sen
就 该 离 开，这 喧 闹 的 伙 伴 和 节 日 般
fest - freu-di-ges Bild
热 烈 的 场 面，
dim.
espr.

pp
wieder im Zeitemaß
und wand - le hin - aus in den Gar - - - - -
溜 进 花 园 芳 香 四 溢
pp
Ped.
ten zum Ro - sen - strauch, dort
的 玫 瑰 丛 中, 在 那儿
ppp
will ich dich dann er - war - - - - - ten nach
我 将 按 照 着 惯 例 等
pp
Ped.

al - tem Brauch, und will an die Brust dir
待 你， 我 并 不 需要 等 你

sin - - - ken, eh' du's ge
向 往 就 伏 在 你 胸

hofft, und dei - ne Küs - - se trin - ken,
前， 并 接 受 你 的 亲 吻，

wie eh - mals oft
像 往常 那 样,
mf
Ped. *
cresc.
und flech - - - ten in dei - ne Haa - - - - -
还 要 把 艳 丽 的 玫
cresc.
re der Ro - - - se Pracht, o
瑰 编 入 你 的 发 中, 哦,

komm, du wun - der - ba - re er -
来 吧，你 多 么 美 妙 我
f
dim.
sehn - - - - - - - te Nacht, o
渴 望 的 夜 晚，哦，
p
cresc.
komm, du wun - der - ba - re er -
来 吧，你 多 么 美 妙 我渴
f
dim.

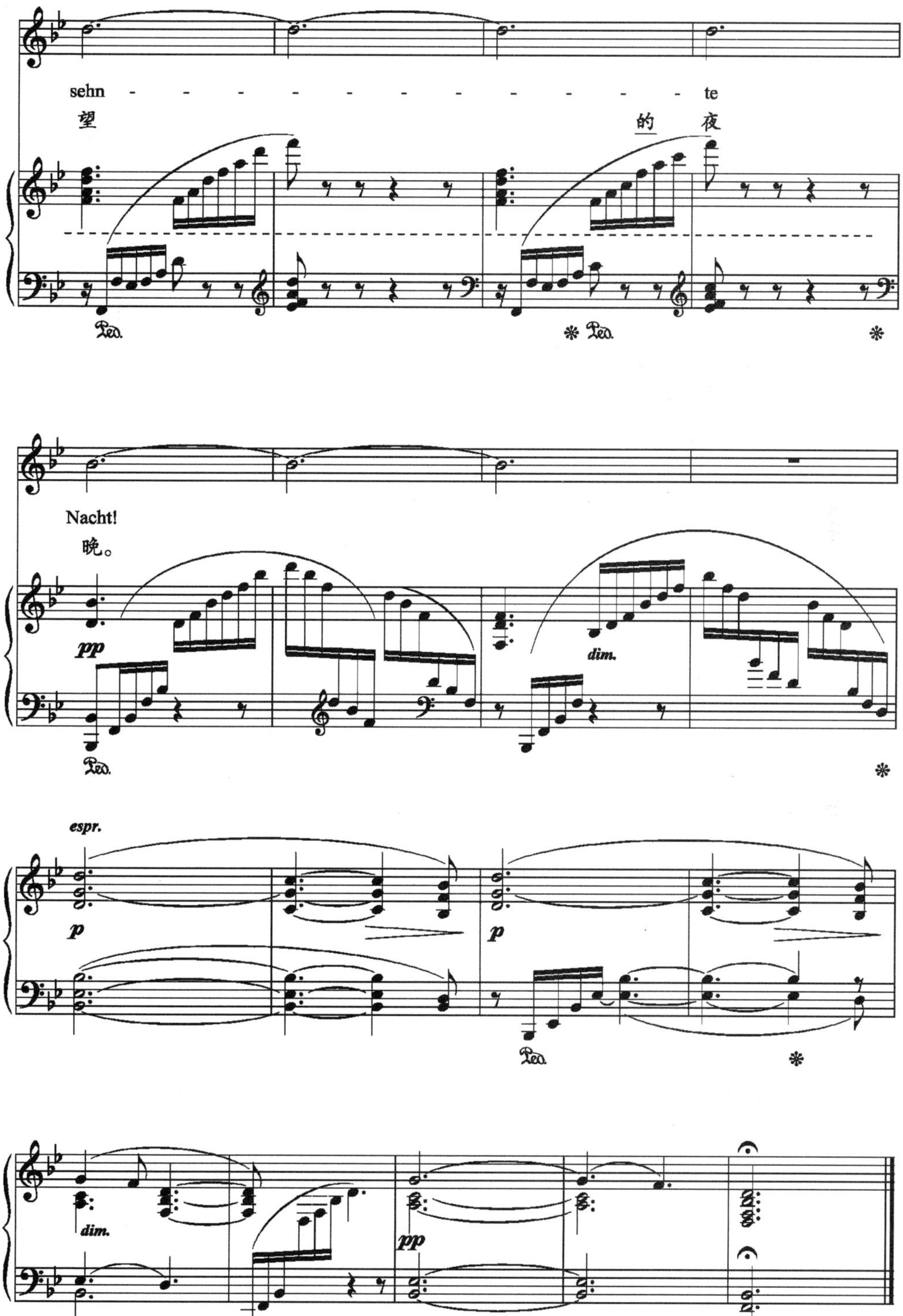
sehn - - - - - - - - - - - - te
望 的 夜
Ped.
Nacht!
晚。
pp
dim.
espr.
p
dim.
pp

摇 篮 曲

Wiegenlied

R. 德 梅 尔词
R. 施特劳斯曲
廖辅叔译词
喻宜萱配歌

校订样本:《古斯塔夫·马勒/理查·斯特劳斯艺术歌曲选集》,喻宜萱选编,人民音乐出版社,2005年1月。

du, mein sü - - - - - - - sees
你， 我 甜 蜜 的
m.s.
Ped.
Le - - - - - - - - - ben, von dem
生 命， 梦 见
m.s.
Ped.
Him - - - - - - - - - - - - - - - -
天
m.s.
Ped.

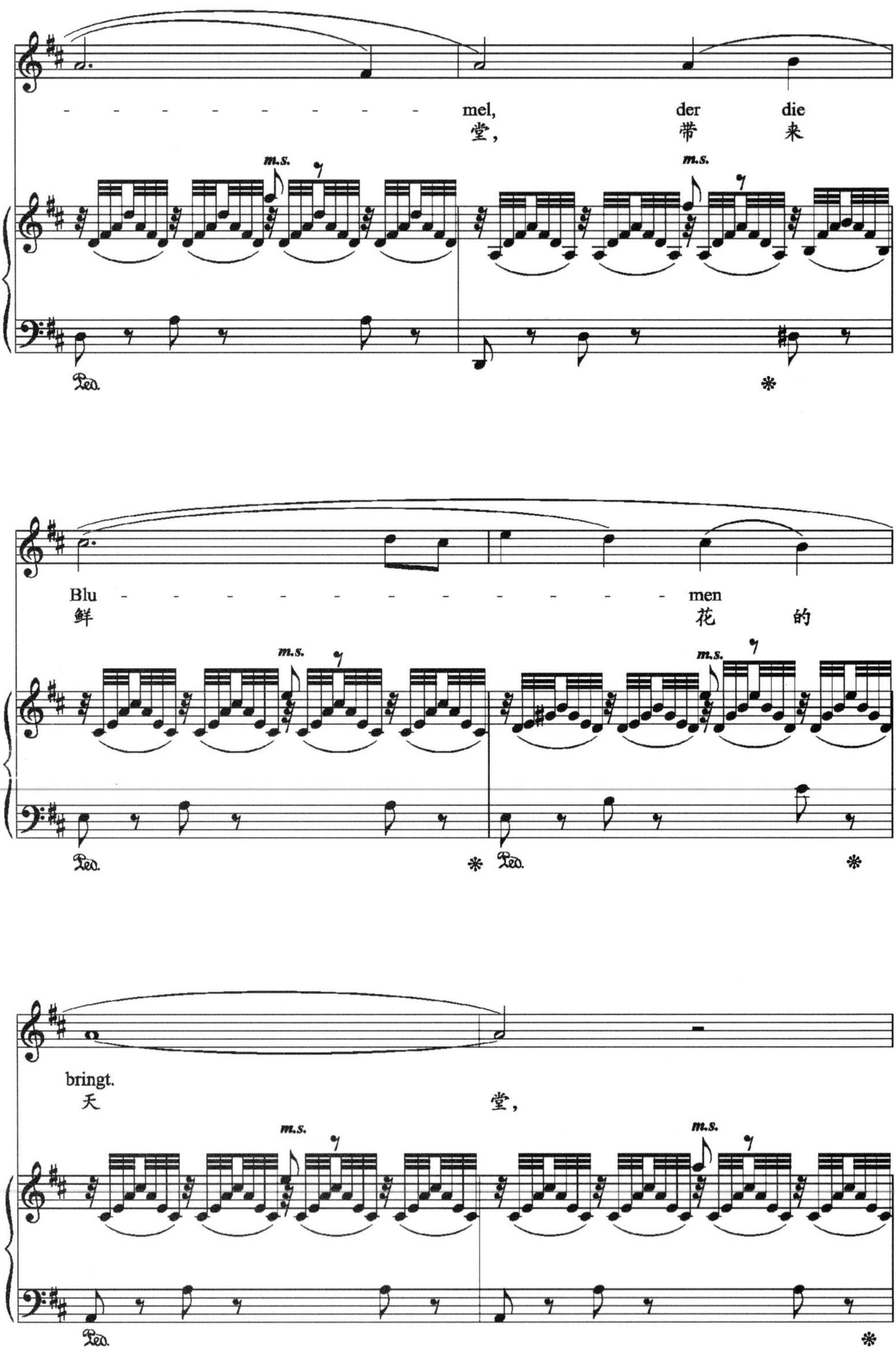
mel, der die
堂， 带 来
m.s.
Ped.
Blu - - - men
鲜 花 的
bringt.
天 堂，

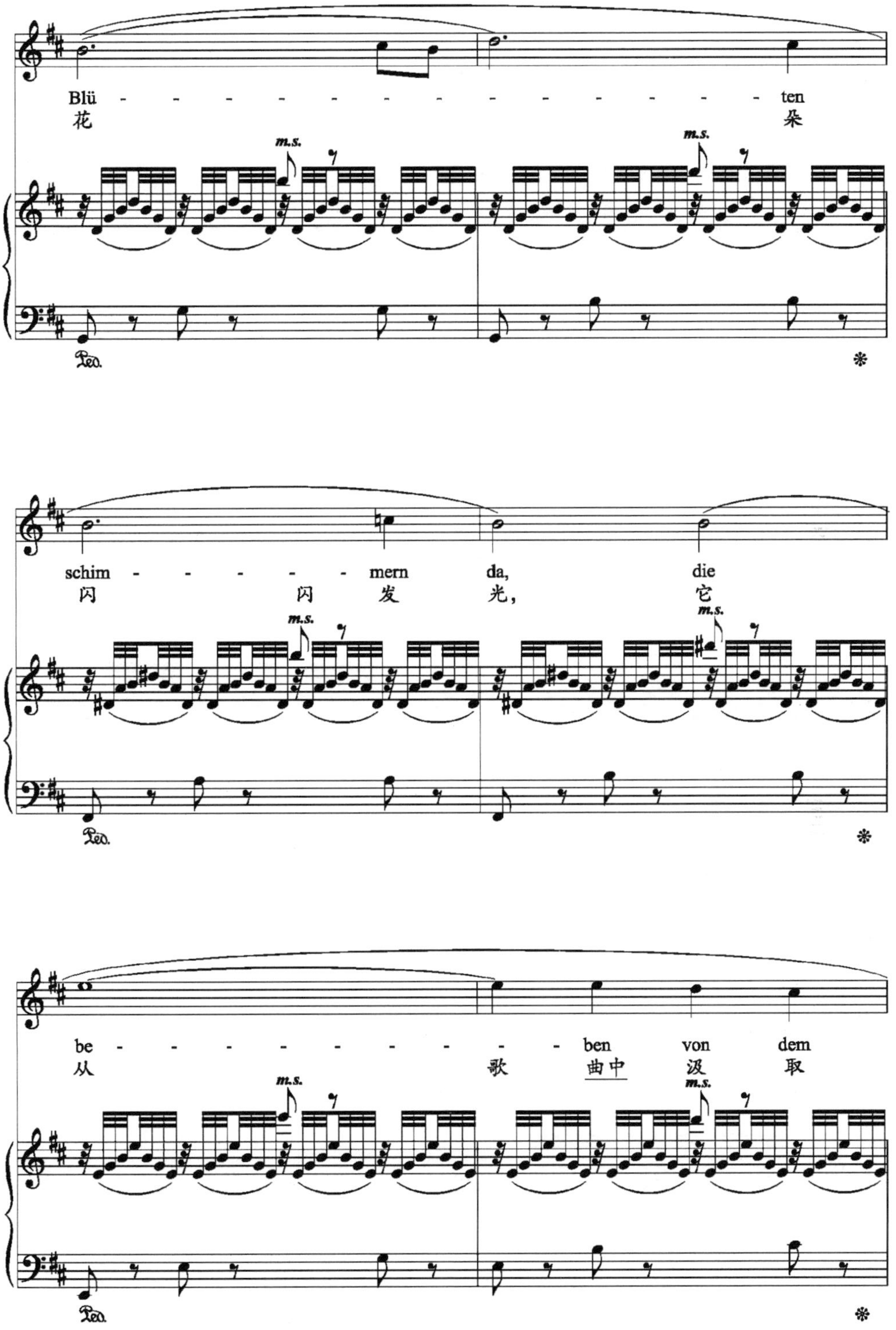

m.s.
Blü - - - - - - - - - - - - - - ten
花 朵
Ped.
schim - - - - - mern da, die
闪 闪 发 光，它
be - - - - - - - - - - ben von dem
从 歌 曲中 汲 取

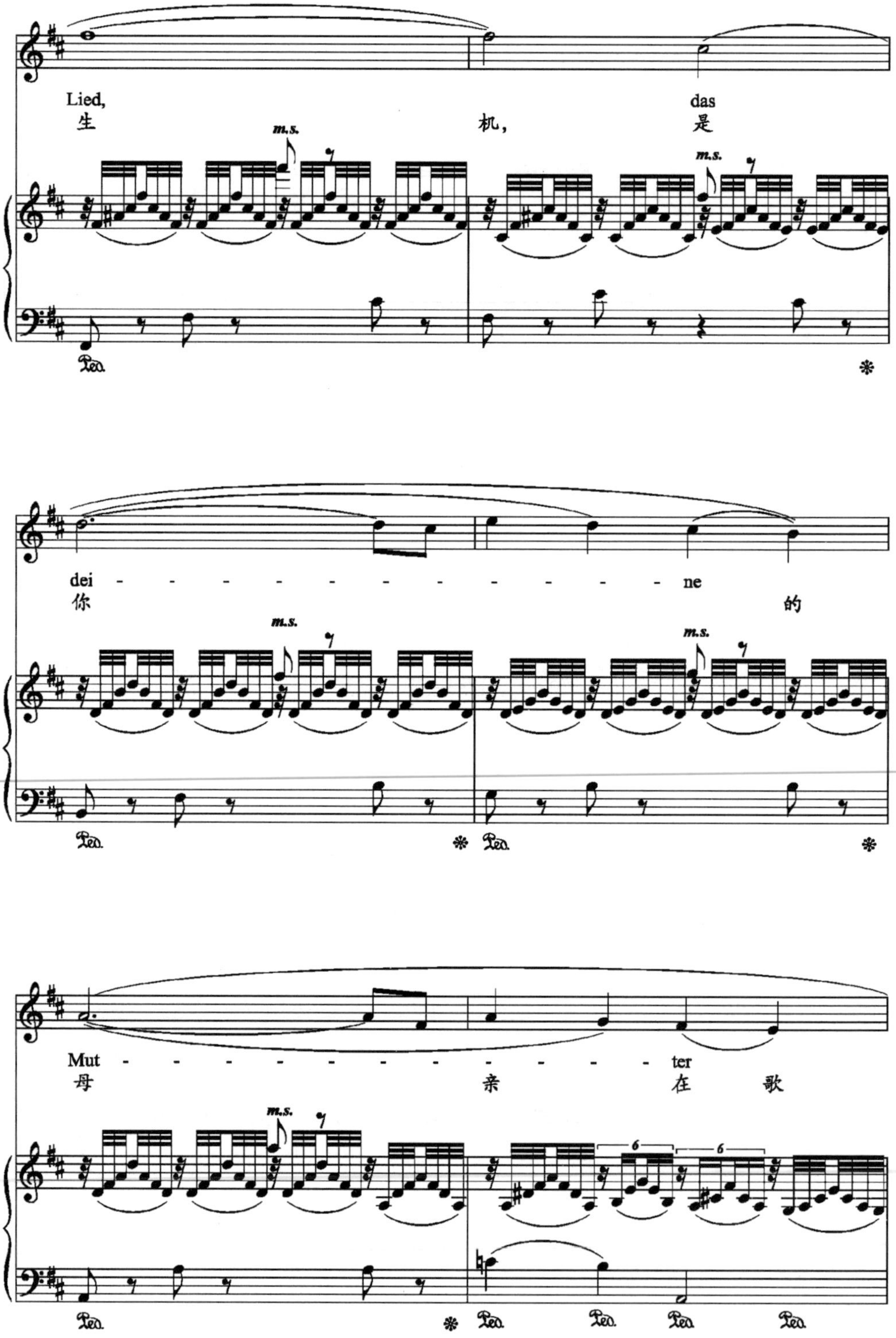
Lied, das
生 机, 是
m.s.
Ped.
dei - - - - - - - - - - - - - ne
你 的
Mut - - - - - - - - - - - ter
母 亲 在 歌
6

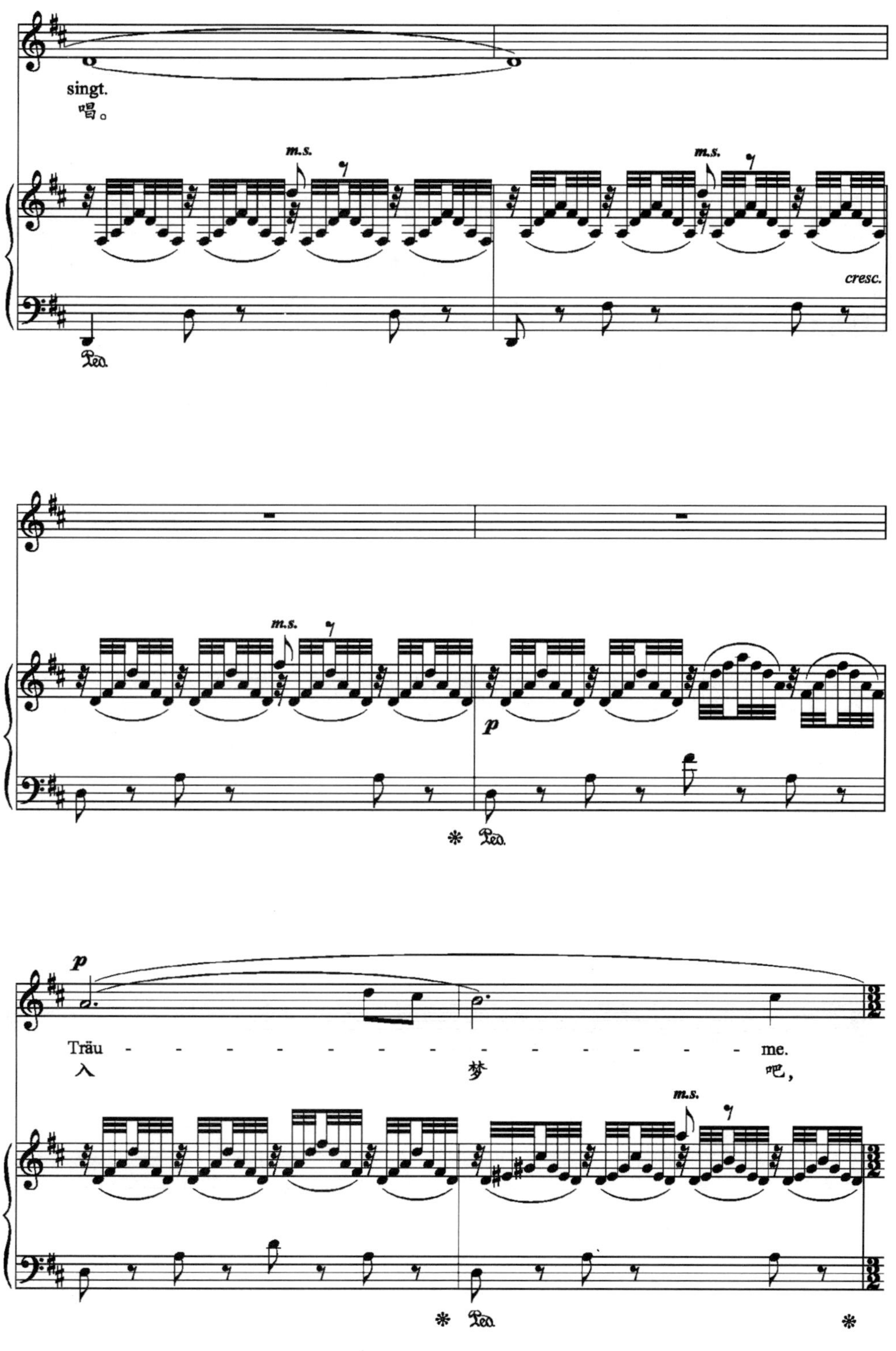
singt.
唱。
m.s.
cresc.
Ped.
p
Träu - - - - - - - - - - - - - - me.
入 梦 吧，

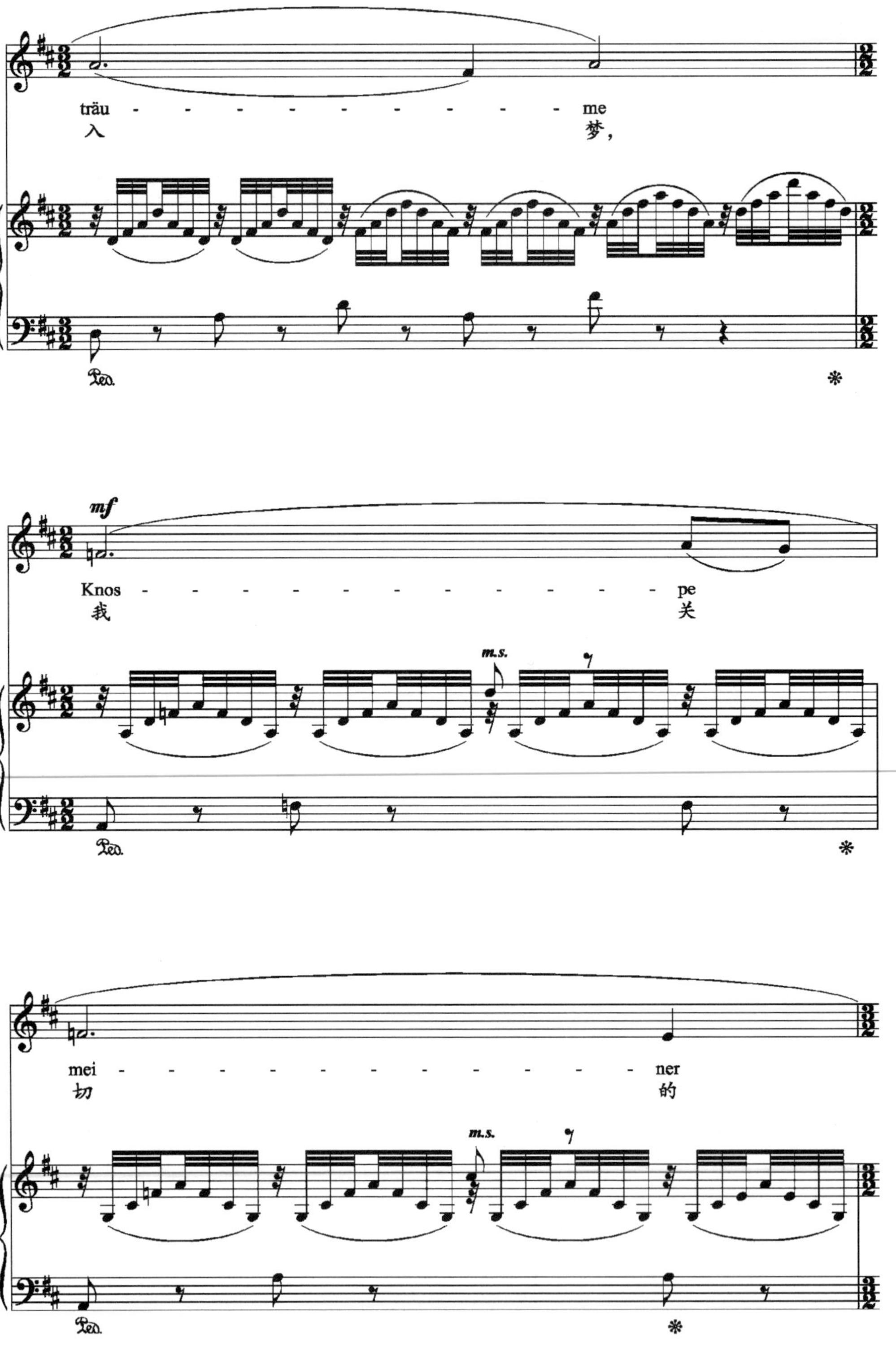
träu - - - - - - - - - - - - - me
入 梦，
Ped.
mf
Knos - - - - - - - - - - - - - - pe
我 关
m.s.
Ped.
mei - - - - - - - - - - - - - ner
切 的
m.s.
Ped.

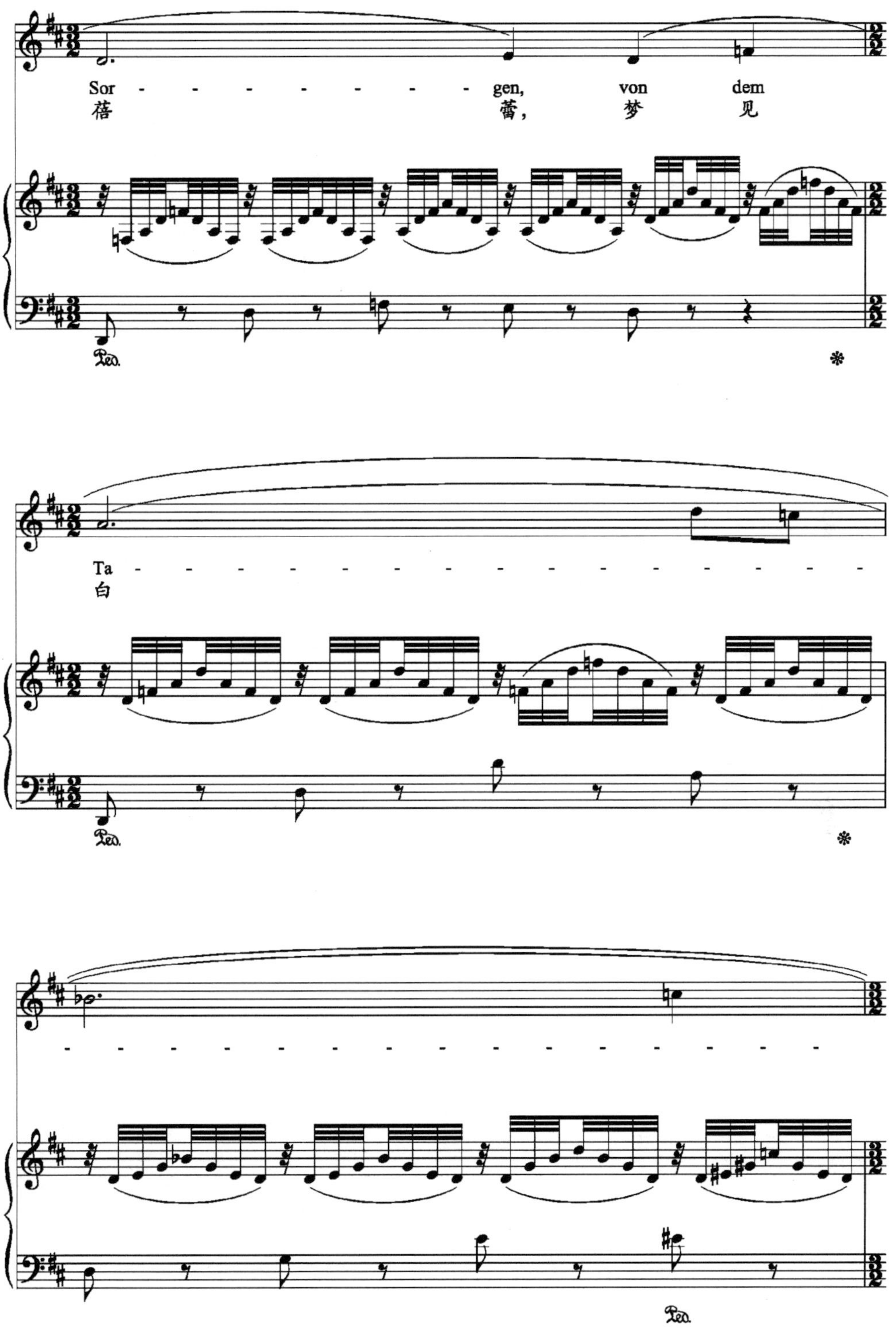
Sor - - - - - - - - gen, von dem
蓓 蕾， 梦 见
Ta
白

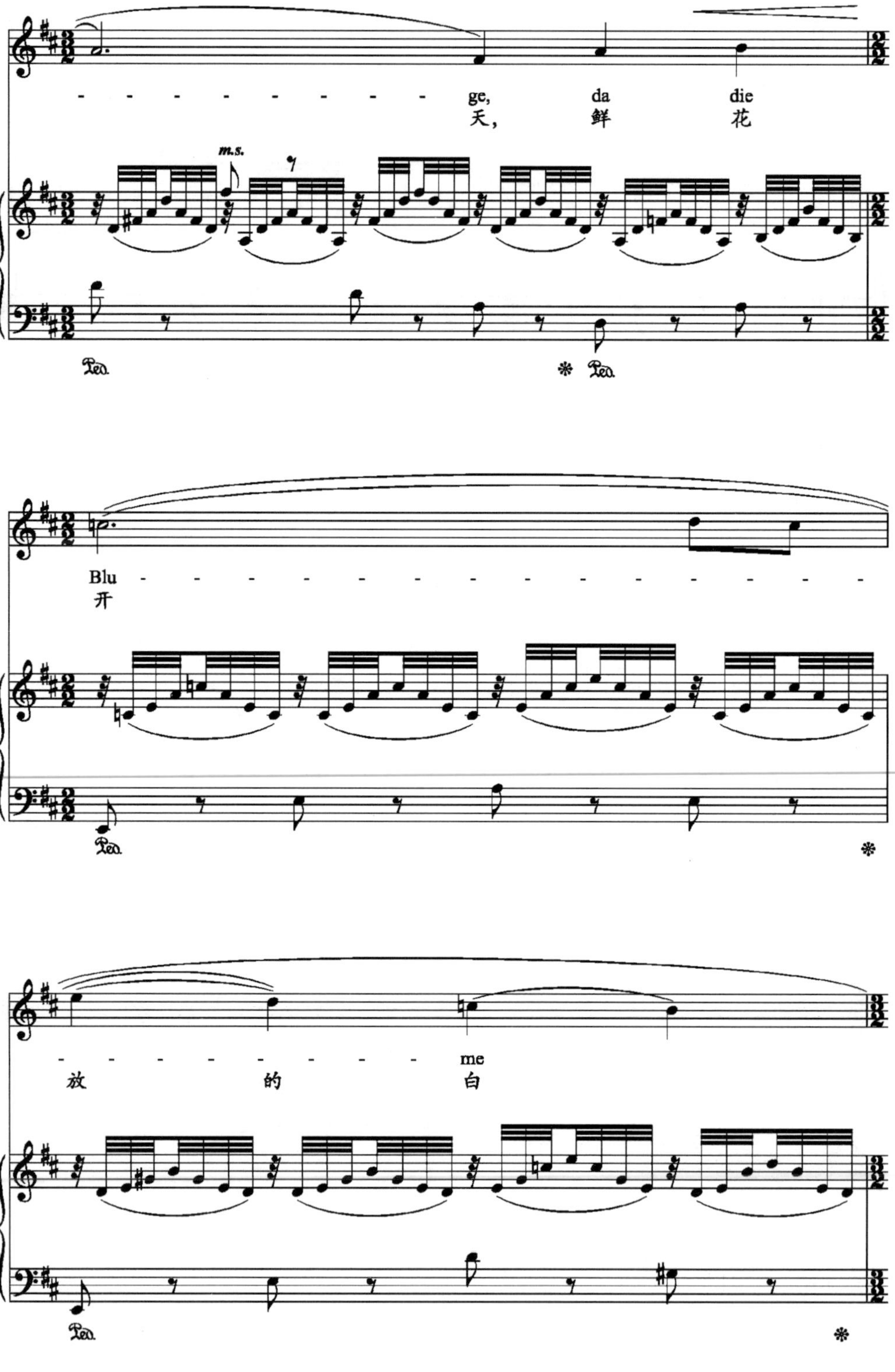
ge, da die
天, 鲜 花
m.s.
Blu
开
me
放 的 白

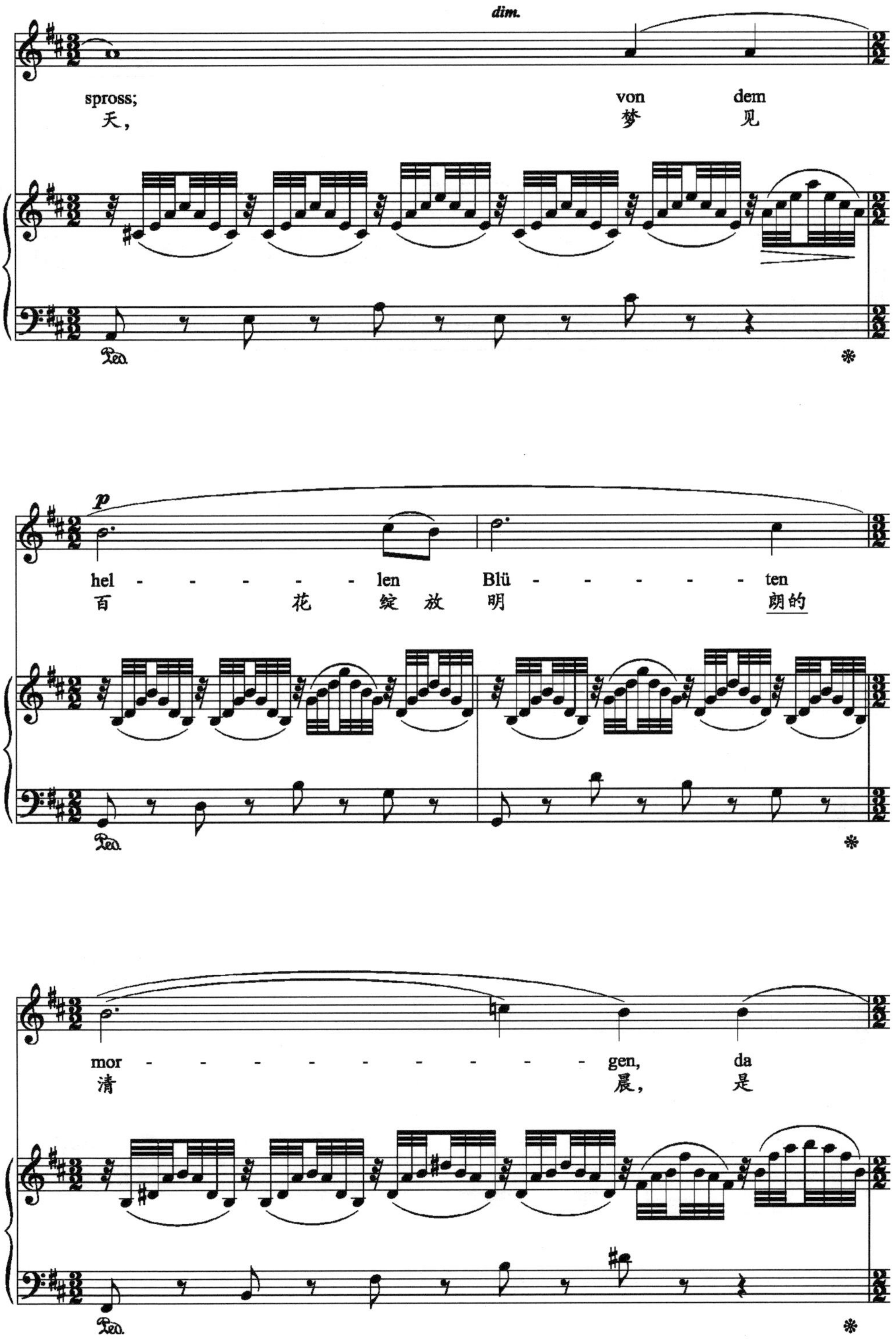
dim.
spross; von dem
天， 梦 见
p
hel - - - - - len Blü - - - - - - ten
百 花 绽 放 明 朗的
mor - - - - - - - - - - - - - - gen, da
清 晨， 是

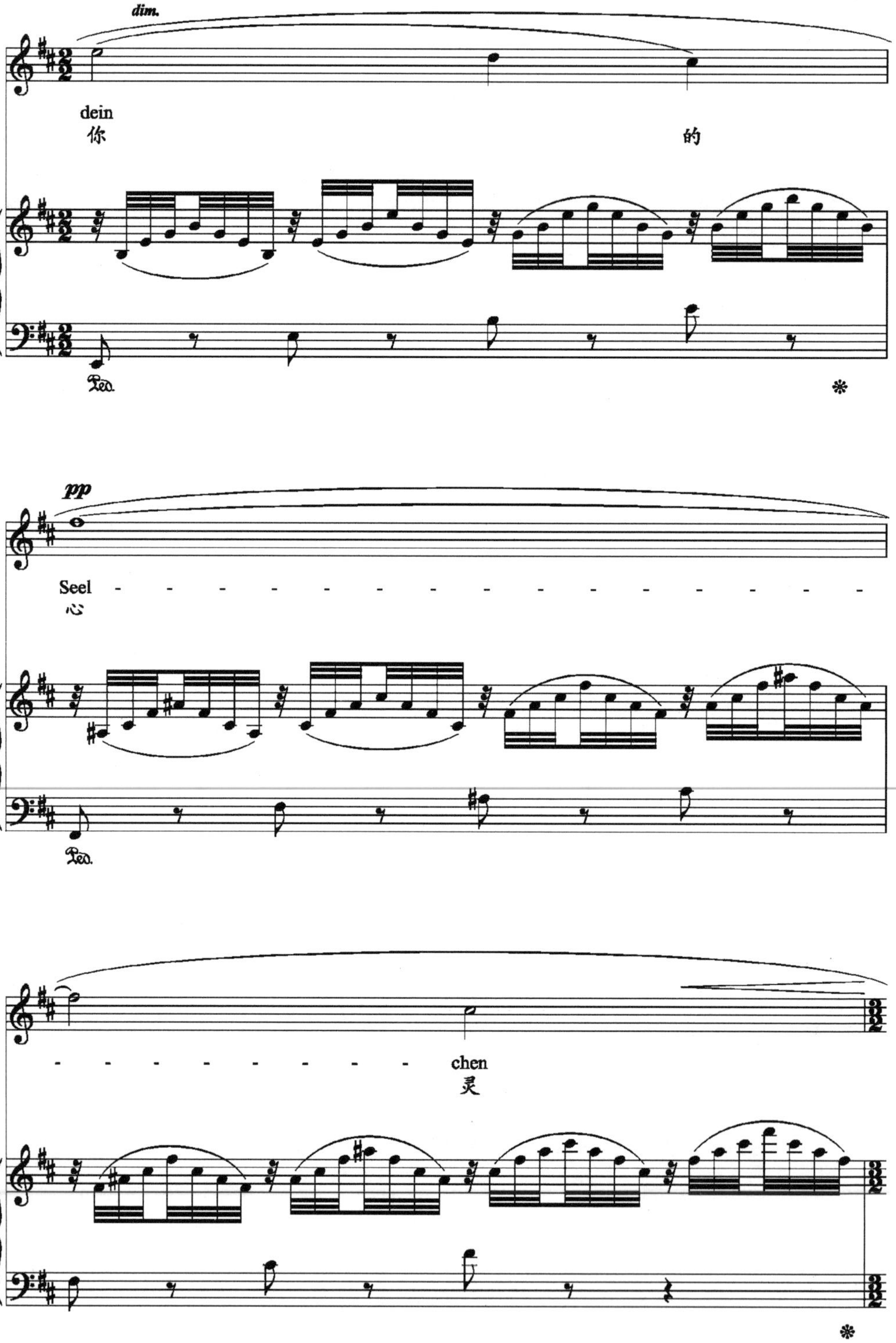
dim.
dein
你
的
Ped.
pp
Seel - - - - - - - - - - - - - - - -
心
Ped.
- - - - - - - - - - chen
灵

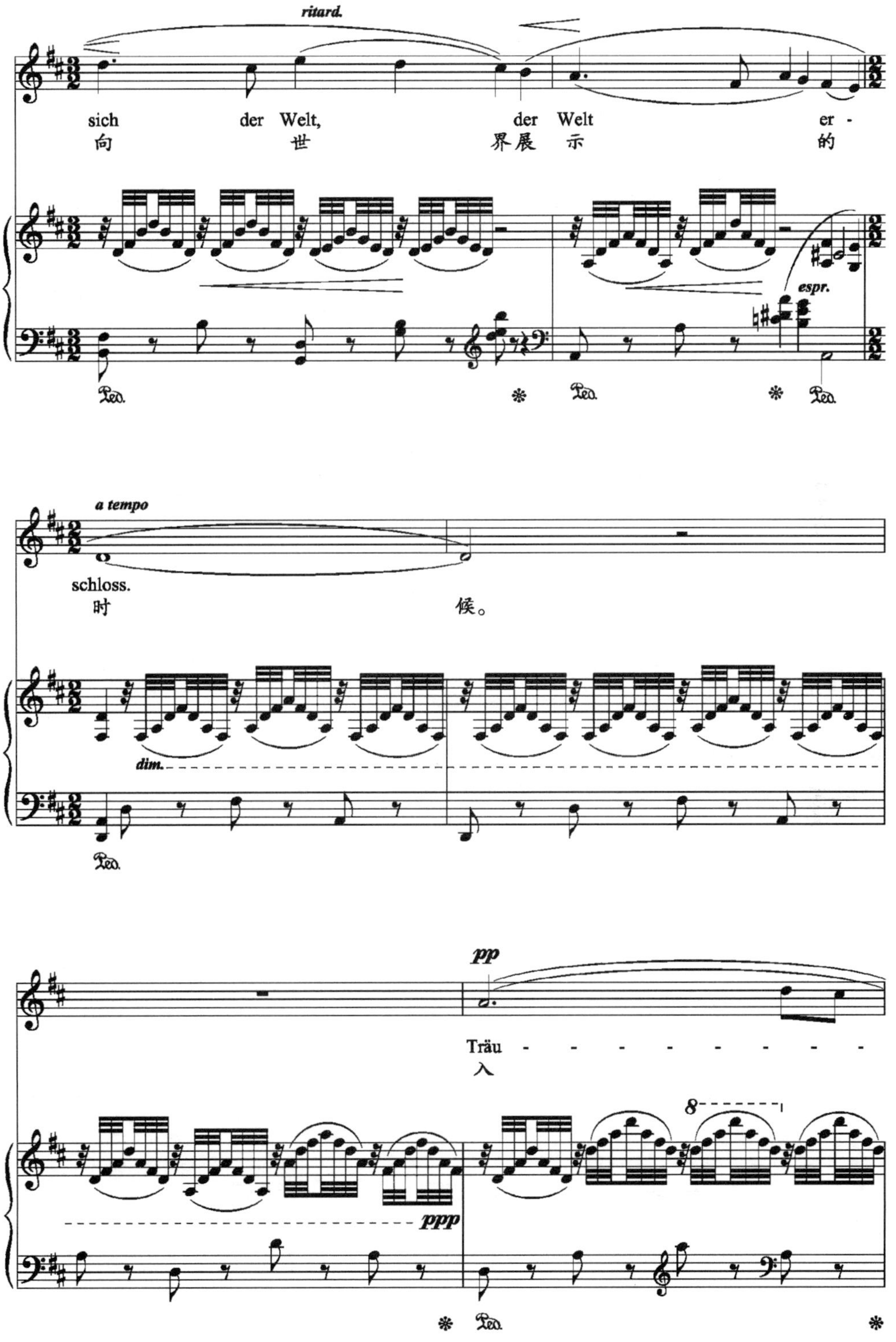
ritard.
sich der Welt, der Welt er -
向 世 界展 示 的
espr.
a tempo
schloss.
时 候。
dim.
pp
Träu
入
ppp
8

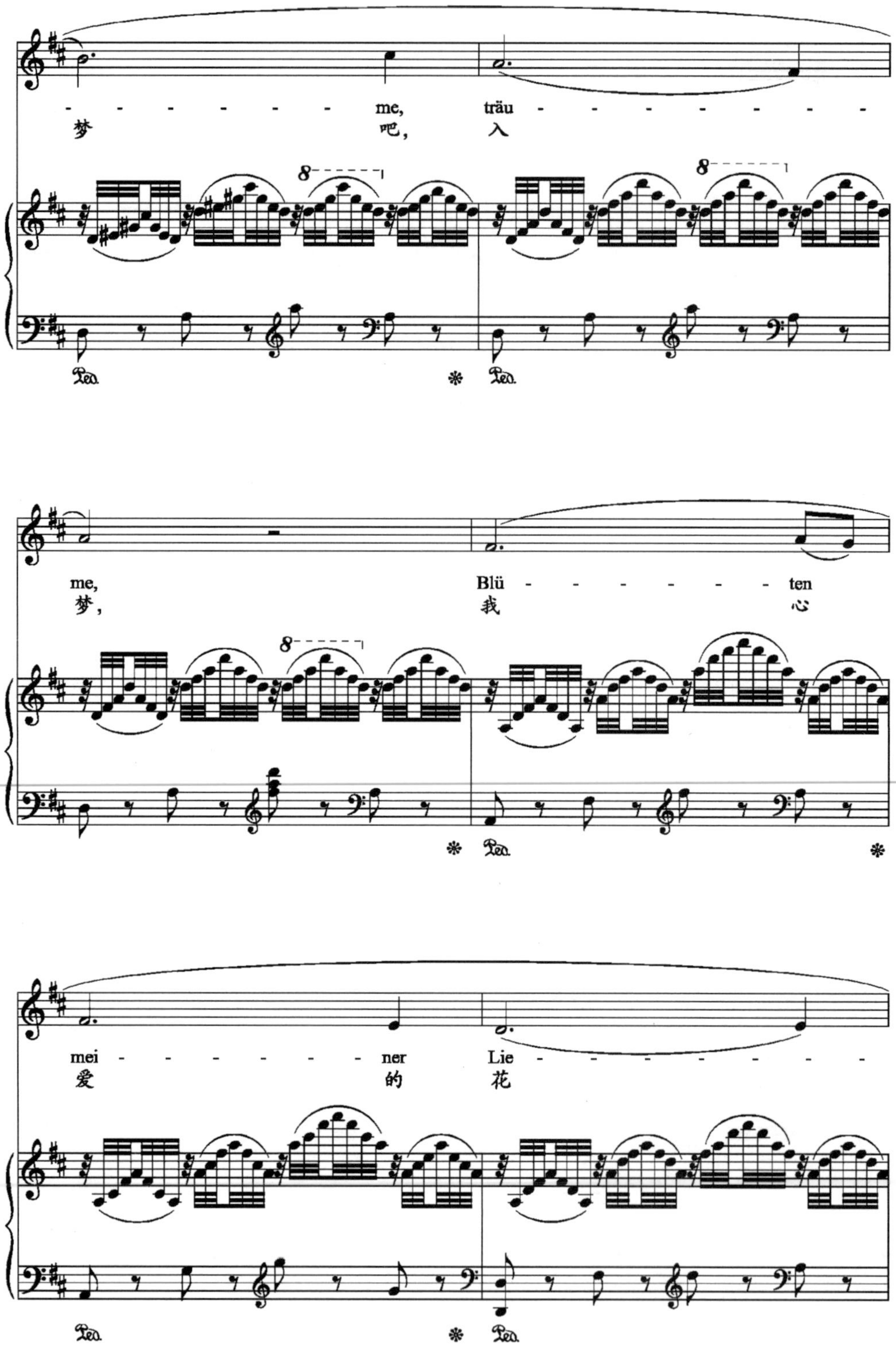
me, träu
梦 吧， 入
me, Blü ten
梦， 我 心
mei ner Lie
爱 的 花

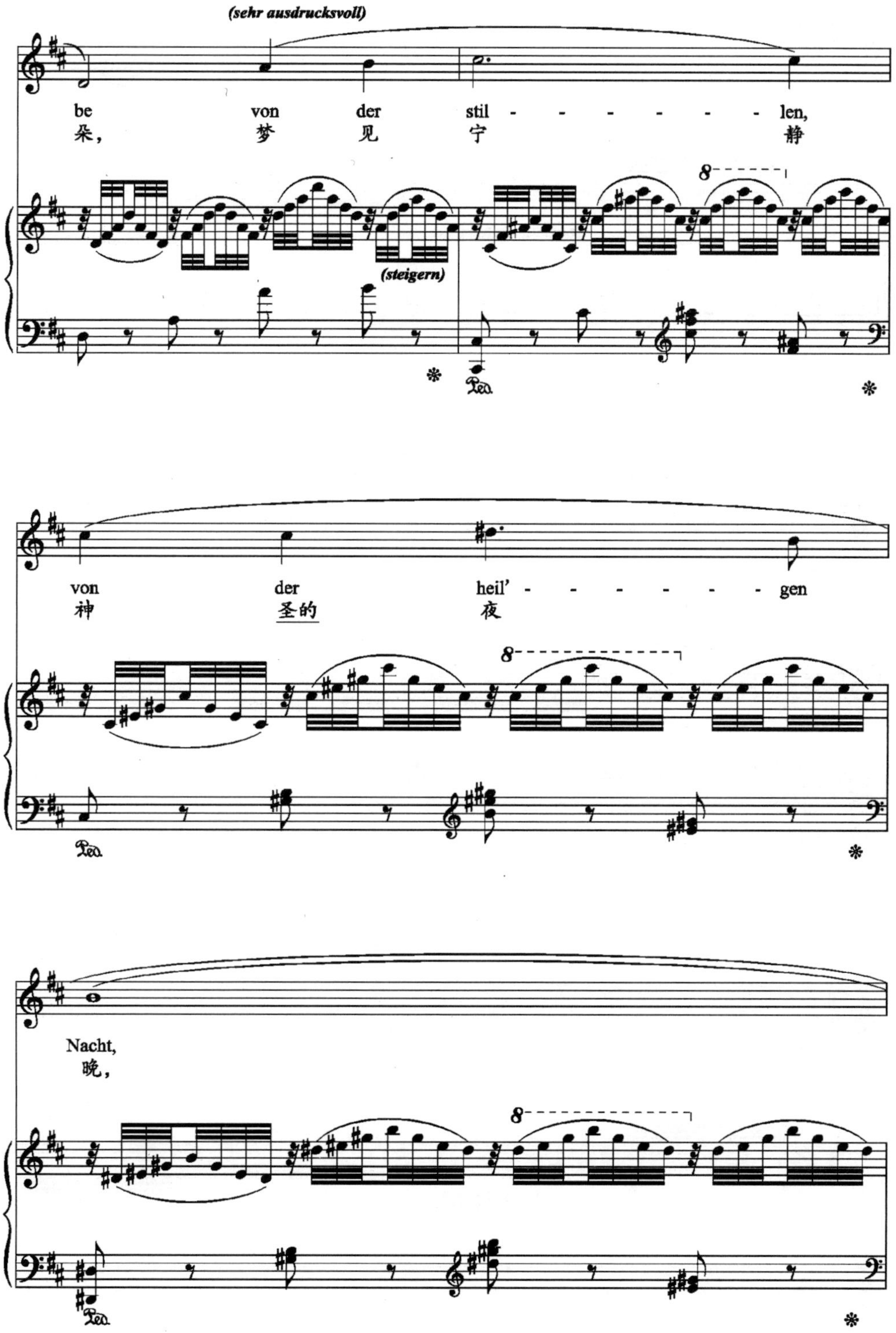
(sehr ausdrucksvoll)
be von der stil - - - - - - - len,
朵，梦 见 宁 静
(steigern)
von der heil' - - - - - - - gen
神 圣的 夜
Nacht,
晚，

da   die
那   是

Blu — — — — — — — — — me
他   所

Sei — — — — — — — — — — ner
爱   的

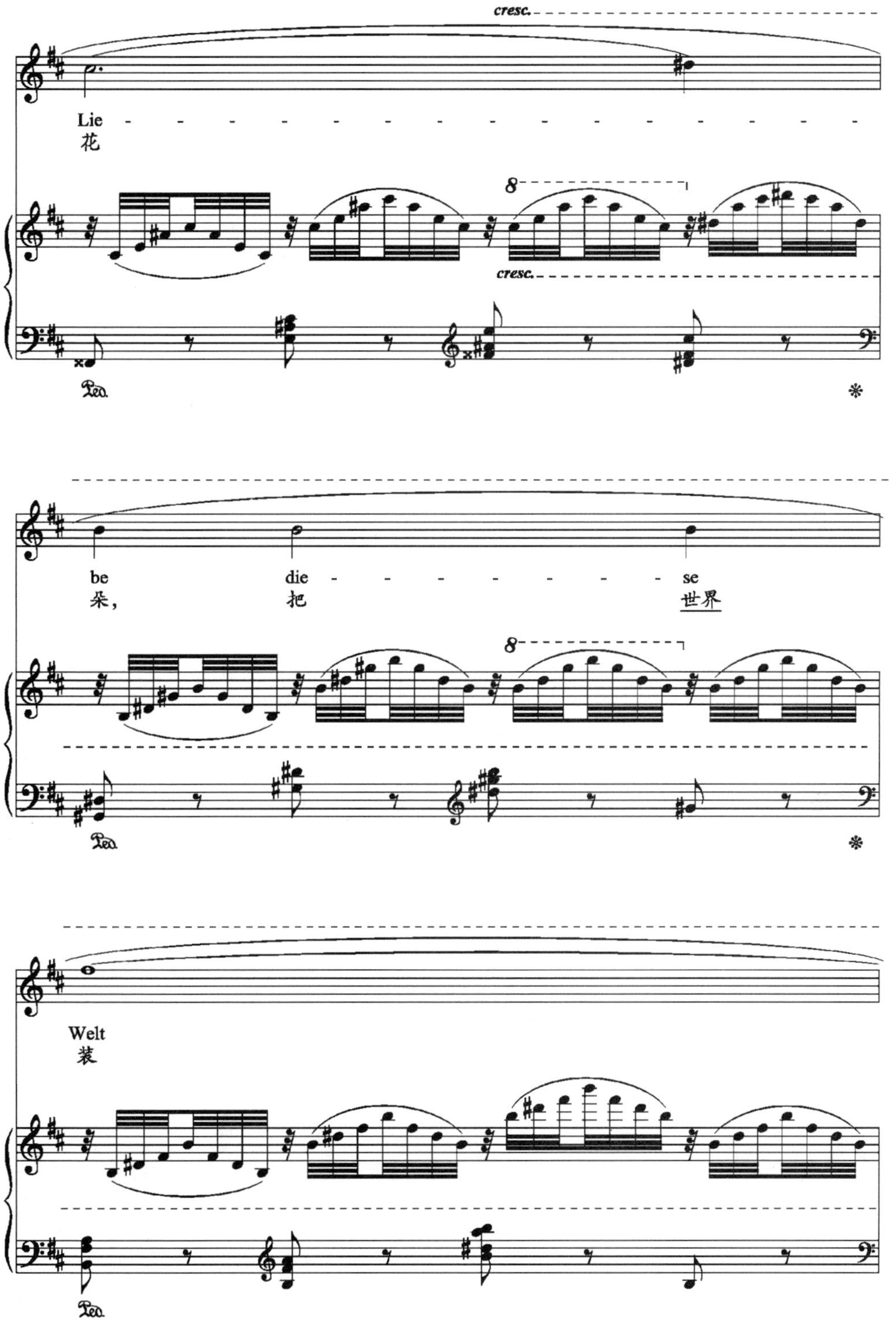
cresc.
Lie
花
8
cresc.
Ped.
be
die
se
朵，
把
世界
8
Ped.
Welt
装
Ped.

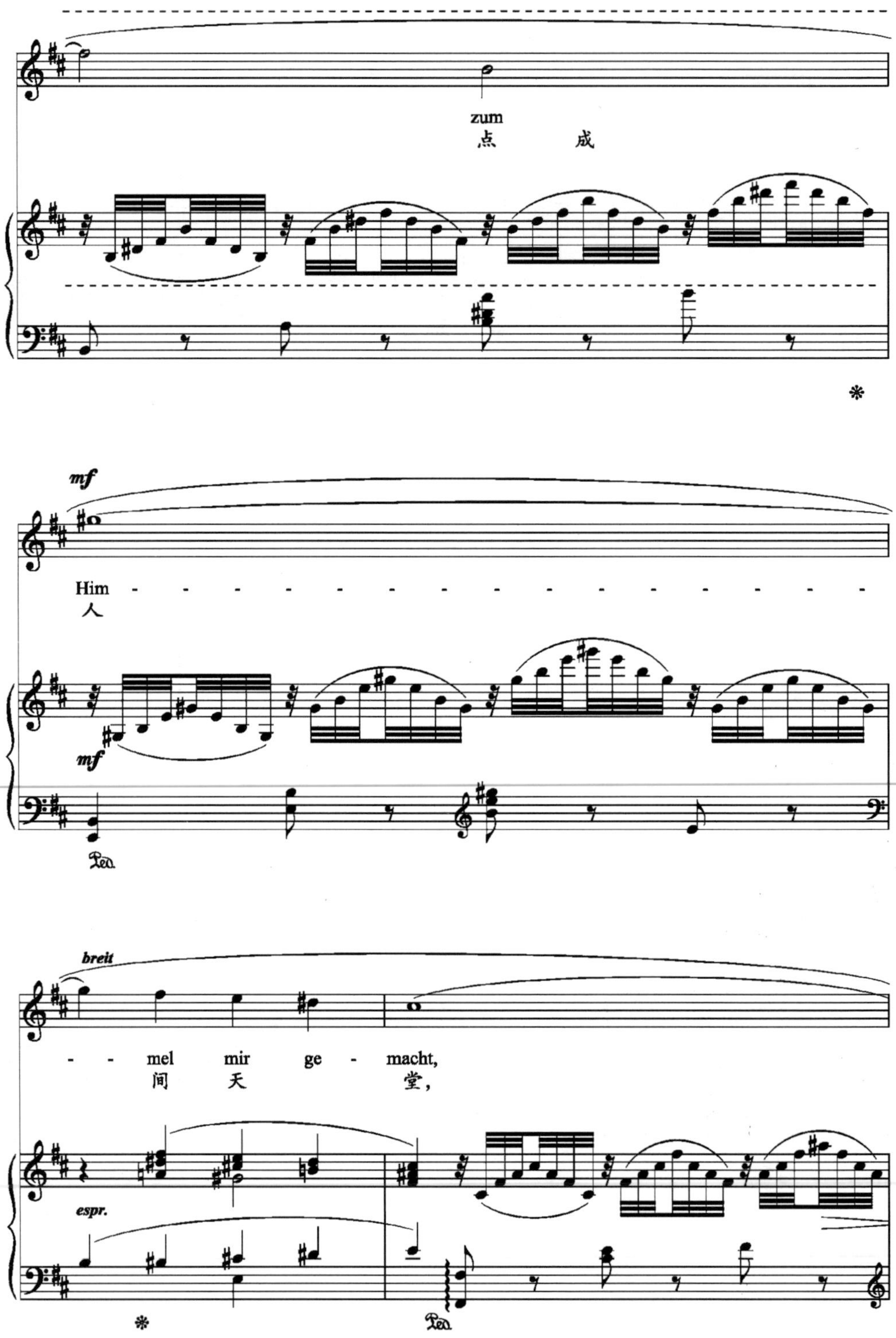
zum
点 成
mf
Him - - - - - - - - - - - - - - -
人
mf
Ped.
breit
- - mel mir ge - macht,
间 天 堂,
espr.
Ped.

p
die-se Welt
把世界装
8
Ped.
ritard.
zum
Him - - - - - - - - -
点 成 人
ritard.
Ped.
molto ritenuto
a tempo, ma calando
- - mel mir ge - macht.
间 天 堂。
molto ritenuto
a tempo, ma calando
espr.
dim.
Ped.
8
ppp

天　鹅

Ein Schwan

亨里克·易卜生词
格　里　格曲
廖辅叔、喻宜萱译配

校订样本:《外国优秀艺术歌曲集》,储声虹主编,湖南文艺出版社,2007年10月。

pp
Angst - lich sor - gend des Elfen im Grun - de,
从 早 到 晚 你 自 由 地 行 走,
pp
cresc.
glittst du hor - chend all - zeit in die Run - de. Und
独 来 独 往 你 随 意 地 漫 游。谁
cresc.
f agitato
più f
doch be - zwangst du zu - letzt mich beim Schei - den mir trü - gen - den Ei - den, ja
知 到 头 来 仍 难 保 持 沉 默,眼 看 临 近 死 亡,快
f
più f

ff
rit.
pp
da, da sangst du! Du schlos-sestsin-gend
唱一曲歌吧！你歌声婉转
die ir-di-sche Bahn doch, du starbst ver-klin-gend;
将结束你的旅程，这一曲悲歌
p
pp
du war-st ein Schwan doch! ein Schwan doch!
表明你是天鹅！是天鹅！
Lento
rall.

谢 谢 斯 大 林

法 捷 耶 娃 词
杜 里 科 夫 曲
马璟舒、廖辅叔合译

稳重、雄伟

男低音

1.一阵风从半空吹过草原，　吹散开一团团乌的
2.不管在最艰难凄惨的年头，　没有什么迷得住他的
3.没有人比的上他的英勇，　他指挥，他领导，他成

云。　让太阳放射出万丈光芒　送给
眼。　任何时任何地，他总在场，　送他鼓
功。　却又像老乡亲那么从容　不做

校订样本：《苏联歌曲集》第一集，廖辅叔编译，上海万叶书店，1951年6月。

545

p 男高音及男低音
加强灵活性
我们一片爱，一片暖。在祖国自由宽广的
励全人民去立功。安人心。鼓勇气，他的
作，不着急，不在乎。他挺立，像一座坚强
p
8
土地，争胜利，赛繁荣，比热闹。还到
语言。直冲破黑的夜，冷的天。他一
堡垒。每个人总把他记在心。大智
处响着斯大林的英名，更加强我们热烈的
回又一回重新照明，像灯塔向胜利打招
慧，大仁爱，大的气魄，每个人一条心依靠
f

爱。
呼。
他。
女高音及女低音
mf
合唱
我们唱，我们从四面八方唱，直唱
男高音及男低音
mf
mf
进克里姆林宫古城墙，恩情说不完，谢谢斯大林。——城
f
f

市 和乡村 都在 唱。　　　恩　情　说不完，谢谢 斯 大 林。——城

市 和乡村 都在 唱。　　　市 和乡村 都在 唱。

男低音　　2.不　管
　　　　　3.没　有

我的莫斯科

里相斯基·阿格拉年词
杜那耶夫斯基曲
马璟舒、廖辅叔合译

校订样本:《苏联歌曲集》第一集,廖辅叔编译,上海万叶书店,1951年6月。

远说不出多骄傲，我到处反复说我的话；最亲
市到顿河各乡村，讲历史讲神话总有你，最亲
党急跺脚急跳墙，没办法按得下你的头最亲
你说不出多骄傲，你光荣直活到万万代！最亲
1.2.3.
爱就是我的首都！最宝贵我的莫斯科！
爱就是我的首都！最宝贵我的莫斯科！
爱就是我的首都！最宝贵我的莫斯科！
爱就是我的首都！最宝贵我的莫
4.
斯科！
最宝贵我的莫斯科！
p

听着罢，同志们！

伊萨科夫斯基词
勃兰捷尔曲
马璟舒、廖辅叔合译

校订样本：《苏联歌曲集》第一集，廖辅叔编译，上海万叶书店，1951年6月。

合唱
英雄名城克拉斯诺顿 青年近卫军。 听着罢,亲爱的同志们!
磨折我们抓 我们,德国纳粹党。 我们气力快要用尽,
共产青年团 手上,我们办交代。 向你们勇敢的手上,
我们重新为 斯大林 奉献出生命。 我们就会有那一天,
英雄名城克拉斯诺顿 青年进卫军。 在痛苦的分别时辰,
1–4.
说一声说一声再会,英雄名城克拉斯诺顿 青年近卫军。
绑得紧又捆扎得紧,磨折我们抓 我们,德国纳粹党。
向你们光荣的手上 共产青年团 手上,我们办交代。
再收回复活的青春,我们重新为 斯大林 奉献出生命。
你们听最后的赠言。英雄名城克拉斯诺顿
5.
青年近卫 军。
ppp

滚出去，和平的叛徒！

奥　沙　宁词
奥斯特罗夫斯基曲
马璟舒、廖辅叔合译

全世界千千万万的
你闹什么原子
精神上自由和

人　　民，知道一条真理；
炸　　弹，不怕欺骗威胁，
年　　轻，就该坚决发言！

交易所经纪人，银行所有
广大地球之上
地球上绝对不容许

老　板做　战争准　备。
人　民全守定岗位。
金　圆做我们主　人！

谁挑动战争，谁就

校订样本：《苏联歌曲集》第一集，廖辅叔编译，上海万叶书店，1951年6月。

烧成灰! 谁要威胁和平的工 作，谁就淹死在他的

血 海! 滚出去，狗腿， 人民没有睡，滚出去， 和平的

叛 徒滚出去， 滚出去! 2.不怕去!
3.谁在

好大一片迷雾，我的迷雾

伊萨科夫斯基词
扎哈罗夫曲
梅兹尼科夫改编
马璟舒、廖辅叔合译

校订样本：《苏联歌曲集》第一集，廖辅叔编译，上海万叶书店，1951年6月。

原！
息！
弹。
宁
乡
合唱
游 击 队 要 出 发 啊 去 打 仗。要 出
在 斯摩 楞 斯克古 道 上 狭 路 相 逢，没 有
都 因 为 多 滚 烫 我 们 眼 泪，都 因
游 击 队 大 风 雪 一 般 声 势，不 论
好 大 一 片 迷 雾 我 的 迷 雾，多 亲

ff
发 去 打 仗，打 坏 人 嘿，游 击
请，自 己 来，充 熟 客。嘿，在 斯摩
为，多 深 重 灾 和 难。嘿，都 因
日，不 论 夜，打 匪 帮。嘿，游 击
爱，亲 骨 肉，我 一 党。嘿，好 大
ff

队要出发啊去打仗，要出
楞斯克古道上狭路相逢，没有
为多滚烫我们眼泪，都因
队大风雪一般声势，不论
一片迷情，我的迷雾，多亲

发，去打仗，打坏人。
请，自己来，充熟客。
为，多深重，灾和难。
日，不论夜，打匪帮。
爱，亲骨肉，我一党！

红 水 手 之 歌

拉柏科夫斯基词
阿历山德罗夫曲
廖 辅 叔 译

校订样本:《苏联歌曲集》第一集，廖辅叔编译，上海万叶书店，1951年6月。

叹 气， 也不掉 眼 泪， 要为了生 存去战
翻 卷 多高的波 浪， 也不管风 吹折桅
波 浪， 咆哮吧，雷 雨。 让凶恶的敌 人去打
斗！ 任它是雷 雨 也照样向 前， 决不偷
樯， 遥远的地 方 总会有朋 友， 记念他
颤， 为我们苦 难 为母亲眼 泪， 这笔血
独唱
偷 往家里跑， 不泄气 叹 气，也不掉 眼 泪， 要为了
亲 爱的水 兵。 不管是 翻 卷 多高的 波 浪， 也不管
债 要敌人 还。 汹涌吧，波 浪 咆哮吧 雷 雨， 让横暴
第一第二男高音
p
不泄气叹气， 也不掉眼泪，
合唱
不管是翻卷 多高的波浪，
汹涌吧，波浪 咆哮吧雷雨，
男中音，男低音

生 存去战斗， 任它是雷雨 也照样向前， 决不偷
风 吹折桅樯， 遥远的地方 总会有朋友， 记念他
敌 人去打颤， 为我们苦难 为母亲眼泪， 这笔血
要为了生存去战斗!去战斗! 任它是雷雨 也照样向前，
也不管风吹折桅樯,折桅樯， 遥远的地方 总会有朋友，
让凶恶的敌人去打颤,去打颤。 为我们苦难 为母亲眼泪，

1.2.
3.
偷 往家里跑。 债 要敌人还。
亲 爱的水兵。
决不偷偷往家里跑， 2.逢到
记念他亲爱的水兵。 3.朋友， 这笔血债要敌人还。

祝　福

选自《祖国大合唱》

加雅莫夫词
阿鲁秋年曲
廖 辅 叔译

校订样本:《祖国大合唱》音乐出版社,1952年。

混声四部合唱
S.
A.
T.
B.
2
明 朗的节 日，光 荣的节 日，让 我们干 一
杯 祝福的酒。
我 们举 起 我们的酒 杯，
向 着我们亲 爱 的祖 国，同 声 祝 福。
3
各族人 民

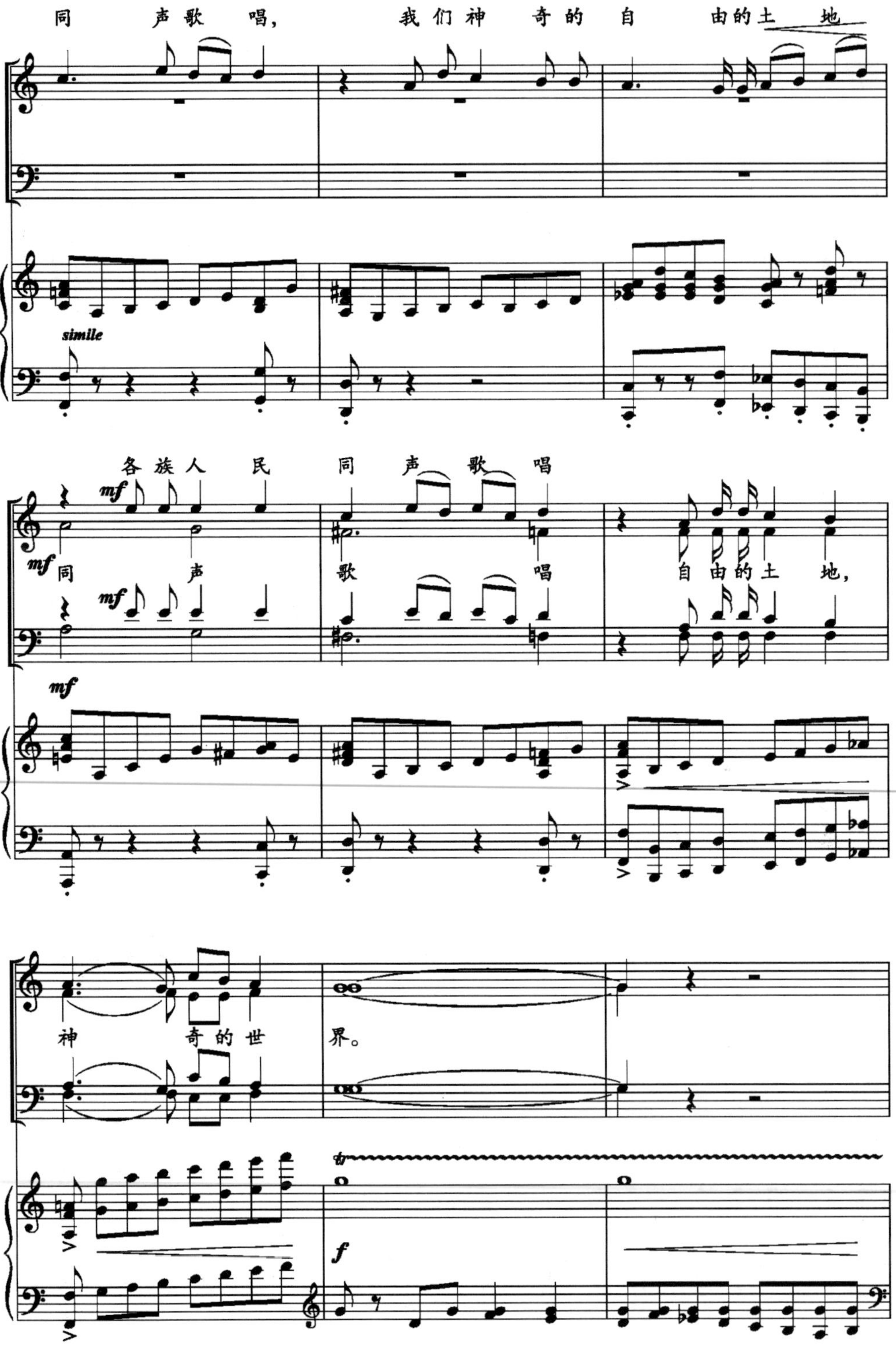
同 声歌 唱，我们神 奇的 自 由的土 地
simile
各族人 民 同 声 歌 唱
mf
同 声 歌 唱 自由的土 地，
神 奇的世 界。
f

再一杯向我们人民，劳动英雄，战斗英雄！

祝福他土地，永远和平，生活

永远幸福，无灾无难。

各族人民

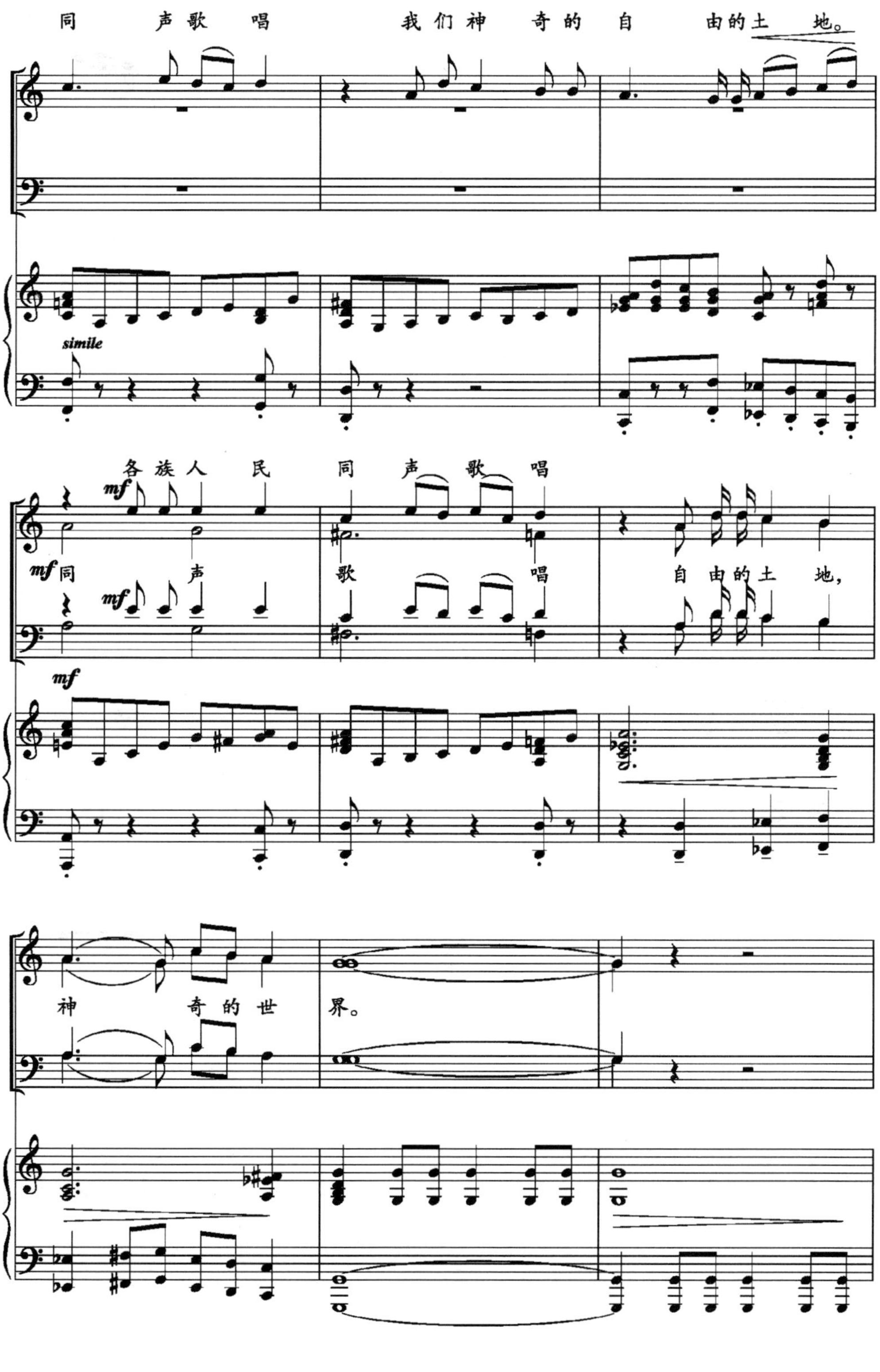
同 声歌 唱 我们神 奇的 自 由的土 地。
各族人 民 同 声 歌 唱
同 声 歌 唱 自 由的土 地,
simile
mf
神 奇的世 界。

6 稍慢
为 我们 的 亲 爱 的斯大 林，我们再 来 干 这一 杯，
为 斯大 林！我 们干 杯，
来 让我们 举 杯 痛 饮，来祝福 导 师 和朋 友，
来祝福 导 师 和朋 友！光 荣,伟 大 英 明的领
啊， 领 袖！

光 荣，斯大 林！
7
f
ff
袖
斯大 林！来 再 干 一
光 荣 英 明的斯大 林！
cresc.
杯，来祝 福 美 好 又 光 明 的生 活，
simile
8
我 们宣 誓，同声宣 誓，永 远 对 祖 国忠 诚。

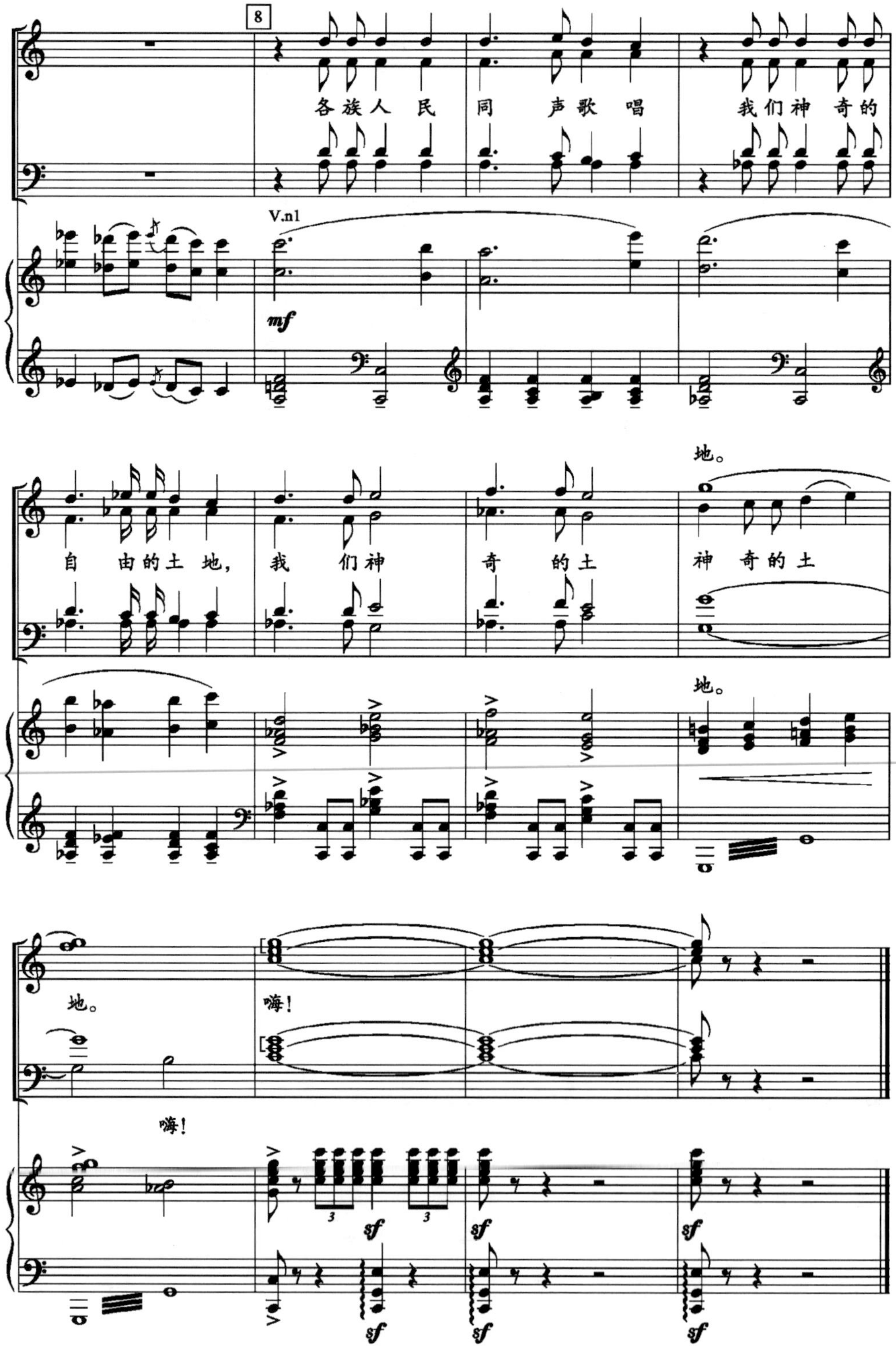
8
各族人民同声歌唱我们神奇的
V.n1
mf
自由的土地，我们神奇的土
地。
神奇的土
地。
地。
嗨！
嗨！
sf

野 玫 瑰

哥　德词
舒 伯 特曲
廖辅叔译词

1 = D 2/4

平稳地 ♩ = 60

pp

3 3 3 3 | 5 4 4 3 2 | 2 2 3 4 | 5 1 0 |

p

1. 少年 看见　玫瑰花，　　草原 上的　玫　瑰。
2. 少年 说："我　摘取你，　　草原 上的　玫　瑰。"
3. 粗暴 少年　动手摘，　　草原 上的　玫　瑰。

3 3 3 3 | 5 #4 4 3 2 | 5 5 6. 5 | #4 5 6 7 5 |

mp

那么 娇嫩　那么美，　他 赶快　跑去看，
玫瑰 说："我　刺伤你，　叫 你永　远铭记着，
玫瑰 挺身　刺又刺，　嗟 叹仍　然不济事，

渐强

mf

5 7 6 5 | #4 3 #2 3 | 1. 4 5 | 2 2 3 4 | 5 6 7 1 |

渐慢

真是 心花　怒放。　　玫瑰，玫瑰，红玫瑰，
我 不要受你　凌辱。"
终归 受了　凌辱。

原速度

6 1 4 6 | 1 3 2 1 | (6 6 1 4 4 6 | 1 2. 3 1) :||

草原 上的　玫　瑰。

校订样本:《中外抒情歌曲300首》第1册，上海文艺出版社，1979年11月。

洛 列 莱

海　涅词
西　尔歇曲
廖辅叔译词
毛宇宽配歌

1=C 6/8

```
5 | 5. 6 5 i 7 6 | 5.   4   4 | 3 3 2 1 2 |
```

1. 也　不知道　为什么　原　因，我　心　中总觉悲漂
2. 在　山顶上　有一位　姑　娘，没有　谁比她漂水
3. 这　歌声里　有一种　力　量，打动　了小舟水

```
3. 3 0 5 | 5. 6 5 i 7 6 | 5.   4   4 |
```

伤，　　这样一篇古老的　故头事，它珍一
亮，　　她梳她那金黄的　岩石，她
手，　　他忘记了狰狞的　岩石，一

```
3 3 5 4 2 | 1. 1 0 3 | 2. 3 2 5 2 2 |
```

叫我不能遗忘。　晚风凉暮色已
珠我也闪耀光芒。　她一面在那儿
心只望着山头。　她谁知道滚滚的

```
7. 6 6 | 5 5 #4 5 6 | 5. 5 0 5 |
```

苍茫，　菜因河水静静地流，　天这
梳妆，一面船在那儿歌唱，　这洛
波浪，把船儿深深埋葬，

```
5. 6 5 i 7 6 | 5 3 2 2 i | i 7 6 7 | i. i ‖
```

空中灿烂的霞光，照耀在高高山上。
歌声是那样美妙，谁听了都会神往。
列莱用她的歌声，将故事这样收场。

校订样本：《中外抒情歌曲300首》第2册，上海文艺出版社，1979年11月。

迎　接

ПЕСНЯ О ВСТРЕЧНОМ

影片《迎展计划》插曲

博·柯尔尼洛夫词
德·肖斯塔柯维奇曲
廖辅叔、毛宇宽译配

小快板　　　　　　　　　　　　　　　　mf

1.早晨，一阵风吹过
　Нас ут - ро встре-ча - ет про-
2.快乐唱不完也唱
　И ра - дость по-ёт, не-скон-
3.队伍用工作迎接
　Бри-га - да нас встре-тит ра-
4.大家同走到胜利
　И с ней до по-бед - но-го
5.你听，那种话多么
　Та - ко-ю пре-крас-но-ю

小河，　　曙光迎接你，迎接我，　　　干嘛不开
хла - дой,　нас вет - ром встре-ча - ет ре-ка.　Ку - ря - ва-я,
不尽，　　歌声从对面来相迎，　　　人们相逢
ча - я,　и пес - ня на-встре - чу и-дёт,　и лю - ди сме-
我们，　　你也和他们打招呼，　　　大家同劳
бо - той,　и ты у-лыб-нёшь - ся дру-зьям,　с ко - то - ры-ми
边境，　　直到第二代赶上来，　　　青年热情
кра - я,　ты, мо - ло-дость на-ша, прой-дёшь,　по-ку - да не
美丽，　　最美丽的话是真理，　　　大家欢欣
ре - чью　о прав-де сво - ей за-я-ви　Мы жиз - ни вы-

校订样本:《苏联歌曲珍品集》，薛范编，中国电影出版社，1995年11月。

571

mf

心，卷发姑娘？　你听，汽笛响，多快活。　快
что ж ты не ра - да　ве - сё - ло - му пе - нью гуд - ка?　Не
时点头微笑，　太阳升起来，笑盈盈。　多
ют - ся, встре - ча - я,　и встреч - но - е солн - це вста - ёт　Го-
动，互相照顾，　大家共患难，同幸福。　在
труд и за - бо - та,　и встречный, и жизнь - по - по - лам.　За
地迎接我们，　工作这时候才完成，　大
вый - дет вто - ра - я　на - встре - чу те - бе мо - ло - дёжь.　И
地迎接生活，　迎接新工作和爱情，　你
хо - дим на - встре - чу,　на - встре - чу тру - ду и люб - ви.　Лю-

cresc.

快　起床，卷发　姑娘，上工　铃　响，
спи, вста-вай, куд - ря - ва - я, в це - хах,　зве - ня,
么　开朗，多么　热情，叫我　兴　奋，
ря - че е и бра - во - е, бод - рит ме - ня,
纳尔瓦哨所　背后，开山　修　路，
Нарв - ско - ю за - ста - во - ю, в гро - мах, в ог - нях,
群青年迎上　前来，接替　父　亲，
в жизнь вбе - жит о - ра - во - ю, от - цов сме - ня,
听，你听，卷发　姑娘，上工　铃　响。
бить греш - но ль, куд - ря - ва - я, ког - да, зве - ня,

f　　*dim.*

全国　都站立起来迎接新生　活。
стра-на вста-ёт со сла-во-ю на-встре-чу дня.

列宁之歌

苏 尔 科 夫词
米亚斯科夫斯基曲
马璟舒、廖辅叔合译

1.你，你的话 燃烧
2.你，你率领 赤卫
3.你，你领导 共和
4.我们大家 闹着

起斗争火 焰，冲破那工 厂和 农村的黑 暗。你 教人 懂 得
军光荣队 伍，你带头走 过那 监牢的黑 夜。工人专政 第一
国走向光 明，为斗争你献 出了 心血和生 命。在哥萨克村 正
气跟着党 旗，默默无言走 着 想走的路。我 们大家 向着

希位里，和仇恨， 你教 人怎么 样 去总 斗争。
望和民委大宣，月革命 第一地榜 样位抓住干 指挥了你。
你严人风 誓，十死要学 你 好样 住下去。

附　录

未收入全集的廖辅叔著述目录

音乐家的新生活（署名萧友梅）　　　　　南京正中书局出版　1934 年 5 月

普希金的遗产（上）　　　　　　　　　　吉尔波丁著 署名"居甫"译

《朝报月刊》42 年？

已经达到和要求达到的

——论德国音乐创作的几个问题

　　　　　　　　　　　梅雅尔著　德国《建设》月刊 1953 年第 4 期

为侵略者敲响了丧钟　　　　　　　　《新港》（附增刊）1958 年 8—9 月号

艺术概论　　　　　　　　　　文化部《艺术概论》编写小组 1959 年

正确看待欧洲音乐文化遗产　　　　　　与张洪岛、汪毓和、于润洋等合著

　　　　　　　　　　　　　　　　　　刊于《音乐论丛》1964 年 3 月

音乐学中的廖辅叔词条载自《中国社会科学家自述》

　　　　　　　　　　　　　　　　上海教育出版社 1997 年 12 月

论中国古典歌剧（德文版博士论文）

　　　　　　　　　王光祈著　抗战时期，译稿下落不明

伟大的牵线人（戏剧）

——《诺贝尔文学奖得主选集》

　　　　　　　　埃切加莱著　送国民党机关审查，没有返还。

纳粹主义的小说　　　　　　　　　　　　　　　　奥柏曼著

德国法西斯主义与尼采

　　　　　　　　　〔匈〕卢卡契 著《昆明杂志》发表

巴赫新传

　　　　　　　劳克斯著　原稿存于中央音乐学院研究部

近六十年的西洋音乐

　　　　　　　塔坡列特著　原稿存于中央音乐学院研究部

译配歌曲

国际纵队之歌	卡尔 恩斯特词	德骚曲	廖辅叔、毛宇宽译配
相逢之歌	科尔尼洛夫词	肖斯塔科维奇曲	廖辅叔、毛宇宽译配
骑兵歌		克鲁奇宁曲	廖辅叔译
斯大林颂	伊纽什金词	亚历山大罗夫曲	廖辅叔译

注：根据廖先生遗留的目录整理，此部分著述未找到。

编 后 记

2012 年，在廖辅叔先生 105 周年诞辰之际，时任院长王次炤教授提出编纂《廖辅叔全集》的倡议。之后，廖先生生前所在的中央音乐学院音乐学研究所，向学院领导提交了关于编辑出版《廖辅叔全集》的请示报告："为了发扬我院优秀学术传统，我所希望与廖先生后辈合作设立一个项目，将廖辅叔先生的著述进行系统整理、编辑，统一出版，藉以全面彰显他的人生历程和学术风范，以昭后人。"很快获学院领导批准，作为学院的重大科研项目正式启动。

2013 年 5 月，《全集》编委会成立，特聘于润洋教授为顾问、王次炤教授为主任。为贯彻中央"干实事，不务虚名"的精神，不设主编和副主编，只由编辑委员会和编辑小组成员共 11 人组成。项目负责人黄旭东老师充分调动每个人的积极性，发挥每个人的专长，共同协作开展工作。首先，大家对编纂《全集》提出了建议。据廖老回忆，自己一生中有三次丢失书稿：1937 年"八一三"上海淞沪抗战，书稿连同炮火同归于尽；1944 年从桂林逃难到重庆时，夫妇两人挑着十几斤重的行李，忍痛扔掉一些书稿；"文化大革命""抄家"时，字画等收藏，连同书稿丧失殆尽。再者，有些书稿，只知线索，无从查找。《全集》不可能全，这是客观的，也充分体现了求真务实的科学精神。

之后，廖老的女儿廖崇向在家里翻箱倒柜，把父亲遗留的书籍、手稿找出来，整理了父亲跨越 70 多年写作和发表的文稿，其中有著作也有译作、有音乐也有文学、有出版物也有罕见的手抄本，名目繁多、涉猎广泛，该如何编排？廖老生前戏称自己是两栖动物，借助这种说法，首先把他的文稿分为音乐和文学两大类，再从这两类中分为著作和译作，以此编辑了一个脉络清晰的、按时间顺序排列的著述目录。为了收集资料，首先从网上查询，然后又到中央音乐学院图书馆、国家图书馆、首都图书馆查询。廖老的孙辈协助到上海音乐学院图书馆、上海图书馆、南京图书馆、香港图书馆进行查询。获取资料的方法是打印、复印、扫描、拍照，从底片上或从泛黄的纸上辨认这些字迹是多么艰难！然而，重印这些一般读者很难见到的，甚至不少专业音乐史学工作者、文学艺术工作者也未曾读过的、又有相当参考价值的资料，是具有史料学意义的。所以，大家都以坚持不懈的精神去克服难关。功夫不负有心人，终于查到了20世纪30—40年代出版的文稿数十篇，网上下载文章48篇，网购图书6册，挖掘整理珍贵遗稿9篇。

2014年初，在收集资料工作结束后，进入实质性的编辑工作。编委会对编辑程序、总体的框架、总目录、分卷目录、开本，以及编辑说明、序言、后记等都做了充分磋商。此外，对各篇（部）文稿反复推敲，多次修改，慎重定稿。在编辑过程中，肖琳协助黄旭东负责全面协调、统筹安排。文史诗词和音乐学方面主要由舒咏梧、苏木负责。中文字词和疏通句法、外文字词的核对和注释主要由肖琳、欧阳蕴负责。伊鸿书、钟子林、贾国平、陶亚兵、戴嘉枋对编辑工作提出了宝贵意见与建议。大家倾注的心血，一丝不苟的治学精神，保证了《全集》的质量。经过三年多的努力，《全集》五卷终于展现在我们面前。

关于编辑原则，我们认为应坚持尊重历史，实事求是，尽量做到求真，在"真"字上下了功夫。为保持作者著述的原貌，仅对笔误、衍文、漏字、标点加以订正，异体字按规范处理，其他不做任何改动。对未译中文的外文词语，均一仍其旧而不作任何改动；仅对译法与当今有出入的词语，在其后作注释等。

在《廖辅叔全集》的编辑过程中，得到了大家的热情支持和鼎力协助，在此深表感谢。首先是中央音乐学院前任王次炤院长、现任俞峰院长及班子成员的重视，让这一份宝贵的精神文化财富得以传承。其次，中央音乐学院音乐学研究所和科研处、中央音乐学院出版社为《全集》出版提供了学术、资金保障和出版机会。在这里还要特别感谢：我院赵登营老师提供的珍贵乐谱，蔡良玉老师给予的悉心指导，以及廖老家乡亲友寄送的浓浓乡情。此外，沈红辉、丁朝原、王天红、王华、王庭苇、周建都、张之瀚等热心人士参与了查询、录入、校对工作。在此，一并表示敬意和感谢。

《全集》不是作者包罗无遗和完整无缺的辑集。由于历史的原因，一些文稿，因故被毁而遗失不见，又由于仅知线索无从查找，因此，有待进一步查访征集。诚望有关人士和读者谅解，并盼望给予指点帮助。

《廖辅叔全集》编辑委员会

2017年7月